JN436308

東洋古典譯註叢書 37

譯註 唐詩三百首 1

宋載卲 崔京烈 李澈熙
姜志喜 金玲竹 崔焕玉 譯註

傳統文化硏究會

東洋古典譯註叢書를 발간하면서

우리의 古典國譯事業은 민족문화 진흥의 기초사업으로 1960년대부터 政府 支援으로 古文獻 現代化 작업을 추진하여 많은 成果를 거두었다. 당시 이 사업 추진의 先行課題로 東洋古典이라 일컬어지는 중국의 基本古典을 먼저 飜譯하여야 한다는 學界의 주장이 있어 왔음에도 불구하고 우리 고전이 아니라는 일부의 偏狹한 視角과 財政 事情 등으로 인하여 배제되어 왔다.

전통적으로 중국의 기본고전은 우리 歷史와 함께 숨쉬며 각종 교육기관의 教科書로 활용됨은 물론이고 지식인들의 必讀書가 되어 왔으며, 우리 文化의 基底에 자리잡고 거의 모든 방면의 體系와 根幹을 형성하여 왔다. 그래서 학문연구의 기본서 역할을 해 왔을 뿐만 아니라 오늘날에도 우리의 國學徒 및 東洋學 研究者들에게 같은 역할을 하고 있음은 주지의 사실이다. 그럼에도 불구하고 中國古典은 우리 것이 아니라 하여 專門機關의 飜譯對象에 포함하지 않음으로써 대부분 原典에서의 직접 번역이 아닌 重譯이나 拔萃譯의 방식이 주를 이루면서 教養水準으로 出版되어 왔다.

오늘날 東洋三國 중에서 우리의 東洋學 연구가 가장 부진한 이유는 東洋基本古典에 대한 폭넓은 이해의 부족과 漢文古典 讀解力의 저하에 기인함을 우리는 솔직히 인정하여야 한다. 따라서 이들 중국고전에 대한 신뢰할 만한 國譯이 이루어지는 것이 한국학 연구를 촉진시키는 시급한 先行課題라 할 수 있다.

이에 韓國學 및 東洋學의 연구와 古典現代化의 基盤構築을 위해서는 전문기관으로 하여금 동양고전을 단기간에 각 분야의 專門 研究者와 漢學者가 상호협동하여 연구번역하여 飜譯의 傳統性과 效率性, 研究의 專門性을 높일 수 있도록 政策的 配慮가 있어야 한다.

이에 本會에서는 元老 및 中堅 漢學者와 斯界의 專攻者로 하여금 協同研究飜譯하여 공부하는 사람들이 믿고 引用하거나 깊이 있는 註釋 등을 활용할 수 있게 하고, 知識人들의 教養을 증진시켜 줄 수 있는 東洋古典의 國譯書 간행을 지속적으로 추진해 왔다. 근래에 다행히 이 사업에 대하여 각계 지도층의 폭넓은 이해와 지원에 힘입어 2001년도부터 國庫補助를 받아 東洋古典譯註叢書를 간행하게 되었다. 이를 계기로 우리 先學의 註釋과 見解를 반영하는 등 국역사업의 內實을 기하게 되었음을 이 자리를 빌려 衷心으로 감사드리며, 아울러 國譯에 參與하신 관계자 여러분의 勞苦에 깊은 謝意를 표한다.

끝으로 우리의 이러한 작업은 오랜 역사 위에 축적된 先賢들의 業績과 現代學問을 이어주는 튼튼한 架橋와 礎石이 되어 진정한 韓國學과 東洋學 발전에 기여할 것을 굳게 믿으며, 21세기를 우리 文化의 世紀로 열어 가는 밑거름이 되도록 우리의 力量을 本 事業에 경주하고자 한다. 江湖諸賢의 부단한 관심과 지원을 기대해 마지않는다.

社團法人 傳統文化研究會 會長 李 啓 晃

唐詩와 ≪唐詩三百首≫

宋載卲(成均館大學校 名譽教授)

1. 唐詩概觀

중국문학을 역사적으로 개관할 때 흔히 '漢文, 唐詩, 宋詞, 元曲, 明淸小說'을 거론한다. 그만큼 唐나라는 시문학을 활짝 꽃피웠던 시대였다. 淸나라 康熙年間에 편찬된 ≪全唐詩≫에는 2,300여 작가의 시 50,000여 수가 수록되어 있는데 이는 당나라 이전까지 제작된 시의 총량을 훨씬 초과하는 편수이다. 과연 당나라 300여 년은 시의 황금시대라 할만하다.

중국의 시가는 멀리 B.C. 11세기에 저작된 ≪詩經≫에서부터 시작된다. 북방의 黃河地域을 중심으로 형성된 ≪詩經≫에 이어 B.C. 4세기경에는 남방의 양자강을 중심으로 ≪楚辭≫가 형성되었다. 현실주의적 경향을 띠는 ≪詩經≫과 낭만주의적 경향을 띠는 ≪楚辭≫의 전통을 바탕으로 중국 시는 漢, 魏·晉, 南北朝를 거치면서 나름대로 발전해 오다가 唐에서 화려하게 滿開한 것이다.

唐詩가 흥성하게 된 원인은 여러 가지가 있겠으나 무엇보다 중국을 통일한 후 정국의 안정과 이를 바탕으로 한 경제적 발전을 들 수 있다. 그리고 太宗, 高宗, 玄宗을 비롯한 역대 제왕들이 문학을 애호했고 또 과거시험에서 詩賦의 능력을 중시한 것도 唐詩의 발달을 촉진하는 계기가 되었다. 여기에다 唐代에는 사상의 자유가 어느 정도 보장되어 있어서 시인들은 폭넓은 思惟空間을 확보할 수 있었다. 그리하여 유교적 이념에 투철하여 '詩聖'이라 일컬어진 杜甫와, 道教에 경도되어 '詩仙'의 칭호를 얻은 李白과, 불교에 심취한 '詩佛' 王維 등이 별다른 사상적 제약을 받지 않고 자유롭게 시작활동을 펼칠 수 있었던 것이다.

이러한 여건 하에서 唐詩는 사상 내용이 풍부해졌을 뿐만 아니라 형식과 기교면에서도 완숙한 경지에 이르렀다. 특히 詩歌의 꽃이라 할 수 있는 律詩, 絶句, 排律 등의 근체시가 완성되었고 이에 따라 平仄, 押韻, 對仗 등의 形式美가 완비되었다. 그러나 唐詩를 중국문학 최고의 반열에 올려놓은 데에는 唐詩 자체의 높은 예술적 성취가 밑바탕이 되었음은 말할 필요도 없다.

2. 唐詩의 時期區分

당시의 시기구분은 2分說, 3分說, 4分說 등 다양한 이론들이 있어 왔지만 明나라 高棅이 ≪唐詩品彙≫에서 시도한 4分說이 지금까지도 일반적으로 통용되고 있다. 이 '4唐說'에 따라 각 시기의 특징과 주요 시인들을 간단히 언급하기로 한다. 물론 이 4시기가 기계적으로 획연히 구분되는 것은 아니어서 때로는 겹쳐지는 시기도 있고 애매한 시기도 있다.

1) 初唐(618~712)

沈佺期, 宋之問을 비롯하여 崔融, 李嶠, 蘇味道, 杜審言 등의 '文章四友'와 王勃, 盧照隣, 駱賓王, 楊炯 등의 이른바 '初唐四杰', 賀知章, 張旭, 包融, 張若虛 등의 '吳中四士' 그리고 王績과 陳子昻이 활동한 시기이다.

이 시기는 아직도 六朝의 唯美主義 詩風을 완전히 벗어나지 못하고 있었다. 魏晉南北朝의 시는 경박하고 화려하기만 해서 사상 내용이 공허했는데 특히 齊, 梁, 陳 3朝의 100년간은 오로지 文字의 아름다움만 추구하여 詩는 宮體가, 文은 騈文이 주류를 이루었다. 이런 六朝의 폐습을 완전히 청산하지는 못했지만 그런 가운데에서 沈佺期와 宋之問은 律詩의 정형을 완성했고 '初唐四杰'은 나름대로 前代에 비해서는 진일보한 시풍을 보여주었다. 또한 王績은 唐代 田園詩의 先驅라 할 만한 업적을 남겼다.

무엇보다 이 시기의 중요한 시인으로 陳子昻을 빼놓을 수 없다. 그는 詩歌革新의 기치를 내걸고 齊, 梁 이래의 형식주의 시풍을 타파하는 데에 앞장섰다.

前不見古人　　앞으로는 옛 사람 보이지 않고
後不見來者　　뒤로는 올 사람 보이지 않으니

念天地之悠悠　　하늘과 땅의 무궁함을 생각하여
獨愴然而涕下　　홀로 서글피 눈물 흘린다. 〈登幽州臺歌〉

人口에 膾炙되는 그의 대표작이다. 이 시에서 보는 것처럼 그의 작품은 漢, 魏의 강건한 風骨을 지니고 있어서 盛唐詩의 기틀을 마련해 주었다. 실로 그는 初唐 최후의 완성자로서 唐詩의 번영과 발전에 중요한 공헌을 한 것으로 평가된다.

2) 盛唐(713~765)

開元, 天寶 년간의 번영과 그 후 安·史의 亂이 겹친 시기로 시대적 배경에 걸맞게 많은 시인들이 등장하여 다양한 작품을 만들어낸 중국시의 황금시대라 할 만하다. 이 시기에 활약한 李白과 杜甫의 존재만으로도 盛唐詩의 위상을 짐작할 수 있거니와, 이 두 시인은 워낙 높은 一家를 이루고 있기 때문에 이들을 제외한 盛唐의 詩는 흔히 크게 두 부류로 나누어진다. 즉 王維, 孟浩然을 비롯한 儲光羲, 常建, 祖詠 등의 山水田園詩派와, 高適, 岑參을 비롯한 王昌齡, 李頎, 王翰, 王之渙 등의 邊塞詩派가 그것이다.

山水田園詩는 멀리 陶淵明, 謝靈運을 계승하여 初唐의 王績을 거치면서 王維, 孟浩然에 이르러 완숙한 경지에 이르렀다.

空山新雨後　　빈산에 내리던 비 이제 막 그친 후
天氣晩來秋　　저녁 되니 하늘 기운 가을이라네

明月松間照　　밝은 달은 솔 사이로 비쳐들고요
淸泉石上流　　맑은 물은 바위 위로 흐르고 있네

竹喧歸浣女　　대숲이 떠들썩하니 빨래하고 가는 여인
蓮動下漁舟　　연잎이 흔들리니 내려가는 고깃배

隨意春芳歇　　어느새 봄꽃은 시들었지만
王孫自可留　　王孫은 스스로 머물만하네 〈山居秋冥〉

王維의 輞川生活 초기의 작품으로 그의 山水田園詩를 대표하는 작품이다. 蘇東坡가 그의 시와 그림을 평하여, "시 속에 그림이 있고 그림 속에 시가 있다.〔詩中有畵 畵中有詩〕"라 말한 바 있듯이 情과 景이 融合된 盛唐 山水詩의 절정을 이루는 작품이라 하겠다.

왕유와 더불어 '王·孟'으로 일컬어졌던 孟浩然 역시 성당을 대표하는 山水詩人이었다. 李白이 〈贈孟浩然〉에서, "나는 사랑하노라, 맹부자를 / 풍류가 천하에 알려졌으니 …… 높은 산을 어찌 감히 우러르리오 / 다만 이 맑은 향기 본받을 밖에〔吾愛孟夫子 風流天下聞 …… 高山安可仰 徒此挹淸芬〕"라고 노래했을 만큼 이백의 존경을 받은 그의 시는 淸淡한 품격으로 높이 평가된다. '王·孟'의 산수시는 후일 中唐의 韋應物, 劉長卿, 柳宗元 등에게 큰 영향을 미쳤다.

盛唐詩의 또 한 특징은 邊塞詩가 다량 창작되었다는 점이다. 玄宗의 끊임없는 영토 확장 의욕과 주변 민족들의 침입으로 唐 一代에는 전쟁이 그치지 않았는데 이것이 변새시 창작의 배경이 되고 있다. 이 시기의 변새시를 대표하는 시인은 '高·岑'으로 일컬어지는 高適과 岑參이다. 두 사람 모두 7言歌行에 능했는데 그들의 시는 변방의 풍광과 전쟁의 상황을 잘 묘사했으며 기세가 웅혼하고 情操가 慷慨하다는 평을 받았다. 특히 岑參은 10여 년간 직접 변방생활을 하면서 몸소 체험하고 느낀 바를 시로 표현하여 더욱 절실한 작품을 남겼다.

走馬西來欲到天　말 달려 서쪽으로 하늘에 닿으려 듯
辭家見月兩回圓　집 떠나 보는 달, 두 번이나 둥글었네

今夜不知何處宿　오늘밤은 어디메서 자야 할는지
平沙萬里絶人煙　일만 리 모랫벌에 人家는 끊어지고 〈磧中作〉

岑參이 32,3세 때 安西節度使 高仙芝 幕府의 書記로 임명되어 임지로 가는 도중에 쓴 시로, 끝없이 펼쳐진 사막을 건너는 시인의 고달픔이나 고독을 느끼기보다 장쾌한 豪氣를 발견하게 된다. 이 밖에도 王昌齡의 〈塞下曲〉, 王翰의 〈涼州詞〉, 王之渙의 〈出塞〉 등 우수한 변새시가 많이 창작되었다.

李白은 25세에 蜀 땅을 떠나 經世濟民의 웅지를 품고 天下를 漫遊하다가 42세 때 翰林待詔란 벼슬을 얻어 장안에 머물게 되었지만 당시의 실력자인 高力士와 楊貴妃의 모함을 받아 44세에 조정에서 쫓겨났다. 이후 그는 다시 중국 각지를 周遊하던 중 安徽省 當涂에서 숨을 거두었다. 그는 자신의 능력을 알아주지 않는 정치현실에서 느낀 환멸과 고독을 술로 달래며 추악한 인간세상을 초월해 있는 天上의 세계를 동경했다. 그의 시에 술과 달이 자주 등장하는 것은 이러한 이유에서이다. 타고난 詩才가 懷才不遇의 慷慨한 처지와 만나서 만들어낸 그의 시는 雄奇하고 豪放한 품격을 지니고 있다. 거기에다 풍부한 상상력을 바탕으로 한 거침없는 시세계는 중국 浪漫主義 詩의 高峰을 이룬 것으로 평가되고 있다.

杜甫는 李白과 함께 盛唐 뿐만 아니라 전체 중국시의 쌍벽을 이루고 있어 통상 '李·杜'로 竝稱된다. 그러나 이백과는 달리 安史亂 전후의 침울한 시대상을 사실적으로 묘사한 시를 많이 남겨 현실주의적 시인으로 평가된다. 當의 盛世에서 衰退期로 넘어가는 역사적 과정을 잘 보여주기 때문에 그의 시를 세상에서는 '詩史'라 일컫는다.

盛唐時期에는 初唐에서 뿌리 내린 律詩의 規範이 확립되었고 漢代以來의 樂府詩 전통을 이어받아 이를 더욱 확대 발전시켰다. 특히 高適, 岑參의 邊塞樂府와 李白, 杜甫의 樂

府詩는 중국시의 내용을 한층 풍부하게 해주었다. 이백의 〈將進酒〉, 〈蜀道難〉, 〈子夜吳歌〉 등의 악부시와 두보의 〈兵車行〉, 〈麗人行〉, 〈哀江頭〉 등의 시편들은 中國詩史에 길이 남을 名篇들이다. 그리고 이 시기에 와서야 初唐詩의 貴族性과 宮廷體를 벗어날 수 있었다. 이것은 初唐의 시인들이 대부분 朝廷大臣이거나 貴族子弟들이었던 데 반하여 盛唐의 詩人들은 벼슬이 높지 않은 관료이거나 落拓不遇한 寒士들이 많았기 때문으로 생각된다.

3) 中唐(766~835)

高棅의 ≪唐詩品彙≫에는 代宗 大曆 원년(765)에서 文宗 太和 末年(835)까지의 53년간을 中唐으로 분류하고 154명의 시인을 수록하고 있다. 중당은 前後 두 시기로 구분된다. 전기에는 安史의 亂이 초래한 상처가 채 아물지 않았고 吐藩의 침입으로 왕조가 아직 안정을 찾지 못하고 있던 시기여서 詩壇 또한 별다른 성취를 보이지 않았다. 錢起, 李益, 盧綸 등 이른바 '大曆十才子'가 활동했으나, 그들은 대부분 失意한 중하층의 사대부들이어서 권문세가에 의탁하여 詩作活動을 했다. 따라서 그들의 시는 내용이 공허한데다가 화려한 형식미만 추구하여 성당에 비하면 그 격이 크게 떨어진다. 그런 가운데에서도 簡淡한 시풍의 韋應物과 '五言長城'의 칭호를 얻은 劉長卿이 '王孟'의 산수전원시의 맥을 이어가고 있었다.

中唐 후기의 특기할만한 일은, 張籍, 王建에서 비롯되어 白居易, 元稹에 이르러 본격화된 新樂府運動이다. 新樂府運動은 元稹과 白居易가 唱導한 일종의 詩歌革新運動이다. 이 운동의 主旨는 백거이의 〈新樂府序〉에 잘 나타나 있다.

> 무릇 9,252자를 끊어서 50편으로 추렸다. 각 편에는 정해진 句數가 없고 각 구에는 정해진 글자 수가 없으니 뜻에 매어있는 것이지 글의 형식에 매어있는 것이 아니기 때문이다. 첫 구에서 시의 제목을 나타내었고 마지막 장에서 그 志趣를 드러냈으니 ≪詩經≫ 삼백 편의 뜻이다. 그 文辭가 질박하고 직설적인 것은 보는 자가 쉽게 깨우치도록 하고자 함이고, 그 말이 솔직하고 절실한 것은 듣는 자가 깊이 경계토록 하고자 함이다. 시의 사실이 정확하고 진실한 것은 시를 채집하는 사람으로 하여금 믿음을 전하도록 함이고, 시의 체제가 順하고 음률에 맞는 것은 樂章, 歌曲으로 전파될 수 있게 함이다. 총결하여 말하자면 임금을 위하고 신하를 위하고 백성을 위하고 사물을 위하고 時事를 위하여 지은 것이지 문장의 수식을 위하여 지은 것이 아니다.

이 글에 보이는 바와 같이 신악부운동은 ≪詩經≫의 정신을 계승하여 광범위한 사회현실을 반영함으로써 詩는 마땅히 民生의 고통과 사회모순을 주제로 삼아야함을 강조했다. 이러한 그의 詩精神이 〈新樂府〉 50수와 〈秦中吟〉 10수를 비롯한 170여 수의 諷諭詩를 창작케 했다. 그의 〈新樂府〉 중에서 대표작이라 할 수 있는 〈賣炭翁〉을 소개한다.

賣炭翁	숯 파는 저 늙은이
伐薪燒炭南山中	남산에서 나무 베어 숯을 굽는데
滿面塵灰煙火色	얼굴 가득 재가 묻어 연기에 그을렸고
兩鬢蒼蒼十指黑	귀밑머리 희끗희끗 열 손가락 새까맣네
賣炭得錢何所營	숯 팔아 번 돈을 어디에 쓰려는가
身上衣裳口中食	몸 위에 옷 걸치고 입에 풀칠하려네
可憐身上衣正單	가엾도다 걸친 옷, 홑 것이건만
心憂炭賤願天寒	숯 값 쌀까 걱정하여 날씨 춥기 바라네
夜來城外一尺雪	밤사이 성 밖엔 한 자나 눈이 내려
曉駕炭車輾氷轍	새벽에 수레 몰고 빙판길을 달리다가
牛困人飢日已高	지친 소, 주린 사람, 대낮이 되자
市南門外泥中歇	시장판 남문 밖 진흙탕에서 쉬는데
翩翩兩騎來是誰	말 타고 날아오는 저 두 사람 누구인가?
黃衣使者白衫兒	누른 옷의 使者와 흰옷 입은 젊은 자
手把文書口稱敕	손에는 문서 들고 勅命이라 일컫고는
廻車叱牛牽向北	수레 돌려 소를 몰고 북쪽으로 끌고 가네
一車炭重千餘斤	한 수레 가득한 숯, 일천 근이 넘건마는
官使驅將惜不得	宮使가 몰고 가니 아까워도 어쩔거나
半匹紅紗一丈綾	붉은 비단 반 필과 누른 능라 한 길을

繫向牛頭充炭直　소머리에 걸어 놓고 숯 값이라 하는구나

백거이는 자신의 시를 諷諭詩, 閑適詩, 感傷詩, 雜律로 분류했는데 그는 上記한 풍유시 이외에도 주옥같은 小品과 〈長恨歌〉, 〈琵琶行〉 등의 장편 거작을 남겼다. 또한 백거이는 원진과 함께 쉽고 平易한 시를 쓸 것을 주장하여 이른바 '元白體'를 유행시켰는데 후일 蘇東坡로부터 "元輕白俗" 즉 원진의 시는 경박하고 백거이의 시는 통속적이라는 평을 듣긴 했지만 당시 두 사람이 詩壇에 기여한 바는 실로 크다고 하겠다.

中唐의 시를 논함에 있어 長慶·太和年間에 白居易와 함께 시단의 영수로 군림했던 劉禹錫을 빼놓을 수 없다. 그는 일찍이 王叔文이 주도한 永貞革新에 가담하여 참담한 좌절을 겪고 生의 대부분을 外州의 말단 벼슬로 보냈다. 이러한 경험이 그로 하여금 날카로운 정치 풍자시를 쓰게 했고 또한 '竹枝詞'를 창작케 한 계기가 되었다. 그는 夔州刺史로 있을 때 그 지방의 民歌를 바탕으로, 그 지역의 자연풍광, 민중의 풍속, 남녀의 애정 등을 소재로 하는 새로운 가사를 창작했는데 이것이 竹枝詞이다. 이전에 顧況의 竹枝詞가 있긴 했으나 본격적인 죽지사의 창작은 劉禹錫에서 비롯된 것이다. 이 새로운 詩體는 후대에 널리 유행되었다. 이외에도 그는 천고에 전송되는 〈金陵懷古〉, 〈金陵五題〉 등의 영사시를 남겼으며 그의 詩風은 宋代의 江西詩派에도 일정한 영향을 끼쳤다.

楊柳靑靑江水平　버들은 푸르고 강물은 잔잔한데
聞郎江上唱歌聲　강가에서 들려오는 내님의 노랫소리

東邊日出西邊雨　동쪽에선 해가 뜨고 서쪽에선 비가 오니
道是無晴還有晴　흐리다고 해야 할지 개었다고 해야 할지　〈竹枝詞〉

유우석의 대표적인 竹枝詞 중의 하나인데, 늦은 봄이나 초여름에 나타나는 그 지방의 특이한 자연현상을 빌어 여자의 복잡한 마음을 묘사한 작품이다. 유정한 것 같기도 하고 무정한 것 같기도 한 남자의 마음, 첫사랑의 열병을 앓고 있는 여자의 심리를 참으로 절묘하게 비유했다. 그리고 민간 가요라는 죽지사 본래의 속성을 잘 드러내고 있다. 유우석은 민간 노래의 창법을 배워 자신이 직접 노래하기도 했다고 한다.

산문 쪽에서 더 많은 걸작을 남긴 柳宗元은 시에 있어서도 陶淵明의 山水田園詩를 계승하여 그 나름의 시세계를 확립했다는 평가를 받고 있으며, 이른바 '孟寒島廋'라 하여 불우하고 가난한 선비의 수심과 곤궁한 삶을 노래한 孟郊와 賈島도 이 시기에 활동한 시인들이다.

論者에 따라서 '奇險派'로 분류되기도 하는 韓愈와 李賀도 中唐의 중요한 시인들이다. 古文運動을 창도했던 韓愈는 산문가답게 산문이나 賦의 작법으로 시를 썼으며 奇字, 僻字, 險韻을 사용하여 전통적인 作詩法을 벗어났기 때문에 '以文爲詩'한다는 평을 듣기도 했다. 이러한 그의 시풍은 宋代의 시에 커다란 영향을 주었다. 27세에 夭折한 천재시인 李賀는 기발한 상상력으로 대담한 비유와 상징을 구사하여 新奇하고 瑰麗한 시세계를 창조했으니 唐詩의 新境地를 개척했다고 할만하다. 그의 시는 정치적으로 뜻을 얻지 못한 데에서 오는 悲憤이 屈折되어 표현된 작품이 많다. 鬼才, 詩鬼, 鬼仙으로 불릴 만큼 그의 시에 귀신이 자주 등장하는 것도 그가 절망의 현실 너머에 있는 彼岸의 세계를 동경했기 때문이다.

이상에서 살펴본 바와 같이 中唐은 실로 다양한 시인들이 다채로운 작품을 생산한 시기였다. 그래서 盛唐이 아니라 中唐이 唐詩의 盛世라는 說을 제기하는 論者도 있다. 정치, 경제적으로는 盛唐이 전성시기였지만 문학적으로는 中唐이 盛唐에 조금도 뒤지지 않고 오히려 盛唐을 능가한다는 주장이다. 실제로 韋應物과 劉長卿의 5언시는 王維, 孟浩然에 손색이 없고, 王建의 宮詞와 劉禹錫의 竹枝詞는 絶句의 新境地를 개척했으며 白居易, 劉禹錫, 李賀 등의 詩的成就 또한 盛唐詩와 당당히 겨룰만하다는 것이다.

4) 晩唐(836~907)

文宗 太和 연간 이후부터 唐末까지 약 80년간을 晩唐이라 이른다. 이 시기에도 많은 시인들이 활동했으나 이미 唐王朝가 기울어지고 있던 시기여서 詩는 盛・中唐의 健康性을 잃고 唯美主義에 빠졌다. 시인들은 아름다움과 섬세함을 추구한 나머지 練句 練字에만 집중하고 시 전체의 완성도나 품격에는 별 관심을 두지 않았다. 따라서 樂府歌行이나 古詩는 극히 적고 5, 7언 律詩가 대량으로 창작되었다. 후대에 '晩唐體'라 칭하는 시는 바로 이 5, 7언 율시를 두고 하는 말이다. 그만큼 晩唐의 詩는 내용보다 형식에 치중하는 경향이 짙었다.

그런 가운데에서 '小李杜'라 일컬어진 李商隱과 杜牧이 단연 두드러졌다. 李商隱은 비범한 재주를 지니고 정치적 야망도 컸으나 이른바 '牛李黨爭'의 희생물이 되어 평생을 불우하게 지냈다. 그가 겪은 정치적 좌절을 반영하듯 다수의 정치 풍자시를 남겼고, 〈隋宮〉, 〈華淸宮〉, 〈馬嵬〉 등의 詠史詩에도 佳作이 많지만 그의 특징적인 면모는 〈無題〉詩와 詠物詩에서 잘 드러난다. 600여 수에 달하는 그의 시 중에 〈無題〉라는 제목의 시가 20수이고, 〈錦瑟〉, 〈一片〉과 같이 시의 처음 두 글자로 제목을 삼은 것과, 〈西溪〉, 〈卽日〉처럼 시의 중간 혹은 마지막 두 글자로 제목을 삼은 것을 합하면 근 100여 수의 시가 '無題'에 속한다. 이 시들은 男女愛情을 소재로 한 것이 대부분인데, 古事를 많이 사용하여 直敍하지 않고 婉曲하게 표현했기 때문에 難解한 대목이 많아 지금까지도 해석을 둘러싸고 논란이 분분하다. 〈錦瑟〉이 그 대표적인 예이다. 다음은 널리 알려진 그의 無題詩이다.

相見時難別亦難　만나기도 어렵더니 이별 또한 어렵구나
東風無力百花殘　봄바람, 힘이 없어 온갖 꽃 시드네

春蠶到死絲方盡　누에는 죽어서야 실을 다 뽑아내고
蠟炬成灰淚始乾　촛불은 재가 되야 눈물이 마른다오

曉鏡但愁雲鬢改　새벽엔 거울보고 근심하겠지
　　　　　　　　구름 같은 머리채 변하는 것을
夜吟應覺月光寒　밤에는 시 읊으며 응당 깨달으리라
　　　　　　　　달빛이 이리도 차가운 것을

蓬萊此去無多路　봉래산이 여기서 멀지 않으니
青鳥殷勤爲探看　파랑새야 날 위해 가만히 찾아가 보렴　〈無題〉

이상은의 대표작 중의 한 수이다. 그의 〈無題〉詩 중에서는 비교적 덜 난해한 작품에 속하는데, 특히 제2련의 누에와 촛불의 비유는 千古의 絶唱으로 傳誦된다. 이 밖에도 〈蟬〉, 〈蝶〉 등의 영물시에서는, 사물을 빌어서 혹은 조정을 비판하기도 하고 혹은 백성의 疾苦를 나타내기도 하고 또 혹은 자신의 처지를 노래하기도 했다. 그의 시는 후대에 큰 영향을 미쳐서 北宋初에 그의 詩風을 모방해서 창작한 일군의 시인들이 나타났는데 이들의 시풍을 '西昆體'라 부른다.

≪通典≫의 저자 杜佑의 손자인 杜牧의 시는 화려하고 염정적이라는 것이 일반적인 평이다. 이론상으로는 "意를 主로 삼고 氣를 보좌로 삼는다.〔以意爲主 以氣爲輔〕"라 했고, "綺麗한 것에 힘쓰지 않는다.〔不務綺麗〕"고 말했지만 그의 시는 이론과는 달리 華靡한 색채를 띠고 있어 晩唐의 시풍으로부터 자유로울 수 없었다. 그는 특히 7언 절구에 능하여 〈泊秦淮〉, 〈山行〉, 〈江南春〉, 〈淸明〉 등의 七絶은 지금도 人口에 膾炙되고 있다.

3. 歷代 唐詩選集

唐詩는 시 자체가 지닌 예술적 가치가 높기 때문에 후대에도 지속적으로 읽혀져서 많은 詩選集이 나왔다. 또 그 篇數가 워낙 방대하여 選詩의 필요성이 요구되었을 것이다. 그러나 '選詩가 作詩보다 어렵다.'는 말이 있듯이 5만여 수나 되는 당시의 精髓를 가려 뽑는 것이 결코 쉬운 일이 아니었을 것이다. 唐詩는 當代로부터 宋, 金, 元, 明, 淸을 거치면서 수많은 選詩集이 나왔는데 모두가 選者의 詩觀을 일정하게 반영하고 있어서 어느 것이 善本이라고 단정적으로 말할 수는 없다. 이제 施蟄存 교수의 ≪唐詩百話≫(華東師範大學出版社, 2001.)에 의거하여 비교적 중요하다고 생각되는 選本 몇 가지를 소개한다.

1) ≪唐百家詩選≫ (宋)

王安石이 편집했다는 설과 宋敏求가 편집하여 왕안석이 改定했다는 兩說이 있는데 北宋時期의 唐詩選集임에는 틀림없다. 여기에는 108명 1,262수의 시가 수록되어 있다. 한 가지 특이한 점은 李白, 杜甫, 韓愈, 王維, 白居易 등 大家의 시가 빠져 있는데 아마 이들의 시집은 쉽게 구할 수 있기 때문에 우선 제외하고 일반인들이 쉽게 접근하기 어려운 시들을 뽑은 것으로 생각된다.

2) ≪萬首唐人絶句≫ (宋, 洪邁 編)

淳熙年間에 洪邁가 唐人 絶句 5,400수를 뽑아 孝宗에게 바쳤는데 孝宗이 "唐人絶句가 몇 수인가?"라 물어 "모두 1만 수가 됩니다."라 답하니 모두 모아서 편집하라고 명하여 紹熙3年(1192)에야 100권을 편집하여 바쳤는데 每卷에 100수씩 수록되어 있다. 이 중 75권이 7言絶句이고 25권이 5言絶句이다. 이 책은 정밀하지 못하여 宋初의 시도 섞여 있고 율시의 중간 4구를 절취하여 절구로 편입한 것도 있다고 한다. ≪四庫全書≫에는 5言絶句 9권이 빠진 91권이 수록되어 있는데, 明 嘉靖年間에 陳敬學이 宋刊本의 缺卷을 보충하여 101권으로 완성했다.

淸 康熙 47년(1708)에 王士禛이 洪邁의 ≪萬首唐人絶句≫ 중에서 264인 895수의 시를 뽑아 7권의 ≪萬首唐人絶句選≫을 만들었다.

3) ≪衆妙集≫ (宋, 趙師秀 編)

初唐의 沈佺期로부터 晩唐의 王貞白에 이르기까지 76인의 시를 수록했는데 모두 5, 7言律詩이고 古體詩는 수록하지 않았다. 율시 중에서도 5言律詩가 10분의 9를 차지한다.

4) ≪唐詩鼓吹≫ (金, 10권)

金代의 元好問이 編했다고 전하나 異說이 있다. 中, 晩唐 詩人 96인의 7言律詩 596수

가 수록되어 있는데, 宋初 胡宿의 시 23수가 잘못 들어가 있다. 南宋 중기 이후는 주로 晩唐의 5言律詩를 학습했고 北方의 金, 元에서는 晩唐의 7言律詩를 학습했기 때문에, 南宋 때 나온 ≪衆妙集≫에는 5言律詩가 대부분이고 金나라 때 나온 ≪唐詩鼓吹≫에는 오로지 7言律詩만 수록되어 있는 것이다. 元代 郝天挺의 注本이 있고 明代 廖文炳의 注解本이 있다.

5) ≪唐音≫ (元, 楊士弘 編, 14권)

楊士弘이 1335년에서 1344년까지 10년에 걸쳐 編選한 것으로, '始音', '正音', '遺響'의 3부분으로 분류하여 제1권이 始音이고 이하 正音이 6권, 遺響이 7권으로 편성되어 있다. 모두 1,341수가 수록되어 있는데 李白, 杜甫, 韓愈의 시는 세상에 전집이 많기 때문에 수록하지 않는다고 凡例에서 밝히고 있다. 이 책은 唐詩를 初盛唐, 中唐, 晩唐의 3期로 구분하고 있어 明代 高棅이 ≪唐詩品彙≫에서 唐詩를 初唐, 中唐, 盛唐, 晩唐으로 구분하는 데에 선도적 역할을 했다. 또한 嚴羽의 견해를 이어받아 盛唐詩를 최고의 반열에 올려놓음으로써 南宋에서 元에 이르는 동안 中, 晩唐을 追崇했던 풍조를 바꾸어 놓았다.

6) ≪唐詩選≫ (明, 李攀龍 選, 7권)

表題에 "李于鱗選"(于鱗은 李攀龍의 字)이라 되어 있지만 이반룡은 ≪唐詩選≫을 編한 적이 없고, 고대에서 唐代까지의 시와 明代의 시를 뽑아 ≪古今詩删≫ 34권을 만들었는데 후에 坊賈가 ≪古今詩删≫ 중의 당시 부분만 뽑아서 ≪唐詩選≫이라 한 것이다. 明代 前後七子詩派의 견해를 반영했다는 평을 받고 있다.

7) ≪唐詩解≫ (明, 唐汝詢 解, 50권)

1615년에 ≪唐詩正聲≫과 ≪唐詩選≫을 底本으로 만든 것으로 每詩마다 註解를 달았다. 淸代에 吳昌祺가 ≪唐詩解≫의 시를 删削하고 번잡한 註解를 간략하게 줄이거나 수정하여 1701년 ≪删訂唐詩解≫ 24권을 내놓았다.

8) ≪唐賢三昧集≫ (淸, 王士禛 選, 3권)

盛唐의 王維, 孟浩然, 儲光羲, 常建 등 42인의 시 448수를 수록했다. 여기에는 李白과 杜甫의 시를 수록하지 않음으로써 神韻論者로서의 관점을 드러내고 있다.

9) ≪唐詩別裁≫ (淸, 沈德潛 編, 20권)

1717년에 초간본이 나왔고 1763년에 增補 重刊本이 나왔는데 270여 인 1,900여 수의 시를 수록하고 있다. 康熙 中葉에 시인들이 모두 宋, 元詩를 학습하는 풍조를 바로잡고, 또 王士禛의 神韻說이 성행하여 雄奇壯闊한 작품을 배척하는 풍조를 바로잡기 위하여 編한 책이다. 李白, 杜甫, 王維, 韓愈, 白居易, 李商隱 등 大家의 작품 이외에도 많은 시인들을 수록했고, 시의 題材나 풍격 등에서도 비교적 다양한 시들을 수록하여 唐詩의 全貌를 반영한 것으로 평가된다. 그러나 沈德潛은 시는 마땅히 '溫柔敦厚'해야 한다는 儒家의 詩教를 신봉했기 때문에, 時政을 강하게 비판하거나 봉건사회의 모순을 폭로하는 등의 작품은 수록하지 않았다. 이 책은 당시 상당한 영향력을 미쳐 道光年間에 兪汝昌이 ≪唐詩別裁集引典備注≫를 편찬하기도 했다.

10) ≪唐詩合解≫ (淸, 王堯衢 注, 12권)

이 책은 嘉慶, 道光 이후에 ≪千家詩≫, ≪唐詩三百首≫를 제외하고는 가장 많이 읽힌 책이다. 내용은 5言古風 2권, 7言古風 1권, 5言絶句 1권, 7言絶句 2권, 5言律詩 2권, 7言律詩 3권, 5言排律 1권으로 되어 있다. 選詩基準이나 註解方法 면에서 淸人의 唐詩 읽는 방법을 대표하고 있다는 평을 받는다.

11) ≪唐詩消夏錄≫ (淸, 顧安 評選, 何文煥 增評, 5권)

1756년 顧安이 唐 5言律詩를 뽑고 圈點과 評論을 가하여 ≪丙子消夏錄≫을 만들었는데 1762년에 何文煥이 顧安의 책을 重刊하면서 자신의 평론을 첨가하여 ≪唐詩消夏錄≫이라 이름한 것이다.

4. ≪唐詩三百首≫에 대하여

1) ≪唐詩三百首≫의 著者와 板本

≪唐詩三百首≫의 저자는 淸代의 孫洙인데 그의 생평에 관해서는 자세한 기록이 없다. 이제 ≪梁溪詩鈔≫ 권42와 ≪名儒言行錄≫ 卷下에 의거하여 대강의 事迹을 살펴본다.

孫洙(1711~1778)는 지금의 江蘇省 無錫 출신으로 字는 臨西(어떤 본에는 苓西로 되어 있다.), 號는 蘅堂, 晩號는 退士인데 일반적으로 蘅堂退士로 일컬어진다. 어려서부터 성품이 영민하였다. 집이 가난하여 한겨울에 독서를 할 때 항상 나무 막대기를 손에 잡고 있었는데 '木生火'이기 때문에 그렇게 하면 추위를 막을 수 있다는 말을 했다고 한다.

乾隆 9년(1744)에 擧人이 되어 景山官學敎習과 上元縣敎諭를 역임했고, 1751년에 進士가 되어 大城, 盧龍, 鄒平의 縣令을 지냈다. 부임하는 곳에서는 반드시 백성의 疾苦를 살피고 평시에 고을 사람들과 父子처럼 생활했으며, 혹 곤장을 칠 일이 있으면 그가 먼저 눈물을 흘렸기 때문에 백성들이 感泣하여 스스로 잘못을 뉘우쳤다고 한다. 公務의 여가에는 독서를 그치지 않아서 마치 일개 書生과 같았으며 관직에서 물러난 후에도 여전히 淸貧하게 살았다고 한다. 저서로 ≪蘅堂漫稿≫가 있다.

≪唐詩三百首≫는 乾隆 29년(1764)에 처음 편찬된 이래 1831년에 陳婉俊의 ≪唐詩三百首補注≫(四藤吟社本)가 나왔고 1835년에는 章燮의 ≪唐詩三百首註疏≫(常州宛委山莊本)가 나왔다. 章燮의 註疏本은 원래의 310首에 11首를 더하여 321首로 만들고 상세한 注를 달아 놓았는데 孫洙의 原刻本은 없어지고 우리가 지금 볼 수 있는 것은 章燮의 註疏本이다. 이후 근래의 兪守眞이 編한 ≪唐詩三百首詳析≫(1948)을 비롯하여 지금은 수십 종의 註釋書가 나와 있다.

2) ≪唐詩三百首≫의 內容과 編次

이 책의 편찬 의도는 蘅堂退士의 〈唐詩三百首題辭〉에 잘 드러나 있다.

> 세간에 아동들이 글을 배울 때 곧 ≪千家詩≫를 공부하라고 주는데, 쉽게 암송할 수 있어서 끊임없이 전해져 왔기 때문이다. 그러나 그 시들은 손 가는대로 모아 놓은 것이라 工拙을 구분하지 않았고 또 5, 7언 율시와 절구 두 詩體 뿐이며 唐, 宋인이 그 사이에 섞여 있어서 체재가 자못 어긋나 있다. 그래서 전적으로 唐詩 가운데 人口에 膾炙되는 작품만을 취하여 그 중에서도 중요한 것을 가려, 각 詩體마다 10수씩 얻으니 모두 300여 수가 되었다. 이를 수록하여 한 편을 이루었으니 家塾의 교본으로 삼고자 한다. 아동들로 하여금 그것을 익히게 하고 노인들도 폐하지 않게 한다면 ≪千家詩≫에 비하여 훨씬 더 낫지 않겠는가? 속담에 이르기를 "당시 삼백수를 熟讀하면 시를 읊으려 하지 않아도 읊게 된다."라 하였으니 이 책으로 그것을 徵驗하기 바란다.

題辭에서 밝힌 바와 같이 이 책은 詩家의 전문적인 詩選集이 아니고 아동들의 詩歌學習을 위하여 만든 것이다. 당시 아동들의 학습 교본은 ≪千家詩≫였던 듯한데 이 책이 童蒙敎本으로 적합지 않다고 판단하여 자신이 새롭게 편찬했다고 했다. 그러나 "唐詩 가운데 人口에 膾炙되는 작품만"을 뽑았기 때문에 아동들뿐만 아니라 일반인에게도 널리 읽히게 되어 唐詩選集 중에서 가장 많이 읽히고 후대에 미친 영향력도 큰 책이 되었다.

≪唐詩三百首≫에는 77명 작가의 시 310수가 수록되어 있다. 작가들은 唐代의 중요 시인들은 물론이고 帝王, 사대부, 승려, 歌女, 무명씨 등이 광범위하게 포함되어 있다. 이제 이 책에 수록된 작가와 작품 수를 열거해 본다.

張九齡(5수) 李白(34수) 杜甫(39수) 王維(29수) 孟浩然(15수) 王昌齡(8수) 邱爲(1수) 綦毋潛(1수) 常建(2수) 岑參(7수) 元結(2수) 韋應物(12수) 柳宗元(5수) 孟郊(2수) 陳子昂(1수) 李頎(7수) 韓愈(4수) 白居易(6수) 李商隱(24수) 高適(2수) 唐玄宗(1수) 王勃(1수) 駱賓王(1수) 杜審言(1수) 沈佺期(2수) 宋之問(1수) 王灣(1수) 劉長卿(11수) 錢起(3수) 韓翃(3수) 劉愼虛(1수) 戴叔倫(1수) 李益(3수) 盧綸(6수) 司空曙(3수) 劉禹錫(4수) 張籍(1수) 杜牧(10수) 許渾(2수) 溫庭筠(4수) 馬戴(2수) 張喬(1수) 崔塗(2수) 杜荀鶴(1수) 韋莊(2수) 僧皎然(1수) 崔顥(4수) 祖詠(2수) 崔曙(1수) 皇甫冉(1수) 元稹(4수) 薛逢(1수) 秦韜玉(1수) 裵迪(1수) 王之渙(2수) 李端(1수) 王建(1수) 權德輿(1수) 張祜(5수) 賈島(1수) 李頻(1수) 金昌緖(1수) 西鄙人(1수) 賀知章(1수) 張旭(1수) 王翰(1수) 張繼(1수) 劉方平(2수) 柳中庸(1수) 顧況(1수) 朱慶餘(2수) 鄭畋(1수) 韓偓 (1수) 陳陶(1수) 張泌(1수) 杜秋娘(1수) 無名氏(1수)

여기서 볼 수 있듯이 杜甫와 李白의 시가 각각 39수와 34수로 가장 많고 다음으로 王維의 시가 29수, 李商隱의 시가 24수이다. 이 밖에도 10수 이상의 시인은 孟浩然(15수), 韋應物(12수), 劉長卿(11수), 杜牧(10수)이다.

詩體別로 보면 5言古詩가 35수, 5古樂府가 11수, 7言古詩가 28수, 7古樂府가 16수, 5言律詩가 80수, 7言律詩가 53수, 7律樂府가 1수, 5言絶句가 29수, 5絶樂府가 8수, 7言絶句가 51수, 7絶樂府가 9수이다. 이것은 蘅堂退士의 원본에 章燮이 11수를 더한 편수인데, 章燮이 첨가한 시는 張九齡의 〈感遇〉 2수, 李白의 〈子夜四時歌〉 3수와 〈長干行〉 1수, 〈行路難〉 2수, 杜甫의 〈詠懷古跡〉 3수이다.

이렇게 ≪唐詩三百首≫는 다양한 작가층을 망라했고 詩體에 있어서도 古體詩와 近體詩, 樂府詩를 포괄하였으며 또한 初, 中, 盛, 晩唐의 시를 고루 안배했다. 내용면에서도 이 책에 수록된 시들은 唐代의 사회생활과 詩歌의 風貌를 일정한 정도로 반영한다고 말할 수 있다. 그러나 모든 選集이 그렇듯이 이 책도 盡善盡美할 수는 없다.

우선 눈에 띄는 것은 李賀의 작품이 한 편도 없다는 점이다. 蘅堂退士의 주관이 작용한 것으로 보이지만 아쉬운 점이다. 수록된 작가라 해도 몇몇 작품이 빠진 것 또한 아쉽다. 예를 들면, 杜甫의 걸작이라 할 수 있는 〈自京赴奉先縣咏懷五百字〉, 〈北征〉 등의 巨作과 이른바 〈三吏三別〉 그리고 〈秋興八首〉 등이 빠져 있다. 李白의 작품 중에서도 〈贈王倫〉, 〈獨坐敬亭山〉 등의 대표작이 누락되었고, 中唐의 大家인 白居易의 시가 6수만 수록된 점도 아쉽지만 그나마도 〈新樂府〉는 한 편도 수록되지 않았다. 그가 펼친 '新樂府運動'의 문학사적 의의를 고려한다면 1편 정도는 편입되어야 마땅했을 것이다. 이러한 사정은 劉禹

錫의 경우도 마찬가지이다. 그의 시는 단 4수만 수록되어 있는데, 〈金陵懷古〉 등의 영사시와 〈竹枝詞〉가 한 편도 들어가지 않았다. 이 밖에도 柳宗元의 〈別舍弟宗一〉, 元稹의 〈得樂天書〉, 韋應物의 〈長安遇馮著〉 등의 佳作들이 보이지 않는다.

5. 우리나라에서의 唐詩受容과 唐詩選集 編纂

朝鮮朝 시풍의 變移에 대하여 金萬重은 ≪西浦漫筆≫에서 다음과 같이 말했다.

> 本朝의 詩體는 4, 5번 이상 바뀌었다. 國初에는 高麗의 맥을 이어 순전히 東坡를 배웠다. 成宗 연간에 이르러 오직 容齋(李荇)가 大成했다고 일컬어졌고, 중간에 豫章(黃庭堅)을 참작한 것으로는 翠軒(朴誾)의 재주가 있었으니 실로 300년 만의 한 사람이다. 또 변하여 黃庭堅과 陳師道를 전적으로 공부했으니 鄭士龍, 盧守愼, 黃廷彧 세 사람이 나란히 우뚝하였다. 또 변하여 唐詩의 正道로 돌아갔는데 崔慶昌, 白光勳, 李達이 뛰어난 자였다.

金萬重이 지적한 바와 같이 鮮初에는 고려시대의 여풍을 답습하여 蘇軾과 黃庭堅을 모범으로 삼았다가 崔慶昌, 白光勳, 李達의 이른바 '三唐詩人'이 출현하면서 본격적인 唐詩風의 시를 쓰게 되었다. 李睟光도 ≪芝峯類說≫에서, "우리나라의 시인들은 蘇·黃을 높이 여기는 이가 많아서, 200년 동안에 모두 하나의 격식만 도습하여 오더니 근세에 이르러 崔慶昌, 白光勳이 비로소 당나라의 시를 배워서 힘써 맑고 괴로운 詩詞를 지으니, 崔·白이라고 불리어 한 때 본받는 이가 매우 많았으니 종래의 버릇을 거의 고치게 되었다."라고 하여 崔慶昌, 白光勳에 이르러 唐詩가 성행하게 되었음을 말하고 있다. 이후 조선의 시단에서 唐詩는 확고부동한 지위를 점했다. 모든 시인들이 당시를 배우려 했고 또 모든 시의 優劣이 唐詩를 기준으로 판단되었다.

따라서 중국의 唐詩選集들이 활발하게 유입되었고 우리나라에서의 唐詩選集도 지속적으로 편찬되었다. 이 중에서 '三唐詩人'의 한사람인 李達의 詩弟子 許筠의 글을 통해 당시 사람들의 唐詩에 대한 관심이 어떠했는가를 살펴본다.

> 당 나라 3백 년 동안에 작자가 1천이 넘는 수효에 달했으니 詩道의 성함이 전후에 짝이 없었다. 그것을 종합하여 뽑아 놓은 것이 또한 수십 家였으니, 그 중에서 특히 줄여서 알맹이만 골라진 것은 楊士弘이 초집한 ≪唐音≫이며, 상세하고 많이 뽑아 놓은 것은 高棅의 ≪唐詩品彙≫이며, 독자적인 지혜로 마음을 써서

古套를 답습하지 않고 스스로 運用하는 것을 높은 것으로 삼은 것은 李攀龍의 ≪唐詩刪≫이다. 이 세 책이 나오자 천하의 당시를 뽑은 것들은 모두 폐기되고 행하지 못했으니, 아, 훌륭하도다.

나는 일찍이 세 사람이 뽑은 것을 가져다 읽어 보니 다소 異議가 없지 않았다. 楊氏는 비록 精하기를 힘썼다지만 正音과 遺響을 분변함이 너무도 蹊逕이 없고 그 雄俊하고 古魯한 음을 채택하지 않은 것도 있어서 아는 자로 하여금 구슬을 빠뜨린 개탄을 가지게 하며, 廷禮(高棅의 딴 이름)가 모은 것은 극히 풍부하기는 하나 시대 별로 사람을 늘어놓고 작가 별로 작품을 늘어놓아 곱고 추한 것으로 하여금 함께 나아가게 하고 雅와 俗을 모두 몰아넣어서, 識者들이 '고기 눈깔을 구슬과 섞어 놓았다.'고 나무랐으니, 그 말이 혹 가까운 것도 같다. 于鱗(李攀龍의 字)씨가 가린 데 이르러서는 다만 勁悍하고 奇杰한 것만을 택하여 자기 법도에 합하면 싣고 맞지 않으면 尺璧과 徑寸의 구슬을 던져버리고도 아깝게 여기지 않았으니, 英雄이 사람을 속인 것이라 전부 믿을 바는 못 된다. 그 遺篇과 逸韻이 여러 작품들 사이에 묻혀 오랜 세월이 지나도록 탄상을 받지 못한 것을 于鱗씨가 능히 뽑아내어 上列에 올린 것은 이는 확실히 말 밖의 독자적인 이해로서 세속적인 견해로는 헤아릴 만한 것이 아닌 점이 있다.

내가 소리 내어 읽어 보고 研究하기에 여러 해를 보냈는데 어슴푸레 깨달아지는 바가 있는 듯하여 드디어 高씨가 모은 것을 가져다 먼저 그 雜亂한 것을 베어버려 10의 5를 남기되 楊씨의 것으로 참고하고 李氏의 것으로 이어, 전에 뽑아 놓은 것과 합하여 한 책을 만들었다.

그리고 各體로 나누고 시대로써 사람을 배열하되 진실로 묘하면 비록 晩唐의 것이라도 상세히 하였고, 혹 병이 있고 속되면 또한 盛唐의 것이라 하여 남겨두지 않았다. 무릇 卷은 60이요 篇은 2천 6백여 首나 되니, 唐詩는 여기에 다 실은 것이다. (〈唐詩選序〉, 번역은 민족문화추진회의 ≪국역 성소부부고≫를 따랐음)

許筠이 살았던 16세기 후반과 17세기 초에 이미 중국에서 간행된 唐詩選集들이 우리나라에 대량으로 유입되었음을 알 수 있다. 그만큼 唐詩에 대한 관심이 높아진 것이다. 또한 唐詩를 보는 眼目도 상당한 수준에 이르러 중국 측 唐詩選集의 長短点을 파악하고 있었다는 사실도 알 수 있다. 무엇보다 놀라운 것은 허균이 2,600여 수의 당시를 뽑아 60권의 ≪唐詩選≫으로 묶었다는 사실이다. 허균은 또 중국에서 입수한 ≪批點唐吟≫을 두고 "이 책은 친구의 얼굴과 같기 때문에 항시 곁에 두고 놓지를 않는다"라 하여 唐詩에 대한 깊은 애정을 표시하기도 했다.

허균과 비슷한 시기에 李晬光(1563~1628)도 ≪唐詩彙選≫ 8권을 만들었다는 기록이 보이고, 17세기 중반엔 閔晉亮이 7언시만 뽑아 ≪唐詩類選≫을 편찬했다는 기록이 보인다. 이후에도 수많은 唐詩選集이 편찬되었다.

唐 詩人 개인에 대한 선집은 주로 杜甫에 집중되어 있다. 成宗 12년(1481)에 이미 25권 19책의 ≪分類杜工部詩諺解≫가 간행되었고, 正祖 22년(1798)에는 杜甫의 律詩 777수를 韻字에 따라 나누어 편집한 5권 2책의 ≪杜律分韻≫이 간행되었다. 이 책은 哲宗 1년(1850)에 重刊되기도 했다. 이와 별도로 李植(1584~1647)은 ≪纂註杜詩澤風堂批解≫라는 26권 14책의 杜詩 評釋書를 저술했다. 이 책은 杜詩 약 1,300수에 註와 評釋을 단 연구서로 우리나라의 대표적인 杜詩 硏究書이다.

이번에 上梓하는 ≪譯註 唐詩三百首≫는 필자와 5명의 젊은 연구자들이 공동으로 번역한 것이다. 이 5명의 연구자들은 필자의 사랑하는 제자들이자 앞으로 한국한문학을 이끌어 나갈 미래의 棟樑들이다. 唐詩를 모르고 한국한문학을 연구할 수 없다는 절박한 심정에서 읽어나가다가 책으로 출판하자는 데에 뜻을 모아 每週 한 번씩 필자의 연구실에 모여서 난상토론을 거쳐 번역문과 주석을 완성해 나갔다. 비록 공동번역이긴 하지만 필자가 최종적으로 일일이 검토한 후 完稿를 만들었기 때문에, 혹 잘못된 부분이 있으면 그 책임의 대부분은 필자에게 있음을 밝혀둔다.

원래 詩라는 것이 애매한 곳이 많다. 특히 漢詩의 경우는 더욱 심해서 잘 해결되지 않은 부분이 허다했다. 그래서 100여 종에 가까운 중국 측 연구서를 참조했지만 중국 학자들 사이에서도 詩 한 구절을 놓고 해석이 엇갈리는 경우가 한둘이 아니었다. 이런 여러 가지 견해를 종합하고 절충하여 나름대로 번역했으나 역시 未洽하다는 생각을 떨칠 수 없다. 이 점 大方의 叱正을 바란다.

凡 例

1. 본서는 東洋古典譯註叢書 ≪唐詩三百首≫의 제1책이다.
2. 본서는 章燮의 ≪唐詩三百首註疏≫(규장각 소장본)를 國譯底本으로 하고, 邱燮友의 ≪新譯 唐詩三百首≫(三民書局, 1999)와 ≪唐詩三百首欣賞≫(文化圖書公司, 1992), ≪唐詩精華分卷≫(朝華出版社, 1991), ≪唐詩三百首評注≫(湖北人民出版社, 2007) 등을 참고하였다.
3. 본서를 주석함에 四書五經 등의 基本經傳과 ≪史記≫, ≪莊子≫ 등의 史書와 諸子書를 비롯하여 여러 고전을 참고하였다.
4. 詩의 특성상 詩 原文에는 懸吐하지 않았다.
5. 번역은 原義를 충실하게 전하기 위해 직역을 위주로 하였고 필요에 따라 의역을 하기도 하였다.
6. 譯註는 주요 단어와 난해 어구 및 고사 등을 상세하게 풀이하였고, 저본과 각 시인의 시집 주소 및 전당시의 시 원문에 異同이 있는 경우 주를 달아 표시하였다.
7. 通釋은 詩의 내용을 포괄적으로 설명하여 알기 쉽게 하였고, 解題는 시의 이해와 감상에 필요한 사항을 소개하였다.
8. 集評은 각 시에 대한 후대 학자들의 평론을 모은 것인데, 중국뿐만 아니라 우리나라 학자들의 평론도 함께 실었다. 평론 이외의 우리나라의 관련 자료는 參考文獻에 실었다.
9. 각 詩는 ≪新譯 唐詩三百首≫의 순서에 따라 일련번호를 부여하였다.
10. 본서에 사용된 주요 符號와 略號는 다음과 같다.

“ ” : 각종 引用　〈 〉: 篇章節名, 作品名 또는 補充
‘ ’ : 再引用, 强調　( ) : 漢字의 音, 간단한 註釋
≪ ≫ : 書名이나 出典　〔 〕: 原文 誤字에 대한 正字, 音이 다른 漢字 倂記

參考文獻

· ≪李太白全集≫(全3冊), 王琦 注, 中華書局, 1977.
· ≪李白大辭典≫, 郁賢皓 主編, 廣西教育出版社, 1995.
· ≪李白≫, 汪艶菊 編著, 五洲傳播出版社, 2005.
· ≪李白詩≫, 熊禮滙 評注, 人民文學出版社, 2005.
· ≪李白集≫, 郁賢皓 編選, 鳳凰出版社, 2006.
· ≪杜詩鏡銓≫(全4冊), 楊倫 輯, 臺灣中華書局, 중화민국 64년.
· ≪杜詩詳註≫(全4冊), 仇兆鰲 注, 里仁書局, 중화민국 69년.
· ≪杜甫大辭典≫, 張忠綱 主編, 山東教育出版社, 2009.
· ≪杜甫≫, 陳才智 編著, 五洲傳播出版社, 2006.
· ≪杜詩名篇新析≫, 許永璋 著, 天工書局, 중화민국 80년.
· ≪杜詩繁詁≫, 鄭文 著, 巴蜀書社, 1992.
· ≪杜甫詩≫, 謝思煒 評注, 人民文學出版社, 2005.
· ≪王維詩集箋注≫, 楊文生 編著, 四川人民出版社, 2003.
· ≪王維集≫, 董乃斌 編選, 鳳凰出版社, 2006.
· ≪王維≫, 陳殊原 編著, 五洲傳播出版社, 2005.
· ≪王維 孟浩然詩選≫, 陳鐵民 選注, 中華書局, 2005.
· ≪王維 孟浩然詩選評≫, 劉寧 撰, 上海古籍出版社, 2002.
· ≪王維詩歌賞析≫, 陶文鵬 選析, 廣西教育出版社, 1991.
· ≪孟浩然詩集箋注≫, 佟培基 箋注, 上海古籍出版社, 2000.
· ≪孟浩然集注≫, 趙桂藩 注, 旅遊教育出版社, 1991.
· ≪高適 岑參詩評選≫, 陳鐵民 撰, 上海古適出版社, 2002.
· ≪高適 岑參詩選≫, 吳相洲 選注, 中華書局, 2005.
· ≪高適集 岑參集≫, 阮堂明 李新 解評, 山西古適出版社, 2005.
· ≪高適詩集編年箋注≫, 劉開揚 著, 中華書局, 1981.
· ≪韋應物集校注≫, 陶敏 王友勝 校注, 上解古籍出版社, 1998.
· ≪柳宗元詩箋釋≫, 王國安 箋釋, 上海古籍出版社, 1993.
· ≪柳宗元詩文選評≫, 吳文治 注評, 三秦出版社, 2004.
· ≪柳宗元集≫, 尙永亮 洪迎華 編選, 鳳凰出版社, 2007.

· ≪柳宗元詩文選評≫, 尙永亮 撰, 上海古籍出版社, 2003.
· ≪柳宗元詩文賞析集≫, 金濤主 編, 巴蜀書社, 1989.
· ≪韓愈詩文選評≫, 孫昌武 撰, 上海古籍出版社, 2002.
· ≪韓愈 柳宗元詩選≫, 孟二冬 選注, 中華書局, 2006.
· ≪白居易≫, 陳才智 編著, 五洲傳播出版社, 2005.
· ≪白居易詩賞讀≫, 張黔 呂靜平 著, 線裝書局, 2007.
· ≪白居易資料彙編≫, 陳友琴 編, 中華書局, 1962.
· ≪白居易詩歌賞析集≫, 褚斌杰 主編, 巴蜀書社, 1996.
· ≪白居易集≫, 孫安邦 孫蓓 解評, 山西古籍出版社, 2004.
· ≪劉禹錫 白居易詩選評≫, 蕭瑞峰 彭萬隆 撰, 上海古籍出版社, 2002.
· ≪李商隱詩集疏注≫, 葉葱奇 疏注, 人民文學出版社, 1985.
· ≪李商隱詩譯注≫(전3책), (香港)劉中龍 著, 岳麓書社出版, 2000.
· ≪李商隱詩選≫, 黃世中 選注, 中華書局,2005.
· ≪李商隱≫, 武略 編著, 五洲傳播出版社, 2005.
· ≪李商隱詩賞析≫, 鄧丹 陳芝國 著, 線裝書局, 2007.
· ≪李商隱愛情詩解≫, 鍾來茵 著, 學林出版社,1997.
· ≪李商隱詩選評≫, 劉學鍇 李翰 撰, 上海古籍出版社, 2003.
· ≪李商隱詩≫, 董乃斌 評注, 人民文學出版社, 2005.
· ≪劉長卿詩編年箋注≫(전2책), 儲仲君 撰, 中華書局, 1996.
· ≪劉禹錫集箋證≫(전3책), 瞿蛻園 箋證, 上海古籍出版社, 1989.
· ≪劉禹錫集≫, 趙娟 姜劍雲 解評, 山西古籍出版社, 2004.
· ≪劉禹錫≫, 姜曉東 編著, 五洲傳播出版社, 2006.
· ≪劉禹錫集≫, 吳在慶 編選, 鳳凰出版社, 2007.
· ≪新譯杜牧詩文集≫(전2책), 張松輝 注譯, 三民書局, 2002.
· ≪杜牧詩賞讀≫, 陳光 著, 線裝書局, 2007.
· ≪杜牧詩文選評≫, 吳在慶 撰, 上海古籍出版社,2002.
· ≪杜牧≫, 張梅 編著, 五洲傳播出版社, 2006.
· ≪杜牧詩賞析≫, 曹中孚 著, 廣東人民出版社, 2003.
· ≪杜牧集≫, 歐陽灼 校注, 岳麓書社, 2001.
· ≪元稹集編年箋注≫, 楊軍 箋注, 三秦出版社, 2002.
· ≪元稹詩文選≫, 楊軍 文笙 呂燕芳 選注, 人民文學出版社, 2004.
· ≪元稹集≫, 孫安邦 蓓蕾 解評, 山西古籍出版社, 2005.

· ≪唐詩大觀≫, 商務印書館, 上海辭書出版社, 1984.

· ≪唐詩精華分卷≫, 王洪 主編, 朝華出版社, 1991.
· ≪唐詩鑑賞辭典≫, 孫育華 主編, 北京燕山出版社, 1996.
· ≪中國古代詩歌欣賞辭典≫, 馬美信 賀聖遂 主編, 漢語大詞典出版社, 1990.
· ≪古詩百科大辭典≫, 王洪 田軍 馬奕 主編, 光明日報出版社, 1991.
· ≪樂府詩鑑賞辭典≫, 李春祥 主編, 中州古籍出版社, 1990.
· ≪中國古代田園山水邊塞詩賞析集成≫, 田軍 馬奕 綠冰 主編, 1991.
· ≪古代愛情詩詞鑑賞辭典≫, 李文祿 宋緒連 主編, 遼寧大學出版社, 1990.
· ≪全唐詩典故辭典≫(전2책), 范之麟 吳庚舜 主編, 湖北辭書出版社, 2001.
· ≪唐詩多功能多用途辭典≫, 靖宇 主編, 遼海出版社, 2001.

· ≪唐詩品彙≫, 高棅 編選, 上海古籍出版社, 1982.
· ≪唐詩別裁集≫, 沈德潛 編, 上海古籍出版社, 1979.
· ≪唐宋詩擧要≫, 高步瀛 選注, 上海古籍出版社, 1959.
· ≪千家詩注評≫, 王相 選編 頤農 注評, 鳳凰出版社, 2006.
· ≪唐才子傳校箋≫(전5책), 傅璇琮 主編, 中華書局, 1987.

· ≪古典抒情詩鑑賞≫, 王向峰 著, 春風文藝出版社, 1985.
· ≪唐詩雜論≫, 聞一多 著, 中華書局, 2003.
· ≪中華古詩詞鑑賞≫, 趙小文 選編, 陝西旅遊出版社, 2007.
· ≪唐詩答疑錄≫, 張天健 著, 中國文聯出版社, 2004.
· ≪唐詩百話≫, 施蟄存 著, 華東師範大學出版社, 2001.
· ≪唐詩評譯≫, 木齋 著, 廣西師範大學出版社, 1996.
· ≪唐代絶句賞析≫, 劉學鍇 趙其鈞 周嘯天 著, 安徽文藝出版社, 2000.
· ≪唐樂府詩譯析≫, 胡漢生 編著, 北京大學出版社, 1997.
· ≪唐代詩歌評點≫(전2책), 徐中玉 主編, 廣西教育出版社, 2001.
· ≪律詩三百首≫, 李夢生 編選, 上海古籍出版社, 2001.
· ≪唐詩精粹解讀≫, 傅璇琮 選 郝歆 釋, 中華書局, 2005.
· ≪唐人七絶詩淺釋≫, 沈祖棻 著, 中華書局, 2008.
· ≪唐詩鑑賞辭典≫, 中華書局編輯部, 中華書局, 2007.
· ≪唐詩鑑賞≫, 趙小文 選編, 陝西旅遊出版社, 2007.
· ≪唐詩小札≫, 劉逸生 著, 嶺南美術出版社, 2008.
· ≪中國古代文學作品選(隋唐五代部分)≫, 鄧魁英 主編, 北京師範大學出版社, 1987.
· ≪誰是唐詩≫, 孟聽茶 主編, 中國戲劇出版社, 2005.
· ≪原來唐詩可以這樣讀≫, 柏樺 著, 中國廣播電視出版社, 2006.

· ≪唐詩畵譜說解≫, 黃鳳池等 編繪, 齊魯書社, 2005.
· ≪唐詩的歷史≫, 張恩富 著, 重慶出版社, 2006.
· ≪唐詩≫, 馮國超 主編, 光明日報出版社, 2004.

· ≪新譯 唐詩三百首≫, 邱燮友 註譯, 三民書局, 중화민국 62년.
· ≪唐詩三百首評注≫, 王啓興 毛治中 評注, 湖北人民出版社, 2007.
· ≪唐詩三百首≫(전3책), 紀江紅 主編, 北京出版社, 2005.
· ≪唐詩三百首≫(전2책), 溥奎 主編, 光明日報出版社, 2002.
· ≪唐詩三百首≫, 盖國梁等 注評, 上海古籍出版社, 1999.
· ≪唐詩三百首≫, 郭竹平 譯注, 中國社會科學出版社, 2004.
· ≪唐詩三百首≫, 崔鍾雷 主編, 黑龍江人民出版社, 2005.
· ≪唐詩三百首≫, 詹丹 主編, 華東師範大學出版社, 2003.
· ≪繪圖唐詩三百首≫, 陳惠明 主編, 長江文藝出版社, 2003.
· ≪唐詩三百首評注≫, 馬辰仁等 評注, 浙江古籍出版社, 2001.
· ≪唐詩一百首≫, 趙昌平 丁如明 選評, 上海古籍出版社, 2002.

· ≪譯註 古文眞寶 前集≫, 成百曉 譯註, 傳統文化硏究會, 2001.
· ≪古文眞寶 詩篇≫, 朴一峰 譯著, 育文社, 1988.
· ≪古文眞寶 前集≫, 이장우 우재호 장세후 옮김, 을유문화사, 2001.
· ≪韓譯 唐詩三百首≫, 安秉烈 譯, 啓明大學校出版部, 1991.
· ≪唐詩精解≫, 任昌淳 著, 소나무, 1999.
· ≪詩聖杜甫≫, 李丙疇 著, 文賢閣, 1982.
· ≪杜甫≫, 張基槿 編著, 太宗出版社, 1975.
· ≪李太白≫, 張基槿 編著, 太宗出版社, 1975.

· ≪唐詩읽기≫, 요시까와 코오지로오 · 미요시 타쯔지, 심경호 옮김, 창작과비평사, 1998.
· ≪唐詩≫, 李元燮 譯, 玄岩社, 1965.
· ≪두보 초기시 역해≫, 이영주 박석 이석형 김만원 김성곤 역해, 솔, 1999.
· ≪맹호연전집≫, 李成鎬 譯, 문자향, 2006.
· ≪당시≫, 김원중 역해, 민음사, 2008.
· ≪당시 30수≫, 유병례 지음, 아이필드, 2003.

目 次

001 感遇 其一

感遇 첫 번째 시

張九齡[1)]

孤鴻海上來　　바다로부터 날아온 외로운 기러기
池潢[2)]不敢顧　　池潢을 돌아보지 않는데

側見雙翠鳥[3)]　　옆을 보니 한 쌍의 물총새는
巢在三珠樹[4)]　　三珠樹에 둥지를 틀었구나

矯矯[5)]珍木巓　　높고 높은 珍木의 꼭대기인들
得無金丸[6)]懼　　탄환 맞을 두려움이 없겠는가

美服患人指　　아름다운 옷은 남의 손가락질을 근심하고
高明逼神惡[7)]　　높은 명성은 신의 미움을 두려워 한다네

今我遊冥冥　　지금 나는 아득한 하늘에서 노니니
弋者何所慕[8)]　　주살을 가진 자들이 어찌 넘보랴

【註釋】

1) 張九齡 : 678~740. 字는 子壽, 山東省 曲江人으로, 開元 연간에 명재상으로 칭송을 받았다.
2) 池潢 : 저수지이다.
3) 翠鳥 : 물총새로서 일명 魚狗라고도 하는데, 물고기를 잘 잡기 때문에 붙여진 이름이다. 등에 파란빛의 깃털이 있다. ≪異物志≫에, "翠鳥는 모습이 제비와 같은데, 붉은색이고 수컷인 것을 '翡'라 하고, 푸른색이고 암컷인 것을 '翠'라고 한다.〔翠鳥形如燕 赤而雄曰翡 青而雌曰翠〕"라고 하였다.
4) 三珠樹 : 고대 신화에 나오는 나무이다. ≪山海經≫에, "삼주수는 염화국 북쪽에 있는데, 赤水 가에서 자란다. 나무의 모습이 측백나무와 같은데 잎사귀는 모두 구슬이다.〔三珠樹

在厭火北 生赤水上 其爲樹如栢 葉皆爲珠〕"라고 하였다.

5) 矯矯 : 높아서 위태로운 모습이다.

6) 金丸 : 새를 잡는 탄환이다.

7) 美服患人指 高明逼神惡 : 사치하고 교만하면 벌을 받는다는 비유이다. 중국의 속담에, "천 사람이 손가락질을 하면 병이 없이도 죽으며, 현귀한 집안은 귀신이 그 집을 엿본다." 라는 말이 있다.

8) 弋者何所慕 : 弋者는 주살을 가진 사람으로, 여기서는 자신을 노리는 사람을 뜻한다. 揚雄의 ≪法言≫에, "큰 기러기 아득한 하늘을 나니, 주살을 가진 자들이 어찌 잡을 수 있으리오.〔鴻飛冥冥 弋人何簒焉〕"라고 하였다. '慕'는 '簒'으로 되어 있는 본도 있다. ≪爾雅注疏≫에, "簒은 탈취하다는 뜻이다.〔簒者 奪取也〕"라고 하였다.

【通釋】

바다로부터 날아온 외로운 기러기는 저수지 따위는 돌아보지 않는데, 옆을 보니 화려한 깃털을 지닌 물총새 한 쌍이 진기한 나무인 삼주수 위에 둥지를 틀었다. 그들은 높은 珍木의 꼭대기를 차지하고 있지만, 새를 잡으려는 탄환을 두려워하지 않을 수 있겠는가.

화려하게 옷을 입은 부귀한 사람은 항상 다른 사람들의 손가락질을 받을까 두려워하고, 높은 지위를 차지한 권세가들은 귀신이 증오하여 해를 입을까 두려워한다고 하였다.

지금 나는 한 마리 외로운 기러기처럼 광막한 하늘 위에서 노닐고 있으니, 나를 노리는 사람들이 무엇을 빌미로 삼아 나를 해칠 수 있겠는가.

【解題】

장구령의 〈감우〉는 총 12수이다. 蘅塘退士가 2수만을 선정하여 실었는데, 章燮이 注疏本에서 2수를 추가하여 4수를 실었다.

'感遇'는 과거에 겪은 일에 대한 감회를 시로 쓴다는 뜻이다. 장구령은 재상직에 있다가 權臣 李林甫・牛仙客과의 알력으로 인하여 荊州刺史로 추방되었는데, 이 시는 재상에서 파직된 후에 지은 것으로 보인다.

장구령은 자신을 한 마리의 기러기에 비유하고, 그와 상반되는 존재로서 물총새를 대비시켰다. 화려한 색채의 깃털을 자랑하며 '삼주수'와 '진목' 같은 진기한 나무의 꼭대기를 차지하고 있는 물총새는 부귀와 권세를 지닌 자들을 상징하며, 이들은 결국 자신들이 누리던 부귀와 권세로 인하여 파멸하게 될 것이라고 경고하고 있다. 반면, 광대한 바다로부터 날아와 아득한 하늘을 나는 기러기는 혼탁한 政界의 위험으로부터 벗어난 자유로움과 고고한 정신세계를 상징한다.

【集評】

○ 曲江之感遇出于騷 射洪之感遇出于莊 纏綿超曠 各有獨至 – 淸 劉熙載, ≪藝槪≫ 卷2
曲江(張九齡)의 〈감우〉는 〈離騷〉에서 나왔고, 射洪[1](陳子昻)의 〈감우〉는 ≪莊子≫에서 나왔는데, 曲盡함과 超曠함은 각기 독자적인 경지에 이르렀다.

1) 射洪 : 四川省에 속한 縣 이름으로, 陳子昻이 살던 곳이다.

002 感遇 其二

感遇 두 번째 시

張九齡

蘭葉春葳蕤[1] 난초 잎 봄에 무성하고
桂華[2]秋皎潔 계수나무 꽃 가을에 깨끗하다

欣欣此生意 싱싱하게 솟아나는 이 생기
自爾[3]爲佳節 각자 좋은 계절 이루는구나

誰知林棲者[4] 뉘 알리오 숲에 사는 자가
聞風坐相悅[5] 초목의 風致를 듣고 기뻐하는 줄

草木[6]有本心[7] 초목에는 자기 본마음 있으니
何求美人折[8] 어이 미인이 꺾어주길 바라리오

【註釋】

1) 葳蕤 : 꽃잎이 무성한 모양이다.
2) 桂華 : 계수나무 꽃이다.
3) 自爾 : '각자', '제각기'라는 뜻이다. 爾는 부사 어미로 쓰였다.
4) 誰知林棲者 : '林棲者'는 隱者를 가리킨다. '누가 알겠는가'라고 할 때 누구는 구체적으로 난초와 계수나무를 가리킨다.

5) 聞風坐相悅 : '聞風'은 '난초와 계화가 제철에 잘 피어나는 풍치를 듣는다.'는 의미이고, '坐'는 '因하여'라는 뜻으로 '초목의 풍치를 듣고 이로 인해 기뻐한다.'는 의미이다. 聞風에는 仰慕한다는 뜻이 있다. ≪孟子≫ 〈盡心 下〉에, "伯夷의 風度를 들은 사람 가운데 완고한 사람은 청렴해지고 나약한 사람은 뜻을 세우게 되며, 柳下惠의 風度를 들은 사람 가운데 박한 사람은 돈독해지고 비루한 사람은 관대해진다. 百世 이전에 분발하였거든 百世 후에도, 풍모를 들은 사람들 중 흥기하지 않는 이가 없을 것이다.〔聞伯夷之風者 頑夫廉 懦夫有立志 聞柳下惠之風者 薄夫敦 鄙夫寬 奮乎百世之上 百世之下 聞者莫不興起也〕"라는 말에서 취한 것이다.
6) 草木 : 여기서는 난초와 계화를 가리킨다.
7) 本心 : 봄에는 무성하고 가을에 깨끗한 난초와 계화의 본성을 말한다.
8) 何求美人折 : 미인은 시의 맥락에서 일차적으로 林棲者를 가리킨다. 의미상으로는 초목에 자신을 비유하고 미인은 임금과 재상을 비유해, '이미 자연으로 돌아와 은거하고 있으니 임금이나 재상이 자신을 써 주기를 바라지 않는다.'는 뜻이다.

【通釋】

봄이 왔을 때 난초 잎 무성하고 가을날엔 계수나무 꽃 깨끗하고 희다. 이렇게 싱싱하게 솟아나는 생기는 각자가 저절로 아름다운 시절을 만든다. 난초와 계수나무는 알기나 할까, 숲 속에 사는 은자가 누가 알아주지 않아도 제철에 아름답게 피어나는 난초와 계수나무가 風致를 듣고 그로 인해서 기뻐하고 있는 줄을. 난초와 계수나무는 봄에 무성하고 가을에 깨끗하게 피는 본마음이 있으니, 어찌 숲에 사는 이가 와서 꺾어주길 바라겠는가.

【解題】

시의 첫 구절에서 '桂華'가 '달빛'을 가리킨다고 보기도 했으나 계수나무 꽃을 가리킨다. 계수나무는 난과 함께 香草에 속하는데 굴원의 〈離騷〉에서 향초를 군자에 비유한 맥락과 통한다.

張九齡은 廣東 曲江 사람으로 이 지역은 계수나무가 많이 생산되는 곳이다. 시의 소재를 자기 고향에서 가져와 시에서 흔히 쓰는 '가을 국화〔秋菊〕'를 '가을 계수나무〔秋桂〕'로 바꾸어 표현한 것이다. 시인은 '蘭葉', '桂華'를 써서 賢人과 君子가 몸을 깨끗이 하고 自愛하는 것을 비유하였다.

【集評】

○ 草木有本心 何求美人折 想見君子立品 即昌黎 不采而佩 于蘭何傷[1]意 - 清 沈德潛,

≪唐詩別裁集≫ 卷1

"초목에는 자기 본마음이 있으니, 어이 미인이 꺾어주길 바라리오." 이 구절은 군자가 品德을 배양하는 것을 상상해 볼 수 있으니, 바로 창려(韓愈)의 "꺾어서 차지 않는다 한들 난초에게 무슨 해가 되겠는가."와 같은 뜻이다.

1) 不采而佩 于蘭何傷 : 이 구절은 韓愈의 〈猗蘭操〉에 보인다. 이는 깊은 골짜기에 피어 있는 난초가 아무도 자기를 알아보고 꺾어 주는 이가 없어도 원망하지 않듯이 선비도 자신이 나서서 자기 재능을 세상이 알아주기를 구하지 않는다는 뜻이다.

○ 言物各有時 人能識其意 則安命樂天 - 淸 方東樹, ≪昭昧詹言≫

만물은 각기 때가 있으니, 사람이 그 뜻을 안다면 命을 편안히 여기고 하늘의 뜻을 즐거워 한다는 말이다.

003 感遇 其三

感遇 세 번째 시

張九齡

幽林歸獨臥	그윽한 숲에 돌아와 홀로 누워
滯虛洗孤淸[1]	虛靜한 곳에 오래 사니 고적감마저 씻긴다
持此謝高鳥[2]	이 마음 높이 나는 새에게 말해주노니
因之傳遠情	멀리 있는 이에게 진심 전해다오
日夕懷空意[3]	밤낮으로 맑은 뜻 품고 있는데
人誰感至精	사람 가운데 뉘라서 지극한 정성을 알겠는가
飛沈理自隔[4]	높이 나는 새 물 속의 고기처럼 저절로 형세 다른 법
何所慰吾誠	어느 곳이 내 참마음 위로해주려나

【註釋】

1) 幽林歸獨臥 滯虛洗孤淸 : 이 구절은 일반적으로 '幽人歸獨臥 滯慮洗孤淸'으로 되어 있는데 여기서는 ≪四部叢刊≫本의 ≪曲江張先生文集≫에 따라 바로잡았다. 전체 구절의 뜻은

'홀로 돌아와 은둔한 후 오래도록 마음 비우고 고요하게 지내니 마음속의 고적함을 씻어 낼 수 있다.'는 말이다. '滯'는 오래 머문다는 뜻이다.

2) 高鳥 : 임금의 총애를 받아 높은 지위에 있는 사람을 비유한다.

3) 空意 : 淸虛한 心情이다.

4) 飛沈理自隔 : 높이 나는 새와 물 속의 고기처럼 저절로 형세가 다르다는 것은, 한쪽은 조정에 있고 한쪽은 재야에 있어 형편이 서로 다름을 가리킨다.

【通釋】

내가 깊은 숲으로 돌아와 은거한 이후로 오랫동안 마음 비우고 고요한 가운데 머물자니 마음속의 고적함을 씻어낼 수 있었다. 이에 이 마음을 높이 나는 새에게 말해주니 나를 위해 멀리 계신 임금께 전해다오.

내 밤낮으로 고원한 뜻을 품고 있는데 뉘 있어 내 지극한 정성을 알아주겠는가. 그리고 지금 한쪽은 조정에 있고 한쪽은 재야에 있어 형편이 서로 다르니, 또 어떻게 임금을 향한 나의 충성스런 마음을 위로해 줄 수 있겠는가.

【解題】

앞의 네 구는 고향에 돌아와 은거한 후 자신의 심경을 묘사하였고, 뒤의 네 구는 임금을 그리워하는 충심을 묘사했다. 이 시는 '임금을 향한 충심'을 나타내는 것으로 보기도 하고, '자연 속에 은거한 심정'을 나타낸 것으로 보기도 한다.

004 感遇 其四

感遇 네 번째 시

張九齡

江南有丹橘	강남에 붉은 귤이 있으니
經冬猶綠林	겨울 내내 여전히 푸른 숲이네
豈伊[1]地氣暖	여기 강남의 날씨가 따뜻해서랴
自有歲寒心[2]	추위를 견디는 마음 지녀서이지

可以薦嘉客	귀한 손님에게 올려져야 하건만
奈何阻重深[3]	어찌 그리 험하고도 먼 것인가
運命惟所遇	운명이란 만남에 달려 있을 뿐
循環不可尋[4]	天道의 순환은 헤아릴 수 없네
徒言樹桃李	그저 복숭아와 오얏만을 말하니
此木[5]豈無陰	이 나무라고 어찌 녹음이 없겠는가

【註釋】

1) 伊 : '여기'라는 의미로 강남을 가리킨다.
2) 自有歲寒心 : 귤나무가 겨울 추위를 견디는 본성이 있음을 말한다.
3) 阻重深 : 山川이 중첩하여 길이 험하고 먼 것으로, 붉은 귤이 있는 강남에서 임금이 계신 장안까지 길이 멀고도 험함을 이른다. '深'은 遠의 뜻이다.
4) 循環不可尋 : '循環'은 天道의 순환을 말한다.
5) 此木 : 丹橘을 가리킨다.

【通釋】

강남에 한 그루 붉은 귤〔丹橘〕이 있으니, 겨울이 되었는데도 나뭇잎은 그대로 푸르러 숲을 이루고 있다. 어찌 강남의 기온이 따뜻해서이겠는가? 분명 이 나무 자체에 추위를 견디는 본성이 있기 때문이다.

단귤은 본래 귀한 손님에게 올려져야 하는데, 어찌해서 길이 멀고도 험하여 장애가 그토록 많단 말인가. 사람마다 모두 자신의 운명이 있으니, 다만 만나는 바를 따라 편히 여길 뿐, 天道의 순환은 헤아릴 수 없는 것이다.

세상 사람들은 그저 복숭아와 오얏을 심어놓고 그것만이 녹음을 이루는 것으로 알고 있으니, 설마 붉은 귤이라고 해서 그늘을 이룰 수 없겠는가?

【解題】

이 시는 丹橘을 읊은 詠物詩로서 작자 자신의 불우한 처지를 단귤에 가탁하여 표현하였다. 이러한 경향은 ≪楚辭≫의 〈橘頌〉에서도 볼 수 있는데, 굴원은 귤나무에 자신을 비유하여 후세 영물시가의 신기원을 열었다.

제1~4구는 겨울을 지내면서 추위를 견디는 단귤의 본성에 빗대어 시인 자신의 堅潔함을 말하였다. 제5~6구는 자신이 李林甫 등에게 배척당하여 포부를 펼칠 수 없다는 의미를 담고 있으며, 제7~10구는 세상이 자신을 알아주지 않는 것에 대한 개탄이다.

張九齡이 폄적되어 荊州太守가 되었을 때, 〈荔枝賦〉 한 편을 지었는데, 그 앞부분에, "대저 그 귀함은 宗廟에 올릴 만하고, 그 진기함은 王公에게 바칠 만하네. 역참은 10리 길이라 이를 수 없으며, 대궐문은 아홉 겹이라 어찌 통하겠는가. …… 어쩌다가 이 아름다운 것이 홀로 멀리 떨어져 있는가. 아! 이 운명, 뜻대로 되지 않는구나. 매양 모든 사람 입에 비난당하고, 귀하신 몸에게 인정받는 일 드물구나.〔夫其貴可薦宗廟 其珍可以羞王公 亭十里而莫致 門九重兮曷通……何斯美之獨遠 嗟爾命之不工 每被誚於凡口 罕獲知於貴躬〕"라고 하였으니, 〈感遇〉 시와 함께 읽을 만하다.

【集評】

○ 張曲江公感遇等作 雅正沖澹 體合風騷[1] 駸駸乎盛唐矣 - 明 高棅, ≪唐詩品彙≫

曲江 張公의 〈感遇〉 등의 작품은 雅正하고 沖澹하여 詩體가 國風과 離騷에 부합되며 盛唐을 향해 성큼 다가서 있다.

1) 風騷 : 國風과 離騷를 가리킨다. 국풍은 ≪詩經≫의 文體 중 하나로, 당시 各國의 민요 따위를 모은 것이다. 周南・召南과 十三列國風을 합하여 모두 15國風으로 되어 있다. 離騷는 戰國時代 말기 楚나라의 충신인 屈原이 국가가 멸망으로 치닫는 것을 차마 보지 못하고 憂國衷情을 서술하여 군주인 襄王에게 올린 글인데, 辭賦의 元祖로 알려져 있다.

○ 衆人不知 徒取目前之色 足以悅人而已 - 淸 沈德潛, ≪唐詩別裁集≫ 卷1

뭇사람들은 잘 알지 못하고, 다만 눈앞의 아름다움이 남을 기쁘게 해 주는 것만을 취할 뿐이다.

○ 卽屈子橘頌[1]之意 - 現代 高步瀛, ≪唐宋詩擧要≫ 卷1

곧 屈子(屈原)의 橘頌의 뜻이다.

1) 橘頌 : ≪楚辭≫ 〈九章〉의 편명으로 楚나라의 屈原이 자신의 고결하고 변하지 않는 志節을 귤나무에 빗대어 읊은 것이다.

005 下終南山 過斛斯山人 宿置酒

종남산에서 내려와 곡사산인의 집에 들렀다가 묵으며 술을 마시다

李白[1)]

暮從碧山[2)]下　　해질 무렵 청산을 내려오니
山月隨人歸　　달도 나를 따라 내려오네

卻顧[3)]所來徑　　지나온 길 돌아보니
蒼蒼橫翠微[4)]　　짙푸른 산기운이 비껴 있구나

相攜及田家[5)]　　서로 잡고 이끌어 농가에 다다르니
童稚開荊扉　　어린 아이가 사립문을 열어주네

綠竹入幽徑　　초록빛 대나무 사잇길로 들어서매
靑蘿拂行衣　　푸른 담쟁이 나그네 옷을 스치운다

歡言得所憩　　즐거운 이야기는 휴식이 되고
美酒聊共揮[6)]　　맛난 술 함께 남김없이 마시네

長歌吟松風[7)]　　오래도록 〈松風曲〉 부르는데
曲盡河星稀[8)]　　가락이 다하니 별들도 드물구나

我醉君復樂[9)]　　나도 취하고 그대도 즐거우니
陶然共忘機[10)]　　거나하여 속세를 모두 잊었도다

【註釋】

1) 李白 : 701~762. 자는 太白, 호는 靑蓮居士이다. 낭만적이고 호방한 시풍으로 詩仙이라 불린다. 저서로 ≪李太白全集≫이 있다.

2) 碧山 : 終南山을 말한다. 陝西省 남부를 가로지르는데 主峰은 長安 남쪽에 있는 秦嶺

이다.

3) 卻顧 : 돌아보는 것이다.

4) 翠微 : 산 중턱의 옥빛처럼 푸른 山氣이다.

5) 相攜及田家 : 斛斯山人과 손을 잡고 동행하여 곡사산인의 집에 도착한 것이다.

6) 揮 : 술잔 바닥의 남은 술까지 다 털어 마시는 것이다. ≪禮記≫ 〈曲禮〉에, "옥 술잔으로 마시는 자는 털어 마시지 않는다.〔飮玉爵者不揮〕"라고 하였다.

7) 松風 : 古琴曲의 이름으로, 〈風入松〉의 별칭이다.

8) 河星稀 : '河'는 은하수를 가리킨다. 은하수의 별이 드물다는 것은 새벽이 다가옴을 뜻한다.

9) 復樂 : 또 즐겁다.

10) 忘機 : 機心을 잊는 것으로, 기심은 자기의 사적인 목적을 이루기 위하여 교묘하게 꾀하는 마음을 말한다. ≪列子≫ 〈黃帝〉의, "바닷가에 살던 한 사람이 매일 갈매기와 친하게 놀아 갈매기가 사람을 피하지 않았다. 하루는 그의 아버지가, '내일은 갈매기 한 마리를 잡아서 내게 보여라' 하였더니, 이튿날에는 갈매기들이 공중에서 빙빙 돌기만 하고 내려오지 않았다."는 고사에서 온 말이다. 이는 전에는 갈매기를 어떻게 하겠다는 機心이 없었기 때문에 갈매기들도 무심하게 친해진 것이요, 뒤에는 갈매기를 잡겠다는 기심이 있었기 때문에 갈매기가 피한 것이다.

【通釋】

해질 무렵, 종남산에서 내려오니 달빛도 함께 나를 따라 내려온다. 머리를 돌려 막 내려온 산길을 돌아보니 푸른 옥빛의 산 아지랑이가 산허리를 두르고 있다.

산 아래에서 우연히 斛斯山人을 만나 그와 함께 손을 잡고 동행하여 그의 시골집에 이르니, 아이가 대답하며 사립문을 열어주었다. 초록빛 대나무가 심겨진 사잇길로 걸어 들어가매 푸른 담쟁이가 나그네 옷에 스친다.

서로 즐겁게 이야기하면서, 오늘 저녁 쉴만한 좋은 곳을 만났다. 그는 나를 위해 좋은 술을 준비하고 함께 잔을 들어 시원스레 마신다. 술자리가 파한 후, 우리는 한 목소리로 〈松風曲〉을 높이 부른다. 노래가 끝나니, 이미 은하수별마저 희미한 때다. 나는 취했고 그도 즐거워하여, 흔쾌하게 인간세상 모든 機心을 잊으니 세상과 다툼이 없다.

【解題】

이 시는 李白이 終南山을 내려온 후에 친구인 斛斯山人의 집에 머무르면서 술 마시고 노래를 부른 즐거운 일을 묘사한 작품으로, 질박하고 자연스럽게 구성되었다. 앞의 네 구는 종남산을 내려오면서 본 저녁 풍경을 묘사하고, 다음 네 구는 산 아래에서 우연히 곡사산인을 만나, 그의 집에 머물게 된 것을 표현하였다. 뒤의 여섯 구는 즐겁게 마시고 유쾌하게 이야기하는 정경을 그렸는데, 거나하여 機心을 잊기까지 하였다.

이 시는 詩句와 詩題가 자연스레 상응한다. 즉 '暮從碧山下'는 제목의 '下終南山'에서 나오고, '相攜及田家'는 '過斛斯山人'의 田莊에서 나오고, '歡言得所憩'는 '宿'자에서 나오고, '美酒聊共揮'는 '置酒'에서 나온 것이다.

【集評】

○ 清曠中無英氣[1] 不可效陶 以此作視孟浩然 眞山人詩耳 – 清 王夫之, ≪唐詩評選≫

清曠한 가운데 英氣가 없으니 도연명을 본뜬 것이라 할 수 없지만, 이 작품을 맹호연과 비교한다면 진짜 山人의 시다.

1) 英氣 : 호방하고 빼어난 氣慨, 銳氣를 이른다.

○ 太白山水詩 亦帶仙氣 – 清 沈德潛, ≪唐詩別裁集≫ 卷2

이태백의 산수시 또한 仙氣를 지니고 있다.

006 月下獨酌

달 아래 홀로 술을 마시며

李白

花間[1]一壺酒	꽃 사이에 술 한 병 놓아두고
獨酌無相親	아무도 없이 홀로 술을 따른다
擧杯邀明月	잔을 들어 밝은 달을 부르고,
對影成三人[2]	그림자를 마주보니, 세 사람이 된다
月旣不解飮	달은 원래 음주를 모르고
影徒隨我身	그림자는 그저 내 몸짓만을 따라할 뿐이나
暫伴月將影[3]	잠시나마 달과 그림자와 짝이 되어서

行樂須及春4)	모름지기 이 봄을 즐겨야하리
我歌月徘徊5)	내가 노래를 부르면 달은 제자리를 맴돌고,
我舞影零亂6)	내가 춤을 추면 그림자는 어지러이 일렁인다
醒時7)同交歡	술 취하기 전엔 함께 기쁨을 나누지만
醉後各分散	술 취한 뒤엔 각기 헤어져 흩어지기에
永結無情遊8)	정 없는 교유를 길이 맺고자
相期邈雲漢9)	저 높은 은하수에서 만나길 약속한다

【註釋】

1) 間 : '下' 또는 '前'으로 되어 있는 본도 있다.
2) 成三人 : 달과 그림자, 그리고 이백 자신이 세 사람을 이룬다는 뜻이다.
3) 伴月將影 : '달과 짝하고 그림자를 이끌고', 또는 '달과 그림자와 짝하다.'로 번역할 수 있다. 將은 '이끌다〔率〕' 또는 '함께〔偕〕'라는 뜻으로 풀이할 수 있다.
4) 行樂須及春 : 행락은 시절에 맞춰야 한다는 뜻을 차용한 것으로, 古詩十九首 중 〈生年不滿百〉의 '爲樂當及時'와 鮑照의 〈代少年時至衰老行〉 중 '作樂當及春'이라는 구절이 있다.
5) 徘徊 : 머무르며 앞으로 가지 못하는 모습이다.
6) 零亂 : 바닥에서 어지럽게 움직이는 모습이다. '淩亂'으로 되어 있는 본도 있다.
7) 醒時 : 술에 취하기 전을 뜻한다. '醒'자가 술이 깬다는 뜻이어서 흔히 '술이 깨어 있을 때'라고 번역한 경우가 많다. 그러나 술에 취하였다가 깨어나는 것이 아니라, 아직 취하지 않은 상태라고 보는 것이 타당하다.
8) 無情遊 : 세속의 속된 情이 없는 교유라는 뜻으로, 여기서는 달과 그림자와의 사귐을 뜻한다.
9) 雲漢 : 은하수를 말한다.

【通釋】

나는 꽃 사이에 술 한 병을 두고, 홀로 술을 따르고 또 혼자 마신다. 곁에 사람이 없으니, 잔을 들어 달을 초대하고, 달빛에 비친 내 그림자와 마주하였다. 모두 세어보니 세 사람. 달은 음주의 흥취를 모르고 그림자는 나를 따라 움직일 뿐이지만, 비록 잠시나마 달과 그림자와 어울려 이 봄철을 즐겨야 하리라. 내가 노래를 부르면 달은 길을 멈추고 내 위에서 배회하고, 내가 춤을 추면 그림자는 나를 따라 바닥에서 이리저리 요동친다. 술에 취하지 않았을 때는 나와 달과 그림자는 함께 즐거운 시간을 보내지만, 술에 취하고 나면 나와 그들은 뿔뿔이 흩어진다. 세상의 속된 정을 초월한 우정을 그들과 영원히 맺고 싶어, 저 높은 은하수에서 다시 만나길 기약한다.

【解題】

이 시는 총 4수 중 첫 번째 작품이다. 宋代本 이백시집의 제목 아래에 '長安'이라고 부기되어 있는 것으로 보아, 翰林職에 제수되기 전인 天寶 3년(744) 봄에 지은 것으로 추측된다.

이 작품은 홀로 술을 마시는 고독감과 취흥에서 느끼는 自得의 기쁨이 참신한 상상력에 의하여 절묘하게 결합되어 있다. 자신의 그림자를 친구로 대치시키는 발상은 陶淵明의 〈雜詩〉 중 '잔을 들어 외로운 그림자에게 권한다.〔揮杯勸孤影〕'는 시구에서도 찾아볼 수 있다.

【集評】

○ 脫口而出 純乎天籟[1] 此種詩 人不易學 - 淸 沈德潛, ≪唐詩別裁集≫ 卷2

입에서 나오는 것이 모두가 天籟로부터 나온 것이다. 이와 같은 시는 사람들이 쉽게 배울 수 있는 것이 아니다.

1) 天籟 : ≪莊子≫ 〈齊物論〉에, 南郭子綦가 顔成子游에게 "너는 人籟는 들었어도 地籟는 듣지 못했고 地籟는 들었어도 天籟는 듣지 못했을 것이다.〔女聞人籟而未聞地籟 女聞地籟而未聞天籟夫〕" 하였다. 인뢰는 사람이 울리는 소리로 악기의 소리이고, 지뢰는 대지가 일으키는 소리로 바람 소리이고, 천뢰는 인뢰와 지뢰의 근본이 되는 대자연의 소리이다. 여기서는 천연적으로 완전하게 이루어진 詩文의 자연스러운 정취를 가리킨다.

○ 李詩擧杯邀明月 對影成三人 東坡喜其造句之工 屢用之 - 淸 李家瑞, ≪停雲閣詩話≫

李白의 시구 '擧杯邀明月 對影成三人'은 蘇東坡가 그 造句의 공교함을 좋아하여 여러 번 사용하였다.

【참고자료】

달과 그림자와 함께 三人이 되어 술을 마신다는 詩想은 후대 시인들이 많이 인용하였는데, 우리나라에서는 徐居正의 〈李主簿見和〉 중 "이백의 한 잔 술엔 사람과 그림자와 달이 있고, 도연명의 三逕에는 歸去來가 있도다.[1]〔李白一盃人影月 淵明三逕去歸來〕"(≪四佳詩集≫ 卷

50)와 盧守愼의 〈正陽寺對月〉 중 "酒仙 이백이 三人을 이루는 밤, 공연히 술을 마시게 하는구나.〔仙李成三夜 空教把酒稱〕"(≪蘇齋集≫, 卷1) 등에서 찾아볼 수 있다.

1) 도연명의……있도다 : 三逕은 隱士의 門庭을 말한 것으로, 漢나라의 은사 蔣詡(장후)가 향리로 돌아가서 모든 교분을 끊은 채 정원에 오솔길 세 개〔三逕〕를 만들어 놓은 뒤에 오직 羊仲・求仲 두 사람과 어울려 노닐었다는 고사가 있다. 여기서는 晉나라 處士 陶淵明이 지은 〈歸去來辭〉 중에 나오는 '三逕就荒 松菊猶存'이란 글귀를 가리킨 것이니, 즉 도연명이 벼슬을 버리고 고향으로 돌아간 것을 말한다.

007 春思

봄 그리움

李白

燕草如碧絲　　연 땅의 풀은 푸른 실과 같고
秦桑低綠枝[1)]　　진 땅의 뽕나무는 푸른 가지 드리웠네

當君懷歸日　　그대가 돌아오고 싶어하던 날은
是妾斷腸時　　바로 제가 애간장이 끊어지던 때이지요

春風不相識　　봄바람과 알지도 못하였는데
何事入羅幃[2)]　　어인 일로 비단 휘장 안으로 들어오는가

【註釋】

1) 燕草如碧絲 秦桑低綠枝 : 燕의 북쪽 지방은 날씨가 추워 풀이 가장 늦게 자라고, 秦의 남쪽은 따뜻하여 버드나무와 뽕나무가 일찍부터 푸르다. 즉 燕 땅에 풀이 날 때가, 秦 땅에 버드나무와 뽕나무가 푸를 때이니, 연은 지금의 河北 지역이고, 진은 지금의 陝西 지역이다.
2) 羅幃 : 비단으로 만든 휘장이다.

【通釋】

燕의 풀은 마치 푸른색의 실과 같고, 秦의 뽕나무는 이미 푸른 가지를 드리웠다. 그대가

집으로 돌아가고 싶어 하던 그때가 바로 내가 그대를 생각하며 애간장 태우던 때이다. 나와 봄바람은 본래 아는 사이였던가, 어찌하여 나의 비단 휘장 안으로 불어오는가.

【解題】

이 시는 怨婦의 春思를 읊은 작품이다. '春'자는 重意적인 의미를 갖고 있는데, 봄날이라는 뜻과 어울려, 애정을 상징하기도 한다. 앞의 두 구는 ≪詩經≫의 興體를 사용하였다. '흥'의 기법은 먼저 景物을 말하고 나중에 情事를 말하는 것으로서, 景과 情은 본래 관련이 없는 것이지만 여기서는 서로 연상시키면서 정경이 어우러지게 한다. 예를 들어 연 땅의 풀이 자라는 것과 장부가 귀향하고 싶은 마음이 생기는 것, 진 땅의 뽕나무가 잎을 드리우는 것과 부인이 집에서 남편을 그리워하며 애간장을 태우는 것은 본래 상관이 없으나, 여기서는 景과 情을 일관되게 연상시켜서 情景交融[1]을 이루었으니, 이를 일컬어 興이라 한다. 마지막 두 구는 마음이 정결하여 외물에 동요되지 않음을 말하고 있다.

1) 情景交融 : 작가의 정감이 物象에 의거하여 표현되는 경우 情과 景이 서로 연계되는데, 이때 양자의 결합이 자연스럽게 잘 되었을 경우를 지칭한다. 정과 경이 상호 상생적 관계에 있다는 의미에서 '情景相生'이라고도 칭한다. ≪詩經≫의 比興體에서 그 연원을 찾아볼 수 있다. '興'이 작가의 감정이 우연히 어떤 물상에 의하여 촉발되는 것이라면, '比'는 작가의 감정을 한 물상에 비유하여 표현하는 것으로, 모두 정과 경의 결합을 통하여 시상을 창조한다. 작가의 내면세계와 외면세계의 조화와 통일을 추구하는 창작기법이자 작품을 평가하는 심미의 기준이다.

【集評】

○ 春風不相識 何事入羅幃 思無邪[1]而詞淸麗 妙絶可法 - 淸 吳喬, ≪圍爐詩話≫ 卷2
'春風不相識 何事入羅幃'는 생각에 사특함이 없으며 시어가 淸麗하여, 절묘함을 본받을 만하다.

1) 思無邪 : 생각에 간사함이 없다는 뜻으로 ≪詩經≫ 〈魯頌 駉〉편에 보이는 글귀인데, 孔子는 이 말을 인용해 "이 한 마디의 말이 ≪詩經≫ 3백편 전체의 뜻을 대표할 수 있다." 라고 하였다. ≪論語≫ 〈爲政〉

【참고자료】

成侃의 ≪眞逸遺稿≫ 권2, 〈囉嗊曲〉에, "낭군이여 낭군이여 내 낭군이여. 금년에는 오시려나 안 오시려나. 강가에 봄풀 자라 푸르르니 이 첩의 애간장 끊어질 때라오.〔爲報郎

君道 今年歸不歸 江汀春草綠 是妾斷腸時]” 라 하여 이백 시의 ‘是妾斷腸時’를 인용한 구절이 보인다.

008 望嶽

태산을 바라보며

杜甫[1)]

岱宗[2)]夫如何	태산, 저 어떠한 모습인가
齊魯[3)]青未了	齊와 魯 땅에 그 푸르름 끝이 없구나
造化[4)]鍾神秀	조물주는 온갖 빼어난 기운 이곳에 모아놓았고
陰陽割昏曉[5)]	양지와 음지는 저녁과 새벽을 나누네
盪胸生曾雲	층층구름 일어나니 가슴이 요동치고
決眥入歸鳥[6)]	돌아가는 새 탁 트인 시야에 들어오네
會當凌絕頂[7)]	내 반드시 정상에 올라서서
一覽衆山小	뭇 산이 작음을 한번 굽어보리라

【註釋】

1) 杜甫 : 712~770. 字는 子美. 세칭 杜工部·杜拾遺라고 불리며, 自號를 少陵野老라고 하였다. ≪杜工部集≫ ≪草堂詩箋≫ 등의 시집이 전한다.
2) 岱宗 : 泰山을 말하는데, 五岳의 우두머리이므로 宗이라고 썼다. 東岳이라고도 하며, 지금의 山東省 泰安縣 북쪽 5리에 있다.
3) 齊魯 : 태산의 남쪽은 魯이고, 태산의 북쪽은 齊이다.
4) 造化 : 천지만물의 창조자 또는 대자연을 가리킨다.
5) 陰陽割昏曉 : 햇빛이 비추면서 산의 앞쪽과 뒤쪽의 明暗이 분명해지는 것을 가리킨다. ‘割’은 나눈다는 뜻이다. 泰山이 높고 거대해서 햇빛이 비추는 곳은 陽地가 되어 새벽으로 바뀌며, 햇빛이 미치지 않는 곳은 陰地가 되어 저녁으로 바뀌니, 이 때문에 저녁과 새벽이 분명해지는 것이다.

6) 盪胸生曾雲 決眥入歸鳥 : '曾은' 層과 같다. '盪胸'은 가슴이 요동치며 탁 트이는 것이다. '決眥'는 눈을 크게 뜨는 것이다.
7) 絶頂 : 산의 가장 높은 곳을 말한다.

【通釋】

泰山은 어떠한 형세인가? 그것은 齊·魯 두 지방과 서로 이어져 있으니, 푸른빛이 면면히 끊어지지 않는구나! 天地의 가장 빼어난 기운이 전부 이곳에 모여 있는 듯하고, 햇빛이 비추는 곳엔 산 앞과 산 뒤의 명암이 분명하다.

산 위의 층층구름이 일어나니 나의 마음 요동치게 하고, 둥지로 돌아가는 새가 눈에 들어오니 시야 또한 그로 인해 탁 트인다. 언제쯤 가장 높은 봉우리에 오를 기회를 가질 수 있을까. 그때 굽어본다면 뭇 산들은 반드시 아득하고 작게 보일 것이다.

【解題】

이 시는 두보의 나이 29세(開元 28년, 740)에 지은 것으로, 현존하는 그의 시 중에서 가장 오래된 것이다. 杜甫는 24세 때 과거에 낙방하고, 이어 齊·趙·魯 즉 지금의 山東省과 河北省 일대를 여행하였다. 〈望嶽〉은 이때 泰山을 바라보고 쓴 시로서, 과거에 낙방한 후 그의 기백과 이상이 잘 드러나 있다.

시 전체가 '望'자에 중심을 두고 있으니, 시 속에는 '望'이라는 글자가 없지만 구구절절이 모두 '望嶽'을 묘사하고 있다. 앞의 네 구는 태산의 신령스럽고 빼어남을 그렸고, 뒤의 네 구는 태산을 바라보는 감동을 그렸다. 結句는 태산에 올라 천하를 작게 보는 정신적 유람을 상상하였는데, 기상이 장대하면서도 여운이 있다.

이 시는 후대인들에 의해 태산 위에 詩碑로 세워져 있을 만큼 태산을 읊은 시 가운데 최고의 걸작으로 꼽힌다.

【集評】

○ 齊魯青未了 盪胸生雲 決眥入鳥 皆望見岱岳之高大 揣摹想象而得之 故首用夫如何 正想象光景 三字直管到入歸鳥 此詩中大開合也 齊魯青未了 語未必實 而用此狀岳之高 眞雄盖一世 陰陽割昏曉 造語亦奇 此實語矣 盪胸生層雲 狀襟懷之浩蕩也 決眥入歸鳥 狀眼界之寬闊也 想象登岳如此 非實語 不可句字解也 公盖身在岳麓 神游岳頂 所云一覽衆山小者 已冥搜而得之矣 結語不過借證于孟 而照應本題耳 非眞須再登絶頂也 集中望岳詩三見 獨此辭愈少力愈大 直與泰岱爭衡 - 明 王嗣奭, ≪杜臆≫ 卷1

'齊魯靑未了'와 '盪胸生雲 決眥入鳥'는 모두 태산의 높고 큼을 바라본 것인데, 추측과 상상을 통해 이 구절들을 얻었다. 그러므로 首句에서 쓴 '夫如何'는 바로 광경을 상상한 것이며, 이 세 글자는 곧 '入歸鳥'와 연관되니, 이 시 속의 큰 開合[1]處이다. '齊魯靑未了'는 이 말이 반드시 사실은 아니지만 이것으로써 산의 높음을 형상하였으니, 참으로 웅장하여 一世의 으뜸이라 하겠다. '陰陽割昏曉'는 造語가 또한 뛰어난데, 이는 실상을 말한 것이다. '盪胸生層雲'은 가슴속이 넓고 큼을 형상하였고, '決眥入歸鳥'는 시야의 크고 넓음을 형상하였다. 이처럼 산에 오른 것을 상상한 것이지, 실상을 말한 것은 아니기 때문에 字句로 일일이 풀어낼 수는 없다. 公(두보)은 아마도 몸은 산기슭에 있으면서 정신으로 산 정상에 노닐었을 것이니, 이른바 '一覽衆山小'는 이미 마음속에서 찾아 그것을 얻어낸 것이리라. 結語는 ≪孟子≫에서 빌려다 증명하여[2] 주제와 호응시킨 것에 불과할 뿐, 정말로 다시 산 정상에 꼭 오르겠다는 것은 아니다. 詩集 가운데 〈望岳〉 시가 세 편 보이는데, 오직 이 시만은 말이 적을수록 힘이 더욱 커지니, 곧 태산과 힘겨루기를 하는 듯하다.

1) 開合 : 앞 구절을 거두어들여 요약하면서 뒷 구절을 열어 주는 시구의 변화처를 말한다.

2) ≪孟子≫에서 빌려다 증명하여 : ≪孟子≫ 〈盡心 上〉에, 맹자가 말씀하기를, "孔子께서 魯나라 東山에 올라가시어 魯나라를 작게 여기셨고, 太山에 올라가시어 天下를 작게 여기셨다. 그러므로 바다를 구경한 자에게는 큰물이 되기가 어렵고, 聖人의 門下에서 遊學한 자에게는 훌륭한 말이 되기가 어려운 것이다.〔孔子登東山而小魯 登太山而小天下故 觀於海者 難爲水 遊於聖人之門者 難爲言〕" 하였다.

○ 少陵以前題咏泰山者 有謝靈運李白之詩 謝詩八句 上半古秀 而下却平淺 李詩六章 中有佳句 而意多重複 此詩遒勁峭刻 可以俯視兩家矣 - 淸 仇兆鰲, ≪杜詩詳註≫ 卷1

少陵(두보) 이전에 泰山을 노래한 것으로는 謝靈運과 李白의 시가 있다. 사영운의 시는 8句이니 전반부는 예스럽고 빼어나지만 후반부는 오히려 평범하고 얕으며, 이백의 시는 6章이니 그 가운데 佳句가 있지만 의미가 중복되는 것이 많다. 이 시는 筆勢가 힘이 있고 준엄하여서 앞의 두 시인을 내려다볼 수 있다.

○ 杜子心胸氣魄 于斯可觀 取爲壓卷 屹然作鎭 - 淸 浦起龍, ≪讀杜心解≫ 卷1

杜子(두보)의 가슴속 기백을 여기에서 볼 수 있다. 가히 압권으로 삼을 만하며, 우뚝하여 鎭山(主山)이 되었다.

【참고자료】

조선시대 金堉은 그의 〈集杜五言絶句・陰城縣〉이라는 시에서 "陰崖에 표독스런 매가 있어서, 뭇 산이 작음을 한번 굽어보네. 날개 꺾고 사람을 좇아 나니, 어느 때에 뭇 새들을 잡아채려나.〔陰崖有蒼鷹 一覽衆山小 側翅隨人飛 何當擊凡鳥〕"(≪潛谷先生遺稿≫ 卷2)라고 하여, 두보의 이 시를 인용하였다.

009 贈衛八處士[1)]

위팔처사에게 주다

杜甫

人生不相見　　사람이 살며 만나지 못하는 것
動[2)]如參與商[3)]　　늘 參星하고 商星 같지

今夕復何夕　　이 밤이 도대체 어인 밤인가
共此燈燭光　　등불 아래 그대와 함께 하다니

少壯能幾時　　젊은 시절이 얼마나 될까
鬢髮各已蒼　　머리터럭은 벌써 다 세었구나

訪舊[4)]半爲鬼　　옛 친구들 찾아보니 반은 귀신 되어
驚呼熱中腸　　놀라 속이 타버렸다네

焉知[5)]二十載　　어찌 알았겠는가 이십 년 지나
重上君子堂　　다시 그대 집에 오게 될 줄을

昔別君未婚　　예전에 헤어질 때 자넨 미혼이었는데
兒女忽成行[6)]　　아이들이 그새 많아졌구만

怡然敬父執[7)]　　반갑게 아비친구를 공대하며

問我來何方　　내게 어디서 오셨는지 묻기에

問答乃未已[8)]　　대답도 미처 마치지 못했는데
驅兒羅酒漿　　아이들 시켜서 술상을 차려내네

夜雨剪春韭　　밤비 속에 봄 부추 자르고
新炊間[9)]黃粱　　새로 불을 지펴 기장 섞인 밥을 내왔지

主稱會面難　　"만나기 어려웠어" 자넨 말하며
一擧累十觴　　술 한 번 들자 연거푸 열 잔

十觴亦不醉　　열 잔에도 취하지 않는 것은
感子故意[10)]長　　그대의 깊은 옛정 느꼈기 때문일세

明日隔山岳　　내일이면 높은 산 사이에 두고
世事兩茫茫[11)]　　세상일에 서로가 아득해질 텐데

【註釋】

1) 衛八處士 : 衛八은 姓이 衛氏로 형제 사이의 항렬[*)]이 여덟 번째임을 말한다.

*) 형제 사이의 항렬 : 排行이라고 한다. 一族間의 尊卑를 표시하는 것으로 祖父行, 父行, 兄弟行, 子行이 각각 있으나 일반적으로 兄弟行을 가리킨다. 자기형제로부터 從兄弟, 再從兄弟, 三從兄弟, 族兄弟의 순으로 長幼의 차서에 따라 숫자를 붙이며 宗族이 번성한 경우 一門의 형제가 百이 넘는 경우도 있다.

2) 動 : 걸핏하면 혹은 어떤 일이 생기면 그때마다라는 말이다.

3) 參與商 : 參星과 商星은 모두 별자리 이름이다. 하나는 동쪽에 있고 하나는 서쪽에 있어, 각각 황혼녘에 뜨고 새벽녘에 뜬다.

4) 舊 : 친구라는 말이다.

5) 焉知 : 어찌 생각이나 했겠는가.

6) 成行 : 줄을 이루다. 여기서는 많음을 형용한다.

7) 怡然敬父執 : 衛八의 자녀들이 반갑게 맞이하며 아버지 친구인 나의 안부를 묻는다는 말이다. 怡然은 유쾌한 모양, 父執은 아버지의 친구를 말한다.

8) 乃未已 : 아직 마치지 못한 것이다.
9) 間 : 섞는다는 뜻이다.
10) 故意 : 오랜 벗의 정을 말한다.
11) 茫茫 : 아득해 알지 못하는 것이다.

【通釋】

사람이 살면서 서로 만나지 못하는 것은 저녁별과 새벽별이 만나지 못하는 것과 같다. 오늘 저녁은 어떤 저녁인가. 마침내 그대와 등불 아래 만나게 되었구나. 젊은 시절이 얼마나 될까, 이처럼 자네와 내 머리카락은 이미 백발이 되었다. 늙은 벗들은 태반이나 이미 세상을 떠나 귀신이 되었으니 놀라 괴로웠다.

20년 뒤 자네 집에 다시 오리라곤 생각지도 못했네. 지난 번 헤어질 땐 자네 아직 장가들지 않았었는데 지금은 자식들이 아주 많구나. 그 아이들이 반갑게 맞이하여 아버지 친구인 나에게 "어디서 오셨어요?" 하고 묻는데, 대답이 미처 끝나기 전에 자넨 아이들더러 술과 안주를 가져오라 하네. 밤이 되자 바깥엔 비 내리는데 그대는 봄 부추 베어 술안주 만들고 새로 한 밥엔 기장을 섞었지. 자네는 "우리들 다시 보기 어려웠지." 하고 곧 잔을 들어 술 권하며 한 번에 연거푸 열 잔을 마셨지. 계속해서 열 잔을 마셔도 취하지 않고 그대가 나를 대해주는 우정이 특별히 깊다는 것만 느끼게 되네. 내일 헤어지면 높은 산에 가로 막혀 서로 소식조차 또 아득해져 알지도 못할 텐데.

【解題】

肅宗 乾元 元年(758), 두보는 房琯을 구하려고 상소했다가 華州 司工參軍으로 폄직된다. 이듬해 봄, 낙양에서 華州 任所로 가는 길에 衛八處士를 만났다가 이별하며 그에게 준 시이다. 衛八處士는 隱士로서 이름과 字는 상고할 수 없는데 衛大經의 族子(조카)라는 설도 있다. 청나라 朱鶴齡의 ≪杜詩箋注≫에는, "당나라 때 隱者 衛大經은 蒲州에 살았고, 衛八 또한 처사라고 일컬어지는데 혹은 그 친척이기도 하다. 포주에서 華州까지는 겨우 140리이니, 이 시는 乾元 2년 봄, 華州에 있을 때 그의 집에 가서 지은 것인 듯하다.〔唐有隱逸衛大經居蒲州 衛八亦稱處士 或其族子 蒲至華 止一百四十里 恐是乾元二年春 在華州時 至其家作〕"라고 하였다.

이 작품은 李白의 〈下終南山 過斛斯山人 宿置酒〉와 같이 친구 집을 방문해 지은 시인데, 이백의 시는 담백하면서 高踏한 정이 있고 두보의 시는 소박하면서 깊고 간절한 정이 있다.

【集評】

○ 信手寫去 意盡而止 空靈宛暢 曲盡其妙 - 明 王嗣奭, ≪杜臆≫ 卷1

손 가는대로 묘사해나가 뜻이 다하고 나서야 그쳤고, 淸新하고 유창하게 펼쳐져 그 묘함을 곡진하게 드러내었다.

○ 古趣盎然 少陵別調 一路皆屬敍事 情眞景眞 莫乙其處 只起四句是總提 結兩句是去路 - 淸 浦起龍, ≪讀杜心解≫ 卷1

옛스런 흥취가 가득 넘쳐 두보의 특별한 격조가 있다. 시 전체가 한결같이 모두 서사로 진행되면서 情景의 진실함이 따로 어디에 있는지 표시할 수 없을 만큼 융화되었다. 다만 첫 네 구는 전체를 총괄하며 마지막 두 구는 떠나 가야할 길을 표현한 것이다.

○ 問我來何方下 他人必尙有數句 看他剪裁淨煉之妙 張上若云 全詩無句不關人情之至 情景逼眞 兼極頓挫之妙 - 淸 楊倫, ≪杜詩鏡銓≫ 卷5

'問我來何方' 이하는 다른 사람이었다면 반드시 여러 구절을 썼을 것이니, 두보의 마름질하고 정련하는 뛰어난 솜씨를 볼 수 있다. 張上若은 "시 전체가 지극한 인정과 무관한 곳이 없고 情景이 핍진하며 아울러 변화와 굴곡의 묘함을 다했다."고 하였다.

010 佳人

미인

杜甫

絶代有佳人	절대 가인이 있어
幽居在空谷	빈 계곡에 숨어 사네
自云良家子	스스로 말하길, "양가집 자식으로
零落依草木	영락해 수풀에서 지낸답니다
關中昔喪亂[1)]	지난 번 관중에 난리가 있을 때
兄弟遭殺戮	형제들은 죽임을 당했어요
官高何足論	관직이 높은들 무슨 소용 있겠어요

不得收骨肉　　골육조차 거두지 못했는걸요

世情惡衰歇　　세상 인정이란 몰락한 거 싫어하고
萬事隨轉燭[2)]　　세상 일이 바람 따라 촛불 흔들리듯 하지요

夫婿輕薄兒　　남편은 경박한 사람이었고
新人美如玉　　새 여자는 옥 같이 아름다웠지요

合昏[3)]尚知時　　합혼화도 때를 알고
鴛鴦[4)]不獨宿　　원앙도 혼자 자지 않건만

但見新人笑　　새 여자의 웃음만 보고 있으니
那聞舊人哭　　옛 사람의 울음 어떻게 듣겠어요"

在山泉水清　　산에 있어야 샘물이 맑은 법이지
出山泉水濁[5)]　　산을 나가면 샘물은 탁해진다네

侍婢賣珠迴　　여종이 구슬 팔아 돌아오고
牽蘿補茅屋　　덩굴 가져와 집을 수리해 산다

摘花不插髮　　꽃 꺾어 머리에 꽂지 않고
采柏動盈掬[6)]　　측백잎 따 언제나 두 손 가득할 뿐

天寒翠袖薄　　날 추워져 푸른 옷 얇은데
日暮倚修竹[7)]　　저물녘에 긴 대나무에 기대어 있네

【註釋】

1) 關中昔喪亂 : 天寶 15년(756) 안록산이 장안을 함락한 일을 가리킨다. 函谷關 서쪽이 關中이다.
2) 萬事隨轉燭 : 세상 일은 마치 바람 따라 흔들리는 촛불과 같이 변화가 심함을 이른다.
3) 合昏 : 꽃 이름으로 合歡이라고도 한다. 꽃은 색이 붉은 데 새벽에 피었다가 저물녘에 오

므라든다.

4) 鴛鴦 : 물오리 종류로 암수가 짝을 이루면 서로 헤어지지 않는다.

5) 在山泉水清 出山泉水濁 : 이 구절은 후대에 '在山水清 出山水濁'이라는 성어가 되어 널리 쓰였는데, 여자의 마음을 샘물에 비유한 것으로 맑은 물처럼 굳은 마음을 가지고 산에 살 것을 나타낸다.

6) 采柏動盈掬 : 측백나무는 곧고 굳은 성질을 가지고 있으니, 측백나무 잎을 따매 항상 양손에 잎이 가득하다는 것은 곧고 굳은 마음을 품어 끝내 굴복하지 않음을 비유한다. '掬'은 두 손으로 잡는 것이다.

7) 修竹 : 긴 대나무를 말한다.

【通釋】

그대는 절세미인인데 산골짜기 속에 숨어 산다. 그대는 말한다.

"저는 양가집 여자인데, 불행을 만나 신세가 영락해 다만 수풀 속에 몸을 맡기고 있어요. 지난 번 관중 일대가 兵難을 만나, 제 형제들이 모두 피살당했으니 벼슬이 높은 집안이라 한들 또 어찌할 수 있었겠어요. 변고를 만나 골육들조차 수습해 묻을 방도가 없었지요. 인정이란 대체로 쇠퇴해 무너지는 것을 싫어하고, 세상사 변화가 많은 것은 바람 따라 흔들리는 촛불과 같아요. 제 집안의 경박한 남편은 또 새 여자를 데려와 저를 버렸답니다. 합환화도 저녁이 되면 꽃잎을 움츠려 합칠 줄 알고 원앙도 짝을 이루면 혼자 자지 않는데 남편은 새 여자가 웃고 기뻐하는 걸 보고만 있으니 어떻게 제가 울고 있는 것을 듣겠어요?"

샘물은 산에 있어야 맑지 산을 나가면 혼탁해져 버리니, 생활을 위해서 여종은 珠玉을 전당잡히고 간혹 초가집이 무너지면 푸른 넝쿨을 가져와 고친다.

그대 다시는 꽃 꺾어 머리에 꽂지 못하고 항상 측백나무 이파리만 가득 따온다. 날이 추워 푸른 옷은 홑겹이라 얇을 텐데 해지는 황혼녘 긴 대나무에 기대어 있으니 그대의 곧고 굳은 절개를 알겠다.

【解題】

이 시는 숙종 건원 2년(759) 가을, 두보가 관직을 버리고 秦州로 피난 갔을 때 쓴 것이다. 두보는 전란에 휩쓸려 떠도는 사람들의 사회현실을 형상한 작품을 많이 썼는데, 이 시처럼 여성을 전면에 내세운 작품은 드물다.

시의 화자인 여성이 말하는 부분이 어디까지인지 여러 의견이 있다. 여기서는 劉大澄의 ≪唐詩三百首欣賞≫을 따랐다.

仇兆鰲는 ≪杜詩詳註≫에서 첫구절인 '絶代有佳人'을 두고 "이연년의 노래에는 '北方有佳人 絶世而獨立'이라고 하였는데 당나라 사람들이 태종〔李世民〕의 이름을 諱해서 世를 代로 고쳤다.〔李延年歌 北方有佳人 絶世而獨立 唐人避太宗諱 故改世爲代〕"라고 주석하였다.

중국 고전문학에 새겨진 인물 가운데 독특하고 선명한 여성 형상이 그려진 시로 평가받고 있다. 여인의 처지에 詩人 자신의 모습을 빗대었으니 이를 통해 시인의 감개와 의지를 아울러 읽을 수 있다.

【集評】

○ 天寶亂後 當時實有其人 故形容曲盡其情 舊謂托棄婦以比逐臣 傷新進猖狂 老成凋謝而作 恐懸空撰意 不能淋漓愷至如此 楊億詩 獨自憑欄干 衣襟生暮寒 本杜天寒翠袖句 而低昂自見 彼何以不服杜耶 - 淸 仇兆鰲, ≪杜詩詳註≫ 卷7

天寶의 亂 이후에 실제로 이러한 사람이 있었기 때문에 그 情을 곡진하게 형용하였다. 옛사람들이 이르기를, "버림받은 부인을 쫓겨난 신하에 비유하여, 新進은 날뛰고 老成한 사람은 영락해 물러나는 것을 슬퍼하여 지었다."고 하였다. 근거 없는 것을 자기마음대로 쓴 것이라면 진실하고 간절하기가 이와 같을 수 없을 것이다. 楊億 시에, "혼자 빈 난간에 기대니, 옷깃에서 저물녘의 찬 기운이 생긴다.〔獨自憑欄干 衣襟生暮寒〕"는 시구는 두보의 '天寒翠袖' 句에 근본을 두고 있는 것으로 그 높고 낮음이 저절로 드러나니 저 양억이 어떻게 두보에게 굴복하지 않겠는가.

○ 依仇本分三段 幽居在空谷一句 領一篇 筆高品高 首段敍不得宗黨之力 提出良家子三字 見其出身正大 中段敍見棄其婦之曲 末段美其潔淸自矢之操 在山淸 出山濁 可謂貞士之心 仕人之舌矣 建安而下 齊梁而上 無此見道語 只以寫景作結 脫盡色相 此感實有之事 以寫寄慨之情 - 淸 浦起龍, ≪讀杜心解≫ 卷1

仇兆鰲가 세 단락으로 나눈 것에 따르면, '빈 계곡에 숨어 사네〔幽居在空谷〕' 한 구절이 전편을 통괄해 솜씨도 높고 품격도 높다. 첫 단락은 친척의 도움을 얻지 못했음을 서술했는데 '양가집 자식'이란 말을 써서 그의 출신이 正大함을 드러내었고, 가운데 단락은 버림받은 그 여자의 곡절을 서술했으며, 마지막 단락은 청결하고 곧은 지조를 찬미하였다.

'산에 있으면 맑지만, 산을 나가면 탁해진다.'는 말은 곧은 선비의 마음이요, 벼슬하는 사람의 말이라 할 수 있다. 建安[1] 이후부터 南朝의 제나라와 양나라 때까지 이처럼 道를 담은 말을 볼 수 없다. 다만 경치를 묘사하는 것으로 끝맺었는데 사물의 형상〔色相〕에서 다 벗어났다. 이 시는 실제 있었던 일에서 느껴 감개를 담은 情을 묘사한 것이다.

1) 建安 : 後漢의 마지막 황제인 獻帝의 연호이다.

○ 結句不着議論 而淸潔貞正意 隱然言外 是爲詩品 - 淸 沈德潛, ≪唐詩別裁集≫ 卷2
　마지막 구절에 의론을 부치지 않았는데도 청결하면서 곧은 뜻이 은연중 말 밖에 드러나니 이것이 바로 시의 품격이다.

011 夢李白 二首之一

꿈에서 이백을 보고 두 수 중 첫 번째 시

杜甫

死別已呑聲[1]　　사별은 소리 삼켜 울면 그만이지만
生別長惻惻[2]　　생이별은 길이길이 슬픈 것

江南瘴癘地[3]　　강남 땅 瘴癘地로
逐客[4]無消息　　쫓겨난 객은 소식이 없네

故人[5]入我夢　　오랜 친구 내 꿈속에 들어오니
明我長相憶　　나의 오랜 그리움 알아서일까

君今在羅網[6]　　그대는 지금 그물에 갇혀 있으니
何以有羽翼　　어떻게 날개가 있어 왔는가

恐非平生魂　　아마 살아있는 혼은 아니겠지
路遠不可測[7]　　길이 멀어 헤아릴 수 없네

魂來楓林靑　　혼백 올 때는 단풍 숲 푸르더니
魂返關山黑　　혼백 돌아감에 관산도 어둡구나

落月滿屋梁　　지는 달 들보에 가득하니

猶疑照顔色　　　　아직도 그대 얼굴 비추고 있는 듯

水深波浪闊　　　　물은 깊고 파도는 드넓으니
無使蛟龍得　　　　부디 교룡에게 잡히지 않기를

【註釋】

1) 呑聲 : 哭을 하면서도 소리를 못 낸다는 뜻이다.
2) 惻惻 : 마음속의 비통함을 말한다.
3) 江南瘴癘地 : 肅宗 乾元 元年(758)에 李白이 永王 李璘의 사건에 연루되어 夜郞으로 추방을 당했다. 夜郞은 지금의 貴州省 桐梓縣 경계이므로 江南이라 칭한 것이다. 瘴癘는 산림의 습기와 열기가 찌는 듯 답답한 더운 기운인데, 사람이 감염되면 병에 걸린다고 한다. 永王은 唐 肅宗 때 반역을 도모한 玄宗의 아들 李璘을 가리킨다. 李白이 그의 부름을 받고 幕僚가 되었는데 이린이 역모를 꾀했다가 실패하자 여기에 연좌되어 처형을 당하게 되었으나, 郭子儀의 주선으로 夜郞으로 귀양 가는 데 그쳤다. ≪唐書 권202≫
4) 逐客 : 추방을 당한 사람, 즉 李白을 가리킨다.
5) 故人 : 오랜 벗이다.
6) 羅網 : 물고기나 새, 짐승을 잡는 그물인데 여기서는 감옥을 가리킨다.
7) 恐非平生魂 路遠不可測 : 이 두 句의 뜻은 이백이 이미 죽었는가 의심하는 것이다. 平生은 평소 또는 지난날을 뜻한다.

【通釋】

친구와의 사별은 한번 소리 삼켜 울고 나서 잊어버리면 그만이지만, 친구와의 생이별은 마음의 비통이 그치질 않는다. 그대가 瘴氣가 심한 강남으로 추방된 후부터, 한 번 가고 소식이 없구나.

오늘 저녁, 그대가 꿈속으로 찾아온 것은 내가 그대를 걱정하는지 알기 때문인가? 그대는 李璘의 일로 옥중에 갇혀 있는데, 어떻게 날개가 있어 내가 있는 곳으로 왔는가? 꿈속에 보인 그대는 아마도 살아서 온 것이 아니겠지만, 그러나 길이 멀어 생사를 알 수 없다.

그대의 혼백이 꿈속으로 들어올 땐 푸른 단풍 숲처럼 기뻤는데, 갈 때는 어두운 관산처럼 암울했다. 꿈을 깨니 지는 달이 집의 들보를 비추고 있어, 이 빛이 그대의 얼굴을 비추고 있는 듯하였다. 가는 길에 물은 깊고 파도는 사나우니 조심하게나. 배가 뒤집혀 교룡에게 잡혀 먹히지 않도록.

【解題】

이 시는 乾元 2년(759) 秦州에서 지은 것이다. 天寶 3년(744) 33세에 杜甫는 처음 李白을 알게 되었다. 당시 이백은 44세로 長安에서 쫓겨나 洛陽에 머물고 있었다. 이들 두 사람은 길지 않은 교유기간 동안 11살의 나이차를 뛰어넘어 깊은 우정을 나누었다. 두보는 이백의 뛰어난 詩才와 호방한 성격을 흠모하여, 평생토록 그를 그리워하면서 여러 편의 시를 지었다.

기록에 의하면 天寶 15년(756) 李白은 廬山에 있었는데 永王 李璘이 幕下로 그를 불러들였다. 나중에 永王의 叛唐軍이 패하였고 이백 또한 죄를 입어 潯陽獄에 갇혔다가 풀려났다. 乾元 元年(758)에 일찍이 李璘을 섬겼다는 것 때문에 夜郎으로 멀리 유배를 가게 되었고, 乾元 2년 봄여름 사이에 사면되어 돌아왔다. 당시 두보는 秦州에 있으면서 이백의 소식을 잘 알지 못하고 이 시를 쓴 것이다. 당시 두보는 48세, 이백은 59세였다.

이 시는 모두 세 단락으로 나누어진다. 처음에는 李白이 夜郎에 유배당하였음을 서술하고, 다음 단락에서는 꿈속의 만남을 그렸는데, 이백이 옥중에서 죽은 게 아닌가 하여 걱정하였다. 마지막 단락에서는 꿈이 깬 뒤의 모습을 그렸다. '落月滿屋梁 猶疑照顔色'의 句는 情景交融하여, 꿈꾼 뒤의 모습을 곡진하게 잘 표현하였다.

【集評】

○ 結極慘黯 情至語塞 - 宋 劉辰翁, 清 楊倫 ≪杜詩鏡銓≫ 卷5에서 재인용

결말이 매우 참담하고, 情이 지극하여 말이 막힌다.

○ 明月照高樓 想見餘光輝 李陵逸詩也 子建 明月照高樓 流光正徘徊 全用此句而不用其意 遂爲建安絶唱 少陵 落月滿屋梁 猶疑照顔色 正用其意而少變其句 亦爲唐古峥嵘 - 明 胡應麟, ≪詩藪≫ 〈內編〉 卷2

"밝은 달 높은 누대 비추니, 남은 빛도 빛나리라 상상해보네.〔明月照高樓 想見餘光輝〕"는 李陵의 없어진 시이다. 子建(曹植)의 "밝은 달 높은 누대 비추니, 물결에 비치는 달빛이 참으로 배회하네.〔明月照高樓 流光正徘徊〕(≪曹子建集≫ 권5, 〈七哀〉)"는 이 句를 全用하였지만 그 뜻을 차용하지는 않았으니, 마침내 建安의 絶唱이 되었다. 少陵(두보)의 '落月滿屋梁 猶疑照顔色'은 그 뜻을 차용한 것이지만 그 句를 약간 변용하였으니 또한 唐나라 古詩의 높은 봉우리가 되었다.

○ 是鬼是人 是夢是眞 都覺恍惚無定 親情苦意 無不備極矣 - 明 陸時雍, 清 仇兆鰲 ≪杜詩詳註≫ 卷7에서 재인용

귀신인가 사람인가, 꿈인가 생시인가, 모두가 몽롱하여 정함이 없다. 親情과 苦意가 지극히 갖추어지지 않음이 없다.

○ 故人入我夢 讀此段 千載之下 恍若夢中 眞傳神之筆 - 明 郝敬, 淸 楊倫 ≪杜詩鏡銓≫ 卷5에서 재인용

'故人入我夢' 이 부분을 읽으면 천년이 지난 후에도 꿈속에 있는 듯하니, 참으로 傳神[1]의 필치이다.

1) 傳神 : 그림을 그리는 데 있어 物象을 실물과 매우 逼眞하게 표현하여 精神까지 드러내 생동감이 넘치게 하는 것을 이른다.

012 夢李白 二首之二

꿈에서 이백을 보고 두 수 중 두 번째 시

杜甫

浮雲終日行　　뜬구름은 하루 종일 흘러가는데
遊子[1]久不至　　떠나간 그대는 오래도록 돌아오지 못하네

三夜頻[2]夢君　　사흘 밤을 이어 꿈에서 그대를 보니
情親見君意　　정이 깊은 그대 맘을 알 수 있겠네

告歸常局促[3]　　이별할 때는 항상 무엇에라도 쫓기는 듯
苦道來不易　　다시 오기 어려울 것이라 쓸쓸히 말했지

江湖多風波　　江湖에는 풍파가 많아
舟楫恐失墜[4]　　배가 뒤집힐까 걱정해서였을까

出門搔白首[5]　　문 나서며 흰 머리 긁적이는 모습
若負平生志　　마치 평소 품었던 뜻을 잃은 듯

冠蓋[6]滿京華　　고관대작들은 장안에 가득하건만

斯人獨憔悴[7] 그대 홀로 초췌한 모습이구나

孰云網恢恢[8] 누가 말했던가 하늘의 그물망이 넓고도 크다고
將老身反累[9] 늙어서도 도리어 그 그물에 얽히다니

千秋萬歲名 천추만대에 이름이 전해진들
寂寞身後事[10] 죽은 뒤 적막한 세상의 일이리라

【註釋】

1) 遊子 : 고향을 떠나있는 사람으로, 여기서는 이백을 지칭한다. 이백의 시구에 '떠가는 구름은 유자의 마음〔浮雲遊子意〕'이라는 구가 있다.
2) 頻 : 원뜻은 '자주'인데, 여기서는 꿈을 연이어 계속 꾼다는 뜻으로 쓰였다.
3) 局促 : 마음이 불안하고 급박한 모습이다. 꿈속에서 이백이 황급하게 길을 떠나는 모습을 형용한 것이다.
4) 江湖多風波 舟楫恐失墜 : 이 구절은 이백이 두보에게 직접 말한 것으로 해석하기도 한다. 그러나 다시 만나기 어려울 것이라 말한 이백의 마음을 두보가 대신하여 말한 것으로 볼 수도 있다.
5) 搔白首 : 머리를 긁적거린다는 것은 번민을 드러내는 행위이다.
6) 冠蓋 : 冠을 쓰고 일산〔蓋〕을 받친 사람을 지칭하는 것으로, 부귀한 사람을 비유한다.
7) 憔悴 : 뜻을 이루지 못하여 곤궁한 모습이다.
8) 網恢恢 : ≪老子≫ 73章에, "하늘의 그물망은 크고도 넓어서, 성글어도 빠뜨리는 것이 없다.〔天網恢恢 疎而不漏〕"라고 하였는데, 하늘은 선악을 잘 구별하여 응분의 조처를 내린다는 뜻이다.
9) 身反累 : 이백이 죄를 얻어 夜郎으로 추방당한 사실을 지칭한다.
10) 千秋萬歲名 寂寞身後事 : 높은 명성이 천년만년 전해져도 이미 죽은 뒤의 일은 아무 소용이 없다는 뜻이다. 阮籍의 〈詠懷〉 중 "천년만년 뒤, 영예로운 이름은 그 어디로 갔는가.〔千秋萬歲後 榮名安所之〕"와 같은 의미로 쓰였다. '身後'는 죽은 뒤를 뜻한다.

【通釋】

뜬구름은 하루 종일 유유히 흘러가고 있는데, 夜郎으로 쫓겨간 그대는 오랜 시간이 흘러도 돌아오지 못하고 있다. 사흘 밤 연이어 그대가 꿈속에 찾아오니, 다정한 그대의 마음을 이제야 알겠네.

그대가 이별을 고할 때는 늘 무엇에라도 쫓기는 듯 다급해 하면서 다시 만나기 힘들 것이라 괴롭게 말했지. 강호의 세계에는 풍파가 많기에 배가 뒤집힐까 두려워 그런 말을 했던 것일까. 문을 나서며 흰 머리를 긁적이던 모습은 마치 평생의 포부를 잃은 듯하였다. 고관대작들은 장안에 가득 차 있건만, 왜 그대만이 뜻을 잃고 초췌한 모습을 하고 있는지.

하늘의 이치는 성긴 그물과 같지만 선악을 하나도 빠뜨리지 않고 살핀다고 누가 말했던가. 그런데 늙은이 신세에 그 그물에 걸리다니. 천추만대에 길이 명성을 남긴다한들 우리가 죽어 사라진 뒤의 일이겠지.

【解題】

두보와 이백은 天寶 3년(743) 洛陽에서 잠시 조우한 적이 있는데, 사흘 밤을 연이어 꿈에서 보았다는 것은 知己로서 깊은 정의가 있었음을 보여준다. 이어서 이별을 고하는 이백의 침울한 모습과 이백이 고초를 당하는 부조리한 현실에 대한 비애와 울분이 표출되어 있다.

이 시의 해석에는 몇 가지 다른 異見이 있다. '江湖多風波 舟楫恐失墜'는 이백의 말을 직접 인용한 것으로 보기도 하고, '出門搔白首 若負平生志'는 이백이 아닌 두보의 모습을 형용한 것으로 보기도 한다.

【集評】

○ 平生魂 魂 指白之魂 蓋子美不知白之死生而夢見之 疑其已死故云 ○ 楓青塞黑 魂來 喜其來 故楓林青 言景色蕭爽也 魂去 傷其去 故關塞黑 言氣象愁慘也 ○ 羽翼 方在罪謫而忽然至此 故且喜且怪而問之 何以有羽翼 非謂被放赦也 自告歸止恐墜失 指白 出門搔白首 子美自謂 - 朝鮮 李德弘, ≪艮齋先生文集≫ 卷4, 〈古文前集質疑〉

平生魂 : 魂은 이백의 혼을 지칭한다. 대개 子美(두보)가 이백의 생사를 모른 채 꿈에서 그를 보았기 때문에, 이백이 이미 죽었을 것이라 의심하여 말한 것이다.

楓青塞黑 : '魂來'는 그가 오는 것을 기뻐하기 때문에 단풍 숲이 푸르다는 것이니 景色이 맑고 시원함을 말한 것이요, '魂去'는 그가 가는 것을 슬퍼하기 때문에 관산이 어둡다는 것이니 氣象이 쓸쓸하고 참담함을 말한 것이다.

羽翼 : 바야흐로 죄를 지어 유배지에 있으면서 홀연히 이곳에 이르러 오니, 한편으로는 기쁘고 또 한편으로는 괴이하여 물은 것이다. '何以有羽翼'은 사면을 받아 풀려난 것을 말한 것이 아니다. '告歸'부터 '恐墜失'까지는 이백을 지칭한 것이고, '出門搔白首'는 두보 스스로를 말한 것이다.

○ 是魂是人是夢是眞 都覺恍惚無定 親情苦意 無不備極矣 死別已呑聲 生別常惻惻 便是千

情萬恨 出門搔白首 若負平生志 彼此懷抱都盡 詩謂語不驚人死不休 是以境必抉奧語必窮微 此子美擅長處 - 明 陸時雍, ≪唐詩鏡≫ 卷21

귀신인지, 사람인지, 꿈인지, 사실인지, 모든 것이 황홀하여 정할 수 없다. 친밀한 정감과 고통스러운 뜻이 갖추어지지 않음이 없이 지극하다. '死別已呑聲 生別常惻惻'은 인간사의 모든 情恨이며, '出門搔白首 若負平生志'는 피차간의 회포를 다한 것이다. 시에서 '시어가 사람들을 경동시키지 못한다면 죽어서도 쉬지 않으리라.〔語不驚人死不休〕'(〈江上値水如海勢聊短述〉)라고 하였는데, 이 때문에 詩境은 반드시 奧秘를 파헤쳐야하고, 시어는 반드시 궁구해야 하는 것이다. 이는 子美(杜甫)의 뛰어난 점이다.

○ 此因頻夢而作 故詩語更進一層 前云明我憶 是白知公 此云見君意 是公知白 前云波浪蛟龍 是公爲白憂 此云江湖舟楫 是白又自爲慮 前章說夢處 多涉疑詞 此章說夢處 宛如目擊 形愈疎而情愈篤 千古交情 惟此爲至 然非公至性 不能有此至情 非公至文 亦不能寫此至性 - 淸 仇兆鰲, ≪杜詩詳注≫ 卷7

이 시는 계속되는 꿈으로 인해 지은 것이다. 그러므로 시어가 꿈을 꿀수록 한층 더 깊어진다. 앞의 '明我憶'은 이백이 두보의 마음을 아는 것이고, 여기의 '見君意'는 두보가 이백의 마음을 아는 것이다. 앞에서 일렁이는 물결 속의 교룡을 말한 것은 두보가 이백을 근심하는 것이고, 여기서 강호의 배를 말한 것은 이백 스스로 자신을 걱정한 것이다. 前章에서 꿈을 말할 때에는 의문사가 많고, 이 장에서 꿈을 말할 때에는 완연히 눈으로 직접 보는 것과 같다. 형용이 간소할수록 정이 더욱 돈독하니 千古의 交情이 오직 여기서 지극하다. 그러나 두보의 至性이 아니라면 이러한 지극한 정이 있을 수 없고, 두보의 지극한 문장이 아니라면 역시 이러한 至性을 쓸 수 없다.

【참고자료】

이 작품은 유배를 떠난 벗이나, 고인이 된 벗에 대한 그리움을 읊은 작품에 많은 영향을 미쳤다. 우리나라에서는 金萬基(1633~1687), 金萬重(1637~1692) 등이 〈夢李白〉이라는 동일한 제목으로 작품을 짓기도 하였다. 특히 첫수의 '落月滿屋梁 猶疑照顔色'은 벗에 대한 그리움을 기탁하는 시구로 인용되었는데, 徐居正의 〈聞從兄秦參議有經下世〉(≪四佳詩集≫ 卷21)에, "남쪽 향해 몇 번이나 목 놓아 통곡했던가 기우는 달빛 빈 들보에 가득하니 이를 어찌 견디랴〔南向幾回聲痛哭 那堪落月滿空梁〕"라고 한 것과 李山海의 〈夢中見亡友 覺

而感懷〉(≪鵝溪遺稾≫ 卷2)에, "바닷가 높새바람은 노인 병세를 재촉하는데, 들보에 쇠잔한 달빛은 청수한 모습을 보여주네〔海國高風催老病 屋梁殘月見淸羸〕"라고 한 것에서 그 예를 찾아 볼 수 있다.

013 送別

송별

王維[1)]

下馬飮君酒[2)]　　말에서 내려 그대에게 술을 권하며
問君何所之[3)]　　묻노니, 어디로 가시오

君言不得意　　그대는 말하길, 뜻을 이루지 못해
歸臥南山[4)]陲　　남산으로 돌아가 숨으려 하오

但去莫復問[5)]　　마음대로 떠나시오, 다시 묻지 않을 테니
白雲[6)]無盡時　　흰 구름은 다하는 때가 없는 법이오

【註釋】

1) 王維 : 701~759. 盛唐의 대표적 시인으로, 서화와 음악에 모두 조예가 깊었다. 山西省 祁縣人으로 字는 摩詰이다. 중년에 장안의 남쪽 藍田縣에 있는 輞川 별장을 사서, 자연시들을 지었다. 저서로 ≪王右丞集≫ 10권이 있다.
2) 飮君酒 : 그대에게 술을 권한다는 뜻이다.
3) 何所之 : 어디로 가느냐는 뜻이다.
4) 南山 : 終南山이다.
5) 問 : '聞'으로 되어 있는 본도 있다.
6) 白雲 : 은거를 상징하고 부귀영화의 덧없음과 속세를 떠난 청결함을 의미한다.

【通釋】

말에서 내려 그대에게 한 잔 술을 청하며 "어디로 가십니까?"라고 묻자, 그대는 "뜻을 얻지 못해, 남산 자락에서 은거하려 합니다."라고 답했다.

그러면 주저하지 말고 가시오. 다시는 어디로 가느냐고 묻지 않겠소. 그대가 머무는 저 산의 흰 구름은 유유하여 다하는 때가 없을 것이니까.

【解題】

이 시는 문답법을 사용하여 떠나는 벗에 대한 정을 노래하고 있다. 앞의 네 구는 문답을 통해 送別의 정황을 서술하고, 마지막 두 구는 시인의 감정을 함축하여 드러내었다. 마지막 구의 흰 구름은 벗에 대한 한없는 정 뿐만 아니라 시인 자신의 은거에 대한 선망이 함축되어 있다.

【集評】

○ 白雲無盡 足以自樂 勿言不得意也 - 清 沈德潛, ≪唐詩別裁集≫ 卷1
흰 구름은 끝이 없어 스스로 즐거워 할 수 있으니, 뜻을 얻지 못했다고 말하지 말라.

○ 王右丞五古 盡善盡美矣 觀送別者篇 可入三百 - 清 吳喬, ≪圍爐詩話≫ 卷2
왕우승의 오언고시는 진선진미한데, 〈送別〉이란 작품을 보면 ≪詩經≫ 삼백 편에 들어갈 만하다.

014 送綦毋潛[1]落第還鄉

과거에 낙방하여 고향으로 돌아가는 기무잠을 전송하며

王維

聖代無隱者　　태평한 시대엔 은자가 없어
英靈盡來歸[2]　　인재들 다 조정으로 모여들고

遂令東山客[3]　　동산에 숨어사는 이조차도
不得顧採薇[4]　　고사리 캐며 살지 못하게 하였구나

旣至金門遠[5]　　장안에 온 뒤 金馬門은 멀어졌지만
孰云吾道非　　누가 우리 길을 그르다 할 것인가

江淮[6]度寒食[7]　　江淮에서 한식절 지냈는데

京洛[8)]縫春衣	京洛에서는 봄옷을 짓고 있다
置酒長安道[9)]	장안의 거리에서 술자리 마련하고
同心[10)]與我違	마음의 벗 그대와 헤어지게 되었네
行當[11)]浮桂棹	그대는 곧 노를 저어 가서
未幾拂荊扉	머지않아 사립문 두드리겠지
遠樹帶行客	멀어지는 나무들 나그네 데려가고
孤城當落暉	외로운 어느 성엔 석양이 비추리라
吾謀適[12)]不用	우리 계획이 어쩌다 쓰이지 못했을 뿐
勿謂知音[13)]稀	知音이 적다고는 말하지 말게나

【註釋】

1) 綦毋潛 : 綦毋는 성이며 潛이 이름이다. 간략한 소개는 p.86에 있다. ≪唐詩記事≫에, 기무잠이 일찍이 上東門을 떠나며 말하기를, "열다섯에 서쪽으로 가서 秦에 들어갔는데, 서른 살에 집도 없는 나그네 되었네. 시대의 운명이 明主와 맞지 않아, 붉은 옷에 공연히 낙양 먼지 물들였네.〔十五能行西入秦 三十無家作路人 時命不將明主合 紫衣空染洛陽塵〕"라고 하였다.

2) 英靈盡來歸 : 賢才들이 모두 조정에 임용됨을 뜻한다. '英靈'은 걸출한 인재를 일컫는다.

3) 東山客 : 隱者를 비유한다. 謝安이 東山에 은거한 데서 유래된 말로, 東山은 會稽에 있다.

4) 採薇 : 伯夷 叔齊가 首陽山에 은거하여 고사리를 캐어 먹었다는 고사에서 유래하였다.

5) 金門遠 : ≪三輔黃圖≫에, "漢武帝가 大宛馬를 얻어 그 모습을 銅像으로 제작하고 署門에 세워 두었다. 그러므로 金馬門이라고 이름하였고, 줄여서 金門이라고 하였다.〔漢武帝得大宛馬 以銅鑄像 立於署門 故名金馬門 簡稱金門〕"고 되어 있다. 漢나라 때 金馬門과 玉堂殿은 文學하는 선비들이 出仕하는 官署였다. 여기서 '금마문이 멀어졌다.'고 한 것은 과거시험에 낙방했음을 뜻한다.

6) 江淮 : 江水와 淮水이다. 기무잠은 荊南人이기 때문에, 江水와 淮水는 서울로 가려면 반드시 거쳐야 하는 길이었다.

7) 寒食 : 명절의 하나이다. 동지가 지난 뒤에 105일이 되는 날인데, 양력으로 4월 5일이나 6일쯤 든다. 예전에 나라에서는 이날에 종묘와 각 능원에 제향을, 민간에서는 조상의 무

덤에 제사를 지냈다. 寒食이라는 명칭은, 이날 불을 피우지 않고 찬 음식을 먹는다는 옛 풍속에서 나온 것이다.

8) 京洛 : 洛陽이다.

9) 長安道 : ≪全唐詩≫에는 '臨長道'라고 되어 있다. 長安은 唐나라의 수도로서 지금의 陝西省 長安縣이다.

10) 同心 : 뜻을 같이 하는 친구를 가리킨다. ≪周易≫ 〈繫辭 上〉의 "사람이 마음을 함께하니, 그 날카로움이 쇠를 자를 수 있고, 마음을 함께하는 말은 그 향기로움이 난초와 같다.〔二人同心 其利斷金 同心之言 其臭如蘭〕"는 말에서 나왔다.

11) 行當 : 곧, 즉시라는 뜻이다.

12) 適 : 偶然의 뜻이다.

13) 知音 : 상대방이 연주하는 음악의 뜻을 알아듣는 것으로, 서로 마음을 알아줌을 비유한다. 옛날 伯牙가 마음속에 높은 산을 두고 거문고를 타면 鍾子期가 이것을 알아듣고 "아! 훌륭하다. 높고 높음이 태산과 같다.〔善哉 峨峨若泰山〕" 하였으며, 마음속에 흐르는 물을 두고 거문고를 타면 종자기가 이것을 알아듣고 "아! 훌륭하다. 너르고 너름이 강하와 같다.〔善哉 洋洋若江河〕" 하였다. ≪呂氏春秋≫ 〈孝行覽第二 二曰本味〉

【通釋】

태평시대에는 은자가 없는 법이니, 賢才들은 모두 조정으로 모여든다. 이때에는 謝安처럼 東山에서 은거하는 인사들이 고사리를 캐먹으며 살아가지 않도록 한다.

그대가 장안에 와서 과거에 낙방하여 금마문은 오히려 저렇게 멀어지고 말았지만, 누가 우리들의 이상이 잘못된 것이라고 하겠는가? 기회를 만났지만 성취하지 못했을 뿐이다! 그대가 고향을 떠나 과거에 응시했을 때는 江淮를 지나며 그곳에서 寒食을 보냈는데, 지금 장안과 낙양 일대는 또 봄옷을 지을 때가 되었다.

오늘 나는 장안의 거리에서 술자리를 마련하여 그대를 전별하니, 뜻을 같이 하는 친구와 헤어지는 것이다. 그대는 곧 배를 타고 가서 오래지 않아 고향집에 이르러 문을 두드리겠지.

먼 곳에 있는 나무는 멀리 가는 나그네를 데리고 가고, 그대가 이르는 어느 외로운 성에는 석양의 남은 빛이 비추리라. 우리들의 智謀가 비록 한때에 쓰이지는 못했지만, 그렇다고 知音이 적다고 탄식하지는 말게나!

【解題】

이 시는 綦毋潛이 낙제하여 고향으로 돌아갈 때 그를 위로하기 위해 쓴 것이다.

기무잠은 자가 孝通이며 荊南 사람이다. 그의 나이 34세(開元 14년, 726)에 進士가 되었으며, ≪新唐書≫ 〈藝文志〉에 기록이 보인다. 기무잠은 왕유가 지은 이 시에 고무되어 진사가 될 수 있었다고 한다.

시 전체는 네 단락으로 나눌 수 있다. 첫 단락에서는 盛世에 隱者가 있을 수 없음을 설명하고, 다음 단락에서는 기무잠이 서울에 와서 응시하였으나 합격하지 못하고 오래 서울에 머문 정황을 서술하였다. '江淮寒食 京洛春衣'는 산 넘고 물 건너 와서 서울에 1년을 머무르고 나서야 비로소 돌아가게 됨을 서술하였으니, 이는 위로하는 말이다. 셋째 단락에서는 餞別의 정황을 그렸다. 마지막 단락 중 '遠樹行客'은 나그네가 점점 멀어져 감을 그린 것이며, '孤城落暉'는 시인이 혼자서 돌아올 때의 쓸쓸함을 표현한 것이다.

낙제자를 위로한 시는 唐詩 가운데 매우 보편적인데, 왕유의 〈送綦毋潛落第還鄉〉은 詩意가 진실하고 간절하며 정감이 풍부하다.

【集評】

○ 反覆曲折 使落第人絶無怨尤 - 清 沈德潛, ≪唐詩別裁集≫ 卷1

反覆과 曲折이 많은 표현이 낙제한 사람으로 하여금 절대 원망이나 탓함을 없게 한다.

015 青谿

청계

王維

言入黃花川[1)] 黃花川에 들어가려면
每逐青谿水[2)] 늘 淸溪水를 따라가야 하네

隨山將萬轉 산 따라 물길은 만 번을 돌지만
趣途無百里[3)] 가는 길 백리도 못되는 곳

聲喧亂石中 어지러운 돌 사이에 물소리 시끄럽고
色靜深松裏 깊은 소나무 숲에 景色은 고요하다

漾漾汎菱荇[4)] 넘실대는 물결에 水草가 떠다니고

澄澄映葭葦[5]　　맑디 맑은 水面에 갈대 그림자 비친다

我心素已閒[6]　　내 마음 본래 한가로우니
清川[7]澹如此　　맑은 냇물 이렇게 깨끗하구나

請留盤石上　　원하노니, 커다란 바위에 머물러
垂釣[8]將已矣[9]　　낚싯대 드리우고 일생을 마쳤으면

【註釋】

1) 言入黃花川 : '言'은 뜻이 없는 發語詞이다. '黃花川'은 내 이름으로, 지금의 陝西省 鳳縣 동북쪽 10里 되는 곳에 있다. ≪通典≫에는, "鳳州 黃花縣에 黃花川이 있다."고 했다.
2) 青谿水 : 지금의 陝西省 沔縣 동쪽에 있다.
3) 隨山將萬轉 趣途無百里 : 청계와 黃花川은 모두 秦嶺 남쪽에 있어 산길이 특히 험준하고 굽이가 많다. '趣'는 趨와 같으니, '趣途'는 길을 가다라는 뜻이다.
4) 菱荇 : '菱'과 '荇'은 모두 물풀을 말한다.
5) 葭葦 : 갈대라는 뜻이다. '葭'는 막 자란 어린 것을, '葦'는 다 자란 갈대를 말한다.
6) 素已閒 : 두 가지 해석이 가능하다. 素而閒으로 읽어 '소박하고 한가하다.'로 보기도 하고 '본디부터 이미 한가하다.'로 보기도 한다.
7) 清川 : 青谿를 가리킨다.
8) 留盤石上 垂釣 : '큰 바위에서 낚시를 드리웠다.'는 뜻으로 漢나라 때 嚴子陵이 은거하면서 富春江 큰 바위에서 낚시했다는 전거를 쓴 것으로 보기도 한다.
9) 將已矣 : 장차 生을 끝마치는 것으로, 終老의 뜻이다.

【通釋】

황화천에 들어가려면, 언제나 청계수를 따라 가게 된다. 가는 길이 비록 백리도 못 되지만, 물은 험하고 거친 산세를 따라 수없이 굽어 돈다. 여기저기 어지럽게 놓인 돌 가운데로 흐르는 물소리가 시끄럽고, 청계 주변의 깊은 소나무 숲 속에 경치는 그윽하고 고요하다. 이 청계 가운데 떠 있는 물풀은 물결 따라 넘실거리고, 물가의 갈대는 맑은 물에 선명하게 그 모습을 비추고 있다. 내 마음이 평소 한가하고 고요하니, 맑은 계곡 물도 이처럼 한가하고 고요하구나. 여기에 와 보니 큰 바위에 머물러 낚시하면서 평생을 보내고 싶을 뿐이다.

【解題】

≪文苑英華≫에는 〈過淸溪水作〉으로 되어 있다.

시는 세 단락으로 나눌 수 있다. 첫째 단락은 청계에 들어가기까지의 경치를, 두 번째 단락은 청계 주변의 경치를 묘사하였고, 마지막 단락은 그 곳에서의 情懷를 표현하였다. 하지만 단절을 느끼지 못할 만큼 전체적으로 자연스럽다. 형식에 있어 黃花와 淸溪가 주는 색채감의 대비, 그리고 두 번째 단락의 '聲喧亂石中'과 '色靜深松裏', '漾漾汎菱荇'과 '澄澄映葭葦'가 각각 대구를 이루고 있다. 청계 주변의 자연풍경이 작가의 심리상태로 전환되면서 은자가 되고픈 작가의 소망과 情景交融의 경지를 이룬다.

【集評】

○ 王維靑溪 我心素已閒 淸川澹如此 孟浩然萬山潭作 垂釣坐磐石 水淸心亦閑 是心閑有待于水淸 儲光羲獻王威儀 肅肅長自閑 門靜無人開 是在靜境中始能自閑 與王維相比 心境高下自見 - 現代 許總, ≪唐詩史≫

王維의 〈靑溪〉 詩에, "내 마음 본래 한가로우니, 맑은 냇물 이렇게 깨끗하구나.〔我心素已閒 淸川澹如此〕"라고 하였고, 孟浩然의 〈萬山潭作〉 詩에, "커다란 바위에 앉아 낚싯대 드리우니, 물은 맑고 마음 역시 한가롭네.〔垂釣坐磐石 水淸心亦閑〕"라고 하였으니, 이는 마음이 한가로워서 물이 맑기를 기대함이 있는 것이요, 儲光羲의 〈獻王威儀〉 詩에, "조용히 늘 한가하니 문이 고요해 여는 사람 없어서네.〔肅肅長自閑 門靜無人開〕"라고 하였으니, 이는 고요한 풍경 속에 있어야 비로소 스스로 한가로울 수 있는 것이다. 王維와 비교해보면 心境의 높고 낮음이 저절로 드러난다.

016 渭川田家

위천의 농가

王維

斜光[1]照墟落[2] 석양은 들녘의 농가를 비추고
窮巷[3]牛羊歸 궁벽한 골목으로 소와 양 돌아오네

野老念牧童 노인은 목동을 걱정하며

倚杖候荊扉　　지팡이 짚고 사립문에서 기다리네

雉雊麥苗秀[4)]　　꿩이 우니 보리에 이삭 패고
蠶眠桑葉稀　　누에는 잠들어 뽕잎 드물다

田夫荷鋤立[5)]　　농부들은 호미를 메고 서서
相見語依依[6)]　　마주보며 정담을 이어간다

卽此羨閑逸　　이를 보니 한가롭고 편안한 생활 부러워
悵然吟式微[7)]　　서글피 〈式微〉를 읊조리네

【註釋】

1) 斜光 : 석양이다.
2) 墟落 : 들판의 농가. '落'은 촌락을 뜻한다.
3) 窮巷 : 매우 구석진 작은 골목으로, 여기에서 '窮'은 깊다〔深〕는 뜻이다.
4) 麥苗秀 : 보리 이삭이 패는 것이다.
5) 立 : 宋蜀本 ≪王摩詰文集≫·≪文苑英華≫·≪唐文粹≫에는 모두 '至'라 되어 있다. 趙殿成의 ≪王右丞集箋注≫에 '立'이라 하였으므로, 그것을 따른다.
6) 依依 : 친절히 담화를 나누는 것으로, 정과 뜻이 깊고 돈독하여 차마 떠나가기 어려워하는 모양이다.
7) 卽此羨閑逸 悵然吟式微 : '式微'는 ≪詩經≫ 〈邶風〉의 "날이 이미 어두워졌는데, 어찌하여 아직도 돌아가지 않는가?〔式微式微 胡不歸〕"에서 나왔으며, '式'은 발어사, '微'는 쇠락했다는 뜻이다. 이 시에서 마지막 두 구의 뜻은 전원생활을 흠모하여, 하루 빨리 관직을 떠나 전원으로 돌아가기를 희망한 것이다.

【通釋】

석양이 들판의 농가를 비추고 있고, 한 무리의 소와 양들이 깊고 구석진 골목으로 돌아오고 있다. 노인은 소와 양떼를 돌보러 나간 아이를 걱정하며, 사립문 옆에 지팡이를 짚고 서 있다. 꿩이 우니 보리는 이미 패고, 누에가 깊이 잠든 때라 마을의 뽕나무 잎은 성글다. 농부들은 호미를 메고 길가에 서서 웃으며 일상의 이야기들을 나눈다. 이 광경을 보니 그들의 편안하고 한적한 생활이 부러워, 전원으로 돌아가고 싶은 마음이 간절하다.

【解題】

왕유는 開元 29년(741) 가을부터 종남산에 기거하며 관직생활을 하기도 하고, 은거생활을 하기도 하였다. 天寶 3년(744)에 이르러 근 삼년동안 일련의 산수전원시를 썼는데, 이 시는 張九齡이 폄직당하고 李林甫가 정권을 쥔 후에 왕유가 진퇴양난 속에서 관직세계를 떠나 조용한 전원생활로 돌아가고자 하는 마음을 잘 반영하였다. 이 때문에 '歸'를 眼字로 평하기도 한다. 시 전반에 걸쳐 시골 사람들의 진실함과 순박함을 생동감 있게 표현하여, 한 폭의 풍경화를 연상시킨다.

【集評】

○ 元陳孚遠歸帆絶句云 日落牛羊歸 渡頭動津鼓 烟昏不見人 隱隱數聲櫓 識者以爲不減王維
- 明 楊愼, ≪升庵詩話≫ 卷7

元 陳孚遠의 〈歸帆〉 절구에, "날 저물어 소와 양이 돌아오고, 나룻머리에 북소리 들리네. 연기 피어나는 저물녘 사람은 보이지 않고, 은은한 몇 자락의 노 젓는 소리.〔日落牛羊歸 渡頭動津鼓 烟昏不見人 隱隱數聲櫓〕"라고 하였는데, 학자들은 이를 두고 왕유에 뒤지지 않는다고 하였다.

017 西施詠

서시를 노래하다

王維

艶色天下重　　미색을 천하가 중히 여기니
西施[1]寧久微　　서시가 어찌 오랫동안 미천하리오

朝爲越溪女　　아침에는 越溪의 여인이더니
暮作吳宮妃[2]　　저녁에는 吳宮의 妃가 되었네

賤日豈殊衆　　미천한 시절엔 뭇 여인과 달랐겠는가
貴來方悟稀　　귀하고 나서야 드문 미녀임을 알았구나

邀人傅脂粉　　시녀를 불러 분단장 시키고
不自著羅衣[3)]　　비단 옷도 혼자 입지 않네

君寵益嬌態　　임금이 총애하니 교태 더해지고
君憐無是非　　임금이 아껴주니 옳고 그름이 없구나

當時浣紗伴　　빨래하던 때의 동무들
莫得同車歸　　함께 수레타고 들어온 이 없네

持謝鄰家子　　이웃 여인에게 권고하노니
效顰安可希[4)]　　찡그림 흉내 낸다고 어찌 총애 바랄 수 있나

【註釋】

1) 西施 : 춘추시대 越나라 미녀로, 성은 施이고 이름은 夷光이다. 본래 苧蘿山 땔나무 장수의 딸이다. 越王 句踐이 吳王 夫差에게 복수하기 위해서 절세미인인 서시를 范蠡로 하여금 오왕에게 바치게 하였다. 오왕은 서시에게 빠져 정사를 돌보지 않게 되었고, 이 때문에 망하게 되었다.

2) 朝爲越溪女 暮作吳宮妃 : 서시는 어렸을 때 越溪에서 연꽃을 따고 빨래하던 소녀였으나, 후에 오나라 궁에 들어가 오왕 부차의 寵妃가 되었다. 越溪는 若耶溪로 浙江省 紹興縣 동남쪽에 위치하고 있는데, 서시가 연꽃을 따고 빨래하던 곳이다. 吳宮은 오왕이 서시를 위해 세운 궁궐인 館娃(왜)宮으로 香徑 響屧廊을 갖추고 있으며, 터는 江蘇省 吳縣 靈巖山 위에 있다.

3) 邀人傅脂粉 不自著羅衣 : 서시가 오나라 궁에 들어간 뒤에는 존귀해졌으므로 궁녀들이 그녀가 화장하고 옷 갈아입는 것을 시중들었다.

4) 持謝鄰家子 效顰安可希 : '謝'는 알려주는 것이다. 예전에는 남녀 모두 '子'라고 하였다. '效顰'은 ≪莊子≫ 〈天運〉에, "서시는 가슴앓이 병이 있어 찡그렸는데, 마을의 추녀가 그것을 보고 아름답게 여겨 돌아가서는 자신도 가슴을 잡으면서 찡그렸다.〔西施病心而矉 其里之醜人 見而美之 歸亦捧心而矉〕"라고 하였다. 후에 서시에 대비되는 추녀를 '東施'라 하여, 쓸데없이 남의 흉내를 내어 세상의 웃음거리가 되거나 남의 단점을 장점인 줄 알고 본뜨는 것을 비유하여 '東施效顰'이라고 하였다. '希'는 총애를 얻기 바란다는 뜻이다.

【通釋】

여인의 아름다움은 세상 사람들이 중시하는 것이니, 서시와 같은 미녀가 어찌 오래도록 미천할 수 있겠는가. 아침에 그녀는 越溪에서 연꽃을 따고 빨래하는 여인이었지만, 저녁이 되자 吳宮의 왕비가 되었다.

그녀가 빈천하였을 때, 뭇 여인들과 무엇이 달랐겠는가. 부귀한 때에야 비로소 그녀가 세상에서 드문 미녀임을 알았다. 궁에서는 사람들이 그녀를 위해 화장을 해주고, 비단옷을 입는 것 또한 스스로 할 필요가 없었다. 임금이 그녀를 총애하자 그녀는 더더욱 교태를 부리고, 임금이 그녀를 사랑하자 그녀는 총애를 믿고 시시비비를 분별하지 못하였다.

당시 월계에서 함께 빨래를 하던 동무들 중 그녀와 함께 수레를 타고 오나라 궁에 갈 수 있던 사람은 하나도 없었다. 이웃집 여인에게 권고하노니, 미모가 없다면 그녀의 미간 찡그리는 것만 배워서 어떻게 총애받기를 원할 수 있겠는가.

【解題】

이 시는 왕유의 초기작품으로, 西施의 지위 변화와 東施의 效顰을 들어 炎凉世態를 개탄하고 있다.

앞의 네 구는 서시가 출중한 미모로 인해 미천한 신분에서 하루아침에 吳王의 妃가 되었음을 말하였고, 다음 여섯 구는 총애를 얻은 후 달라진 서시의 지위를 묘사하였다. 마지막 네 구는 이 시의 주제부분인데, 세상 사람들이 자신의 능력을 분명히 알아야 함을 勸戒하고 있다. 만약 서시와 같은 미모가 없는 사람, 즉 東施와 같은 이가 서시를 흉내 내 미간을 찡그려 총애를 얻고자 한다면 이는 불가능할 뿐만 아니라 가소로운 일이 된다는 것이다.

이와 더불어 이 시는 당대의 정치현실을 풍자한 것으로 해석되기도 한다. 즉 당시 李林甫·楊國忠·韋堅·王鉷의 무리들이 임금의 총애를 믿고 날뛰는 것을 비판하여 지은 것으로 보기도 한다.

【集評】

○ 寫盡炎凉人眼界 不爲題縛 乃臻斯旨 入後人手 徵引故實而已 – 淸 沈德潛, ≪唐詩別裁集≫ 卷1

염량세태를 사람의 눈앞에 다 묘사하였으니 제목에 국한되지 않아야 이 뜻을 알 수 있는데, 후인의 손에 들어간 뒤에는 전고만 끌어다 댈 뿐이다.

○ 唐人詩意 不必在題中 如右丞息夫人怨云 莫以今時寵 能忘舊日恩 看花滿眼淚 不共楚王

言 使無稗說載其爲寧王欲餠師妻作 後人何從知之 可見西施篇之 賤日豈殊衆 貴來方悟稀 邀人傅香粉 不自著羅衣 君寵益嬌態 君憐無是非 當是爲李林甫楊國忠韋堅王鉷輩而作 - 淸 吳喬, ≪圍爐詩話≫ 卷1

당나라 사람의 詩意는 반드시 제목에 있는 것은 아니다. 右丞(왕유)의 〈息夫人〉은 원망하며 "지금의 총애로 이전의 은혜를 잊을 수 없네. 꽃을 보니 눈물 가득하여 초왕과 더불어 말하지 않네.[1]〔莫以今時寵 能忘舊日恩 看花滿眼淚 不共楚王言〕"라고 하였는데, 가령 稗說에 寧王이 떡장수 부인을 빼앗은 것[2] 때문에 지은 시가 실려 있지 않았다면 후인들이 무엇으로 그 뜻을 알 수 있겠는가. 〈서시〉편의 "미천한 시절 뭇 여인과 달랐겠는가, 귀하고 나서야 드문 미녀임을 알았구나. 시녀를 불러 분단장 시키고, 비단 옷도 혼자 입지 않네. 임금이 총애하니 교태 더해지고, 임금이 아껴주니 옳고 그름이 없구나.〔賤日豈殊衆 貴來方悟稀 邀人傅脂粉 不自著羅衣 君寵益嬌態 君憐無是非〕"에서 당시 李林甫·楊國忠·韋堅·王鉷의 무리들 때문에 지은 것이라는 것을 알 수 있다.

1) 초왕과……말하지 않네 : 息夫人은 息侯의 아내인 息嬀(규)이다. 蔡哀侯가 息侯의 奸計로 莘의 전쟁에서 楚나라의 포로가 된 적이 있었는데, 그 원한을 갚기 위해 楚子 앞에서 息嬀를 칭찬해 말하니, 楚子가 息國으로 가서 음식을 가지고 들어가 息侯를 대접하다가 마침내 息國을 멸망시키고서 식규를 데리고 돌아왔다. 식규는 楚나라로 온 뒤에 堵敖와 成王을 낳았으나, 楚子와 말을 하지 않았다. 楚子가 그 이유를 묻자, 대답하기를, "나는 한 여자로 두 남편을 섬겼으니 비록 죽지는 못할망정 또 무슨 말을 하겠습니까."라고 하였다. ≪春秋左傳 莊公 14年≫

2) 寧王이……빼앗은 것 : 寧王은 唐나라 睿宗의 맏아들 憲이다. 영왕의 집 근처에 떡을 파는 사람이 있었는데, 그의 아내가 매우 아름다웠다. 영왕이 그녀의 남편에게 후한 값을 주고 그녀를 취하여 매우 총애하였다. 일년 남짓 만에 영왕이 "아직도 떡 팔던 전남편을 생각하느냐?"고 묻자 그녀는 잠자코 아무 말도 하지 않았다. 이에 전 남편을 불러 만나보게 하니, 그녀가 남편을 뚫어지게 바라보고 눈물을 흘리며 정을 가누지 못하니, 그 자리에 있던 10여 명의 객들이 모두 처연해 하였다. 이에 영왕이 객들에게 시를 짓게 하니, 왕유가 자장 먼저 시를 완성하였는데, 그 시에, "지금의 총애로 이전의 은혜 잊을 수 없네. 꽃을 보니 눈물 가득하여 초왕과 더불어 말하지 않네.〔莫以今朝寵 寧忘舊日恩 看花滿眼淚 不共楚王言〕"라고 하였다. ≪詩話總龜 前集 卷25≫

018 秋登蘭山[1)]寄張五[2)]

가을날 난산에 올라 장오에게 부치다

孟浩然[3)]

北山[4)]白雲裏　　북산 흰 구름 속
隱者自怡悅　　은자는 스스로 즐거워 하리

相望試[5)]登高　　그곳을 바라보려 높은 곳에 올라보니
心隨雁飛滅[6)]　　마음은 하늘 끝으로 사라지는 기러기를 따라 간다

愁因薄暮起　　해질 무렵이라 수심도 생겨나고
興是清秋發　　맑은 가을이라 흥취도 일어나는데

時見歸村人　　때때로 보이는, 귀가하는 마을사람들
沙行渡頭[7)]歇　　강가 길을 가거나 나루터에서 쉬고 있다

天邊樹若薺[8)]　　하늘가에 나무들은 냉이와 같고
江畔洲如月　　강가의 모래톱은 달과 같구나

何當載酒來　　어떡하면 술을 싣고 찾아가
共醉重陽節[9)]　　다 함께 중양절에 취해 볼 건가

【註釋】

1) 蘭山 : '萬山'으로 되어 있는 본도 있다. 지금의 湖北省 襄樊市 서북쪽 10리 밖에 있다.
2) 張五 : 張子容이다. 그는 당시 襄陽의 峴山 부근 白鶴山에 은거하고 있었다. '五'는 排行(형제 사이의 항렬)을 뜻한다.
3) 孟浩然 : 689~740. 湖北省 襄陽人으로 鹿門山에 은거하다가 40세에 長安에 나와 進士에 응시했지만 급제하지 못했다. 산수 전원시에 뛰어나 王維와 더불어 '王孟'으로 병칭된다.

4) 北山 : 蘭山을 지칭한다.
5) 試 : '始'로 되어 있는 本도 있다.
6) 雁飛滅 : 기러기가 아득히 먼 하늘로 날아가 사라진다는 뜻이다.
7) 沙行渡頭 : '沙行'은 강변의 길을 가는 것을 뜻하고, '渡頭'는 나루터를 지칭한다.
8) 樹若薺 : 멀리 보이는 숲이 들판에 피어난 냉이처럼 보인다는 뜻이다.
9) 重陽節 : 음력 9월 9일의 명절로서, 액운을 막기 위하여 주머니에 수유를 넣고 높은 산에 올라가 국화주를 마시는 풍속이 있다. 9월 9일은 9가 겹치므로 '重九'라고 하는데, 九가 陽의 數이므로 '重陽'이라고 한 것이다.

【通釋】

흰 구름 속에 잠겨 있는 북쪽 산, 그곳에는 장자용이 은자의 삶을 살며 스스로 만족해 기뻐하고 있겠지. 그대가 사는 곳을 멀리서나마 바라보고자 높은 산에 오르니, 저 하늘 끝으로 사라지는 기러기를 따라 내 마음도 달려간다. 석양이 옅게 퍼지자 수심도 따라 일어나고 맑은 가을 경치에 흥취도 일어나는데, 때마침 귀가하는 마을사람들이 강가의 길을 가고 있거나 강변의 모래가 나루터에 앉아서 쉬는 모습이 시야에 들어온다. 저 멀리 하늘가의 나무숲은 봄날 땅에 피어난 냉이처럼 보여 그리움을 더해주고, 초승달 모양의 모래톱은 마치 조각배를 띄워 놓은 듯하니, 이번 중양절에는 술을 싣고 찾아가 함께 취해보면 어떨까.

【解題】

이 시의 제목은 〈九月九日峴山寄張子容〉 또는 〈秋登萬山寄張五儃〉로 되어 있기도 하다. 난산에 올라가 내려다보는, 가을 기러기, 저물녘 풍경, 귀가하는 마을사람의 모습 등은 집을 떠나 있는 작가의 외로운 심정을 보여주고 있으며, 이를 통하여 벗에 대한 그리움을 표현하고 있다.

첫 구절은 南朝 梁나라 陶弘景의 " '산 속에 무엇이 있는가?' '산꼭대기에는 흰 구름이 많습니다.' '스스로 만족해 기뻐할 뿐, 임금께 가져다 보여줄 수 없습니다.'〔山中何所有 嶺上多白雲 只可自怡悅 不堪持贈君〕"(〈詔問山中何所有 賦詩以答〉)라는 시구를 차용한 것이다. 따라서 '白雲'과 '自怡悅'이라는 표현을 통해 도홍경의 은일세계를 장자용에게 부여한 것이라 할 수 있다.

【集評】

○ 羅浮山記云 望平地樹如薺 自是俊語 梁戴暠詩 長安樹如薺 用其語也 後人翻之益工 薛道

衡詩 遙原樹若薺 遠水舟如葉 孟浩然詩 天邊樹若薺 江畔洲如月 - 明 楊愼, ≪詩品≫

〈羅浮山記〉에, "平地를 바라보니 나무는 냉이와 같다.〔望平地樹如薺〕"라고 하였는데, 그 자체가 뛰어난 말이다. 南朝 梁나라 戴暠의 "장안의 나무는 냉이와 같다.〔長安樹如薺〕"는 句는 그 말을 차용한 것이다. 후대 사람들은 翻案하기를 더욱 잘 하였으니, 薛道衡의 시에, "먼 들녘의 나무는 냉이와 같고, 먼 강물의 배는 낙엽과 같다.〔遙原樹若薺 遠水舟如葉〕"는 것과 맹호연의 시에, "하늘가의 나무들은 마치 냉이와 같고, 강가의 모래톱은 달과 같구나.〔天邊樹若薺 江畔洲如月〕"라는 것이다.

019 夏日南亭懷辛大[1)]

여름날 남정에서 신대를 그리워하다

孟浩然

山光[2)]忽西落　　산 위의 해 홀연히 서쪽으로 지고
池月漸東上　　못 위의 달 서서히 동쪽에서 떠오르네

散髮[3)]乘夜涼　　머리를 풀고 시원한 밤바람 맞으며
開軒臥閑敞[4)]　　창 열어 탁 트인 곳에 한가로이 눕는다

荷風送香氣　　연꽃에서 부는 바람 향기를 보내오고
竹露滴清響　　댓잎 위의 이슬 맑은 소리로 떨어지네

欲取鳴琴彈　　거문고 가져다 타려 하지만
恨無知音[5)]賞　　안타깝게도 들어줄 知音이 없구나

感此懷故人[6)]　　이 때문에 그대 생각이 나
中宵[7)]勞夢想　　한밤중 꿈속에서도 애써 그린다네

【註釋】

1) 辛大 : 맹호연의 벗 辛諤으로 추정된다. ≪孟浩然集≫에 〈送辛大不及〉·〈西山尋辛諤〉 등이 있다. '大'는 排行 중 첫 번째를 의미한다.

2) 山光 : 산 위의 해이다.
3) 散髮 : 옛날 사람들은 머리를 묶고 관을 썼다. 머리를 풀었다는 것은 속세를 벗어나 얽매임이 없음을 뜻한다.
4) 開軒臥閑敞 : '軒'은 長廊 또는 창을 지칭하는데, 이 시에서는 창으로 쓰였다. '閑敞'에서 '閑'은 한적함이고, '敞'은 넓게 탁 트인 곳이다.
5) 知音 : 마음이 서로 통하는 친한 벗을 비유적으로 이르는 말이다. ≪呂氏春秋≫ 〈本味〉에 나오는 전고로, 거문고의 명인 伯牙가 자기의 소리를 잘 이해해 준 벗 鍾子期가 죽자 자신의 거문고 소리를 알아 줄 사람이 없다고 하여 거문고 줄을 끊었다는 데서 유래한다.
6) 故人 : 옛 친구이다.
7) 中宵 : 한밤중이다.

【通釋】

산 위의 해는 문득 서쪽으로 지고, 못 위의 달은 서서히 동쪽에서 떠오른다. 나는 머리를 풀어헤친 채 시원한 밤바람을 쐬고, 창문을 열어젖혀 탁 트인 南亭에 한적하게 눕는다. 여름밤 연꽃 핀 못에서 불어오는 바람은 맑은 향기를 실어오고, 밤이 깊어지자 댓잎 끝에서 떨어지는 이슬은 맑은 소리를 낸다.

나는 거문고를 가져다 타려 하지만, 안타깝게도 소리를 알아 줄 사람이 없다. 이로 인해 나는 옛 친구를 그리워해 한밤중 깊은 꿈속에서도 애를 태운다.

【解題】

이 시는 여름 밤 벗을 그리워하는 작품이다.

앞의 여섯 구는 여름 밤 시원해지기 시작하는 때의 풍경과 느낌을 서술하였다. 먼저 산마루의 해는 지고 못 위의 달이 떠오르는 풍경의 변화는 이 시의 시공간적 배경을 설명한다. 아울러 시인이 머리를 푼 채 밤바람을 맞고 창을 열어 한가롭게 눕는 행동을 자연스레 이끌어 낸다. 그리고 다시 바람이 보내오는 연꽃 향기와 댓잎에 떨어지는 이슬 소리라는 후각과 청각을 통해 그가 머무르고 있는 곳의 이미지를 표현하고 있다.

뒤의 네 구는 벗에 대한 그리움을 서술하였는데, '知音'이라는 전고와 꿈속에서도 벗과 만나는 이미지를 통해, 깊고 두터운 교분을 한층 더 분명하게 드러내었다. 아울러 '恨無知音賞' 구는 자신을 알아주는 이도 없고, 세상에서도 쓰이지 못하는 처지에 대한 불평을 은근하면서도 담담하게 표현한 것이다.

시 전체가 해 질 무렵에서부터 한밤중까지 이어지는데, 시간의 경과를 대단히 점층적이고 순차적으로 묘사하고 있다. 그리고 '山光忽西落 池月漸東上'과 '荷風送香氣 竹露滴淸響' 구등은 경치를 묘사함에 있어 대구를 즐겨 사용하던 맹호연 시의 특징이 드러난다.

【集評】

○ 荷風竹露 佳景亦佳句也 外又有微雲淡河漢 疏雨滴梧桐句 一時嘆爲淸絶 - 淸 沈德潛, ≪唐詩別裁集≫ 卷1

'연꽃에서 부는 바람〔荷風〕'과 '댓잎의 이슬〔竹露〕'은 아름다운 경치이고 또한 아름다운 구절이다. 이 외에 '엷은 구름 은하수를 감돌고, 성근 비 오동잎에 떨어지네.〔微雲淡河漢 疏雨滴梧桐〕'라는 구절이 있는데, 당시의 모든 사람들이 그 淸絶함에 감탄했다.

【참고자료】

이 시는 李珥의 ≪精言妙選≫ 〈利字集〉에 選集되어 있다.

李德懋의 〈論詩絶句 有懷篠飮 雨邨蘭坨薑山泠齋楚亭〉(≪靑莊館全書≫ 卷11 ≪雅亭遺稿≫)의 첫 구절 '시는 연꽃 바람과 댓잎 이슬의 맑음을 따랐으니〔句襲荷風竹露淸〕'는 〈夏日南亭懷辛大〉의 '荷風送香氣 竹露滴淸響'을 차용한 것이다.

020 宿業師山房 待丁大 不至[1)]

업사산방에 묵으며 정대를 기다렸으나 오지 않다

孟浩然

夕陽度西嶺　　석양이 서쪽 고개를 넘자
群壑倏已暝[2)]　　계곡마다 금방 어둠이 내렸다

松月生夜涼　　소나무와 달빛엔 상쾌한 밤 기운 일고
風泉滿淸聽[3)]　　바람소리 샘물소리 맑게 귀에 가득하다

樵人歸欲盡　　나무하던 사람들 다 돌아가 버리고
煙鳥[4)]棲初定　　저녁안개 속에 날아간 새 막 둥지에 깃들었다

之子期宿來[5)]　　그대 묵으러 온다고 약속했기에

孤琴候蘿徑[6)]　　　　홀로 거문고 안고 여라 드리운 길에서 기다린다

【註釋】

1) 宿業師山房 待丁大 不至 : 시의 제목이 〈宿業公山房待丁大不至〉로 되어 있는 本도 있으며, '待'가 '期'로 된 本도 있다. '業師'의 사전적인 뜻은 자신의 스승, 혹은 스승에 대한 謙稱이다. 일설에는 구체적인 인물로 보기도 하는데, 맹호연의 다른 시 〈疾愈過龍泉精舍呈易業二公〉을 근거로 襄陽 龍泉寺의 僧으로 보기도 한다. '업스님' 정도로 해석할 수 있다.
2) 群壑倏已暝 : '壑'은 산 계곡을 말하며, '倏은' 갑자기라는 뜻으로 시간이 빠름을 나타낸다. '暝'은 날이 어두운 것이다.
3) 淸聽 : 귀에 맑은 소리가 들린다.
4) 煙鳥 : 저녁 안개 가운데 돌아가는 새를 말한다.
5) 之子期宿來 : 之子는 '이 사람' 이란 말로 丁大를 가리킨다. 정대는 丁氏 一門의 맏이를 말하는데 정확히는 丁鳳을 가리킨다. 開元 연간 鄕貢進士로 알려져 있다. 맹호연의 시 가운데 〈送丁鳳進士擧〉라는 작품이 있다. '期'는 기약하는 것이고, '宿'은 하룻밤 묵는 것이다.
6) 蘿徑 : '蘿'는 女蘿라는 식물로 소나무에 엉켜 자라므로 松蘿라고도 한다. 앞에 松月이 있으므로 '소나무에 얽힌 여라가 늘어진 작은 길' 정도의 뜻이다.

【通釋】

석양이 서산을 넘어가자 여러 계곡이 갑자기 어두워졌다. 소나무 사이로 비치는 달빛은 밤의 상쾌한 기운을 뿜어내고 바람소리 가운데 들려오는 샘물소리는 맑은 음향으로 가득하다.

황혼녘에 땔나무 하던 사람 거의 모두 다 돌아가고 저녁 안개 속에 날아간 새들은 둥지에 자리를 잡았다. 그대와 여기에 와서 하룻밤 묵기로 약속하였는데 나만 홀로 거문고를 안고 긴 덩굴이 드리운 작은 길에서 그대를 기다린다.

【解題】

시의 중심은 '기다림'에 있다. 하지만 친구가 오지 않는데도 원망하는 말은 보이지 않는다. 시는 두 부분으로 나눌 수 있다. 앞 네 구절은 산 속 풍경과 禪房같은 분위기를 두 구절씩 묘사했고, 뒤의 네 구절은 앞의 두 구절을 통해 경치에 의탁해 친구를 기다리는 모습을 드러내면서 마지막 두 구절로 '기다린다'는 글자의 뜻을 나타냈다.

자연 경관 묘사와 친구를 그리워하는 심정이 긴밀하게 연결되어 있는데 시간이 지나면서 점차 변하는 감정의 진행과정이 바로 시의 흐름이기도 하다.

【集評】

○ 景物滿眼 而淸淡之趣更自浮動 非寂寞者 - 宋 劉辰翁, 現代 李景白, ≪孟浩然集校注≫에서 재인용

景物이 눈에 가득하고 淸淡의 雅趣가 저절로 떠다녀 적막한 것이 아니다.

○ 山水淸音 悠然自遠 末二句見不至意 - 淸 沈德潛, ≪唐詩別裁集≫ 卷1

산수의 맑은 소리 아득하게 저절로 멀어져 가고 마지막 두 구절에 이르러서야 친구가 오지 않았다는 뜻이 드러난다.

○ 宿來公山房期丁大不至 不做作淸態 正是天眞爛漫 - 淸 張謙宜, ≪蠒齋詩話≫ 卷5

〈宿來公山房期丁大不至〉는 맑은 모습을 꾸미지 않아 바로 天眞爛漫하게 되었다.

021 同從弟[1)]南齋翫月憶山陰[2)]崔少府

종제와 함께 남재에서 달을 감상하며 산음의 최소부를 생각하다

王昌齡[3)]

高臥南齋時　　남재에 편안히 누워 있을 때
開帷月初吐　　휘장 걷으니 달 막 떠오른다

淸輝淡水木[4)]　　맑은 빛은 물가 나무에 담박하고
演漾[5)]在窗戶　　창 앞에 달빛이 넘실거리네

苒苒[6)]幾盈虛[7)]　　흐르는 세월 속에 몇 번이나 차고 기울었는가
澄澄[8)]變今古　　저 맑은 빛 속에 고금은 수없이 변하였네

美人[9)]淸江畔　　미인은 맑은 강가에서
是夜越吟[10)]苦　　이 밤 괴롭게 고향 생각 하겠지

千里其如何　　천리 길은 그 얼마나 먼가

微風吹蘭杜[11]　　　　미풍이 난초와 두약의 향기 불어온다네

【註釋】

1) 從弟 : 堂弟이다. 從弟 뒤에 銷字가 있는 본도 있으니, 王昌齡의 從弟인 王銷이다. 生平에 대해서는 잘 알려지지 않았다.
2) 山陰 : 옛날의 縣名으로, 지금의 浙江省 紹興이다.
3) 王昌齡 : 698~757?. 長安사람으로 字는 少白이다. 진사급제 후, 하남성 氾水縣의 尉가 되었다가 博學宏詞科에 합격, 秘書省 校書郎이 되었다. 안녹산의 난이 일어나자 향리로 돌아갔다가 刺史 閭丘曉에게 미움받아 살해되었다. 邊塞詩와 閨怨詩에 뛰어났으며, 저서로 ≪詩格≫·≪詩中密旨≫·≪古樂府解題≫ 등이 있다.
4) 淡水木 : '滔水土'라 되어 있는 본도 있다.
5) 演漾 : 본래는 물결이 요동치는 모습이지만, 이 시에서는 달빛이 물결처럼 넘실대는 모습이다.
6) 苒苒 : 시간이 점점 흘러가는 것을 가리킨다.
7) 盈虛 : 달이 차고 기우는 것이다.
8) 澄澄 : 맑고 깨끗한 것이다.
9) 美人 : 山陰의 崔小府를 가리킨다. 小府는 관직명으로 縣尉를 일컫는다.
10) 越吟 : 월나라의 노래라는 뜻으로, 고향을 몹시 그리워하는 것을 이른다. ≪史記≫ 〈張儀列傳〉에, "越人 莊舄(석)이 楚 執圭의 벼슬을 하게 되었는데, 오래지 않아 병이 들었습니다. 초왕은 '장석은 본래 월의 미천한 사람이다. 지금은 초나라에서 집규의 벼슬로 부귀하게 되었는데, 여전히 월을 생각할까?'라 하니, 중사가 대답하기를 '무릇 사람은 병이 났을 때 고향을 생각하는 법입니다.'라 하였습니다.〔越人莊舄 仕楚執珪 有頃而病 楚王曰 舄故越之鄙細人也 今仕楚執珪貴富矣 亦思越不 中謝對曰 凡人之思故在其病也〕"라는 구절이 보인다. 여기서는 산음의 최소부를 장석에 비유한 것인데, 산음은 본래 옛 월 땅에 속한 곳이다.
11) 蘭杜 : 蘭草와 杜若으로 모두 향기 나는 풀이다. 최소부의 인품을 이 향초에 비유하였다.

【通釋】

내가 南齋에서 편히 누워 있을 때, 창의 주렴을 걷어 올리니 처음으로 둥글고 밝은 달이 얼굴을 드러낸다. 달빛은 물 위와 숲의 나무를 비추는데, 물에 비친 달빛은 내 창가에 넘쳐흐른다. 시간은 흘러 흘러 달 또한 몇 번이나 차고 기울었던가. 그 맑은 빛 가운데서 고금의 변화는 얼마나 많았던가. 그대는 맑은 강가에 살고 있으니, 생각건대 오늘밤 달빛 아래에서

월나라의 노래를 구슬프게 읊조리고 있겠지. 그대와 나 떨어진 거리가 천리나 되니 어떻게 하면 그 얼굴을 다시 볼 수 있으리오만. 바람에 실려 그대의 인품 같은 난초와 두약의 향기가 이곳에까지 불어오는구나.

【解題】

이 시는 달을 보며 친구를 그리워하는 시이다. 王昌齡은 南齋에서 종제와 함께 달을 감상하며 산음에 있는 벗 최소부를 그리워한다. 앞의 여섯 구는 남재에서 달을 완상하는 모습을 묘사하였다. 달이 찼다가 또 기우는 것을 보고 고금의 변화가 무상함을 느낌과 동시에 인간사 역시 이와 같다는 것을 말해준다. 뒤의 네 구는 산음에 사는 최소부를 그리워하는 작자의 심정을 묘사하였다. 여기서는 자신이 얼마만큼 친구를 그리워하는지 직접적으로 언급하지 않고, '미인은 맑은 강가에서, 이 밤 괴롭게 고향 생각 하겠지.〔美人淸江畔 是夜越吟苦〕'라고 표현하여 그리움을 한층 더 배가시켰다.

【集評】

○ 高人對月時 每有盈虛古今之感 - 淸 沈德潛, ≪唐詩別裁集≫ 卷1
　高士는 달을 마주 대할 때, 매양 차고 기우는 고금의 감회를 느낀다.

022 尋西山隱者不遇

서산의 은자를 찾아가나 만나지 못하다

邱爲[1)]

絶頂一茅茨[2)]　　산꼭대기의 띳집 한 채
直上三十里　　곧장 올라도 삼십 리 길

扣關[3)]無僮僕　　문을 두드리지만 아이종도 없고
窺室惟案几　　방을 살펴보니 책상과 안석뿐

若非巾柴車[4)]　　수레를 타고 나간 것이 아니라면
應是釣秋水　　분명 秋水로 낚시하러 갔겠지

差池不相見　　길이 어긋나 서로 만나지 못했지만
黽勉空仰止[5)]　　떠나지 못하고 그저 그대를 그리워하네

草色新雨中　　풀빛은 막 내린 비 속에 새롭고
松聲晚窗裏　　솔바람 소리 저녁 창에 울린다

及茲契[6)]幽絶　　이때에 그윽한 경치와 하나 되니
自足蕩心耳　　절로 마음을 씻어낼 수 있네

雖無賓主意　　손님과 주인의 정을 나누지는 못했지만
頗得淸淨理　　자못 맑고 깨끗한 이치를 얻었네

興盡方下山　　흥이 다했으니 산을 내려가야지
何必待之子[7)]　　꼭 그대를 기다릴 것 무어냐

【註釋】

1) 邱爲 : 694?~789?. 절강성 嘉興縣 사람이다. 天寶 元年(742)에 進士에 급제, 관직이 太子右庶子에 올랐다. 五言詩가 뛰어나며, 전원의 풍물을 읊은 시가 많다. 원래 문집이 있었다고 하나 현재 전해지지 않고, ≪全唐詩≫에 13수의 시가 전한다.
2) 茅茨 : 띠풀로 지붕을 이은 초가집을 가리킨다.
3) 扣關 : '關'은 문의 뜻으로, '扣關'은 문을 두드리다라는 의미이다.
4) 巾柴車 : 천으로 덮은 수레로, 수레를 타고 出遊하는 것을 의미한다. 도연명의 〈歸去來辭〉에, "포장한 수레를 몰거나, 한 척의 배를 저어〔或命巾車 或棹孤舟〕"라는 구절이 있다.
5) 差池不相見 黽勉空仰止 : '差池'는 가지런하지 못한 모양으로, 길이 어긋나 만나지 못하는 것을 말한다. '黽勉'은 머뭇거리며 망설이는 것이고, '仰止'는 우러러본다는 말로 흠모의 뜻을 함축하고 있다. ≪詩經≫ 〈小雅 車舝〉에, "높은 산은 우러러 보고, 큰 길은 따라 가네.〔高山仰止 景行行止〕"라는 구절이 있다.
6) 契 : 여기서는 마음에 합한다는 뜻으로 쓰였다.
7) 興盡方下山 何必待之子 : ≪世說新語≫의 전고를 사용한 것이다. 王羲之의 아들인 王徽之가 山陰에 거하는데 밤에 눈이 내리자, 갑자기 戴安道가 생각나서 이에 배를 타고 그를 찾아갔다. 그러나 그 집 앞에 이르러서는 들어가지 않고 다시 돌아왔다. 사람들이 그 이

유를 묻자, "내가 본디 흥이 일어나 갔고, 흥이 다해 돌아오니 꼭 戴安道를 봐야 하는가?〔吾本乘興而行 興盡而返 何必見戴〕"라고 하였다. '之子'는 '이 사람'으로 은자를 가리킨다.

【通釋】

저 산꼭대기에 은자의 띳집이 있는데, 산 아래에서 위까지 곧장 삼십 리 길을 가야만 이를 수 있다. 산에 올라 그 집 문을 두드리니 그는 물론 일하는 아이마저 없는데, 방 안에 놓인 것을 보니 책상과 안석만 있을 뿐이다.

그가 덮개 덮인 수레를 타고 나가지 않았다면 秋水가에서 낚시를 하고 있겠지. 오고 가는 것이 어긋나 만나지 못했지만, 떠나지 못하고 문 앞에서 부질없이 배회하며 한없이 그를 그리게 된다. 이곳을 둘러보니 비온 뒤에 풀빛은 싱그럽고 저녁 바람에 솔바람 소리가 메아리친다. 이곳의 그윽한 운치와 내 마음이 딱 만나니 이미 마음이 시원스레 트인다.

비록 손님과 주인의 정을 다하지는 못했지만 맑고 깨끗한 뜻을 얻었다. 나는 흥이 다하여 산을 내려오니 그를 더 기다려서 무엇하겠는가.

【解題】

이 작품은 서산의 은자를 찾아가 만나지 못했지만 그윽하고 고요한 경치를 만끽하고 돌아온 것을 읊은 시이다.

이 시는 네 개의 단락으로 나눌 수 있다. 앞의 네 구는 시 제목과 긴밀하게 들어맞는데, 제1구는 제목 중 '隱者'를, 제2구는 '西山'을, 제3구는 '尋'을, 제4구는 '不遇'를 표현한 것이다. 그 다음 네 구는 찾아갔지만 만나지 못해 일어나는 그리움을, 그 다음 네 구는 서산 은거처의 그윽하고 고요함을 묘사하였다. 마지막 네 구는 은자를 만나지 못했지만 굳이 은자를 기다리지 않고도 내려올 수 있는 심경을 ≪世說新語≫에 나오는 王徽之의 고사를 써서 표현하였다.

【集評】

○ 讀邱爲祖詠詩 如坐春風中 令人心曠神怡 其人與摩詰友 詩亦相近 且終卷和平淡蕩 無叫號噪𠹭之音 唐詩人惟邱爲幾近百歲 其詩固亦不干天和地也 - 淸 賀裳, ≪載酒園詩話≫

邱爲와 祖詠[1]의 시를 읽으면, 마치 봄바람 속에 앉아 있는 것처럼 사람으로 하여금 心神이 트이고 즐겁게 한다. 구위는 摩詰(王維)과 사귀었는데, 시 또한 서로 비슷하였고 또 和平하고 淡蕩(맑고 넓음)하게 끝맺어서 부르짖고 한탄하는 소리가 없었다. 당나라 시인 중 오직 구위만이 백세 가까이 살았는데, 그의 시 또한 한결같이 天地의 和

氣를 범하지 않았다.

1) 祖詠 : 洛陽人이다. 開元 12년(724)에 진사에 급제하였고 젊어서 文名이 있었다. 王維와 친하여 吟侶가 되었다.

023 春泛若耶溪[1)]

봄날 약야계에 배를 띄우다

綦毋潛[2)]

幽意[3)]無斷絶　　깊숙이 살고픈 뜻 끊임이 없어
此去隨所偶[4)]　　이에 배 가는대로 맡겨 떠나네

晩風吹行舟　　저녁바람 떠가는 배에 불어오니
花路入溪口　　꽃길 따라 약야계 입구로 들어선다

際夜[5)]轉西壑　　밤이 되자 서쪽 계곡으로 돌아드니
隔山望南斗[6)]　　산 너머 남두성이 바라보이는데

潭煙飛溶溶[7)]　　물안개 가득 피어 날고
林月低向後　　숲 속의 달은 뒤로 사라져 간다

生事[8)]且瀰漫[9)]　　인생사 또한 막막하니
願爲持竿叟[10)]　　낚시하는 노인 되고 싶어라

【註釋】

1) 若耶溪 : 지금의 浙江省 紹興縣 남쪽 若耶山 아래 있다. 북쪽으로 鏡湖에 흘러들어간다. 西施가 비단을 빨았다 하여 浣紗溪라고도 한다.

2) 綦毋潛 : 692~約 749. 字는 孝通 또는 季通이며, 南康人이다. 玄宗 開元 13년(725) 진사가 되어 著作郎 등을 역임하였으며, 兵亂으로 江東에 은거했다. ≪全唐詩≫에 시 1卷이 전한다.

3) 幽意 : 조용한 마음 혹은 고요한 정취를 뜻한다. 여기서는 세속과 떨어져 홀로 거처한다는

뜻이다.
4) 隨所偶 : '偶'는 우연히 만나다〔遇〕라는 뜻이다.
5) 際夜 : '際'는 접하다 또는 때라는 뜻으로 밤이 된 것이다.
6) 南斗 : 별자리 이름으로 남두성을 말한다.
7) 溶溶 : 광대하게 가득찬 모양이다.
8) 生事 : 인생살이 혹은 살아가는 일을 말한다.
9) 瀰漫 : 아득히 끝없는 모양이다.
10) 持竿叟 : 낚시하는 노인이라는 뜻으로 대개 隱者를 의미한다.

【通釋】

깊숙이 은거하고 싶은 마음이 끊임없이 솟아나 이에 배 띄우고 물결 가는대로 따라간다. 저녁바람이 떠가는 배에 불어오니 꽃이 핀 물길을 따라 약야계 입구로 들어간다. 밤이 되자 서쪽 계곡으로 돌아 들어가니 산 너머로 남두성이 멀리 바라보인다. 물에서 피어 오른 안개는 자욱하고 숲 속의 달은 배 뒤편으로 사라져 간다. 세상살이 또한 여기 이 약야계의 밤 풍경처럼 막막하니 낚시하는 노인이 되어 이곳에서 한평생을 마치고 싶구나.

【解題】

첫 구절에 보이는 '幽意'는 두 가지 뜻 가운데 어느 쪽을 취해도 무방하나 여기서는 세속과 떨어져 홀로 거처한다는 뜻으로 해석하였다. 시 전체가 경치와 감정이 하나로 합일되어 있으며 시간이 지나면서 감정도 함께 무르익는다. 마지막 구절의 '持竿叟'는 은거의 뜻을 함축하고 있다. 이 부근에 嚴子陵[1)]이 은거하며 낚시했다는 富春江이 있어 그 사실에 착안하여 시인의 마음을 표현한 것이다. 또 장소가 若耶溪이고 배를 띄우고 쓴 시이기 때문에 그에 호응해 선택한 어휘로 用字의 엄밀함을 알 수 있다.

1) 嚴子陵 : 子陵은 後漢 초기의 隱士인 嚴光의 字이다. 엄광은 일찍이 光武帝 劉秀와 同門受學하였는데, 광무제가 즉위한 다음 物色하여 諫議大夫로 불렀으나 세상에 나가 벼슬하지 않고 富春山의 釣魚臺에서 낚시질하며 한가롭게 일생을 마쳤다.

【集評】

○ 有氣力 靜中看出 - 明 鍾惺, ≪唐詩歸≫ 卷14
　기운찬 힘을 고요한 가운데 볼 수 있다.
○ 好境 妙語浮出 如不經心手者 - 明 潭元春, ≪唐詩歸≫ 卷14
　훌륭한 경지에 묘한 말이 배어 나와 마음을 쓰지 않고 쓴 솜씨 같다.

024 宿王昌齡隱居

왕창령이 은거하던 곳에 머물다

常建[1)]

清溪深不測	맑은 시내 아득하여 헤아릴 수 없는데
隱處唯孤雲	그대 은거하던 이곳엔 외로운 구름만
松際露微月[2)]	소나무 끝에 초승달 드러나니
清光猶爲君	맑은 빛은 여전히 그대 위해 비추는 듯
茅亭宿花影	띠를 인 정자에 꽃 그림자 잠자고
藥院滋苔紋	약초 심은 뜰에는 이끼가 불어났네
余亦謝時[3)]去	나 역시 시속과 이별하고서
西山鸞鶴群[4)]	서산의 난학과 함께 살고 싶구나

【註釋】

1) 常建 : 708~765?. 자호는 미상이다. 저서에 ≪常建詩集≫ 3권과 ≪常建集≫ 2권이 있다.
2) 微月 : 眉月, 新月과 같다. 農曆에서 月初의 달을 가리킨다.
3) 謝時 : 時俗과 이별하는 것이다.
4) 鸞鶴群 : 靑鸞・白鶴은 모두 신선이 타는 새로서, '鸞鶴群'은 난새・학과 더불어 짝을 짓는다는 뜻이다. 여기에서는 종신토록 隱逸하고 싶다는 것을 말한다.

【通釋】

맑은 시내는 저 위로 멀리 뻗어 있어 그 근원을 헤아릴 수 없는데, 그대가 은거했던 이곳에는 외로운 구름 한 조각만 있을 뿐이다. 오늘 저녁, 소나무 사이에 초승달이 떠오르니, 이 맑은 달빛은 그대가 떠난 후에도 여전히 그대를 위해 빛나고 있는 듯하다. 띠로 이은 정자에는 주인이 없으니 꽃 그림자만이 자고 있고, 약초를 심은 뜰에는 푸른 이끼가 무성하다. 나도

時俗을 떠나 西山으로 와서, 靑鸞과 白鶴을 타고 노니는 신선과 짝하고 싶구나!

【解題】

常建의 이 시는 山水隱逸詩로서, 盛唐 시절에 이미 名篇으로 이름이 났다. 淸代에 와서 다시 神韻派[1]의 추숭을 받았으며, 〈題破山寺後禪院〉과 함께 상건의 대표작이 되었다.

상건과 王昌齡은 開元 15년(727)에 함께 進士科에 급제한 宦友이자 친한 친구 사이였다. 그러나 出仕 이후의 행적은 서로 매우 달랐다. 상건은 盱眙尉를 지냈을 뿐 그 후에는 곧 벼슬에서 물러나 武昌 樊山에 歸隱하였으니, 여기가 곧 西山이다. 왕창령은 벼슬길이 험난하기는 했지만 물러나 은거하지는 않았다. 〈宿王昌齡隱居〉라고 제목을 붙인 것은, 왕창령이 出仕하기 이전에 은거했던 곳을 가리키며, 또한 이 시를 지을 당시에는 왕창령이 그곳에 없었음을 말한다.

왕창령이 과거에 급제한 때는 그의 나이 37세 즈음이었다. 그 전에 그는 일찍이 石門山에 은거하였다. 이 산은 지금의 安徽省 含山縣 경내에 있는데, 바로 이 시에서 말하고 있는 '淸溪'가 있는 곳이다. 상건이 직임을 맡았던 盱眙는 지금의 江蘇省 우이인데, 석문산과는 淮河를 중심으로 남북으로 나뉘어져 있다. 상건은 벼슬을 사직하고 무창 번산으로 돌아갈 때 아마도 회하를 건너 멀지 않은 길로 우회하였을 것이다. 도중에 그는 근처 석문산에 들러 유람을 하고, 왕창령이 은거했던 곳에서 하룻밤을 머물며 이 시를 쓴 것으로 보인다.

淸溪・孤雲・松・淸光 등은 왕창령이 隱者의 고결함을 지녔음을 암시한다. '松際露微月 淸光猶爲君' 두 句는, 王維의 〈竹里館〉시 가운데 '숲 깊어 아는 이 없으니, 밝은 달만이 와서 비추네.〔林深人不知 明月來相照〕'와 意境이 매우 비슷하다. '茅亭宿花影 藥院滋苔紋'은 對句로 경치를 그려낸 것이니, 茅亭에 꽃그림자만이 자고 있음은 꽃을 감상할 주인이 없기 때문이며, 藥院에 이끼가 불어나 있음은 약초밭을 가꾸고 다듬어야 할 주인이 부재하기 때문이다. 두 句는 모두 왕창령이 오래 전에 그곳을 떠났음을 절묘하게 암시하고 있는 바, 특히 '宿'과 '滋'는 이 시에서 가장 工巧롭게 쓰인 글자, 즉 詩眼이라 할 수 있다.

1) 神韻派 : 淸나라 王士禎이 주창한 詩派로, 그 연원은 唐代의 王維・李頎・劉長卿・韓翃 등의 詩趣에서 찾을 수 있다. 平靜・沖淡・雋永・淸遠의 품격을 이상으로 삼았다.

【集評】

○ 建詩 似初發通莊 却尋野徑百里之外 方歸大道 所以其旨遠 其興僻 佳句輒來 唯論意表 至

如松際露微月 淸光猶爲君 又山光悅鳥性 潭影空人心 此例十數句 竝可稱警策 - 唐 殷璠, ≪河嶽英靈集≫ 卷上

常建의 시는 처음에는 도읍의 大路에서 출발하여 백리 밖 들판의 작은 길을 찾은 뒤에 다시 大路로 돌아오는 것과 같다. 그렇기 때문에 시의 主旨는 심원하나 興은 편벽되며, 佳句가 나올 때에는 주로 意表를 논하였다. '소나무 끝에 초승달 드러나니, 맑은 빛은 그대 위해 비추는 듯〔松際露微月 淸光猶爲君〕'이나 '산 빛이 새의 本性 기쁘게 하고, 못 그림자 사람의 마음 텅 비게 한다.〔山光悅鳥性 潭影空人心〕'와 같은 몇 구절에 대해서는 모두 警策이라 칭할 만하다.

○ 情景沈冥 不類着色 - 宋 劉會孟, ≪唐詩廣選≫ 卷1

情景이 깊고 그윽하여, (인공의) 색을 입힌 류가 아니다.

025 與高適薛據登慈恩寺浮圖[1)]

고적, 설거와 함께 자은사 부도에 오르다

岑參[2)]

塔勢如湧出　　탑의 형세 물이 솟구치는 듯
孤高聳天宮[3)]　　홀로 높아 하늘에 우뚝한데

登臨出世界[4)]　　탑에 오르니 인간세상을 벗어난 듯
磴道盤虛空　　돌층계는 허공에 둘러있다

突兀[5)]壓神州[6)]　　우뚝하여 神州를 진압하고
崢嶸[7)]如鬼工　　걸출한 모습 귀신의 솜씨인 듯

四角礙白日[8)]　　네 모서리는 해를 막고
七層摩蒼穹　　칠 층 높이는 하늘을 어루만지니

下窺指高鳥　　아래를 보며 높이 나는 새를 가리키고
俯聽聞驚風　　고개 숙여 세찬 바람소리 듣는다

連山若波濤	연이은 산들은 파도가 치듯
奔湊如朝東[9)]	모여들어 동쪽으로 흐르는데
青槐夾馳道[10)]	푸른 회나무는 군왕의 길을 끼고 있고
宮館何玲瓏[11)]	사내원의 전각들은 그 얼마나 찬란한가
秋色從西來	가을빛 서쪽으로부터 와
蒼然滿關中[12)]	蒼然하게 關中을 가득 채우는데
五陵北原[13)]上	오릉 북쪽 언덕 위는
萬古青濛濛[14)]	만고의 푸른빛으로 짙어있다.
淨理[15)]了可悟	淸淨한 이치를 깨닫게 하니
勝因[16)]夙所宗	勝因을 일찍부터 믿었기 때문인가
誓將掛冠[17)]去	내 맹세컨대 벼슬을 버리고 떠나
覺道資無窮	이 깨달음을 무궁하게 하리라

【註釋】

1) 慈恩寺浮圖 : 慈恩寺는 長安의 曲江 북쪽에 있는 사찰이다. 唐 高宗이 태자시절인 貞觀 21년(647)에 모친 文德皇后를 위하여 건립하였으므로, '慈恩'이라 칭한 것이다. '浮圖'는 '浮屠'라고 표기하는데, 범어의 음역으로 탑을 지칭한다. 자은사탑은 '大雁塔'이라고도 하며, 唐 高宗 永徽 3년(652)에 僧 玄奘이 세웠다고 한다.
2) 岑參 : 715~770. 湖北省 江陵人으로, 嘉州刺史를 지내 '岑嘉州'라고도 칭한다. 변방의 막부에 있으면서 지은 邊塞詩가 유명하다.
3) 天宮 : 天帝나 神仙이 사는 天上의 궁정을 뜻하는데, 여기서는 하늘을 비유한다.
4) 世界 : 佛家語로서 우주를 가리키는데, '世'는 시간을 '界'는 공간을 지칭한다. '出世界'란 탑이 높아서 인간세상을 벗어나 있다는 의미이다.
5) 突兀 : 우뚝 솟은 모양이다.
6) 神州 : 中原지역을 지칭하며, '華夏'와 같은 의미로 쓰인다.

7) 崢嶸 : 형세나 기세가 특이하게 높고 뛰어난 모양이다. ≪文選≫ 李善의 注에, "崢嶸은 높고 가파른 것이다.〔崢嶸 高峻也〕"라고 하였다.
8) 四角礙白日 : 탑 꼭대기의 네 모서리가 태양의 운행을 가로막는다는 의미로 탑이 매우 높이 솟아 있음을 표현한 것이다.
9) 朝東 : '朝'의 조회하다는 뜻은 古代에 제후가 천자를 알현하고 국정을 보고하기 위해 모인 儀禮에서 유래한 것이다. ≪尙書≫ 〈禹貢〉에, "江漢朝宗於海"라고 하여 중원의 모든 강이 바다로 흘러가는 것을 '朝宗'으로 표현하였고, ≪文選≫ 李善의 注에, "작은 물이 큰 물로 들어가는 것을 朝라고 한다.〔小水入大水曰朝〕"라고 한 것도 이 때문이다. 따라서 '朝東'은 모든 강물이 마치 제후가 천자에게 귀의하듯 동쪽으로 흘러간다는 뜻이다.
10) 馳道 : 군왕의 거마가 다닐 수 있도록 정비 된 길을 지칭한다. ≪禮記≫ 〈曲禮 下〉, 孔穎達의 疏에, "馳道는 正道이다. 마치 지금 御路와 같다. 군왕이 거마를 달릴 수 있는 곳이기 때문에 馳道라고 하는 것이다.〔馳道 正道 如今之御路也 是君馳走車馬之處 故曰馳道也〕"라고 하였다.
11) 玲瓏 : 찬란한 모습이다. ≪文選≫ 李善의 注에 晉灼의 말을 인용하여 "영롱은 밝게 보이는 모습이다.〔玲瓏 明見貌也〕"라고 하였다.
12) 關中 : 지금의 陝西省 지역을 지칭한다. 潘岳의 ≪關中記≫에, "동쪽으로 函谷關으로부터 서쪽으로 隴關에 이르는, 두 관문의 사이를 關中이라 부른다.〔東自函關 西至隴關 二關之間 謂之關中〕"라고 하였다.
13) 五陵北原 : 長安城 북쪽에 있는 漢代 帝王의 墓域이다. 高帝의 長陵를 비롯하여, 惠帝의 安陵, 景帝의 陽陵, 武帝의 茂陵, 昭帝의 平陵 등 五陵이 있다.
14) 濛濛 : 비나 안개가 자욱하여 앞을 분간할 수 없거나, 풀과 숲 등이 무성한 모양이다.
15) 淨理 : 淸淨한 理致라는 뜻으로 佛家의 이치를 지칭한다.
16) 勝因 : 善을 일으키는 오묘한 인연이라는 뜻을 지닌 불가어이다. ≪佛說無常經≫에, "승인은 선도를 낳고 악업은 지옥이 따른다.〔勝因生善道 惡業隨泥犁〕"라고 하였다.
17) 掛冠 : 관을 벗어 걸어둔다는 말로, 관직을 그만둔다는 뜻이다.

【通釋】

탑이 솟은 형세는 마치 물이 솟구쳐 오른 듯, 오직 이 탑만이 홀로 하늘 높이 솟아 있다. 탑에 올라 내려 보니 마치 인간세상을 벗어난 듯, 탑의 돌층계는 허공에 둘러쳐져 있다.

우뚝한 기세는 중원의 산하를 압도하고, 걸출한 모습은 귀신이 재주를 부려 세운 듯, 탑 꼭대기의 네 모서리는 해를 막고, 칠 층의 높이로 솟아 하늘에 맞닿을 듯하다. 아래를 내려다보면 높이 나는 새도 손가락으로 가리킬 수 있고, 허리 숙여 귀를 기울이면 세찬 바람소리를 들을 수 있다.

멀리 바라보니 연이은 산들은 마치 파도가 밀려오듯, 제후가 천자에게 귀의하듯 동쪽으로 몰려가고, 푸른 회나무들은 군왕을 위해 닦아 놓은 큰 길을 끼고 줄지어 있는데, 그 사이에 자은사의 전각들은 찬란하게 빛난다. 가을빛은 저 멀리 서쪽으로부터 물들어와, 관중을 가득 채우고 있는데, 오릉 북쪽 언덕 위 제왕의 능만은 만고의 푸른빛으로 짙다.

이에 불가의 이치를 깨닫게 되니, 아마도 善行을 일으키는 인연을 예로부터 믿어왔기 때문이리라. 맹세하건대, 이제 관직을 버리고 떠나가 오늘 이 순간의 깨달음이 무궁하도록 하리라.

【解題】

天寶 11년(752) 가을에 岑參이 高適, 薛據 등과 함께 長安의 慈恩寺 탑에 올라 지은 시이다. 하늘 높이 솟은 탑의 위용과 탑에서 내려다본 절경이 생동감 있게 묘사되어 있는데, 가을빛으로 물들어가는 關中의 산하 속에 짙푸르게 빛나는 五陵에 시선이 멈추며 문득 불가의 이치를 깨닫게 된다.

잠삼 이외에도 高適, 儲光義, 杜甫 등이 자은사탑에 올라 시를 지었는데, 잠삼의 작품과 두보의 〈同諸公登慈恩寺塔〉이 가장 뛰어나다는 평을 받는다.

【集評】

○ 岑嘉州 五言古源出鮑照 而魄力已大 至慈恩塔詩 秋色從西來 蒼然滿關中 五陵北原上 萬古青濛濛 雄勁之概 直與少陵匹敵 - 清 施補華, ≪峴傭說詩≫

岑嘉州(岑參)의 오언고시는 그 원류가 鮑照에게서 나와 魄力(氣魄)이 매우 크다. 慈恩塔詩의 '秋色從西來 蒼然滿關中 五陵北原上 萬古青濛濛'에 이르러서는 雄勁한 氣概가 바로 少陵(杜甫)과 필적된다.

【참고자료】

자은사탑을 읊은 시는 우리나라에서도 잘 알려져 있어 應製詩로 지어졌는데, 義城金氏의 시문집을 모아 놓은 ≪聞韶世稿≫ 卷7 ≪天有堂遺稿≫에 〈登慈恩寺塔應制效唐人體〉라는 작품 등이 전한다.

026 賊退示官吏 幷序

적이 물러간 뒤 관리에게 보인다 병서

元結[1]

癸卯歲[2] 西原[3]賊入道州 焚燒殺掠 幾盡而去 明年 賊又攻永州[4] 破邵[5] 不犯此州邊鄙[6]而退 豈力能制敵歟 蓋蒙其傷憐而已 諸使何爲忍苦徵歛 故作詩一篇以示官吏

癸卯年에 西原 지역 도적들이 道州로 쳐들어와 불을 지르고 살상과 약탈을 자행하여 거의 다 쓸어버린 뒤에 물러갔다. 이듬해 도적들이 또 永州를 공격해 邵州를 파괴했는데 그 고을의 주변지역은 침범하지 않고 물러갔으니, 어찌 힘으로 적을 제압할 수 있었겠는가. 적들이 가엾게 여겨준 덕분이었다. 그런데 여러 관리들은 어찌면 그리도 잔인하리만큼 혹독하게 세금을 거둘 수 있단 말인가. 그러므로 시 한 편을 지어 관리들에게 보인다.

昔歲逢太平	지난 날 태평시절엔
山林二十年	산림 속에서 스무 해를 보냈지요
泉源[7]在庭戶	샘은 뜨락에 있었고
洞壑[8]當門前	깊은 계곡도 문 앞에 있었으며
井稅[9]有常期	세금에도 정해진 기한이 있어
日晏猶得眠	해가 높이 솟아도 잠잘 수 있었답니다
忽然遭世變	갑자기 시절이 변해
數歲親戎旃[10]	수 년 동안 兵亂을 겪다
今來典斯郡[11]	지금 이 고을을 맡게 되었는데
山夷[12]又紛然	산적들이 또 어지러이 일어났습니다

城小賊不屠　마을이 작아 도적들조차 해치지 아니하니
人貧傷可憐　가난하고 상처입은 백성들이 가련해서랍니다

是以陷鄰境　이에 이웃 지역은 함락됐지만
此州獨見全　이 고을만은 홀로 온전했습니다

使臣將王命[13)]　사신들은 왕명을 받들고 왔으면서
豈不如賊焉　어찌 도적보다 못한 것인지

今彼徵斂者[14)]　지금 저 세금 거두는 관리들
迫之如火煎　백성들 핍박하길 불에 볶듯 하니

誰能絶人命　누가 사람 목숨 해치고서
以作時世賢[15)]　시대의 현인인들 될 수 있겠습니까

思欲委符節[16)]　생각 같아선 부절 버리고
引竿自刺船[17)]　상앗대 가지고 홀로 배를 저어

將家就魚麥[18)]　가족과 함께 곡식과 해산물 풍성한 곳으로 가
歸老[19)]江湖邊　물가에서 만년을 보내고 싶을 뿐입니다

【註釋】

1) 元結 : 719~772. 字는 次山, 호는 漫叟로 魯山人이다. 玄宗 天寶 12년(753) 진사가 되었다. 安史의 난에 탁월한 전공을 세웠으며 저서로 ≪元次山集≫이 있다.
2) 癸卯歲 : 唐나라 代宗 廣德 元年(763), 원결의 나이 41세 때로 이 해 원결은 道州刺史를 맡고 있었다.
3) 西原 : 지금의 廣西省 扶南縣 西南지역으로, ≪唐書≫에 〈西原蠻傳〉이 보인다.
4) 永州 : 지금의 湖南省 零陵縣이다.
5) 邵 : 지금의 湖南省 寶慶縣이다.
6) 邊鄙 : 주변지역이란 뜻이다.
7) 泉源 : 물이 솟는 근원처를 말하며 泉原으로 쓰기도 한다.

8) 洞壑 : 깊은 계곡 혹은 동굴을 뜻하는데, 신선이 사는 곳을 주로 가리킨다.
9) 井稅 : 田稅를 말한다.
10) 親戎旃 : 兵亂을 겪음을 이른다. '戎旃'은 군대의 깃발로 군영을 뜻한다.
11) 典斯郡 : '典'은 맡는다는 뜻이며, '斯郡'은 道州를 말한다.
12) 山夷 : 원래는 산중의 무장세력에 대한 貶稱이다. 여기서는 西原 蠻族을 말한다.
13) 使臣將王命 : '使臣'은 당시 租庸使를 가리킨다. 세금을 걷기 위해 각 州縣에 파견된 관리들이다. '將'은 받든다는 뜻이다.
14) 今彼徵歛者 : '令彼徵歛者'로 되어 있는 本도 있다. 令으로 해석하면 '徵歛者'는 중앙에서 내려온 관리 아래 징수 실무를 담당하는 다른 하급관원들이 되고, 今으로 해석하면 '徵歛者'는 중앙에서 내려온 관리들이 된다.
15) 時世賢 : 당시 통치자들이 賢能하다고 인정하는 관리이다.
16) 委符節 : '委'는 버린다〔放棄〕는 뜻이다. '符節'은 관리들의 印信으로 文字를 篆刻해 반으로 쪼개 각자 보관해 두었다가 일이 생기면 서로 맞춰보았다.
17) 刺船 : '刺'(척)은 노를 젓는다는 뜻이다.
18) 將家就魚麥 : '將'은 거느리다, 데려가다라는 뜻이다. '魚麥'은 魚米之鄕으로 어류와 곡물 생산이 풍부한 지방을 말한다.
19) 歸老 : 사직하고 만년을 보내다, 혹은 만년을 보내다. 終老 또는 養老로도 쓴다.

【通釋】

지난날 태평시절엔 산림 속에서 살며 스무 해를 무사히 보냈습니다. 샘이 집안 뜨락에 있었고 깊은 계곡도 바로 문 앞에 있었습니다. 세금은 정해진 기한이 있어 해가 중천에 뜬 늦은 시각까지도 여전히 잠을 잘 수 있을 정도였습니다. 그런데 갑자기 시절이 변하여서 수 년 동안 직접 난리를 다 겪었고, 지금은 이 고을을 맡게 되었는데 산적들이 또 어지럽게 여기저기서 일어났습니다. 마을이 작아서 도적들조차 해치지 않으니, 가난하고 상처 입은 백성들을 그들이 가련하게 여겼기 때문입니다. 이 일로 해서 이웃 마을은 도적들에게 함락되었지만 유일하게 이 고을만 온전히 살아남을 수 있었습니다.

그런데 왕명을 받들고 이 고을에 내려온 사신들은 어찌 도적만도 못한 것입니까. 지금 세금을 거두는 저 관리들은 불에 볶듯 백성들을 핍박해 세금을 거두니, 백성의 목숨을 해쳐서야 누군들 한 시대의 훌륭한 관리라 할 수 있겠습니까. 마음 같아서는 관리의 징표인 부절을 버리고, 상앗대 가지고 홀로 배를 저어, 가족들 데리고 해산물과 곡식이 넉넉한 곳으로 떠나 물가에서 만년을 보내고 싶을 따름입니다.

【解題】

원결은 道州刺史를 맡은 지 2년째 되는 해, 그의 나이 42세(764) 때 이 시를 썼다. 그가 다스리던 道州가 西原蠻族들의 소요로 인해 어지러웠는데, 이듬해 조정에서는 세금 거두는 관리를 보내어 가혹하게 세금을 징수하였다. 원결은 백성들을 괴롭히지 않고 잘 보살피는 관리를 염원하였으므로 이 시를 지어 그들에게 보인 것이다. 시는 태평시대의 기억, 뒤이은 변란, 그리고 도적들만도 못한 관리들의 모습, 마지막으로 시대에 분노하는 시인의 모습을 차례로 서술하고 있다.

두보의 시 가운데 〈同元使君春陵行 幷序〉란 시가 있다. 두보는 이 시의 서문에서, 원결의 〈春陵行 幷序〉와 〈賊退示官吏 幷序〉를 읽고 원결을 높이 평가하였고, 원결의 詩意에 동감하여 자신 또한 救世에 뜻이 있음을 드러내기도 하였다.

027 郡齋雨中與諸文士燕集[1)]

군의 관사에서 비가 오는 가운데 여러 문사들과 연회를 열며

韋應物[2)]

兵衛森畫戟[3)] 병사들의 호위와 畫戟이 삼엄한데
宴寢凝清香 연회가 열린 방안엔 맑은 향이 어리었다

海上風雨至 바닷가에서 바람과 비가 불어와
逍遙池閣涼 시원하게 연못가 누각을 거닌다

煩疴[4)]近消散 답답한 일들이 근래에 사라지고
嘉賓復滿堂 손님들이 다시 마루를 가득 채웠는데

自慚居處崇[5)] 스스로 부끄러운 것은 높은 자리 앉아
未覩斯民康 백성들의 태평을 보지 못한 것이네

理會是非遣 이치를 깨달으니 是非가 사라지고
性達形跡忘[6)] 성정이 활달해 일체의 구속을 잊을 수 있도다

鮮肥屬時禁　　생선과 고기는 금하는 때이지만
蔬果幸見嘗　　채소와 과일은 다행히 맛볼 수 있으며

俯飮一杯酒　　고개 숙여 한 잔 술 마시고
仰聆金玉章[7]　　고개 들어 금옥 같은 문장을 듣노라니

神歡體自輕　　기분이 즐겁고 몸도 절로 가벼워져
意欲凌風翔　　마음은 바람타고 날아갈 듯

吳中盛文史[8]　　吳 땅엔 文史가 흥성하다더니
群彦[9]今汪洋[10]　　뛰어난 선비들이 이제 큰 바다를 이루었구려

方知大藩[11]地　　이제 알겠노라, 큰 도읍의 땅에
豈曰財賦强　　어찌 재화만 풍족하다 하겠는가

【註釋】

1) 燕集 : '燕'은 宴의 뜻으로, '燕集'은 宴會를 뜻한다.
2) 韋應物 : 737~792. 陝西省 長安人으로, 蘇州刺史를 지내 '韋蘇州'라고도 칭한다. 산수와 전원을 다룬 작품이 뛰어난 王維, 孟浩然과 함께 병칭된다.
3) 畫戟 : 병기의 일종으로 여러 가지 색으로 장식하여 儀典에 사용하였다. 당나라 때에는 3品 이상의 高官이 거처하는 곳의 문에 화극을 세웠다고 한다.
4) 煩疴 : 번민으로 인한 갑갑증을 뜻한다. 혹은 무더운 여름 날씨로 인한 증세로 보기도 한다.
5) 居處崇 : 거처하는 자리가 높다는 뜻으로 위응물이 刺史의 지위에 있음을 의미한다.
6) 理會是非遣 性達形跡忘 : 이치에 대한 깨달음이 있어 옳고 그름을 가릴 수 있고, 성정이 활달하여 일체의 구속에서 벗어날 수 있다는 의미이다. '是非遣'의 '遣'은 풀다라는 의미로, 是非의 의심이 풀린다는 뜻이다. 形跡은 형상과 자취를 지칭하는데 모두 눈에 보이는 것이므로 구속이라는 의미를 지닌다.
7) 金玉章 : 금과 옥에서 나는 소리와 같이 아름다운 文章을 뜻한다. 여기서는 연회에서 수창하는 詩賦를 지칭한다.

8) 吳中盛文史 : 蘇州가 옛 吳나라 도읍이었으므로, '吳中'이라 한 것이고, '文史'는 문학과 사학 등을 비롯한 학술과 문예 전반을 지칭한다. 소주가 예부터 뛰어난 학자와 문장가를 배출하여 文翰의 전통이 뛰어났음을 뜻한다.
9) 群彦 : 재능과 학식이 뛰어난 선비들을 지칭한다. ≪毛詩正義≫에, "彦은 선비의 미칭이다.〔彦 士之美稱〕"라고 하였다.
10) 汪洋 : 광활하여 끝이 없는 바다를 뜻한다. 여기서는 뛰어난 선비들이 많음을 비유한다.
11) 大藩 : '藩'은 울타리라는 뜻으로 제후의 나라나 그 도읍을 뜻한다. 蘇州가 吳나라의 도읍이었으므로 '大藩'이라 하였다.

【通釋】

연회가 열리는 관사 앞에는 호위병사와 畫戟이 삼엄하게 늘어서 있는데, 연회가 열릴 방안에는 맑은 향이 피어 올라 어리어 있다. 무더운 여름날 바닷가로부터 바람과 비가 불어오니 연못가 누각을 산책하며 더위를 식혔다. 근래에 골치 아픈 일들이 사라지니, 손님들이 다시 예전처럼 마루를 가득 채웠다.

蘇州를 책임지는 刺史의 지위에 있으면서도 백성의 태평성대를 이루어주지 못하니 부끄럽기 그지없도다. 그러나 사물의 이치를 깨달으니 是非를 가릴 수 있고, 성정도 활달하여 일체의 구속에서 벗어나 격의없이 사교를 할 수 있다.

지금은 생선과 고기를 금하는 여름이지만 다행히 채소와 과일을 먹을 수 있고, 또 한 잔 술과 아름다운 詩賦를 서로 수창하며 즐길 수 있으니, 기분이 즐겁고 몸도 가벼워져 마치 바람을 타고 날아오를 듯 기쁘기 그지없다.

蘇州는 예로부터 학술과 문학의 전통이 뛰어난 곳이라 하더니, 과연 지금 이 자리엔 뛰어난 선비들이 바다와 같이 모여 있다. 이제 알겠노라. 큰 도읍의 땅에 어찌 재화만 풍족하다고 할 수 있으랴.

【解題】

貞元 5년(790)부터 7년(792)까지 韋應物이 蘇州刺史로 재임하던 시절, 문사들을 초빙하여 연회를 베푼 자리에서 지은 작품이다. 운치 있는 연회의 정경과 주최자로서의 감회를 서술하고, 소주의 문물과 인재를 찬양하여 연회에 참석한 문사들을 고무시키고 있다.

이 시는 위응물의 작품 중 최고로 꼽힌다. 뒷날 소주자사로 부임한 白居易가 소주에서 지은 위응물의 작품 중 '兵衛森畫戟 宴寢凝淸香'을 최고의 명구로 꼽고, 이 시를 돌에 새겼다고 한다.(白居易, 〈吳郡詩石記〉 참조) 明代의 楊愼 또한 이 시의 첫 네 구를 '一代絶唱'이라고 극찬하였다.

【集評】

○ 詩話稱韋蘇州郡齋燕集首句 兵衛森畫戟 燕寢凝淸香 海上風雨至 逍遙池閣凉 爲一代絶唱 余讀其全篇 每恨其結句 云吳中盛文史 羣彦今汪洋 方知大藩地 豈曰財賦强 深爲未稱 後見宋人麗澤編 無後四句 三十年之疑 一旦釋之 - 明 楊愼, ≪升菴集≫ 卷54, 〈韋應物蘇州郡齋燕集詩〉

≪詩話≫에서 韋蘇州(韋應物)의 〈郡齋燕集〉 첫 구인 '兵衛森畫戟 燕寢凝淸香 海上風雨至 逍遙池閣凉'을 一代의 絶唱이라고 칭하였다. 내가 그 시 전체를 읽으며, 매양 그 結句인 '吳中盛文史 羣彦今汪洋 方知大藩地 豈曰財賦强'이 첫 구에 미치지 못함을 한탄하였다. 뒤에 宋代 사람이 편찬한 ≪麗澤篇≫에 뒤의 네 구가 없는 것을 보고, 삼십 년의 의문이 하루아침에 풀렸다.

【참고자료】

이 시는 관료들의 연회를 읊은 작품에 인용되었는데, 우리나라에서는 徐居正이 자주 인용하였다. ≪四佳詩集≫ 卷8, 〈成川辛使君詩卷……〉의 '畫戟香凝日抵年'과 卷21 〈送梁中樞出尹慶州〉의 '戟寢凝香晝無事'의 시구에서 그 예를 찾아볼 수 있다.

028 初發揚子[1]寄元大校書[2]

양자진을 떠나면서 교서랑 원대에게 부치다

韋應物

悽悽去親愛	서글프게도 사랑하는 그대를 떠나
泛泛入煙霧[3]	안개 자욱한 곳으로 아득히 들어간다
歸棹洛陽人	돌아가는 배를 탄 낙양사람에겐
殘鐘廣陵樹[4]	광릉 숲 속의 아련한 종소리 들리는구나
今朝此爲別	오늘 아침 여기서 이별하면
何處還相遇	어디에서 다시 만나랴

世事波上舟　　세상일은 물결 위의 배와 같아
沿洄[5]安得住　　물결 따르다보면 어찌 머물 수 있겠는가

【註釋】

1) 揚子 : 長江에 있는 揚子津을 말한다. 江蘇省 揚州 남쪽에 있다.
2) 元大校書 : 元大는 元氏 문중의 항렬이 첫 번째인 사람인데, 누구인지는 미상이다. 校書郎을 지낸 元結(723~772)이라는 설도 있으나, 분명하지 않다.
3) 悽悽去親愛 泛泛入煙霧 : 앞구는 벗과 이별하는 슬픔을, 뒷구는 강 위의 연무가 가득함을 묘사하였다. '悽悽'는 슬픈 모양이고, '泛泛'은 아득한 모양이다.
4) 歸棹洛陽人 殘鐘廣陵樹 : 낙양은 지금의 河南省 洛陽이고, 광릉은 지금의 江蘇省 揚州이다. 위응물은 원대가 있는 광릉을 떠나 낙양으로 향하고 있다.
5) 沿洄 : 물을 따라 내려가는 것을 '沿'이라 하고, 물을 거슬러 올라가는 것을 '洄'라 한다. 이백의 시에, "물결 따라 오르고 내려 정처가 없으니, 홀연히 슬프게 떠나갈 뿐〔沿洄且不定 飄忽悵徂征〕"이라는 구절이 있다.

【通釋】

슬픔을 안고 사랑하는 벗과 이별하고선, 아득한 강 안개 속으로 들어간다. 낙양으로 향하는 배에 올라, 돌아보니 안개 낀 나무숲 사이로 원대가 있는 광릉의 새벽 종소리가 들리는데 여음만 끊어질듯 말듯 이어질 뿐이다.

오늘 아침 여기에서 그대와 헤어지면 어느 곳에서 다시 만날 수 있을까. 세상일은 물결 위에 떠 있는 배와 같아서 물결 따라 오르고 내리다 보면 한곳에 머물 수 없으니 어찌 만남을 기약하겠는가.

【解題】

이 시는 大歷 5년(770) 가을 揚州에서 낙양으로 가면서 지은 작품으로, 친구인 元大와 이별하는 슬픔을 읊었다.

'歸棹洛陽人 殘鐘廣陵樹' 구절은 먼저 낙양으로 향하는 배에 탄 자신을 그려낸 뒤, 멀어지는 광릉을 돌아보는 것을 묘사하여 이별의 상황을 경치로 표현하였지만 情도 함께 드러나 情景一致를 이루었다. 이와 더불어 '初發揚子'라는 시 제목도 이끌어 내었다. 두 번째 단락의 네 구는 이별한 후 다시 만나기 어려운 형편을 그려냄으로써 못내 서운하고 아쉬운 마음을 드러내고 세상사의 만나고 헤어짐의 무상함을 나타내고 있다.

【集評】

○ 寫離情不可過于凄惋 含蓄不盡 愈見情深 此種可以爲法 - 清 沈德潛, ≪唐詩別裁集≫ 卷3

이별의 정을 묘사하면서 지나치게 凄惋해서는 안 된다. 그래야 함축한 것이 다함이 없어서 더욱더 정이 깊음을 알 수 있다. 이러한 것은 법으로 삼을 만하다.

○ 唐人興趣天然之句 如左司秋山起暮鐘 楚雨連滄海 歸棹洛陽人 殘鐘廣陵樹……此等落句 每一諷咏 眞有成連移情之嘆 - 清 葉矯然, ≪龍性堂詩話讀集≫

唐人의 흥취가 天然한 구절은, 左司(위응물)의 '秋山起暮鐘 楚雨連滄海', '歸棹洛陽人 殘鐘廣陵樹' …… 등이 있다. 이러한 구절은 매양 한번 읊조리면 참으로 成連이 정을 옮겨 준 감탄[1]이 담겨있다.

1) 成連이……감탄〔成連移情之嘆〕: 成連은 춘추시대 저명한 琴師이다. 伯牙는 성련에게 琴을 배웠는데, 3년이 되어도 精通하지 못하자, 성련은 백아를 東海 蓬萊山에 데리고 가서 바닷물이 파도치는 소리와 숲 속의 새가 구슬피 우는 소리를 듣게 하였다. 그때 백아는, "선생께서 내게 정을 옮겨 주셨구나.〔先生移我情矣〕"라고 감탄하였는데, 이때부터 계발되어 천하의 妙手가 될 수 있었다.

【참고자료】

申欽은 〈晴窓軟談上〉(≪象村先生集≫ 卷58)에서 평소 읊은 위응물의 시를 열거하면서 〈寄元校書〉라는 제목으로 시 전문을 실었다.

029 寄全椒山[1]中道士

전초산의 도사에게 부치다

韋應物

今朝郡齋[2]冷　　오늘 아침 관사가 싸늘하여
忽念山中客　　문득 산에 있는 사람 떠올렸네

澗底束荊薪　　계곡물 밑에서 땔나무 묶어
歸來煮白石[3]　　돌아와서는 흰 돌 삶고 있겠지

欲持一瓢酒　　술 한 병 가지고
遠慰風雨夕　　멀리 가 비바람 치는 밤 위로하고 싶은데

落葉滿空山　　낙엽이 빈산에 가득하니
何處尋行跡　　어디서 발자취 찾을 수 있을까

【註釋】

1) 全椒山：全椒縣에 있는 산 이름이다. 지금의 安徽省 全椒縣으로 唐나라 때에는 滁州에 속해 있었다. ≪一統志≫에, "滁州에 全椒縣이 있고 縣에는 산이 있는데 산에 있는 동굴이 아주 깊고 景物이 그윽하다. 唐나라 韋應物의 〈寄全椒山中道士〉라는 시는 바로 이곳을 말한다.〔滁州有全椒縣 縣有山 山有洞極深 景物幽邃 唐韋應物寄全椒山中道士詩卽此〕"라는 기록이 있다.
2) 郡齋：滁州刺史의 官署 가운데 學舍나 書齋에 해당하는 건물이다.
3) 煮白石：흰 돌은 전설에서 神仙이 먹는 음식이다. 劉向의 ≪列仙傳≫ 〈白石生〉에, "白石生은 中黃丈人의 제자로 彭祖 때 이미 2,000살 정도였다. 날아다니는 걸 좋아하지는 않고 다만 長生을 귀하게 여겼으며 흰 돌을 삶아 식량으로 삼았다 …… 白石山에 가서 살았으므로 白石生이라 한다.〔白石生 中黃丈人弟子 彭祖時已二千餘歲 不愛飛昇 但以長生爲貴 嘗煮白石爲糧……因就白石山居 號白石生〕"라는 기록이 보인다. 후에 '흰 돌을 삶다.〔煮白石〕'는 말은 道家의 修練을 나타내는 말로 쓰이기도 한다.

【通釋】

오늘 아침은 관사가 싸늘하여 갑자기 산속에 살고 있는 벗이 생각났다. 그 벗은 산골짜기 물가에서 땔나무를 해다가 집으로 돌아와서는 그것으로 흰 돌을 삶아 양식으로 쓰고 있을 것이다. 나는 그저 술 한 병을 가지고, 먼 길을 마다 않고 산에 올라 비바람 몰아치는 저녁에 그대를 위로해 주고 싶은데, 빈산에 낙엽이 가득 쌓여 길을 덮고 있으니 어디로 가야 찾을 수 있을까.

【解題】

唐나라 德宗 建中 3년(782), 위응물은 滁州刺史職을 맡게 되었고, 그 이듬해 가을에 이 시를 썼다. 이 시는 평담한 맛을 추구했던 위응물의 시 세계를 대표하는 작품으로도 유명하다. 시 전편에 警句가 눈에 띄지 않지만 시의 맑은 느낌은 시인이 흠모했던 도연명의 風格을 띠었다고 평가 받는다.

제목의 '寄'라는 말에서 산중도사를 그리는 마음이 자연스레 토로되었는데 시가 진행되면서 그 마음이 차츰차츰 더 깊어지는 세심함을 느낄 수 있다. 첫 구절의 '冷'자는 시를 쓴 動機를 나타내면서 시 전체를 꿰뚫는 글자다.

宋나라 葛立方은 ≪韻語陽秋≫에서 위응물의 시를 다음과 같이 평하였다.

"위응물의 시는 평이한 곳이 매우 많으나 五字句에 있어서는 초연하게 常規를 뛰어넘었다. 그러므로 백낙천은 '韋蘇州(위응물)의 五言詩는 高雅하고 閒淡해 스스로 一家의 本體를 이루었다.'고 하였고 동파 또한 '백낙천의 長短句 3천 수는 도리어 위응물의 五字詩보다 못하다.'고 하였다.〔韋應物詩 平平處甚多 至於五字句 則超然出於畦逕之外 故白樂天云 韋蘇州五言詩 高雅閒淡 自成一家之體 東坡亦云 樂天長短三千首 卻遜韋郎五字詩〕"

【集評】

○ 韋蘇州詩云 落葉滿空山 何處尋行跡 東坡用其韻曰 寄語庵中人 飛空本無迹 此非才不逮 蓋絶唱不當和也 - 宋 許顗, ≪彦周詩話≫

韋蘇州(위응물) 시에, "낙엽이 빈산에 가득하니, 어디서 발자취 찾을 수 있을까.〔落葉滿空山 何處尋行跡〕"라 하였는데, 동파가 그 韻을 써서 "초막에 있는 사람에게 말을 전하고자 하나, 허공을 날아다녀 본래 자취가 없구나.〔寄語庵中人 飛空本無迹〕"라 하였다. 이는 재주가 미치지 못해서가 아니요, 대개 絶唱은 和韻하는 데 적합하지 않기 때문이다.

○ 化工筆 與淵明 采菊東籬下 悠然見南山 妙處不關言語意思 - 淸 沈德潛, ≪唐詩別裁集≫ 卷3

조물주의 필법이다. 도연명의 "동쪽 울타리 아래서 국화 따다가, 아득히 남산이 바라보이네〔采菊東籬下 悠然見南山〕"라는 것과 더불어 오묘한 곳은 언어나 意思와는 무관한 것이다.

○ 寄全椒山中道士一作 東坡刻意學之而終不似 蓋東坡用力 韋公不用力 東坡尙意 韋公不尙意 微妙之詣也 - 淸 施補華, ≪峴傭說詩≫

〈寄全椒山中道士〉 한 편은 동파가 각별히 힘을 써서 배웠지만 끝내 닮지 못하였다. 대개 동파는 힘을 썼으나 위응물은 힘을 쓰지 않았고, 동파는 의도적인 것을 추구했으나 위응물은 의도적인 것을 추구하지 않았기에 미묘한 지경에 이른 것이다.

030 長安遇馮著[1)]

장안에서 풍저를 만나다

韋應物

客從東方來	동쪽에서 온 나그네
衣上灞陵[2)]雨	옷에는 패릉의 빗물이 묻어 있네
問客何爲來	묻노니 객은 무슨 일로 오셨는가
采山[3)]因買斧	채석하기 위해 도끼 사러 왔겠지
冥冥[4)]花正開	무성한 꽃들은 활짝 피었고
颺颺[5)]燕新乳	훨훨 나는 제비는 새끼에게 먹이를 주네
昨別今已春	작년에 헤어졌는데 지금 벌써 봄이니
鬢絲[6)]生幾縷	흰 살쩍은 몇 가닥이나 더 늘었는가

【註釋】

1) 馮著 : 위응물의 친구이다. ≪元和姓纂≫ 卷1 〈河間馮氏〉에, "감찰어사 馮師古의 손자는 著와 魯인데, 著는 좌보궐이다.〔監察御史馮師古 孫著魯 著左補闕〕"라고 하였다. 위응물 시에 의하면, 풍저는 일찍이 廣州錄事·緱氏尉·洛陽尉를 역임하였으며 貞元 8년(792)에 左補闕을 지냈다.

2) 灞陵 : 즉 灞上인데, 漢 文帝를 이곳에 장사지냈기 때문에 패릉이라고 이름을 고쳤다. 灞陵은 장안 동쪽 교외 산이 있는 지역으로, 漢代에 패릉산은 장안 부근의 유명한 隱逸地였다. 東漢의 逸士인 梁鴻이 일찍이 이곳에 은거하였고, 약초를 팔던 韓康 또한 이곳에 은둔한 적이 있다. 풍저가 장안 동쪽 지역에서 왔다는 것은 그가 훌륭한 선비이며 隱士의 풍도를 지녔음을 말한다.

3) 采山 : '광석을 캐내다' 또는 '나무를 베다'의 두 가지 뜻이 있는데, 여기서는 전자의 의미로 보았다. 左思의 ≪吳都賦≫에, "바닷물을 끓여 소금을 만들고, 산을 파내어 돈을 만든다.〔煮海爲鹽 采山鑄錢〕"라는 말이 있는데, 산에 들어가 銅을 캐내어 그것으로 동전을 주

조한다는 뜻이다. 馮著가 長安에 온 것은 도끼를 사서 그것으로 산을 파 동전을 만들기 위함이니, 관직을 구하려는 목적으로 왔을 것이라 생각한 것이다. 그러나 풍저는 뜻을 이루지 못하고 불우하게 지냈다.

4) 冥冥 : 꽃이 무성하게 피어 있는 모양, 또는 꽃의 빛깔이 濃密한 것을 가리킨다.
5) 颺颺 : 춤추듯이 흩날리는 모양, 또는 힘차게 날아다니는 모양을 가리킨다.
6) 鬢絲 : 살쩍, 즉 하얗게 센 귀밑머리를 말한다.

【通釋】

어떤 나그네가 동쪽으로부터 왔는데, 그의 옷은 아직도 패릉의 빗물로 젖어 있다. 나는 그에게 "그대가 여기엔 무슨 일로 오셨소?"라고 묻고는 '산에서 銅을 캐려고 도끼 사러 왔겠지.' 하고 생각한다.

무성한 꽃들은 한창 흐드러지게 피어 있고, 훨훨 나는 제비는 새로 태어난 어린 새끼에게 부지런히 먹이를 가져다 먹인다. 작년에 헤어진 후 지금 벌써 봄이 되었으니, 당신의 흰 귀밑머리는 몇 가닥이나 늘었을까.

【解題】

위응물이 풍저에게 준 시 네 수가 지금까지 남아 있는데, 그에 의하면 풍저는 재주와 덕이 있었지만 뜻을 이루지 못한 不遇한 선비였다. 그는 고향에서 은거하며 청빈한 삶을 살다가, 후에 벼슬하려고 장안에 와서 자못 文名을 떨쳤지만 벼슬길에서 得意하지 못하였다. 위응물은 大曆 4년(769)부터 13년까지 장안에 있었는데, 풍저는 대력 4년에 장안을 떠나 廣州로 갔고, 대력 12년경에 다시 장안으로 왔다. 이 시는 대력 4년 혹은 12년에 지어진 것으로 보인다.

灞陵은 나무하며 은거하는 곳이라는 의미를 가지고 있으며, 빗물이 옷을 적셨다는 것은 陶淵明의 詩句 "가랑비가 동쪽으로부터 오니, 좋은 바람 비와 함께 왔네.〔微雨從東來 好風與之俱〕"와 "중춘에 때 맞춰 비를 만나니, 초목이 이로부터 피어난다.〔仲春遘時雨 草木從此舒〕" 등을 연상시키기도 한다. 실의에 빠진 친구에게 시인은 꽃이 무성하게 피어 있고 훨훨 나는 제비가 막 어린 새끼에게 먹이를 가져다주는 새 봄의 기상을 이야기하며, 앞으로의 일도 이처럼 자연의 순리대로 될 것이라고 격려한다. 시 전체가 자문자답으로 이루어졌는데, 특히 마지막 구는 "그대의 머리에 흰 살쩍이 몇 가닥 되지 않으니, 너무 늙었다고 생각하지 마오!"라고 동정하고 위로하는 뜻을 反問으로 표현한 것이다.

【集評】

○ 不能詩者 亦知是好 - 明 高棅, ≪唐詩品彙≫ 卷14
시를 잘 못하는 자도 이 시가 좋은 줄은 안다.

031 夕次[1)]盱眙縣[2)]

저녁에 우이현에서 묵다

韋應物

落帆逗淮鎭[3)] 돛을 내려 淮水가 고을에 머무니
停舫臨孤驛 배를 정박한 곳 외로운 역과 마주하네

浩浩風起波 바람은 드넓게 물결을 일으키고
冥冥日沈夕 해는 잠겨 어둑어둑 저녁이 되었네

人歸山郭[4)]暗 사람들이 돌아간 산마을은 어둡고
雁下蘆洲白[5)] 기러기 내려앉은 갈대밭은 하얗다

獨夜憶秦關[6)] 홀로 밤에 秦關을 그리워하다
聽鍾未眠客 종소리 들으며 잠 못 드는 나그네

【註釋】

1) 次 : 머물며 투숙한다는 뜻이다.
2) 盱眙縣 : 지금의 江蘇省에 속해 있으며 淮水 남쪽이다.
3) 淮鎭 : 淮水의 鎭으로서 여기서는 우이현을 지칭한다.
4) 山郭 : 山村, 즉 산 마을이다.
5) 蘆洲白 : '蘆洲'는 갈대가 자라는 沙洲를 일컫는다. 여기서는 달빛이 갈대가 자라난 모래밭을 비추기 때문에 '白'이라 표현한 것이다.
6) 秦關 : 秦關은 즉 關中이다. 지금의 陝西省 일대를 關中이라 일컫는다. 위응물이 長安人이었으므로 진관은 곧 그의 고향이 된다.

【通釋】

돛을 내리고 淮水가에 머무르니, 배를 정박한 곳은 외로운 역에 가깝다. 바람이 불자 넓고도 멀리 강 물결이 넘실대고, 어둑어둑해지며 해는 지려 한다. 사람들 돌아간 산마을은 어두운데, 기러기 앉은 갈대밭은 달빛에 하얗게 빛난다. 밤새도록 고향을 그리워하다 새벽 종소리가 들릴 때까지 잠 못 드는 나그네 신세구나.

【解題】

이 시는 德宗 建中 3년(782) 가을, 위응물이 滁州刺史를 제수 받고 장안에서 출발하여 盱眙縣을 경유할 때 지은 것이다. 홀로 외로운 역에 머물며 밤에 느끼는 客愁를 잘 표현한 시이다. 먼저 바람 불고 해 지는 강가의 풍경을 그려낸 뒤, 나그네가 고향을 그리워하여 잠 못 이루는 정경을 묘사하였다.

【참고자료】

李珥의 ≪精言妙選≫ 〈仁字集 五言古詩〉에 선집되어 있다.

032 東郊

동교에서

韋應物

吏舍跼[1)]終年　　평생토록 관아에 얽매이다
出郊[2)]曠淸曙[3)]　　맑은 새벽 탁 트인 교외로 나가보니

楊柳散和風　　버들은 부드러운 바람에 흩어지고
靑山澹吾慮　　청산은 나의 근심 담담하게 해준다

依叢適自憩　　숲에 기대 혼자 쉬기 알맞건만은
緣澗還復去　　시내 따라 돌다가 다시 거니네

微雨靄[4)]芳原　　가랑비 자욱한 꽃 핀 들판에

春鳩鳴何處　　봄 비둘기는 어디에서 울고 있는가

樂幽心[5]屢止　　은거를 즐기려던 마음 여러 번 막혔고
遵事跡[6]猶遽　　공무를 따르는 삶은 여전히 분주하네

終罷斯[7]結廬[8]　　마침내 관직 그만두고 이곳에 집을 지으면
慕陶[9]眞[10]可庶　　도연명 흠모하는 마음 진실로 이루겠지

【註釋】

1) 跼 : 구속한다는 뜻이다.
2) 郊 : '郭'으로 되어 있는 본도 있다.
3) 淸曙 : 맑은 첫 새벽이라는 뜻으로 '淸晨'과 같다.
4) 靄 : 촉촉하고 윤기 있는 모양인데, 여기서는 동사로 쓰였다.
5) 樂幽心 : 은거하고 싶은 마음을 뜻한다.
6) 遵事跡 : 公務를 따르는 삶을 뜻한다.
7) 斯 : '期'로 되어 있는 본도 있다.
8) 結廬 : 집을 짓는다는 뜻으로, 陶淵明의 〈飮酒〉 가운데 "사람 사는 세상에 집을 지었지만, 車馬의 시끄러움이 없구나.〔結廬在人境 而無車馬喧〕"라는 구절에서 인용한 것이다.
9) 陶 : 陶淵明을 지칭한다.
10) 眞 : '直'으로 되어 있는 본도 있다.

【通釋】

내 평생 관아에 얽매어 있다가 맑은 첫 새벽에 넓은 교외로 나와 본다. 버들은 봄바람에 흔들리고 청산은 나의 근심을 담담하게 해준다. 숲 속 나무에 기대어 있자니 혼자 쉬기에 딱 좋건만, 시냇물 따라 또다시 돌면서 산책을 한다. 보슬보슬 내린 봄비에 꽃핀 들판은 촉촉하게 젖어 있는데, 어디에선가 봄 비둘기 우는 소리가 들린다. 이렇게 좋은 곳을 찾아 은거하고픈 마음은 종종 세속의 업무 때문에 저지당하고, 설령 일정대로 공무를 본다 해도 그 생활은 더더욱 급해지고 번잡스러워진다. 그러나 내가 마침내 관직을 그만두고 돌아와 여기에 집을 짓는다면, 도연명처럼 살고자 하던 나의 평생 염원을 이룰 수 있으리라.

【解題】

위응물은 大曆 14년(779) 43세 때, 長安의 京兆府 工曹의 신분으로 鄠縣令이 되고 같은 해 6월에 櫟陽縣令으로 전보 발령을 받았는데 병을 핑계로 부임하지 않고 善福精舍로 들어갔다. 이 시는 鄠縣令으로 재직하던 779년 봄에 쓰인 것으로 추정된다.

위응물은 일생동안 도연명의 사람됨을 흠모하여, 도연명의 시풍을 자주 모방하였다고 한다. 그의 〈擬古詩〉 12수 가운데 〈效陶彭澤〉·〈效陶體〉·〈雜詩〉 5수 등에서 이러한 면을 볼 수 있다. 이 시의 결구 또한 관직을 그만 둔 후 도연명처럼 은거하고 싶다는 염원을 드러내었다.

033 送楊氏女[1)]

양씨녀를 보내며

韋應物

永日方慼慼　　기나긴 날을 슬픔 속에 지냈는데
出行復悠悠[2)]　　집 떠나간다니 다시 아득해지는구나

女子今有行[3)]　　딸아이 이제 멀리 시집가느라
大江泝[4)]輕舟　　가벼운 배 타고 큰 강을 거슬러가네

爾輩況無恃[5)]　　게다가 너희들은 어미도 없었으니
撫念益慈柔　　어루만져 보살핌에 더욱 온화하게 사랑하였지

幼爲長所育[6)]　　동생은 언니인 너에게 길러졌으니
兩別泣不休　　서로 헤어짐에 눈물이 그치지 않는구나

對此結中腸　　이 모습 보자니 창자가 맺히지만
義往[7)]難復留　　의리상 가야 하니 다시 붙잡기는 어렵겠지

自小闕內訓[8)]　　어려서부터 어미의 가르침 못 받았으니

事姑貽我憂	시부모 모셔야 할 일이 걱정이구나
賴茲託令門[9]	다행히 좋은 가문에 널 맡기게 되었으니
仁卹庶無尤	인자하고 가엾게 여길 분들이라 별탈은 없을게야
貧儉誠所尚	청빈과 검약은 우리가 진실로 숭상하는 바라
資從[10]豈待周	혼수품 어찌 두루 갖추겠는가
孝恭遵婦道	효도하고 공경하며 婦道를 따르고
容止[11]順其猷	용모와 행동거지는 법도에 맞게 하거라
別離在今晨	오늘 아침 이별하면
見爾當何秋	어느 해에 너를 보랴
居閑始自遣	한가로이 지내면 시름이야 풀리겠지만
臨感忽難收	이별의 슬픈 마음은 거둘 수가 없구나
歸來視幼女	돌아와 어린 네 동생 보노라니
零淚緣纓流	떨어지는 눈물이 갓끈 타고 흐른다

【註釋】

1) 送楊氏女 : 楊氏女는 양씨에게 시집간 위응물의 장녀이다. 위응물의 시집 가운데 楊凌과 唱和한 시가 매우 많은데 아마도 이 딸이 양릉의 처인 듯하다.

2) 永日方慼慼 出行復悠悠 : '永日'은 지난 오랜 세월, '方'은 항상, '慼慼'은 슬퍼하고 근심하는 모습, '出行'은 문을 나와 멀리 떠난다는 뜻이다.

3) 有行 : 멀리 가는 곳이 있다, 즉 出嫁함을 가리킨다. ≪詩經≫ 〈邶風 泉水〉에, "여자가 시집감은, 부모와 형제를 멀리하는 것이라.〔女子有行 遠父母兄弟〕"고 하였다.

4) 泝 : 溯와 같으니, 물을 거슬러 올라감을 뜻한다.

5) 爾輩況無恃 : '況'은 '苦'라고 되어 있는 본도 있다. '無恃'는 어려서 어머니를 여읜 것이다. ≪詩經≫ 〈小雅 蓼莪〉에, "아비가 없으니 누굴 믿으며, 어미가 없으니 누굴 의지하리오.〔無父何怙 無母何恃〕"라고 하였다. 年譜에 의하면 위응물은 大曆 12년(777), 그의 나이

43세 즈음에 喪妻하였다.

6) 幼爲長所育 : '幼'는 동생, '長'은 언니를 뜻한다. 위응물은 自注에서, "어린 딸은 양씨에게 시집간 딸이 키웠다.〔幼女爲楊氏所撫育〕"라고 하였다.

7) 義往 : ≪禮記≫ 〈內則〉에, "여자는 …… 스무 살에 시집간다.〔女子……二十而嫁〕" 하였으니, 義理상 가야 함을 말한 것이다.

8) 自小闕內訓 : 위응물은 自注에서, "어려서 어머니를 여의었음을 말한 것이다.〔言早無恃〕"라 하였다. '內訓'은 어머니의 가르침이다.

9) 令門 : 좋은 가문. 남편의 집안을 가리킨다. '令'은 훌륭하다는 뜻이다.

10) 資從 : 일상생활에 필요한 資料와 婢僕인데, 여기서는 혼수품을 가리킨다. '從'은 隨從하는 자이다.

11) 容止 : 용모와 행동거지를 말한다. ≪孝經≫에, "용모와 행동거지를 살피며, 나아가고 물러감을 법도에 맞게 하라.〔容止可觀 進退可度〕" 하였다.

【通釋】

어머니를 잃고 오랫동안 항상 슬픔 속에서 지냈는데, 이제 네가 이 집을 떠난다 하니 내 마음이 다시 아득해지는구나. 오늘 너는 시집을 가려고 가벼운 배 위에 올라 큰 강을 거슬러 올라간다.

게다가 너희들은 어려서 어머니를 여의었고, 이 때문에 나는 너희들을 더욱 자애롭고 온화하게 보살폈다. 너는 나를 도와 어린 동생을 돌보았는데, 오늘 헤어지려 하니 너희 두 자매 모두 눈물을 그치지 못하는구나. 이런 정경을 대하자니 나의 마음이 슬프다. 그러나 여자는 장성하면 마땅히 시집을 가야 하는 법, 실로 오래도록 곁에 둘 수는 없는 일이다.

너는 어려서 어머니를 여의어 규중의 가르침을 받지 못했으니, 시부모님 모실 일이 참으로 걱정스럽다. 다행히 이번에 너를 좋은 가문에 시집보내게 되었으니, 인자한 시부모님은 너를 가엾게 여기셔서 별 탈은 없으리라 믿는다. 근검절약을 미덕으로 여기는 빈한한 집에서, 어떻게 재물과 종복 같은 혼수를 다 갖추어 주겠느냐. 너는 시집에 가거든 효도와 공경으로 婦道를 따르며, 행동거지는 법도에 맞게 하거라.

오늘 아침 우리들 이별하니, 언제 다시 만날 수 있을지 알 수 없구나. 집에서 한적하게 지내다보면 시름이야 달랠 수 있겠지만, 헤어질 때의 모습이 마음에 떠오르니 갑작스레 이 감정을 추스를 수가 없구나. 돌아와 네 어린 동생을 보는데 나도 모르게 눈물이 갓끈을 적시며 흘러내린다.

【解題】

이 작품은 建中 3년(782) 혹은 4년(783)에 滁州에서 지은 것으로 위응물이 딸을 시집보내며 쓴 시인데, 그의 딸이 楊氏에게 시집갔기 때문에 표제를 '送楊氏女'라고 한 것이다. 중년에 배우자를 잃고 부녀 셋이서 서로 의지하며 살았던 위응물은 당시 큰딸을 시집보내는 정황과 가슴속에서 우러나오는 감회를 시 속에서 핍진하게 그리고 있다.

두 딸은 어린 시절에 어머니를 잃고 큰딸이 작은딸을 돌보았으므로 두 자매간의 정은 매우 돈독했을 것이다. 그런데 이제 언니가 시집을 가니 그들은 자연 헤어지기 어렵고 아쉬움은 이루 말할 수 없었을 것이다. 시인은 이러한 情景을 대하고 죽은 아내를 떠올리며 이 시를 썼으니 진지하고 깊은 정이 드러나 있다. 한편, 자애로운 아버지로서 시집가는 딸에게 간곡하게 당부를 하는데, 그 말이 의미심장하다. 시 전편이 산문체로 되어 있으며, 措辭[1]가 질박하고 미사여구나 군더더기가 없어 시인의 감정이 더욱 절실하게 느껴진다.

1) 措辭 : 문장에 있어서 文字의 용법과 辭句의 배치를 이른다.

【集評】

○ 讀此詩 公慈愛滿眼 可想可掬 山谷嘗謂淵明責子詩亦類此 良然 - 明 袁宏道, ≪袁中郎全集≫

이 시를 읽으면 눈앞에 가득한 公(위응물)의 자애로움을 충분히 상상할 수 있고 손에 잡을 수 있을 듯하다. 山谷(黃庭堅)은 일찍이 陶淵明의 〈責子〉 詩[1]도 이와 비슷하다고 하였는데, 참으로 그렇다.

1) 陶淵明의 〈責子〉 詩 : 도연명이 다섯 아들을 나무라는 뜻으로 시를 지었는데 ≪陶淵明集≫ 3권에 실려 있다.

034 晨詣超師院讀禪經[1]

새벽 초사원에 이르러 선경을 읽으며

柳宗元[2]

汲井漱寒齒　　우물을 길어 시린 이를 양치하고
清心拂塵服　　마음을 맑게 하여 옷의 먼지를 턴 뒤

閑持貝葉書[3] 한가롭게 佛經을 손에 들고
步出東齋讀 동쪽 齋舍로 걸어가 읽는다

眞源[4]了無取 참된 근원은 끝내 얻지 못하고
妄跡[5]世所逐 세상사람 허망한 행적을 좇고 있네

遺言冀可冥[6] 남긴 말씀 깨달을 수 있길 바라노니
繕性何由熟[7] 성품을 닦는 일 어찌하면 원숙해질 수 있을까

道人庭宇靜 道人의 안뜰은 조용한데
苔色連深竹 이끼 빛은 깊은 대숲으로 이어지고

日出霧露餘 해 뜨자 안개 이슬 내린 뒤라
青松如膏沐[8] 푸른 솔은 머리에 기름을 바른 듯

澹然離言說[9] 마음이 고요해져 言說을 떠나
悟悅心自足 깨달음의 기쁨에 마음이 흡족하여라

【註釋】

1) 晨詣超師院讀禪經 : '超師'는 超라는 이름을 지닌 僧侶를 뜻한다. '師'는 승려에 대한 존칭이다. '禪經'은 불경을 지칭한다. '蓮經'으로 되어 있는 본도 있는데, 이 경우는 ≪妙法蓮華經≫을 지칭한 것이라 할 수 있다.
2) 柳宗元 : 773~819. 字는 子厚이며, 河東 출신으로 '柳河東', 또는 柳州에 좌천당한 적이 있어 '柳柳州'라고도 칭한다. 산수 전원시가 뛰어난 王維, 孟浩然, 韋應物 등과 병칭된다.
3) 貝葉書 : 불경을 뜻하는데, '貝葉經'이라고도 한다. ≪柳河東集注≫에, "西域에 貝多樹가 있는데 그 나라 사람들이 그 잎사귀를 잘라서 글을 썼기 때문에 貝葉靈文이라고 한다. 〔西域有貝多樹 國人以其葉截剪而寫書 謂之貝葉靈文〕"라고 하였다.
4) 眞源 : 우주 만물의 本體 또는 本性이라는 의미로, 佛家의 근원적 진리를 뜻한다.
5) 妄跡 : 虛妄한 행적을 뜻한다.
6) 遺言冀可冥 : '遺言'은 부처가 후세에 남긴 말씀이다. '冥'은 暗合이나 默契의 뜻으로, 冥心

으로 깨달음에 도달하길 바란다는 뜻이다.

7) 繕性何由熟 : '繕性'은 본성을 수양한다는 뜻이며, '何由'는 무엇으로 말미암아라는 뜻으로 어찌하여라고 번역할 수 있다.

8) 膏沐 : 여인들이 기름으로 머리를 윤택하게 하는 것을 뜻한다. ≪柳河東集注≫에 孫汝聽의 말을 인용하여 "머리에 기름을 바른 것과 같다는 것은 안개와 이슬이 내린 뒤에 松柏이 모두 씻은 듯함을 말한다.〔如膏沐者 言霧露之餘 松柏皆如洗沐也〕"라고 하였다.

9) 澹然離言說 : '澹然'은 맑고 고요한 모습이다. '離言說'은 言說, 즉 말이나 설법을 떠났다는 뜻으로 언어와 사변을 떠나 깨달음에 이르렀음을 말한다.

【通釋】

이른 새벽, 超師가 주지하는 사원에 이르러 우물을 길어 양치하고 마음을 맑게 하려 옷의 먼지를 털었다. 그리고 한가롭게 불경을 손에 들고 동쪽 齋舍로 가서 읽는다.

세상 사람들은 참된 근원을 추구하지 않고 허망한 행적을 좇고 있다. 부처께서 남기신 말씀을 깨닫길 바라니, 마음 수양은 어찌하면 완전무결해질 수 있을까?

도인의 안뜰은 고요한데 이끼의 푸른빛은 깊은 대숲으로 이어져 있고, 안개 이슬이 내린 뒤라 해가 돋으니 푸른 소나무는 머리에 기름을 바른 듯 청초하게 빛난다.

이를 보니 마음이 담박해져 말로 표현할 수 없는 깨달음을 얻었고, 그로 인한 기쁨에 마음이 참으로 흡족하다.

【解題】

이 시는 유종원이 永州에 폄적되었을 때 쓴 것으로, 새벽에 超師院에 이르러 한가롭게 불경을 읽다 느낀 감회와 깨달음을 읊은 작품이다. 시인은 言說을 떠나 깨달음의 기쁨을 얻었다고 말하고 있듯이, 이른 아침 햇살아래 안뜰로부터 대숲 깊은 곳으로 이어진 이끼의 푸른빛과 방금 목욕한 듯한 푸른 소나무의 청초한 색채로부터 받은 감동이 망상을 떨쳐버리고 깨달음의 경지에 이르게 하였음을 암시하고 있다. 清나라 吳喬는 ≪圍爐詩話≫에서 이 시의 '道人庭宇靜 苔色連深竹' 구를 예로 들면서 왕유와 맹호연 이외에 이런 시가 있을 줄 생각지 못했다고 찬탄하였다.

【集評】

○ 詩眼云 子厚詩 尤深難識 前賢亦未推重 自老坡發明其妙 學者方漸知之 余嘗問人 柳詩

何好 答曰 大抵皆好 又問 君愛何處 答云 無不愛者 便知不曉矣 識文章者 當如禪家有悟門 夫法門百千差別 要須自一轉語悟入 如古人文章 直須先悟得一處 乃可通其他妙處 向因讀子厚晨詣超師院讀禪經詩 一段至誠潔淸之意 參然在前 眞源了無取 妄跡世所逐 微言冀可冥 繕性何由熟 眞妄以盡佛理 言行以盡薰修 此外亦無詞矣 道人庭宇靜 苔色連深竹 蓋遠過竹徑通幽處 禪房花木深 日出霧露餘 靑松如膏沐 予家舊有大松 偶見露洗而霧披 眞如洗沐未乾 染以翠色 然後 知此語能傳造化之妙 澹然離言說 悟悅心自足 蓋言因指而見月 遺經而得道 於是終焉 其本末立意遣詞 可謂曲盡其妙 毫髮無遺恨者也
- 宋 胡仔, ≪漁隱叢話≫ 卷19

≪詩眼≫[1]에 다음과 같이 말하였다.

"子厚(柳宗元)의 시는 더욱 깊고 이해하기 어려워 前賢들 또한 推重하지 않았는데, 老坡(蘇軾)가 그 묘함을 밝혀내어 학자들이 차츰 알게 되었다. 내(范溫)가 일찍이 다른 사람에게 '유종원의 시가 어떠한가?'라고 물었는데, '대체로 모두 좋다.'고 대답하였다. 또 '그대는 어느 곳을 좋아하는가?'라고 물으니, '좋아하지 않는 것이 없다.'라고 대답하기에, 그가 잘 모르고 있음을 알았다. 문장에 대한 식견은 마땅히 禪家의 悟門과 같아야 한다. 무릇 法門에는 千百의 차별이 있지만 모름지기 一轉語로부터 깨우쳐 들어가야 한다. 마치 古人이 문장에 있어서 먼저 한 곳에서 깨달음을 얻은 뒤 곧바로 다른 妙處로 통할 수 있는 것과 같다.

전에 子厚의 〈晨詣超師院讀禪經〉라는 시를 읽은 적이 있다. 첫 단락의 至誠과 淸潔의 뜻이 바로 눈앞에 있는 듯하였다. '眞源了無取 妄跡世所逐 微言冀可冥 繕性何由熟'은 眞과 妄으로써 불가의 이치를 다 말하였고, 言과 行으로써 수양에 대하여 다 말하였으니, 이밖에 또 다른 말이 없을 것이다. '道人庭宇靜 苔色連深竹'은 대개 '竹徑通幽處 禪房花木深'[2]보다 매우 뛰어나다. '日出霧露餘 靑松如膏沐'은 우리 집에 옛날부터 큰 소나무가 있어, 우연히 이슬에 씻기고 안개에 덮여 있는 것을 보았는데, 참으로 씻은 뒤 물기가 마르기 전 푸른색으로 물들인 것 같았다. 그 후에 이 말이 造化의 묘함을 전할 수 있다는 것을 알았다. '澹然離言說 悟悅心自足'은 대개 손가락으로 인하여 달을 보고, 불경을 버리고 도를 깨닫는 것을 말한 것으로 여기에서 끝을 맺는다. 그 本末과 立意와 造語에 있어서 그 묘함을 다하여 털끝만큼의 여한도 남기지 않았다고 말할 수 있다."

1) ≪詩眼≫ : 宋나라 范溫의 ≪潛溪詩眼≫을 가리킨다. 范溫은 范祖禹의 次子로 黃庭堅에게 詩를 배웠다.

2) 竹徑通幽處 禪房花木深 : 常建이 지은 〈題破山寺後禪院〉의 시구이다.

035 溪居[1)]

시냇가에 살다

柳宗元

久爲簪組[2)]累　　오랫동안 관직에 매여 있다가
幸此南夷[3)]謫　　다행히 이 남쪽 땅에 좌천되었네

閑依農圃鄰　　한가롭게 농부의 이웃이 되어 살아가고
偶似山林客　　어떤 때는 산림의 은자인 듯하구나

曉耕翻露草　　새벽엔 밭을 갈며 이슬 젖은 풀 뽑고
夜榜[4)]響溪石　　밤에는 노 젓는 소리, 냇가 돌에 메아리치네

來往不逢人　　오고가며 사람을 만날 수 없는데
長歌楚天[5)]碧　　긴 노랫가락에 초 땅의 하늘 푸르구나

【註釋】

1) 溪居 : 유종원은 永州시절 10년 중 후반기 5년을 愚溪에 거처하였다. 우계는 지금의 湖南省 零陵 남서쪽에 있다.
2) 簪組 : '簪'은 관이 벗겨지지 않도록 관의 끈을 꿰어 머리에 꽂는 비녀이고, '組'는 인장을 매는 끈을 말한다. 모두 벼슬아치의 물건으로 관직생활을 뜻한다.
3) 南夷 : 남쪽 변방지역을 일컫는 말인데, 여기서는 좌천되었던 永州를 가리킨다.
4) 榜 : ≪全唐詩≫ 주에 '一作搒'이라 하였고 章燮本에는 '傍'으로 되어 있는데, '夜榜'과 '曉耕'이 대구가 되므로 '榜'(노젓다)으로 보았다.
5) 楚天 : 초 땅의 하늘로, 永州는 춘추전국시대 楚나라에 속했으므로 楚天이라 하였다.

【通釋】

오랫동안 관직에 얽매어 있었는데, 좌천되어 남쪽 땅으로 오게 된 것이 다행이구

나. 하는 일 없이 한가롭게 농사짓는 이들과 이웃하며 지내니 뜻밖에도 산림 속의 은자가 된 듯하다. 아침에는 밭일을 하면서 이슬에 젖은 풀을 갈아엎고, 저녁에는 배를 타고 노를 저으니 노 젓는 소리가 돌에 부딪쳐 메아리친다. 오고 가는 길에 사람 하나 마주치지 않는 외딴 곳에서 홀로 길게 노래하니 그 노랫소리 울려 퍼지는 남쪽 하늘이 끝없이 푸르다.

【解題】

유종원은 王叔文의 新政에 적극적으로 참여하였는데, 永貞 元年(805) 9월 신정이 실패하자 邵州刺史로 좌천되었고, 11월에는 永州司馬로 좌천되어 그곳의 龍興寺에 거처했다. 元和 5年(810)에 零陵의 남서쪽을 유람하다가 冉溪를 발견하였는데, 그곳 경치의 수려함에 반해 거처를 옮기고 이름도 '愚溪'라고 바꿨다. 이 작품은 愚溪에 정착한 초기에 지은 것으로, ≪古文眞寶≫에 〈愚溪詩序〉가 있다.

이 시는 작자의 은거생활을 묘사하면서 자신의 한가한 정취를 드러내고 있지만, 한편으로 그 담백한 배후에는 비분의 정서가 스며있다. 즉 초나라 하늘 아래서 長歌를 부르며, 울분에 찬 마음을 고독하게 토로하고 있는 유종원의 모습을 상상케 하기 때문이다.

【集評】

○ 愚溪諸詠 處運蹇困厄之際 發淸夷淡泊之音 不怨而怨 怨而不怨 行間言外 時或遇之 - 淸 沈德潛, ≪唐詩別裁集≫ 卷4

愚溪에서 지은 여러 시들은 순탄치 않은 운명과 곤액에 처해서도 맑고 평이하며 담박한 소리를 내었으니, 원망하지 않으면서도 원망하고 원망하면서도 원망하지 않음을 행간의 말 이면에서 때때로 만나게 된다.

【참고자료】

蔡彭胤의 〈郊居 誦柳州閑依農圃隣 偶似山林客之句 分韻作十絶〉(≪希菴先生集≫ 卷3)은 이 시의 3, 4구인 閑·依·農·圃·隣·偶·似·山·林·客의 10자를 分韻하여 지은 작품이다. 내용은 다음과 같다.

其一 結廬在江浦 夜雨漲前灣 跳波濺鷗夢 驚起不能閑

其二 盤陁屋西石 脩竹相因依 多情護嘉實 恐此孤鳳饑

其三 百畝逢時雨 村村語笑濃 豊年若可必 吾亦去爲農

其四 亂水入溝渠 晨起繞前圃 圃決不足惜 蘭根初未固
其五 村氓無世態 風俗任眞淳 有酒不獨醉 殷勤及一隣
其六 爽氣滿西山 朝來在我袖 君看岀上雲 卷舒皆自偶
其七 長江風雨鳴 十里雪山似 漾漾萬斛船 不能上急水
其八 振鷺不可攀 高鴻獨去閑 關心多少事 隱几看前山
其九 追凉眠石榻 行藥到篁林 江海浮桴穩 悠悠萬里心
其十 昨得長安書 金輿動紫極 那堪病太史 留作周南客

036 塞下曲[1] 其一

변방의 노래 첫 번째 시

王昌齡

蟬鳴空桑林[2]	매미가 빈 뽕나무 숲에서 울어대는
八月蕭關[3]道	팔월의 蕭關길
出塞入塞寒[4]	변방을 나가고 들어오는 사이 날은 추워지고
處處黃蘆草	곳곳마다 누런 갈대들
從來幽幷[5]客	예로부터 幽幷의 군사들은
皆向沙場[6]老	모두 사막에서 늙는다네
莫學遊俠兒[7]	배우지 말라, 저 유협객들이
矜誇紫騮[8]好	紫騮馬 좋다고 자랑하는 것을

【註釋】

1) 塞下曲 : ≪樂府詩集≫ 등 몇몇 본에서는 이 시의 제목을 '塞上曲'으로 달아놓았지만, ≪全唐詩≫에 의거해 '塞下曲'으로 한다.
2) 空桑林 : ≪全唐詩≫의 주에는 '桑樹間'이라고 되어 있다.
3) 蕭關 : 지금의 甘肅省 固原縣 남동쪽에 위치하는데, 당나라 때에 중요한 관문 중 하나였다.

4) 入塞寒 : ≪全唐詩≫의 주에는 '復入塞'라고 되어 있다.
5) 幽幷 : 幽州와 幷州의 병칭이다. 유주는 지금의 河北省 지역이고, 병주는 지금의 山西省 지역이다. 이 지역의 풍속이 호협을 숭상한다고 하여 '호협한 기운'을 의미하기도 한다. 六朝시대 宋나라 鮑照의 〈擬古八首〉 세 번째 수에, "幽州와 幷州에서는 말타기와 활쏘기를 중시하여, 소년들은 말달려 사냥하기를 좋아하네.〔幽幷重騎射 少年好馳逐〕"라는 구절이 있다.
6) 向沙場 : '共塵沙'라고 되어 있는 본도 있다.
7) 遊俠兒 : 의리를 숭상하는 젊은 사람을 뜻한다. 曹植의 〈白馬篇〉에, "묻노니 어느 집 자제인가, 幽州와 幷州의 유협객이라오. 어려서 고향을 떠나, 사막에서 명성을 떨쳤다오.〔借問誰家子 幽幷遊俠兒 少小去鄕邑 揚聲沙漠垂〕"라는 구절이 있다.
8) 紫騮 : 밤색 털의 준마를 지칭한다. 이 구절에서는 자신이 가진 훌륭한 병기의 상징물로 쓰였다. 楊炯의 시에, "협객들은 周遊를 중시하여, 금 채찍으로 자류마를 다그치네.〔俠客重周游 金鞭控紫騮〕"라는 구절이 있다.

【通釋】

음력 8월의 蕭關길을 행진하는데, 잎이 다 떨어진 뽕나무 숲에서 처연하게 우는 매미 소리가 들린다. 변방을 나가고 들어오고 하는 동안 날은 문득 추워지고, 곳곳에 보이는 것은 누런 갈대뿐이다. 예로부터 幽州와 幷州의 풍속은 호협을 숭상하였는데, 그곳에서 온 군사들은 모두가 결국 사막에서 늙어갈 뿐이다.

그러하니 젊은이들이여! 용맹과 승리를 좋아하는 유협객들이 자신들의 무기와 자류마 자랑하는 것을 배우지 말지어다.

【解題】

'塞下曲'은 '塞上曲'과 더불어 악부의 한 곡명으로 변방의 모습과 그에 대한 감회가 주된 내용을 이룬다. 이 시는 왕창령이 출사 전 서북의 蕭關일대를 유람하면서 지은 작품으로, 네 수 중 첫 번째 수이다. 유주와 병주의 사막에서 늙어가는 병사들과 자기 말을 자랑하는 철없는 젊은이들을 대조시킴으로써 변방 수자리 생활의 고단함과 비애감을 드러내는 시적 효과를 거두고 있다. 그리고 뒤의 네 구는, 漢나라 때의 橫吹曲인 〈紫騮馬歌〉(≪古今樂錄≫) 중 "열다섯에 정벌하러 갔다가, 팔십에야 비로소 돌아올 수 있었네.〔十五從軍征 八十始得歸〕"라는 구절과 함께 읽으면 맥락이 더욱 분명해진다.

037 塞下曲 其二

변방의 노래 두 번째 시

王昌齡

飮馬[1]渡秋水	말에게 물 먹이며 가을 강을 건너는데
水寒風似刀	물은 차고 바람은 칼날 같네
平沙日未沒	너른 모래벌판에 해는 아직 지지 않아
黯黯[2]見臨洮[3]	어슴푸레 臨洮城이 보이는구나
昔日長城戰[4]	지난 날 장성에서의 싸움
咸言意氣高	모두들 의기충천했다 말하지
黃塵足[5]今古	누런 모래는 예나 지금이나 가득하고
白骨亂蓬蒿[6]	백골들은 들풀 사이에 뒤섞여 있네

【註釋】

1) 飮馬 : 말에게 물을 먹이다. 漢나라 陳琳의 〈飮馬長城窟行〉 중 "장성 굴에서 말에게 물 먹이는데, 물이 차 말의 뼛속까지 시리네.〔飮馬長城窟 水寒傷馬骨〕"라는 구절을 차용한 것이다. 이 구절에 대한 ≪樂府廣題≫의 주를 보면, "장성 남쪽에 溪坂이 있어 위에는 토굴이 있고 토굴 안에는 샘이 있는데, 한나라 때에 북으로 정벌 나가는 병사들이 모두 말에게 이 물을 먹였다.〔長城南有溪坂 上有土窟 窟中泉流 漢時將士征塞北 皆飮馬此水也〕"라고 되어 있다.

2) 黯黯 : 날이 어두워 어슴푸레한 모양이다.

3) 臨洮 : 옛 縣의 이름, 지금의 甘肅省 岷縣이다. 秦나라 때 처음 설치되었는데, 그때 축조한 만리장성이 臨洮縣에서 시작하여 遼東에 이르렀다.

4) 昔日長城戰 : 唐 玄宗 開元 2년(714) 薛訥 등이 임조현 일대에서 吐蕃(티베트)을 크게 격파하고 수만 명을 살육하였는데, 이로 인해 洮水가 흐르지 않을 정도였다고 한다. 여기서는 이 사건을 말하는 것이면서, 동시에 역대로 이 지역에서 벌어졌던 크고

작은 전쟁들을 지칭한다. ≪全唐詩≫ 주에 '昔'은 '一作當'이라 하였고, '長'은 '一作龍'이라 하였다.

5) 足 : ≪全唐詩≫ 주에 '一作漏', '一作是'라 하였다.

6) 蓬蒿 : 茵陳蒿, 즉 사철쑥을 말한다. 국화과의 여러해살이 풀인데, 여기서는 들풀의 범칭으로 쓰였다.

【通釋】

어느 가을 날 강을 건너면서 말에게 물을 먹이는데, 물은 차고 바람은 칼로 살을 에는 것과 같다. 이 드넓은 모래벌판에 해는 아직 지지 않아, 저 멀리 어슴푸레 임조성이 보인다. 지난날 임조성의 전투에서는 모두들 사기가 높았다고 말하지만, 그들은 지금 어디에 있는가. 예나 지금이나 드넓게 펼쳐진 모래벌판에는 남겨진 그들의 백골이 들풀 속에 뒤섞여 있다.

【解題】

〈塞下曲〉의 둘째 수이다. 어떤 본에는 이 시의 제목이 '望臨洮'라고 되어 있기도 하다. 앞의 네 구는 당시 변방의 황량한 가을 풍경을 묘사하고, 뒤의 네 구는 그 지역에서 대대로 전쟁이 일어나 무수한 병사들이 희생되었음을 노래하여 비장미를 더하고 있다.

【集評】

○ 少伯慧心 神力亦勁 此篇及少年行 與新鄕此題詩 極簡極縱極古極新 俱在漢魏之間 - 明 周珽, ≪唐詩選脈會通≫ 卷2

少伯(왕창령)은 慧心을 지녔으며 神力 또한 강하다. 이 작품과 〈少年行〉은 新鄕(李頎)의 〈새하곡〉과 더불어 지극히 간략하면서도 종횡무진하고 지극히 예스러우면서도 새로워 한위시대 사이에 함께 놓인다.

○ 塞下曲不下數百首 此獨說得瑩淨……風如刀 唐人多用之者 岑嘉州 風頭如刀面如割 加面如割三字 更覺明快 - 淸 吳瑞榮, ≪唐詩箋要續編≫ 卷1

〈塞下曲〉은 수백 수를 밑돌지 않지만, 이 시만이 말하는 바가 분명하다. …… '바람은 칼날 같네〔風如刀〕'는 당나라 사람들이 많이 사용한 구절이다. 岑嘉州(岑參)의 '바람이 칼날 같기가 얼굴을 베는 듯〔風頭如刀面如割〕'이라는 구절은 '面如割' 세 자를 더하여 더욱 명쾌해졌다.

038 關山月[1)]

관산월

李白

明月出天山[2)] 밝은 달 천산에서 떠올라
蒼茫雲海間 망망한 구름바다 가운데 있네

長風幾萬里 긴 바람은 몇 만 리 밖에서 일어
吹度玉門關[3)] 옥문관 넘어서 불어오누나

漢下白登[4)]道 한나라 군사들이 내려오던 백등의 길
胡窺青海[5)]灣 오랑캐가 엿보는 청해만

由來征戰地[6)] 예로부터 전쟁이 일어나던 곳에선
不見有人還 살아서 돌아오는 사람 보이지 않네

戍客[7)]望邊色 수자리 병사는 변방의 풍경 바라보다
思歸多苦顏 돌아가고 싶은 마음에 자주 얼굴 찌푸린다

高樓[8)]當此夜 高樓에서는 이 밤에
嘆息未應閑 탄식 응당 멈추지 않으리라

【註釋】

1) 關山月 : 鼓角橫吹曲[*)]에 속하며 ≪樂府解題≫에 〈關山月〉은 이별을 아파하는 것이라 되어 있다.

*) 鼓角橫吹曲 : 북과 호각으로 연주되는 樂府의 歌曲名이다. 횡취곡은 漢나라 張騫이 서역에서 ≪摩訶兜勒≫ 한 곡을 가져왔고, 李延年이 다시 新曲 二十八解를 만들어 군악으로 삼았다. 魏晉시대 이후 이십팔해는 이미 없어졌으므로, 현존하는 가사는 모두 그 이후 문인들의 작품이다.

2) 天山 : 天山은 지금의 甘肅省 西北部의 祁連山이다. ≪漢書≫ 〈武帝紀〉에, "天漢 2년에, 貳師將軍(李廣利)이 3만 騎兵으로써 酒泉에 나가서 右賢王과 天山에서 싸웠다.〔天漢二年 貳師將軍 以三萬騎出酒泉 與右賢王 戰于天山〕"라 하였는데, 注에, "天山은 西域 浦類國에 있는데 長安과의 거리가 8천 리로 곧 祁連山이다. 흉노들이 天을 일러 祁連으로 불렀다.〔天山在西域蒲類國 去長安八千餘里 卽祁連山也 匈奴謂天爲祁連〕"라고 하였다.
3) 玉門關 : 중국 고대 서역으로 통하던 중요한 관문으로, 지금의 甘肅省 敦煌縣 서쪽에 있다.
4) 白登 : 白登은 산 이름으로, 지금의 山西省 大同市의 동쪽에 있다. ≪漢書≫ 〈匈奴傳〉에, "高帝가 먼저 平城에 도착하고 보병들이 아직 다 당도하지 않았을 때, 冒頓(묵특)이 정병 30여 만 기를 풀어 白登에서 高帝를 7일동안 포위하였다. 한나라 군대는 안팎으로 서로 구원하거나 군량을 대지 못했다. …… 이에 高皇帝는 사졸들에게 모두 활을 가득 당겨 잡고 활시위를 채워 밖으로 겨누게 하여 포위가 풀린 쪽을 통해 곧바로 빠져나가 大軍과 합류하니, 冒頓은 드디어 군사를 이끌고 물러났다.〔高帝先至平城 步兵未盡到 冒頓縱精兵三十餘萬騎 圍高帝於白登七日 漢兵中外不得相救餉……於是 高皇帝令士皆持滿傅矢外鄕 從解角直出 得與大軍合 而冒頓遂引兵去〕" 라고 하였다.
5) 靑海 : 호수의 이름으로 중국 최대의 담수호이다. 지금의 靑海省 동북부에 위치해 있다. 隋・唐시기에 토번과 전쟁이 잦은 지역이었다.
6) 由來征戰地 : 白登道와 靑海灣을 이른다. 이는 고금이래로 중원 세력과 서북의 이민족 사이에 분쟁이 잦았던 지역이다.
7) 戍客 : 변방을 수비하는 병사이다.
8) 高樓 : 높은 누대, 여기서는 戍客의 妻가 거처하는 곳을 의미한다.

【通釋】

밝은 달은 천산 위에서 떠올라 창망한 하늘 구름이 층층이 낀 가운데 떠 있다. 긴 바람은 몇 만 리나 되는 먼 고향으로부터 옥문관으로 불어 넘어오고 있다. 옛날 한고조 유방이 오랑캐와 싸웠던 백등산, 오랑캐들이 침입하여 전쟁이 끊이지 않고 있는 청해호 등 예로부터 전쟁이 일어났던 곳에서는 살아서 돌아오는 사람을 보지 못했다. 이 때문에 수자리를 살고 있는 병사들은 변방의 황량한 경치를 볼 때면 고향으로 돌아가고픈 생각 때문에 자신도 모르게 얼굴에 수심이 차고 미간이 찡그려진다. 아마도 오늘 밤 집에 있는 아내는 높은 누각에 서서 내가 보고 있는 저 달빛을 바라보며 탄식하는 소리를 그치지 못할 것이다.

【解題】

이 시는 변새의 景色을 읊은 악부시이다. 〈關山月〉은 악부의 鼓角橫吹曲인데 그 가사가 이별의 아픔을 그려낸 것이 많다. 이백은 악부의 옛 제목을 빌려 변새의 풍경과 수자리 사는 병사들의 鄕愁를 표현하였다.

천산에서 밝은 달이 떠오르는 먼 거리의 장면부터 시작하여 장풍이 옥문관으로 불어오는 가까운 장면으로 이어지는 遠近의 표현기법이 뛰어난 시이다. 관문 주변의 달빛과 변새의 요활함을 묘사한 뒤 전쟁이 빈번했던 곳에서 살아 돌아오는 사람이 몇 없었음을 회고하였는데, 이는 수자리 사는 병사의 근심을 한층 더 고조시키고 있다. 또한 마지막 구는 고향으로 돌아가고픈 병사와 그를 그리워하는 아내의 모습을 교차시키며 相思의 애절함을 암시하고 있다.

【集評】

○ 吳氏語錄曰 太白詩如明月出天山 蒼茫雲海間 長風幾萬里 吹度玉門關 皆氣蓋一世 學者皆熟味之 自不偏淺矣 天山在唐西州交河郡天山縣 天山至玉門關 不爲太遠 而曰幾萬里者 以月如出於天山耳 非以天山爲度也 - 宋 楊齊賢, ≪分類補注李太白集≫ 卷4

≪吳氏語錄≫에 다음과 같은 말이 보인다.

"太白(李白)의 시 가운데 '明月出天山 蒼茫雲海間 長風幾萬里 吹度玉門關'과 같은 것은 모두 그 기운이 한 시대를 덮을 만하다. 배우는 자들이 모두 그것을 깊이 음미한다면 절로 편벽되거나 얕아지지 않을 것이다. 천산은 당의 서주 교하군 천산현에 있다. 천산에서 옥문관까지는 그리 멀지 않은데, '幾萬里'라 한 것은 달이 천산에서 떠오르는 것 같기 때문일 뿐이요, 천산과의 거리를 헤아린 것은 아니다."

039 子夜四時歌 春歌

자야사시가 봄노래

李白

秦地羅敷[1)]女	진 땅의 羅敷라는 여인
采桑綠水邊	초록 빛 물가에서 뽕잎을 따네

素手青條上	흰 손은 푸른 가지 위에 있고
紅粧白日鮮	붉게 단장한 얼굴 밝은 햇살 속에 곱다
蠶飢妾欲去	누에가 배가 고파 저는 가려하니
五馬[2]莫留連	태수께서는 붙잡지 마세요

【註釋】

1) 羅敷 : 漢나라 樂府인 〈陌上桑〉에 '羅敷'라는 여인이 나오는데, 나중에는 젊은 여자를 지칭하는 용어로 쓰였다. ≪韻府群玉≫의 '陌上桑' 조에 의하면 "邯單에 미인이 있었는데 성은 秦이요 이름은 羅敷로서 王仁의 처였다. 언덕 위에서 뽕잎을 따고 있는데, 趙王이 그녀를 범하려 하였다. 나부는 쟁〔箏〕연주에 능했으므로 '맥상상'의 노래를 지어서 자신의 뜻을 밝혔다.〔邯鄲美人 姓秦名羅敷 爲王仁妻 採桑陌上 趙王欲奪之 羅敷善彈箏 作陌上桑之歌以自明〕"라 하였다.

2) 五馬 : 太守를 의미한다. 고대 태수의 수레를 말 다섯 마리〔五馬〕가 끌었으므로 붙여진 명칭이다.

【通釋】

섬서성에 나부라 불리는 한 여인이 있어, 녹수가에서 뽕잎을 따고 있다. 눈과 같이 흰 손은 뽕나무의 푸르고 부드러운 가지 위에서 더욱 도드라지고, 붉게 단장한 얼굴은 밝은 햇살 속에 더욱 아름답게 빛난다.

여인은 말한다. "지금 누에가 배가 고플 것이니, 저는 이제 돌아가야 합니다. 태수께서는 더 이상 제 옆을 배회하지 마세요."

【解題】

〈子夜吳歌〉는 중국 남방의 民歌로 남녀의 애정을 노래한 것이다. 원래는 4句로 되어 있는데, 이백이 6句로 開創한 것이다. ≪唐書≫ 〈樂志〉에, "子夜歌는 晉曲이다. 晉나라에 子夜라는 여자가 있어 이 노래를 지으니, 소리가 지나치게 애달프다.〔子夜歌者 晉曲也 晉有女子名子夜 造此聲 聲過哀苦〕"라 하였는데, 東晉이 吳 땅(지금의 江蘇省 일대)에 있었으므로 〈子夜吳歌〉라고도 한다. 六朝樂府 ≪淸商曲≫ 〈吳聲歌曲〉에 〈子夜四時歌〉가 들어 있다. ≪樂府解題≫에, "後人이 다시 四時行樂의 歌詞를 지어 그것을 '子夜四時歌'라 하였다.〔後人更爲四時行樂之詞 謂之子夜四時歌〕"라고 했다.

이에 四季에 대해 노래한 것은 〈子夜四時歌〉로 칭해졌으며, 이 외에도 〈大子夜歌〉·〈子夜警歌〉·〈子夜變歌〉 등의 變曲이 있다.

이백의 〈子夜四時歌 春歌〉는 봄날에 뽕잎을 따는 여인을 묘사한 작품이다. 마지막 구절은 미색을 경계시킴으로서 溫柔敦厚의 뜻을 잃지 않았다고 평해지기도 한다. 시 가운데 綠水, 素手, 青條, 紅粧, 白日 등 색채의 대비를 사용한 작법이 돋보인다.

040 子夜四時歌 夏歌

자야사시가 여름노래

李白

鏡湖[1]三百里	鏡湖라 삼백리에
菡萏[2]發荷花	연꽃이 꽃망울 터뜨리고
五月西施採	오월에 서시가 연밥을 따니
人看隘[3]若耶[4]	사람들 그 모습 보려 若耶溪를 메우는데
回舟不待月	달뜨기 기다리지 않고 배를 돌려서
歸去越王家	월나라 왕에게 시집갔다네

【註釋】

1) 鏡湖 : 원래의 명칭은 鑑湖이다. 浙江省 紹興縣 남쪽에 있다.
2) 菡萏 : 아직 활짝 피지 않은 연꽃을 말한다. ≪說文解字≫에, "芙蓉이 아직 피지 않은 것을 菡萏이라 하고, 이미 핀 것을 芙蓉이라 한다.〔芙蓉未發爲菡萏 已發爲芙蓉〕"라고 되어 있다.
3) 隘 : 꽉 막혀 통하지 않는 것이다.
4) 若耶 : 시냇물 이름으로, 若耶山 아래에서 발원하여 북쪽 鏡湖로 유입된다. 전하기를 西施가 비단 옷을 빨던 곳이라 한다.

【通釋】

삼백리의 경호엔, 연꽃 봉오리가 터지며 연꽃이 피어나고 있다. 오월에 서시가 연밥을 따러 나오면 그녀를 보기 위해 많은 사람들이 모여들어 약야계를 메운다. 다만 유감스러운 것은, 아름다운 달이 뜨는 것을 기다리지 않고 배를 돌려서 월왕 句踐에게 시집가버린 일이다.

【解題】

西施에 관한 고사는 비극적 측면이 많은데, 최후에는 그녀가 越宮에서 吳宮으로 보내지면서 越나라를 구하기 위해 자신을 희생하기 때문이다.

이 시는 두 부분으로 나눌 수 있다. 앞의 4句는 풍경과 인물에 대한 묘사를 미려하게 배치하였으며 뒤의 2句는 西施의 아름다움에 감춰진 복잡한 사연을 담고 있다.

【集評】

○ 李白詩 鏡湖三百里 菡閻發荷花 蓋謂荷花發於菡也 按芙蕖其葉爲荷 其莖爲茄 其花未發爲菡萏 已發爲芙蓉 其實爲蓮 其根爲藕中爲菂 菂中有青爲薏 芙蕖乃總名 – 朝鮮 李睟光, ≪芝峯類說≫ 卷10, 〈唐詩〉

이백의 시에, "경호라 삼백리에, 연꽃이 꽃망울 터뜨리고〔鏡湖三百里 菡閻發荷花〕"라는 구절이 있으니, 대개 荷花가 菡에서 활짝 핀 것을 이른다. 생각건대 芙蕖는 그 잎을 荷라 하고 그 줄기는 茄라 하며, 그 꽃이 아직 피지 않은 것을 菡萏이라 하고, 이미 핀 것을 芙蓉이라 하며, 그 열매를 蓮이라 하고 그 뿌리는 藕中 혹은 菂이라 하고, 菂 중에서도 푸른 것은 薏라 하니, 부거는 바로 총칭이다.

【참고자료】

김시습의 詩 〈和思穎詩〉에, "鏡湖三百里 何計洗吾愁"라는 구절이 있는데, 이는 李白의 詩 첫구에서 인용한 것이다. 조선, 許筠 ≪惺所覆瓿稿, 卷2≫

041 子夜四時歌 秋歌

자야사시가 가을노래

李白

長安一片月　　장안에는 한 조각 달
萬戶擣衣聲　　집집마다 다듬이질 소리

秋風吹不盡　　가을바람 불어와 그치지 않으니
總是玉關[1]情　　온통 옥문관을 생각하는 마음이라네

何日平胡虜　　어느 때에야 오랑캐를 평정하고
良人[2]罷遠征　　낭군은 원정을 끝낼 것인가

【註釋】

1) 玉關 : 玉門關을 줄여 쓴 것이며, 지금의 甘肅省 敦煌縣 서쪽에 있다. 古代에 西域으로 통하는 관문이었다.
2) 良人 : 남편을 말한다.

【通釋】

오늘밤 장안성 위에는 한 조각 외롭고 쓸쓸한 달이 떴고, 거리의 모든 집에서는 밤새도록 다듬이질하는 소리가 들린다. 가을바람 끊임없이 불어오고 그치질 않으니, 이 모든 풍경과 소리에는 遠征나간 임을 그리는 마음이 담겨져 있다. 어느 때에나 오랑캐를 평정할 것인가. 그렇게 되면 남편은 전쟁을 그만두고 돌아올 수 있을 텐데.

【解題】

秋月, 秋聲, 秋風 등의 景物이 어우러져 '玉關情', 즉 멀리 있는 남편에 대한 깊고도 짙은 그리움을 표현하여 情景交融의 경지를 보여준다. 마지막 聯은 시인이 話者의 마음을 상상해서 쓴 말이다.

【集評】

○ 前四語是天壤間生成 被太白拾得 - 明 王夫之, ≪唐詩評選≫
　앞 네 구는 천지 사이에서 생겨났는데, 太白(이백)이 그것을 주웠다.

○ 詩貴寄意 有言在此而意在彼者 李太白子夜吳歌 本閨情語 而忽冀罷征 經下邳圯橋 本懷子房 而意在自寓 遠別離 本咏英皇 而借以咎肅宗之不振李輔國之擅權 - 清 沈德潛, ≪說詩晬語≫ 卷下
　시는 뜻을 붙이는 것을 귀하게 여기니, 말은 여기에 있지만 뜻은 저기에 있는 것이다. 李太白의 〈子夜吳歌〉는 본래 규방 여인의 마음을 말한 것이지만, 은근히 遠征이 끝나기를 바라고 있다. 〈經下邳圯橋〉[1]는 본래 張子房을 생각하고 지은 것이지만 그 뜻은 자신을 寓意하는 데 있다. 〈遠別離〉는 본래 舜 임금의 두 妃인 娥皇과 媖을 노래한 것이지만, 이를 빌어 肅宗의 不振함과 李輔國의 擅權을 비난하고 있다.

1) 〈經下邳圯橋〉: 이백의 〈經下邳圯橋懷張子房〉시를 가리킨다. 圯橋(이교)는 흙으로 쌓은 다리인데, 江蘇省 下邳에 있다. 漢高祖 劉邦을 보필하여 漢나라를 건국한 張良이 下邳의 이교 위에서 黃石公을 만나 그로부터 太公望의 兵書를 받아 大業을 이룰 수 있었다 한다.

○ 不言朝家之黷武 而言胡虜之未平 立言溫厚 - 淸 沈德潛, ≪唐詩別裁集≫ 卷2

조정에서 무력을 남용하는 것을 말하지 않고 오랑캐가 평정되지 않은 것을 말하였으니, 立言이 溫柔敦厚하다.

042 子夜四時歌 冬歌

자야사시가 겨울노래

李白

明朝驛使[1)]發　　내일 아침 驛吏가 떠난다기에
一夜絮征袍[2)]　　하루 밤새 솜 넣어 征袍를 지었다오

素手抽鍼冷　　맨손은 바늘을 뽑기에도 시리거늘
那堪把剪刀　　가위를 또 어찌 잡으랴

裁縫寄遠道　　옷을 지어 먼 길에 부치노니
幾日到臨洮[3)]　　어느 날에나 臨洮에 당도할까

【註釋】

1) 驛使 : 역에 소속된 관리로서, 문서 등을 전달하는 일을 맡았다.
2) 征袍 : 出征한 將兵이 입는 겨울옷이다.
3) 臨洮 : 옛 지명으로, 오늘날 甘肅省 岷縣에 있다. 〈塞下曲〉 제2수의 주3)에 자세하다.

【通釋】

내일 아침 驛吏가 떠난다는 소식을 듣고, 하루 밤을 꼬박 새우며 솜을 넣어 출정한 남편의 군복을 짓는다. 이미 날은 추워져 가냘픈 여자의 맨손은 바늘을 잡아 뽑기에도 시리건만 차

디 찬 가위를 어이 잡을거나. 이렇게 만든 옷을 먼 길에 부치지만, 언제쯤 임이 계신 臨洮에 전해질 수 있을까.

【解題】

변방 수비를 맡아 떠나 있는 남편을 위해 부인이 솜옷을 만들어 부치는 모습과 심정을 담았다. 이미 바늘과 가위를 잡기에도 손이 시리며, 먼 거리를 언제 당도할지 모른다는 표현 속에는 변방에서 남편이 겪고 있을 추위의 고통과 그에 대한 부인의 애절한 심정이 함축되어 있어 긴 여운을 남긴다.

【集評】

○ 有味外味 每結二語餘情 餘韻無窮 – 明 陸時雍, ≪唐詩鏡≫ 卷17
맛 이외의 또 다른 맛이 있다. 매양 결구 두 구절에는 남겨진 정이 있어 여운이 무궁하다.

○ 語逼淸商 擣衣篇 尙帶初唐綺習 不及此之眞摯 – 淸, ≪唐宋詩醇≫ 卷4
시어가 淸商曲[1]에 가깝다. 擣衣篇[2]은 初唐의 綺麗한 習氣를 띠고 있어 이 편의 진정성에는 미치지 못한다.

1) 淸商曲 : 악부가곡의 명칭이다. 相和三調(平調·淸調·瑟調)에서 유래한 것으로 南朝民歌가 많이 수록되어 있다.

2) 擣衣篇 : 이백의 작품으로 ≪이태백집≫ 권6에 실려 있다. 元代의 胡應麟은 ≪詩藪≫(〈內篇〉 卷3)에서 "太白의 〈擣衣篇〉은 초당의 格調이다."라고 평하였다.

043 長干行

장간행

李白

妾髮初覆額[1] 첩의 머리카락 처음으로 이마를 덮을 무렵
折花門前劇[2] 꽃 꺾으며 문 앞에서 놀았지요

郎騎竹馬來 낭군께서는 죽마를 타고 와
遶牀[3]弄靑梅[4] 우물 난간 빙빙 돌며 매실 갖고 놀았어요

同居長干里[5)] 長干里에서 함께 살면서
兩小無嫌猜 두 사람 어릴 때는 미움도 시기도 없었어요

十四爲君婦 열네 살에 그대의 아내가 되어
羞顔未嘗開[6)] 부끄러움에 얼굴 한 번 펴본 일 없어요

低頭向暗壁 고개 숙이고 어두운 벽 향한 채로
千喚不一回 천 번을 불러도 한 번 돌아보지 않았지요

十五始展眉[7)] 열다섯에 비로소 얼굴을 펴고
願同塵與灰 먼지와 재가 될 때까지 함께 하길 원했습니다

常存抱柱信[8)] 제게는 항상 기둥을 끌어안고 죽을 믿음이 있는데
豈上望夫臺[9)] 어찌 망부대로 오를 줄이야

十六君遠行 열여섯에 그대는 멀리 떠나
瞿塘[10)]灩澦堆[11)] 구당협 염여퇴까지 가셨을지도

五月不可觸[12)] 오월에는 그곳에 부딪치지 마세요
猿鳴天上哀[13)] 원숭이 울음 하늘에서 슬피 울리는 곳입니다

門前遲[14)]行跡 마지못해 떠나신 문 앞의 발자취에
一一生綠苔 자취마다 이끼가 푸르게 나 있고

苔深[15)]不能掃[16)] 이끼가 많아져 다 쓸 수도 없는데
落葉秋風早 잎을 떨구는 가을바람 빨리도 왔네요

八月蝴蝶來[17)] 팔월에 나비가 날아들어
雙飛西園草 서쪽 뜨락 풀숲에서 쌍쌍이 날아

感此傷妾心　　이 모습에 첩의 마음은 슬퍼져
坐愁[18]紅顔老　　근심으로 붉은 얼굴이 늙어갑니다

早晩[19]下三巴[20]　　어느 때에 삼협에서 돌아오실런지
預將書報家　　미리 집에다 편지를 주신다면

相迎不道遠　　먼 길이라 여기지 않고 맞기 위해서
直至長風沙[21]　　곧장 長風沙로 달려갈 거예요

【註釋】

1) 覆額 : 다박머리를 드리웠다〔垂髫〕는 뜻으로, 나이가 어림을 나타낸다.
2) 劇 : 遊戲의 뜻이다.
3) 牀 : 우물의 난간〔井欄〕이다. ≪古樂府≫ 〈淮南王篇〉에, "후원에 우물을 파고 은으로 난간을 둘렀다.〔後園鑿井銀作牀〕"라 하였다.
4) 青梅 : 아직 덜 익은 푸른 매실이다.
5) 長干里 : 지금의 江蘇省 南京의 巷名이다.
6) 未嘗開 : '尙未開'라고 되어 있는 본도 있다.
7) 展眉 : 찡그렸던 눈썹이 펴진다는 뜻으로, 근심이 없어져 마음이 놓임을 비유한다.
8) 抱柱信 : 목숨을 걸고 약속 지킴을 의미한다. ≪莊子≫ 〈盜跖〉에, "미생이 다리 밑에서 여자와 만나기로 하였으나 여자가 오지 않았다. 물이 불어났지만 떠나지 않고 있다가 다리 기둥을 껴안고 죽었다.〔尾生與女子 期於梁下 女子不來 水至不去 抱梁柱而死〕"라 하였다.
9) 望夫臺 : 오랫동안 돌아오지 않는 남편을 기다리다 돌이 되었다는 전설을 차용한 것으로, 여기서는 특정한 지역을 뜻하는 것은 아니다.
10) 瞿塘 : 四川省 奉節縣에 있는 長江 三峽 중의 하나이다.
11) 灩澦堆 : 瞿塘峽 입구에 있는 커다란 바위이다.
12) 五月不可觸 : ≪一統志≫와 ≪南史≫를 참조하여 보면 구당협에 염여퇴가 있는데, 5월에 물이 불면 물속에 잠겨 암초가 되기 때문에, "5월에는 그 암초에 부딪치지 마세요"라고 말한 것이다.
13) 猿鳴天上哀 : ≪水經注≫ 〈江水注〉에 실린 〈巴東三峽歌〉 중, "파동 삼협에 무협이 긴데, 원숭이 울음 세 마디에 눈물이 옷깃을 적시네.〔巴東三峽巫峽長 猿鳴三聲淚沾裳〕"라는 구절이 있다.

14) 遲 : '舊'로 되어 있는 본도 있다.
15) 苔深 : 시 속의 이끼〔苔〕는 근심〔愁〕을 의미하는 경우도 있다. 그러므로 '苔深'은 푸른 이끼가 많다는 것인데, 이는 근심이 많다는 뜻으로 해석된다.
16) 掃 : 여기서는 두 가지의 의미로 해석된다. 푸른 이끼를 쓸어낸다는 뜻도 있고, 번뇌와 근심을 제거한다는 뜻도 있다.
17) 蝴蝶來 : '蝴蝶黃'으로 되어 있는 본도 있다. 양승암(楊愼)이 이르기를, "호접은 검거나 희거나 혹은 오색빛을 가지고 있는데 모두 황색의 일종이다. 가을이 되면 대개가 金의 기운에 감흥하기 때문이다.〔楊升菴謂胡蝶或黑或白或五彩 皆具惟黃色一種 至秋乃多蓋感金氣也〕"라고 하였다.
18) 坐愁 : '坐'는 '因'의 의미이다. 즉 '근심으로 인하여'의 뜻이다.
19) 早晩 : 어느 때〔何時〕라는 뜻이다.
20) 三巴 : 巴郡, 巴東, 巴西 세 지역을 합한 명칭으로서, 지금의 三峽 부근이다.
21) 長風沙 : 지금의 安徽省 懷寧縣 동쪽에 있는 곳으로 장간리로부터 700여 里나 떨어져 있다.

【通釋】

제가 머리카락이 이마를 갓 덮었을 어린 시절에 문 앞에서 꽃을 꺾어 놀이를 하였지요. 그대는 竹馬를 타고 우물 난간을 빙빙 돌면서 손에 푸른 매실을 가지고 놀렸습니다. 우리는 장간리에서 함께 살았는데, 어릴 적엔 서로가 시기하고 미워한 적 없었답니다. 열네 살이 되던 그 해, 저는 그대의 아내가 되었지요. 부끄러움 때문에 크게 웃어 본 적 없고, 고개만 떨구고 구석 쳐다보며 그대가 천 번을 불러도 대답 한 번 못했어요. 열다섯이 되어서야 비로소 환한 얼굴로 먼지와 재가 될 때까지 영원히 함께하기를 바랐습니다. 저에게는 尾生과 같은 믿음이 있었는데, 망부대로 올라가는 처지가 될 줄 어찌 생각이나 했겠습니까. 열여섯이 되던 그해 그대는 집을 떠나 멀리 가셨습니다. (그토록 위험하다는) 구당협 염여퇴로 가셨을지도 모르는데, 그곳은 5월에 물이 많이 불어나 암초가 보이지 않으니 부딪치지 않도록 조심하세요. 깎아지른 암벽 위에서는 슬프고 애처로운 원숭이 울음소리가 하늘로부터 들려오는 곳이랍니다.

문 앞의 오래된 발자취 하나하나에 푸른 이끼가 가득합니다. 푸른 이끼가 너무 많아 다 쓸어내지도 못했는데, 그 위에 낙엽까지 떨어집니다. 금년의 가을바람은 참 빨리도 왔네요. 팔월에 나비가 날아들어 서쪽 정원의 풀 밭 위를 쌍쌍이 날아다니네요. 이러한 정경을 보니 제 마음은 슬픔에 젖어 근심으로 젊고 아름다운 얼굴이 늙어갑니다.

어느 때나 당신은 三巴의 여정에서 돌아오실 런지요. 미리 서신이라도 보내주신다면, 저는 먼 길 마다하지 않고 당신을 맞으러 갈 것입니다. 長風沙까지 간다하더라도 조금도 힘들지 않을거에요.

【解題】

이 시는 樂府詩로서 남편을 그리워하는 부인의 정을 묘사한 것이다. 樂府古辭 〈長干曲〉은 단지 五言四句로 되어 있으며, 崔顥의 〈長干曲〉, 崔國輔의 〈小長干曲〉 등도 五言四句의 짧은 형식과 간단한 내용으로 이루어져 있다. 하지만 이백의 〈長干行〉은 30句라는 편폭이 긴 작품으로 그 내용면에서도 매우 풍부하다.

시적 화자는 여인으로서 1인칭의 서술기법을 사용하여, 자신의 내면을 섬세하게 그려내었다. 따라서 먼 길을 떠난 남편을 걱정하고 그리워하는 아내의 감정이 절절하고도 선명하게 드러난다.

【集評】

○ 山谷云 太白集中 長干行二篇 妾髮初覆額 眞太白作也 憶妾深閨裏 李益尙書作也 所謂癡妬尙書李十郎者也 詞意亦淸麗可喜 亂之太白詩中 亦不甚遠 - 宋 何谿汶, ≪竹莊詩話≫ 卷5

산곡(黃庭堅)이 이르기를, "이태백 문집의 〈장간행〉 2편 가운데 '妾髮初覆額'으로 시작하는 것이 진짜 이태백의 작품이다. '憶妾深閨裏'로 시작하는 것은 尙書 李益의 작품으로 그는 이른바 '癡妬尙書李十郎'이다. 그의 시어 역시 청려해서 즐길 만하기 때문에 태백 시 가운데 넣었으니, 이 역시 이태백의 시와 멀지 않다."라 하였다.

044 烈女操

열녀의 노래

孟郊[1)]

梧桐[2)]相待老　　오동은 서로 기대어 늙어가고
鴛鴦[3)]會雙死　　원앙은 꼭 나란히 죽는답니다

貞婦貴徇[4)]夫　　정숙한 부인은 남편 따라 죽는 것을 귀히 여기니

舍生亦如此　　죽고 사는 것이 또한 이들과 같지요

波瀾誓不起　　물결은 맹세코 일어나지 않으리니
妾心井中水[5)]　　첩의 마음은 우물 속의 물이랍니다

【註釋】

1) 孟郊 : 751~814. 절강성 武康사람(낙양사람이라는 설도 있음)으로, 자는 東野이다. 덕종 때 진사에 급제하여 강소성 溧陽尉가 되었지만, 정사를 돌보지 않고 술과 시로 날을 보냈다. 韓愈와 친하여 평생 그를 사사했다. 저서로 ≪孟東野集≫ 10권이 있다.
2) 梧桐 : 전하는 말에 '梧'는 숫나무이고, '桐'은 암나무라는 말이 있다.
3) 鴛鴦 : '鴛'은 수컷이고 '鴦'은 암컷인데, ≪古今注≫에, "원앙은 물새로, 오리류이다. 암컷과 수컷이 서로 떨어지지 않는데, 사람이 그 중 한 마리를 취하면 다른 한 마리가 그리워하다 죽는다. 그래서 匹鳥라고 한다.〔鴛鴦 水鳥 鳧類也 雌雄未嘗相離 人得其一 則一思而死 故曰匹鳥〕"라고 되어 있다.
4) 徇 : '殉'으로 되어 있는 본도 있다.
5) 井中水 : '古井水'로 되어 있는 본도 있다. 우물 속의 물은 물결이 일지 않으므로, 마음이 변치 않음을 비유한다. 백거이의 〈贈元稹詩〉에 '물결 없는 옛 우물물, 마디 있는 가을 대나무〔無波古井水 有節秋竹竿〕'라는 구절이 있다.

【通釋】

오동나무는 암수가 서로 의지하며 늙어가고, 원앙새도 쌍쌍이 함께 죽기를 원한다. 정숙한 부인은 남편을 따라 죽으니, 죽고 사는 것이 마치 오동과 원앙 같구나. 결코 마음이 변치 않으리니, 수절하는 부인의 마음은 우물 속의 물처럼 변치 않으리라.

【解題】

'操'는 琴曲의 하나로, '烈女操'는 정절을 지키는 여인을 노래한 琴曲이다. '操'에 속하는 대개의 시들은 사물에 의탁하여 시상을 표현하는데, 맹교의 〈열녀조〉 역시 오동나무와 원앙새를 통해 부부간의 정이 돈독함을 보여준다. 그리고 마지막 두 구는 물결이 일지 않는 우물물에 자신의 굳은 마음을 비유한 열녀의 고백을 담고 있다.

【集評】

○ 東野烈女操遊子吟等篇 命意眞懇 措辭亦善 - 淸 吳喬, ≪圍爐詩話≫ 卷2

東野의 〈열녀조〉와 〈遊子吟〉 등은 담긴 뜻이 진실하고 시어의 사용 또한 좋다.

045 遊子吟

나그네 노래

孟郊

慈母手中線[1]　　인자하신 어머니 손끝의 바느질로
遊子身上衣　　길 떠난 아들의 옷을 지었네

臨行密密縫　　떠날 때 촘촘히 꿰매어 주심은
意恐遲遲歸　　더디 돌아올까 염려해서이겠지

誰言寸草心　　누가 말하랴 한 치 풀의 마음으로
報得三春暉[2]　　봄날 햇볕에 보답할 수 있다고

【註釋】

1) 線 : 針線, 즉 바느질을 뜻한다.
2) 誰言寸草心 報得三春暉 : '寸草心'은 한 치 정도 자란 어린 풀의 마음으로 자녀의 마음을 비유하였고, '三春暉'는 봄날 햇볕으로 부모의 은혜를 비유하였다. 한 줄기 풀과 같은 미미한 자식의 효심으로 천지를 비추는 봄볕과 같은 어머니의 은혜에 보답할 수 없음을 말한 것이다.

【通釋】

어머님이 손에 잡고 있던 실은 지금은 이 나그네가 입고 있는 옷에 있다. 길을 떠날 때 밤새워 촘촘히 꿰매어 주신 것은 행여 내가 오래도록 돌아오지 못할까 걱정하셨기 때문이겠지. 한 치 정도 자란 여린 풀과 같은 자식의 마음으로 봄날 햇볕 같은 어머니의 은혜를 갚을 수 있다고 누가 말할 수 있으리오.

【解題】

≪孟東野詩集≫ 권1에 있다. 孟郊는 50세가 다 되어 진사에 급제하여 54세에 溧陽縣尉로

부임하였다. 이때 韓愈는 불우한 처지에 있던 맹교를 위해 〈送孟東野序〉를 써주었는데, 여기에 '不得其平則鳴'이라는 유명한 文論이 담겨있다. 이 시 또한 이 즈음에 지은 작품으로, 맹교의 自註에, "어머니를 맞이하며 율양에서 지었다.〔迎母溧上作〕"라고 하였다. 고악부에 의거하여 지은 작품으로 宋代 郭茂倩이 편집한 ≪樂府詩集≫의 〈雜曲歌辭〉 중 〈遊子吟〉條에 顧況, 李益의 작품과 함께 실려 있다. 평범한 일상사를 통하여 크고도 깊은 부모의 은혜를 읊은 명작으로 평가받고 있다.

【集評】

○ 故郊自念不能報其親 而作爲遊子吟之詩 有曰 難將寸草心 報得三春暉 其意 蓋以天地之恩 喩父母之恩 而歎其難報 此非知孝於親者其能發此乎 然郊之詩 以厄於羈旅窮困 不得養其親而作 固宜其形於言者如是 - 明 王叔英, ≪靜學文集≫ 卷1, 〈草心堂詩序〉

맹교는 부모의 은혜에 보답할 수 없다고 생각하여 〈유자음〉이라는 시를 지었는데, 시에 '難將寸草心 報得三春暉'라고 하였으니, 그 뜻은 대개 천지의 은혜로 부모의 은혜를 비유하여 보답하기 어려움을 한탄한 것이다. 이것은 부모에 대한 효를 아는 자가 아니라면 어찌 이렇게 말할 수 있었겠는가. 맹교의 시는 나그네의 곤궁한 신세를 당하여 부모를 봉양할 수 없는 처지에서 지은 것이니, 그 말에 이와 같이 나타낸 것이 진실로 마땅하다 하겠다.

【참고자료】

우리나라 문인들도 부모의 은혜를 표현할 때 '유자음'을 전고로 쓰는 경우가 많았다. 金宗直은 〈僑寓興仁門內詠萱花〉(≪佔畢齋集≫ 卷5)에서, "북당이 아득히 남쪽 끝에 있는지라, 강개하여 다시 遊子吟을 읊노라.〔北堂渺渺天南極 慷慨還爲遊子吟〕"라고 하였다. 李植은 〈生日有感〉(≪澤堂先生續集≫ 卷2)에서, "겨울 찬바람 손수 지어 주신 옷에 부니, 꿈결 속 그저 소식만 묻고 돌아오네.〔冬風吹手線 消息夢徒回〕"라고 하였는데, '手線'은 〈유자음〉의 첫구 '慈母手中線'에서 취한 것이다. 또한 卞仲良, 姜栢年, 申景濬, 成俔 등은 〈유자음〉이란 제목으로 작품을 짓기도 하였다.

046 登幽州臺[1]歌

유주대에 올라 부른 노래

陳子昂[2]

前不見古人[3] 앞선 옛사람 보이지 않고
後不見來者[4] 뒤에 올 사람도 보지 못하여

念天地之悠悠[5] 천지의 悠悠함을 생각하자니
獨愴然而涕下[6] 홀로 슬픔에 겨워 눈물이 흐른다

【註釋】

1) 幽州臺 : 幽州는 지금의 北京市 大興縣 지역이다. 일찍이 燕 昭王이 황금대를 이곳에 세워 賢士들을 招致하였으므로, 賢士臺라고 부르기도 한다. 唐나라 때 명칭은 薊北樓이다.
2) 陳子昂 : 661~702. 字는 伯玉이다. 대표작에 〈感遇〉〈詠懷〉 등이 있으며 저서에 ≪陳伯玉集≫이 있다.
3) 古人 : 燕 昭王과 같은 賢君을 가리킨다.
4) 來者 : 賢君을 가리킨다.
5) 悠悠 : 무궁무진의 뜻으로, 여기서는 시간의 유구함을 의미한다.
6) 獨愴然而涕下 : '愴然'은 슬프고 아파하는 모양이다. '涕'가 '淚'로 되어 있는 본도 있다.

【通釋】

앞서 간 古代의 明君, 賢士와 英才를 만나볼 수 없고, 뒤를 보면 그들을 계승할 후대인들을 만나볼 수 없구나. 이 永遠의 시간 속에서 무변광대한 천지와 다함없는 세월을 생각하자니, 나는 너무나 고독하여 저 가슴 밑바닥에서 우수와 비애가 솟구쳐 오르고 이에 흐르는 눈물을 금할 수가 없도다.

【解題】

이 시는 陳子昂이 神功 元年(697) 建安王 武攸宜를 따라 契丹으로 遠征을 가서 幽州에 있을 때 지은 작품이다. 무유의는 軍事上 무능했기 때문에 처음 接戰을 치르자마자 先鋒이었던 王孝杰 등 全軍이 전멸했다. 위기상황을 만회하기 위해 진자앙은 군사를 나누어 적을 칠

것을 요청하고 앞서서 열심히 싸웠지만, 결과적으로는 무유의의 지지를 얻지 못했을 뿐만 아니라 도리어 직책이 강등되는 처분을 받았다. 이에 悲憤慷慨한 감정이 가슴에서 용솟음쳐 이처럼 웅혼하고도 비장한 感懷詩를 쓰게 되었다. 시인 자신의 懷才不遇와 寂寞無聊한 정서가 짧은 시편 속에 잘 드러나 있다.

【集評】

○ 子昂旣東征 參武攸宜幕 以諫軍略不納 遭罷爲書記 因登薊北樓 感燕趙古事 泫然流涕 慨然悲歌 一時傳誦 天下莫不知之 - 唐 趙儋, 〈陳公旌德碑〉

진자앙이 東征을 나간 후 武攸宜의 군막에 참여하였는데, 軍略을 諫한 것이 받아들여지지 않은 일 때문에 罷職당하고 書記가 되었다. 이로 인해 薊北樓에 올라 燕·趙의 옛일을 생각하며 느낀 바 있어 주르륵 눈물을 흘리면서 강개한 마음으로 悲歌를 부르니, 一時에 傳誦되어 천하에 그 노래를 모르는 사람이 없었다.

○ 胸中自有萬古 眼底更無一人 古今詩人多矣 從未有首及此者 此二十二字 眞可以泣鬼 - 明 黃周星, ≪唐詩快≫ 卷2

가슴 속에는 절로 만고의 세월이 들어 있는데, 눈앞에는 다시 사람 하나 없으니, 고금에 시인은 많지만 이제껏 이러한 詩는 없었다. 이 스물두 자는 진실로 귀신도 울게 할 만하다.

○ 余于登高時 每有今古茫茫之感 古人先已言之 - 淸 沈德潛, ≪唐詩別裁集≫ 卷5

나는 높은 곳에 오를 때 매양 今古의 茫茫한 느낌을 갖게 되는데, 古人이 먼저 그것을 말하였다.

047 古意[1)]

고의

李頎

男兒事長征　　사나이라면 원정길에 나서야 하는 법
少小幽燕[2)]客　　어린 나이, 幽燕의 나그네 되었네

賭勝[3)]馬蹄下　　말발굽 아래에서 승부를 겨루니
由來輕七尺[4)]　　예로부터 목숨을 가벼이 여겼도다

殺人莫敢前　　적군 죽이니 아무도 그 앞에 나서지 못하고
鬚如蝟毛磔[5]　　수염은 마치 고슴도치 가시처럼 빳빳하여라

黃雲[6]隴底白雪[7]飛　　누런 모래 언덕에 흰 눈이 날리는데
未得報恩不能歸[8]　　은혜를 갚지 못했으니 돌아갈 수 없구나

遼東小婦年十五　　요동의 젊은 아낙은 나이가 열다섯
慣彈琵琶解歌舞　　항상 비파를 타고 가무를 잘하는데

今爲羌笛[9]出塞聲　　오늘 羌笛으로 出塞曲을 부르니
使我三軍[10]淚如雨　　三軍으로 하여금 눈물을 비 오듯 쏟게 한다

【註釋】

1) 古意 : 擬古와 같은 의미로서 옛일에 자신의 뜻을 가탁하여 짓는 것이다.
2) 幽燕 : 幽州와 燕나라인데, 예로부터 이곳에서 많은 협객들이 나왔다.
3) 賭勝 : 승부를 겨루는 것이다.
4) 輕七尺 : 목숨을 가벼이 여긴다는 뜻이다. '七尺'은 사람의 身長을 표현한다.
5) 蝟毛磔 : '蝟毛'는 고슴도치의 털이며, '磔'은 빳빳하다는 의미이다.
6) 黃雲 : 변방의 누런 모래가 바람에 날려 구름 같다는 말이다.
7) 白雪 : '白雲'으로 되어 있는 본도 있다.
8) 不能歸 : '不得歸'로 되어 있는 본도 있다.
9) 羌笛 : 변방의 소수민족이 사용하는 일종의 관악기다. ≪風俗通≫에 이르기를, "한 무제 때 구중이 笛을 만들었고, 또 그 후에 羌笛이란 것이 있게 되었다.〔漢武帝時 丘仲作笛 其後又有羌笛〕"라 하였다. 羌笛은 구멍이 세 개, 네 개, 다섯 개짜리가 있다.
10) 三軍 : 古代의 軍制에 12,500명의 군사를 1軍이라 하였는데, 천자국은 6군, 제후국은 3군이었다. 그러나 후세에는 숫자에 관계없이 군대를 총칭하는 말로 쓰인다.

【通釋】

남자라면 응당 나라의 목숨을 바치기 위해 원정길에 나서야 하니, 젊디젊은 몸으로 幽燕의 협객이 된다. 말발굽 아래에서 적군과 승부를 겨루어야 하니, 七尺의 몸쯤은 가볍게 여긴다. 용맹하게 적군을 죽이니, 아무도 그에게 다가서지 못한다. 그의 수염은 마치 고슴도치가 빳

빳빳한 가시를 세운 모습이다.

변방의 누런 모래가 휘날리니 마치 황금빛 세계가 펼쳐진 듯하다. 어느덧 겨울이 와서 흰 눈이 흩날리는데 主君의 은혜를 아직도 갚지 못했으니 어찌 돌아갈 수 있겠는가. 요동의 15살 어린 아낙은 항상 비파를 타며 가무에 능한데, 지금 이 전쟁터에서 羌笛으로 出塞曲을 불기 시작하니 병사들 모두 鄕愁에 못 이겨 비 오듯 쏟아지는 눈물을 금치 못한다.

【解題】

〈古意〉는 '擬古'와 같은 의미로서, 옛 일에 자신의 뜻을 기탁하여 짓는 詩題이다. 古風 또는 古歌라고도 한다. 시 전체가 모두 12구인데 오언과 칠언이 혼합되어 있는 형태이다. 前 6句는 젊은 남자의 호방한 기운이 하늘을 찌를 듯하며 혈기 방장함을 묘사한 반면 後 6句는 분위기가 유연해지면서 앞의 구와 대조를 이룬다.

시 전체를 통해 병사의 장기간에 걸친 軍旅生活의 고단함을 그려냄과 동시에, 報國의 의지와 비장함을 담아내어 읽는 이를 감동시키는 힘이 느껴진다.

【集評】

○ 此爲邊士思歸之辭 言男兒本欲從征 故少爲幽燕之客 輕生好勇 因其素也 今乃于隴雪之際 主恩未報 留滯邊庭 一聞小婦歌出塞之聲 而三軍爲之揮淚矣 至此當不悔其初心耶 - 淸 唐汝詢, ≪唐詩解≫ 卷17

이는 변방의 병사가 고향으로 돌아가고파 하는 내용이다. 남자라면 본래 종군하고자 하는 욕망이 있기 때문에 어려서 幽燕의 나그네가 되었다고 하였으니, 목숨을 가벼이 여기고 용맹함을 좋아하는 것은 타고난 성품이 그러하기 때문임을 말한 것이다. 지금 이에 눈이 쌓인 모래 언덕에서 군주의 은혜를 갚지 못한 채 변방에 머물면서 어린 아낙이 부는 出塞曲 소리를 한 번 들으니 三軍은 이로 인해 눈물을 뿌린다. 이러한 지경에 이르면 마땅히 그 초심을 후회하지 않겠는가.

048 送陳章甫

진장보를 전송하며

李頎

四月南風大麥黃　　사월에 남풍 부니 보리는 누렇게 익는데

棗花未落桐陰長[1)] 대추 꽃 아직 떨어지지 않고 오동나무 그늘은 짙다

青山朝別暮還見 청산은 아침에 이별해도 저녁이면 다시 보리니
嘶馬出門思舊鄉 말이 울자 문을 나서며 고향을 그리워하네

陳侯[2)]立身何坦蕩[3)] 陳侯는 사람됨이 어찌 그리 넓고 큰가
虯鬚虎眉仍大顙[4)] 규룡의 수염 호랑이 눈썹에 넓은 이마로다

腹中貯書一萬卷 뱃속에 만권의 책 쌓아 두었으니
不肯低頭在草莽 초야에서 고개 숙이고 있지는 못하리라

東門酤酒飮我曹[5)] 동문에서 술을 사 우리들에게 마시게 하던 때
心輕萬事皆[6)]鴻毛 마음으로 세상일 홍모처럼 가볍게 여겼지

醉臥不知白日暮 취해서 누우면 해가 지는지 알지 못했고
有時空望孤雲高 때때로 그저 높이 뜬 외로운 구름 바라보았네

長河[7)]浪頭連天黑 황하의 물결이 검은 하늘에 닿아
津口[8)]停舟渡不得 나루에 배가 멈춰 건널 수 없으니

鄭國遊人[9)]未及家 鄭나라의 나그네가 집에 이르지 못할까
洛陽行子[10)]空嘆息 낙양의 나그네는 공연히 탄식을 하네

聞道故林[11)]相識多 듣자하니 고향에 친구가 많다 하는데
罷官昨日今如何 어제 벼슬 그만 둔 그대를 어찌 대할지

【註釋】

1) 桐陰長 : 長은 무성하고 빽빽하다는 뜻이다.
2) 陳侯 : 陳章甫를 가리킨다. 侯는 존칭이다.
3) 坦蕩 : 도량이 넓고 큰 것을 말한다. ≪論語≫ 〈述而〉에, "군자는 평탄하여 여유가 있다.〔君子坦蕩蕩〕"고 했다.

4) 虯鬚虎眉仍大顙 : '虯'는 뿔이 있는 용이다. '仍'은 아울러이다. '顙'은 이마이다. 그가 규룡의 수염에 호랑이 같은 눈썹을 지니고 있고 아울러 이마가 넓고 큰 것을 말한다.
5) 酤酒飮我曹 : '酤'는 沽와 통하니, 술을 사는 것이다. '飮'은 동사인데, 사동용법으로 썼다. '飮我曹'는 우리들에게 술을 마시게 하는 것이다.
6) 皆 : ≪全唐詩≫ 注에, "一作如"라고 되어 있다.
7) 長河 : 황하를 가리킨다.
8) 津口 : 나루이다. '口'자는 ≪全唐詩≫ 注에 '一作吏'라고 되어 있다.
9) 鄭國遊人 : 陳章甫가 일찍이 鄭 땅에 장기간 머물렀던 적이 있으므로 陳章甫를 가리킨다. 春秋시대 鄭나라의 도읍이 新鄭에 있었는데 곧 지금의 河南省 新鄭縣이다.
10) 洛陽行子 : 李頎가 자신을 일컬은 것이니, 아마도 당시에 洛陽에서 전송했을 것이다.
11) 故林 : 고향을 말한다.

【通釋】

4월에 남풍이 불어오니, 보리는 이미 익어 맑은 황색을 띠고 있는데, 대추 꽃은 떨어지지 않았으며 오동나무의 그늘만 무성하고 짙어졌다. 고향에 가면 아침에 청산을 이별하여도 저녁이면 변함없이 볼 수 있으리니, 문을 나서는 그대는 말 울음소리를 듣자 고향에 대한 그리움이 일어난다.

陳公은 입신 처세함에 참으로 도량이 크며, 용의 수염・호랑이 눈썹에 넓은 이마가 잘 어울린다. 그대는 학문을 해서 경륜이 가슴속에 가득하니, 초야에서 머리를 숙이고 일생을 보내고 싶진 않을 것이다.

평소에 그대는 洛陽의 東門에서 술을 사서 항상 우리들에게 마시도록 해주었는데, 가슴이 탁 트여 세상일은 모두 기러기 털처럼 가벼워서 말할 것이 없다고 여겼다. 마시고 취하면 곧장 잠들어서 저 태양이 언제 지는지도 알지 못했으며, 때때로 푸른 하늘을 우러러 홀로 높이 떠 있는 구름을 바라보곤 했다.

이제 이 황하의 나루에서 이별해야 하는데 풍랑이 검은 하늘과 맞닿을 만큼 크게 일어나 나루의 배는 운행을 멈추어 건널 수가 없다. 그대, 이 鄭나라의 나그네가 집에 도착하지 못할까. 나, 이 낙양의 나그네는 부질없이 혼자서 탄식한다네.

듣자하니 그대는 고향에 예전부터 알고 지내는 벗들이 많다 하는데, 어제 벼슬을 그만둔 그대가 집으로 돌아가면 벗들이 어떻게 맞아줄까?

【解題】

李頎의 送別詩는 인물 묘사를 잘하기로 유명한데 이 시가 대표작이라 할 수 있다. 특히 5구~12구에 대상 인물의 외면과 내면이 잘 묘사되어 있다.

진장보는 재주와 학문이 뛰어난 사람으로, 오랫동안 河南의 嵩山에 은거하였다. 그는 일찍이 河南에서 과거에 응시하여 급제하였는데 原籍에 登記되어 있지 않았다는 이유로 吏部에서 인정해주지 않자, 글을 올려 항의하였다. 吏部의 논박이 끝나기 전에 執政者에게 편지를 올려 파격적으로 등용되었다. 이 일은 천하 선비들의 찬사를 받았고 그의 이름을 세상에 널리 알리는 계기가 되었다. 그러나 그의 벼슬길은 뜻대로 열리지 않아 洛陽 일대의 寺院이나 郊外에서 逍遙하였다.

이 시는 진장보가 관직을 그만둔 후 고향으로 가는 길에 올랐을 즈음 지은 것으로, 이기는 그를 나루터까지 전송하면서 이 시를 주어 이별하였다. 前人들은 대부분 진장보가 이때 돌아간 곳이 原籍인 江陵의 옛집이라고 보았는데, 시에서 '舊鄕' '故林'이라고 한 것을 보면 河南의 嵩山을 가리킨 듯하다. 시에서 진장보를 '鄭國遊人'이라 하고 시인 자신을 '洛陽行子'라고 했으니, 두 사람 모두 天涯淪落人의 처지로서 그들의 우정이 매우 깊음을 볼 수 있다.

이 시는 처음 송별을 하는 때와 장소, 풍경을 그린 다음, 진장보의 학문과 위인됨을 묘사하고 평소에 있었던 에피소드를 들어 그 性情을 보여주었다. 이어서 그의 귀향길에 있을 평탄치 못한 여정을 상상하였는데, '長河浪頭連天黑 津口停舟渡不得' 두 句는 두보의 〈夢李白〉에, "물은 깊고 파도는 드넓으니, 교룡에게 잡히지 않도록 하게.〔水深波浪闊 無使蛟龍得〕"라고 한 것과 동일한 의미를 가진다. 마지막 두 句 또한 시인의 상상으로서, 앞서의 진장보에 대한 안타까움에서 그를 위로해 주는 말로 분위기 전환이 이루어지고 있다. 이 시의 묘미가 느껴지는 부분이다.

【集評】

○ 頎集絶技 骨脈自相均適 - 明 王夫之, ≪唐詩評選≫

李頎가 절묘한 기예를 모아서, 骨脈이 서로 균일하게 딱 맞는다.

○ 高之渾厚 岑之奇峭 雖各是一家 然俱在少陵籠罩[1]之中 至李東川則不盡爾也 學者欲從精密中 推宕伸縮 其必問津於東川乎 - 淸 翁方綱, ≪石洲詩話≫

高適의 渾厚함과 岑參의 奇峭함이 비록 각각 일가를 이루었으나, 모두 少陵(두보)의 籠罩(농조) 안에 있는데, 李東川(李頎)에 이르면 거기에서 그치지 않는다. 배우는 자가 정밀한 가운데 폭넓게 운용하고자 한다면 반드시 東川에게 길을 물어야 할 것이다.

1) 籠罩 : 새장이나 그물이란 뜻으로 여기서는 高適과 岑參이 두보시의 틀을 벗어나지 못함을 뜻한다.

049 琴歌

거문고 노래

李頎

主人有酒歡今夕	주인은 오늘 저녁 즐기려 술을 준비하고
請奏鳴琴廣陵客[1]	廣陵客에게 거문고 연주를 청하였네
月照城頭烏半飛[2]	달이 성 머리를 비추고 까마귀는 낮게 나는데
霜淒萬樹風入衣	서리는 나무에 싸늘하고 바람은 옷에 스민다
銅鑪華燭燭增輝	화롯불과 등불은 더욱 빛을 발하는데
初彈淥水[3]後楚妃[4]	처음엔 〈淥水曲〉, 다음엔 〈楚妃歎〉
一聲已動物皆靜	소리 한번 울리자 만물이 고요해지고
四座無言星欲稀	좌중이 말을 잊은 사이 별들은 드물어지려 한다
清淮[5]奉使千餘里	淮水로 명을 받아 천여 리 길 왔지만
敢告雲山[6]從此始	雲山으로 가고픈 마음 여기에서 시작되네

【註釋】

1) 廣陵客 : '廣陵'은 〈廣陵散〉으로, 琴曲 이름인데 晉나라 嵇康이 잘 탔다고 한다. ≪晉書≫ 〈嵇康傳〉에, "한밤중에 갑자기 '古人'이라고 칭하는 한 객이 와서, 혜강과 더불어 음률에 대해 이야기를 나누었는데 말하는 바가 정치하고 분명하였다. 거문고를 달라고 하여 연주하고 '광릉산'이라고 하였는데, 소리가 매우 뛰어났다. 드디어 혜강에게 전수해 주었다.〔夜分忽有客詣之 稱是古人 與康共談音律 辭致清辯 因索琴彈之 而爲廣陵散 聲調絶倫 遂以授康〕"라고 하였다. 이 시에서의 '廣陵客'은 琴을 잘 타는 사람을 말한다.

2) 月照城頭烏半飛 : 曹操의 〈短歌行〉에, "달은 밝고 별은 드문데, 까막까치는 남쪽으로 나

네.〔月明星希 烏鵲南飛〕"라는 구절이 있는데, 나그네가 의탁할 곳 없음을 비유한 것이다. '半'은 '半空'으로 여기서는 '낮게'로 해석하였다.

3) 淥水 : 琴曲의 이름이다.

4) 楚妃 : 〈楚妃歎〉을 말한다. 樂府 '吟歎曲'의 하나로, 晉나라 石崇의 작품인데, 춘추시대 楚莊王의 賢妃 樊姬가 왕에게 사냥을 그만둘 것과 賢者의 등용에 대해 간하는 내용이다.

5) 淸淮 : 淮水를 지칭한다. 李頎는 新鄕縣尉를 지냈는데, 新鄕縣(지금의 河南省 新鄕縣)은 회수와 가깝다.

6) 雲山 : 세속과 멀리 떨어진 은거처를 의미하는데, 여기서는 이 의미와 더불어 이기의 고향인 四川의 雲山을 지칭한다.

【通釋】

오늘밤 즐겁게 보내고자 주인은 술을 준비하여 연회를 마련하고 거문고를 잘 연주하는 琴客을 불러 흥을 돋운다. 이때 달은 높이 떠올라 성 머리를 밝게 비추고 까마귀는 낮게 날며, 온갖 나무 위에는 찬 서리가 내려 서늘한 바람이 옷 속을 파고든다. 그러나 집안에서는 동화로와 등불의 불꽃이 더욱 빛을 발하여 따뜻하고, 琴客은 〈淥水曲〉으로 시작하더니 이어서 〈楚妃歎〉을 연주한다. 아름다운 거문고 소리가 울리자 모든 것이 잠잠해지고 좌중들이 조용히 듣는 가운데 어느덧 시간이 흘러 별도 드문 새벽이 되는구나. 명을 받들고 천여 리 떨어진 淮水에 왔지만, 오늘 밤 사직하고 고향인 雲山으로 돌아가 은거하고픈 마음이 일어난다.

【解題】

이 작품은 거문고 소리의 아름다움을 표현하였는데, 酒宴에서 거문고 연주를 듣는 정경을 묘사하여 그 소리를 부각시키고 있다. 즉 거문고 소리에 대한 직접적인 묘사나 언급은 없지만, 쌀쌀한 바깥풍경과 그와는 대비되는 실내의 따스함, 날이 새는 줄도 모를 만큼 연주에 심취한 사람들을 묘사하여 고향을 그리워하는 마음을 촉발시킴으로써, 거문고 소리를 한껏 돋보이게 하고 있다.

李頎의 器樂을 다룬 시는 후대에 많은 영향을 미칠 만큼 훌륭하다고 평가된다. 이 작품과 더불어 〈聽董大彈胡笳聲兼寄語弄房給事〉, 〈聽安萬善吹觱篥歌〉는 그의 대표작으로 손꼽히는데, 특히 이 작품은 烘托기법[1]의 전형을 보여주고 있다.

1) 烘托기법 : 烘托은 烘染에 依托한다는 뜻으로, 달을 그릴 경우 직접 그리지 않고 주위를 어둡게 하여 달을 환하게 나타내는 기법이다.

【集評】

○ 一字不說琴 却字字如琴相關……又妙在結處 一字不沾着琴 此之謂遠 - 明 鐘惺, ≪唐詩歸≫ 卷14

한 글자도 거문고에 대해 말하지 않았지만, 도리어 글자마다 거문고와 연관된다. …… 또 묘처는 마지막에 있는데 한 글자도 거문고를 직접 표현하지 않았으니 이것이 심원하다는 것이다.

○ 比高堂如空山 能使江月白等語 更微更遠 - 淸 沈德潛, ≪唐詩別裁集≫ 卷5

'높은 집은 빈 산과 같네〔高堂如空山〕'(岑參, 〈秋夜聽羅山人彈三峽流泉〉), '강위의 달을 하얗게 만들고〔能使江月白〕'(常建, 〈江上琴興〉)등의 시구와 견주어 보면 더욱 미묘하고 더욱 심원하다.

050 聽董大[1]彈胡笳弄[2]兼寄語房給事[3][4]

동대가 호가롱을 타는 것을 듣고 겸하여 방급사에게 말을 전하다

李頎

蔡女[5]昔造胡笳聲	그 옛날 蔡女가 胡笳聲에 정통하여
一彈一十有八拍[6]	胡笳十八拍을 한 번 연주하니
胡人落淚沾邊草	胡人은 눈물 흘려 변방의 풀을 적시고
漢使[7]斷腸對歸客[8]	한나라 사신도 애끊는 마음으로 돌아가는 蔡女를 바라보는데
古戍蒼蒼烽火寒	蒼然한 옛 수자리에 봉화대는 싸늘하고
大荒沈沈飛雪白	침침한 황야엔 흰 눈이 휘날렸네
先拂商絃後角羽[9]	먼저 商絃을 뜯은 후 角絃 羽絃을 뜯으니
四郊秋葉驚摵摵[10]	사방에 가을 낙엽이 놀라 우수수 떨어진다
董夫子通神明	董夫子는 神明과 통하여
深松[11]竊聽來妖精	깊은 솔숲 요정이 몰래 와 엿듣다

言遲更速皆應手　　느렸다가 다시 빠름에, 손이 모두 따르고
將往復旋如有情　　가려다 다시 돌아옴에 마치 情을 품은 듯

空山百鳥散還合　　빈 산의 뭇 새들 흩어졌다 다시 모여들고
萬里浮雲陰且晴　　만 리에 뜬 구름은 흐렸다 또 개인다

嘶酸雛雁失群夜　　떼를 잃은 아기 기러기 밤에 슬피 우는 듯
斷絕胡兒戀母聲[12]　　오랑캐 아이 어미 그려 애간장 끊는 소리

川爲靜其波　　그 소리에 하천은 물결을 조용히 하고
鳥亦罷其鳴　　새들도 울음소리를 그친다

烏孫部落家鄉遠[13]　　烏孫 마을에서 떠나면 고향 집을 생각하는 듯
邏娑沙塵哀怨生[14]　　邏娑城의 모래먼지에서 哀怨이 솟아나는 듯

幽音變調忽飄灑　　그윽한 소리 가락이 바뀌니 홀연히 비바람이 뿌리고
長風吹林雨墮瓦　　긴 바람 숲에 불고 빗줄기가 기와에 떨어지는 듯

迸泉颯颯[15]飛木末　　콸콸 뿜는 샘물이 나무 끝에 날리고
野鹿呦呦[16]走堂下　　들 사슴은 울어대며 뜰아래로 달리는 듯

長安城連東掖垣[17]　　長安城은 東掖垣으로 이어지고
鳳凰池[18]對青瑣門[19]　　鳳凰池와 마주한 青瑣門에서

高才脫略名與利　　높은 재주로 名利에서 벗어난 이가
日夕望君抱琴至　　밤낮 그대가 칠현금 안고 오길 기다린다네

【註釋】

1) 董大 : 동씨 형제들 중의 첫째를 일컬은 것으로 董庭蘭(695~765)을 지칭한다. 동정란은 隴西人으로 開元·天寶 년간의 유명한 琴師이다. ≪新唐書≫ 〈房琯傳〉에는 동정란이

房琯의 문객으로 있으면서 뇌물을 받았고 이로 인하여 방관이 좌천되었다는 기록이 전하는데, 政敵의 악의적 비방에 의한 것으로 보기도 한다.

2) 胡笳弄 : 琴曲의 이름이다. 蔡女가 歸國할 때 胡笳의 곡조를 琴曲으로 번안한 것으로, '胡笳十八拍'을 지칭한다. 胡笳는 북방 이민족이 불던 피리의 일종으로, 갈잎으로 만들었다는 설이 있지만 현재 전하지 않는다.

3) 房給事 : 房琯(697~763)을 지칭한다. 방관은 河南人으로 字는 次律이다. 玄宗과 肅宗代에 걸쳐 宰相을 지냈으며, 李頎, 孟浩然, 王維, 儲光羲, 綦毋潛, 高適, 杜甫 등과 교유하였다. 757년 두보가 拾遺의 벼슬을 얻게 된 것도 방관의 추천에 의한 것이라고 한다. 당시 벼슬이 給事中이었으므로 '房給事'라 칭하였다.

4) 聽董大彈胡笳弄 兼寄語房給事 : 원래 제목은 〈동대가 호가를 타는 소리를 듣고 겸하여 말을 전하여 방급사를 놀리다〔聽董大彈胡笳聲 兼寄語弄房給事〕〉인데, 이 제목에는 이견이 있다. 兪守眞이 ≪唐詩三百首詳析≫에서, "唐史를 살펴보니, 董庭蘭이 琴을 잘 연주하였는데, 房琯의 門客이 되었다. 일찍이 琴으로 胡笳의 소리를 연주하고 '胡笳弄'이라고 하였다. 제목 중에 '弄'자는 '胡笳'의 아래 있어야 한다. '弄'자가 琴曲의 다른 이름이기 때문이다."라고 하여, 제목이 〈聽董大彈胡笳弄 兼寄語房給事〉가 되어야 한다고 보았다.

5) 蔡女 : 後漢시대 蔡邕의 딸로, 蔡琰을 지칭한다. 字가 文姬이므로 일반적으로 '채문희'라 칭한다. 董卓의 亂을 만나 남흉노에게 끌려가 左賢王의 첩이 되어 아들 둘을 낳고 12년간 억류되었다. 그 뒤 曹操에 의해 獻帝 建安 13년(208) 에 다시 중원으로 돌아와 董祀에게 시집갔는데 박식하고 재주가 뛰어났다고 한다. 자신의 기구한 운명을 〈悲憤歌〉라는 시로 남겼다.

6) 一十有八拍 : 채염이 지은 '胡笳十八拍'을 지칭한다.

7) 漢使 : 조조가 채염을 송환하기 위하여 흉노로 파견한 사신을 가리킨다.

8) 歸客 : 채염이 흉노에서 조국인 한나라로 돌아오기 때문에 '歸客'이라 하였다.

9) 先拂商絃後角羽 : 먼저 商絃을 뜯은 후 角絃 羽絃을 뜯는다. 商, 角, 羽는 五音에 속한다. ≪三禮圖≫에 琴의 첫 번째 줄은 宮, 그 다음은 商, 角, 徵, 羽, 小宮, 小商 등 모두 七絃으로 되어 있다고 한다.

10) 摵摵 : 낙엽이 떨어지는 소리이다.

11) 松 : '山'으로 되어 있는 本도 있다.

12) 斷絶胡兒戀母聲 : 채염이 한나라로 돌아올 때 흉노에서 낳은 두 아들을 두고 왔는데, 이 아이들이 엄마를 그리워 우는 소리를 연상케 한다는 뜻이다.

13) 烏孫部落家鄕遠 : '烏孫部落'은 중국 서역의 新疆省에 있던 烏孫國을 지칭한다. 漢나라 武帝 때 和親을 도모하기 위하여 江都王 劉建의 딸 細君을 烏孫國王에게 시집보냈는데,

이때 고향을 떠나 異域萬里로 시집가는 왕세군의 슬픔을 연상케 한다는 뜻이다. '烏孫'이 '烏珠'로 되어 있는 본도 있다.

14) 邏娑沙塵哀怨生 : '邏娑'는 지금의 西藏 라싸市로서 티베트의 옛 수도이다. 당나라 초기 강성해진 藏族의 吐藩國과 정략결혼을 위하여 文成公主와 金成公主를 이곳으로 시집보냈는데, 그녀들의 哀怨을 연상케 한다는 뜻이다.

15) 颯颯 : 바람소리 또는 물소리이다. 여기서는 샘물소리를 형용하였다.

16) 呦呦 : 사슴의 울음소리이다.

17) 東掖垣 : 門下省을 지칭한다. 당나라 때 문하성은 中書省과 더불어 각기 皇宮의 동서 양쪽에 있었으므로 사람의 겨드랑이와 같다는 의미에서 '東掖垣', '西掖垣'이라 불렀다.

18) 鳳凰池 : 中書省 안에 있는 못으로 중서성을 지칭한다.

19) 青瑣門 : 門下省의 宮門이다. 당시 房琯의 관직인 給事中은 문하성 소속이었다.

【通釋】

그 옛날 흉노족에게 잡혀갔던 蔡文姬는 북방 오랑캐 악기인 胡笳의 소리에 정통하였다. 그녀가 그것을 琴曲으로 편곡한 胡笳十八拍을 한번 연주할 때면 胡人들도 눈물 흘려 풀잎을 적시고, 한나라 사신도 애끊는 마음으로 귀향하는 채문희를 바라보았으리라. 그때 蒼然한 옛 수자리에 급박한 전장의 소식을 알리던 봉화대는 쓸쓸히 퇴락해 있고, 적막하고 침침한 광야엔 흰 눈만이 휘날리고 있었을 것이다.

이제 董庭蘭이 먼저 商音을 치고, 이어 角音, 羽音을 치니 사방의 가을 낙엽이 우수수 떨어진다. 동정란이 琴을 타는 솜씨는 神明과 통하니, 깊은 솔숲의 요정이 엿듣는 듯하다. 느렸다가 다시 빨라졌다하는 곡조에 따라 손이 따라서 움직이고, 앞으로 나아가려다 다시 되돌아오는 가락은 마치 情을 품은 듯하여 빈 산의 뭇 새들은 흩어졌다 다시 모이고, 만 리에 뜬 구름은 흐렸다 다시 개인다. 또 그 소리, 무리를 잃은 아기 기러기가 밤에 슬피 우는 듯, 채문희가 흉노에 두고 온 아들이 엄마를 찾아 우는 듯하니, 이 때문에 시내의 물결도 고요해지고, 새들도 소리를 멈춘다. 烏孫國으로 시집간 王細君이 異域萬里 타향에서 고향 집을 그리워하는 듯, 邏娑城의 모래먼지 속에 吐藩國으로 시집간 文成公主와 金成公主의 哀怨이 일어나는 듯, 연주 소리가 울린다. 그 그윽한 소리의 가락이 바뀌니 홀연히 비바람 뿌리고, 긴 바람 숲에 불고 빗줄기 기와에 떨어지고, 물을 뿜는 샘물은 콸콸 나무 끝에 날고, 들사슴이 삐익삐익 울며 뜰아래로 달아나는 듯하다.

황제가 계신 長安城과 이어져있는 東掖垣, 鳳凰池와 青瑣門를 마주한 그곳에서, 큰 재능으로 名利에서 벗어나 있는 방관은 밤낮 동정란이 칠현금을 안고 오길 기다린다.

【解題】

이 작품은 唐代 殷璠이 편찬한 ≪河嶽英靈集≫에 선집되어 있는 李頎의 대표작이다. 작품의 정황으로 보아 李頎가 46세 즈음에 지은 것으로 보인다. 방관이 開寶 5년(746)에 給事職을 하사 받고 바로 이듬해에 宜春太守로 좌천되기 때문이다. 이 작품은 음악소리에 대한 묘사가 뛰어난데, 邊塞詩의 분위기를 끌어들이며 다양한 전거와 비유로 형상화하고 있다.

【集評】

○ 此因房琯好董之調琴 而盛美其曲以戲之也 龢笳調以入琴 自文姬始 故先狀其曲之悲 而後敍董音律之妙 言其聲之通靈 其能感鬼神 下飛鳥而遏行雲矣 復爲雛雁胡兒分別之音 而川靜其波 鳥收其響 烏珠之類 咸起鄕土之思也 及其變調促節 大逞厥聲 則若風雨之猋疾 水泉之飛灑 野獸感之而游于堂廡矣 其技如此 是以給事居森嚴之地 處淸要之職 方脫略名利而望其抱琴來過也 此雖弄之 而無譏刺意 - 明 唐汝詢, ≪唐詩解≫ 卷17

이 작품은 房琯이 董庭蘭의 琴 연주를 좋아했기 때문에, 그 곡을 찬미하여 그를 희롱한 것이다. 호가의 음조를 바꾸어 琴調로 연주한 것이 채문희로부터 시작되었기 때문에 먼저 그 곡의 비애를 묘사하였고, 이후에 동정란이 연주한 音律의 오묘함을 서술하였다. 그 소리가 신령과 통하여 능히 귀신을 감동시킬 수 있으며, 날던 새도 내려앉게 하고 흘러가는 구름도 멈추게 한다고 말하고 있다. 다시 어린 기러기와 (채문희가 두고 온) 오랑캐 아이들이 헤어질 때 울던 소리를 내어 시냇물이 물결을 잦아들게 하고 새들도 울음소리를 그치게 한다고 하였다. 烏珠(서역 변방국의 군왕)類의 이야기는 모두 고향을 그리워하는 생각을 일으킨다. 변조에 이르러서는 음절이 빨라지고 그 소리가 더욱 커져 마치 비바람이 빠르게 몰아치고 샘물이 공중에 날리고, 들판의 짐승들이 그 소리에 감흥하여 건물 아래에서 뛰어노는 것과 같다고 하였다. 동정란의 기예가 이와 같으니, 이로 인해 방급사가 삼엄한 지역에 거처하고 있고 청요의 직책을 맡고 있지만 名利를 벗어버리고 동정란이 금을 안고 오기를 바란다고 한 것이다. 이 작품은 비록 희롱한다고 하였지만 풍자의 뜻이 없다.

051 聽安萬善[1)]吹觱篥[2)]歌

안만선이 부르는 필률가를 듣고

李頎

南山[3)]截竹爲觱篥　　남산의 대를 잘라 필률 만들었으니
此樂本自龜茲[4)]出　　이 악기 본디 龜茲에서 난 것

流傳漢地曲轉奇　　중원으로 흘러들어 가락 더욱 기이해져
涼州胡人[5)]爲我吹　　양주의 호인 날 위해 불어주는데

傍鄰聞者多歎息　　곁에서 듣는 이 모두 탄식하고
遠客思鄉皆淚垂　　먼 길 떠난 나그네 고향 생각에 다 눈물 떨구네

世人解聽不解賞　　세상 사람들은 들을 줄만 알고 감상할 줄 몰라
長飆[6)]風中自來往　　폭풍 같은 그 소리, 홀로 떠돌 뿐이네

枯桑老柏寒颼飀[7)]　　마른 뽕나무 늙은 측백에 싸늘하게 바람 불고
九雛鳴鳳[8)]亂啾啾　　아홉 마리 새끼 봉황 어지러이 우는 듯

龍吟虎嘯一時發　　용울음 호랑이 으르릉 소리 한꺼번에 터지듯
萬籟百泉相與秋[9)]　　바람 소리, 물소리 서로 얼려 가을인 듯

忽然更作漁陽摻[10)]　　홀연히 다시금 〈漁陽摻〉 연주하니
黃雲蕭條白日暗　　누른 구름 쓸쓸하고 白日은 어둑어둑

變調如聞楊柳春[11)]　　곡조가 또 바뀌자 버들 푸른 봄날인 듯
上林[12)]繁花照眼新　　상림원 만발한 꽃이 눈에 비쳐 새롭네

歲夜[13)]高堂列明燭　　除夜에 高堂에 촛불 환히 밝히고

美酒一杯聲一曲　　　　아름다운 술 한 잔에 노래 한 곡 듣노라

【註釋】

1) 安萬善 : 涼州 출신 胡人으로 篳篥을 잘 불었다고 한다.
2) 觱篥 : 악기 이름이다. 대나무로 만든 관악기로 위쪽에 구멍이 여덟 개(혹은 아홉 개)이고 아래에는 갈대로 만든 깔때기 모양의 주둥이를 달았다. 지금은 전해지지 않는다. 陳暘의 ≪樂書≫에 이 악기에 대한 기록이 보인다. 篳篥, 悲篥, 또는 笳管으로도 불린다.
3) 南山 : 여기서 남산은 장안 남쪽의 終南山을 구체적으로 가리키는 것이 아니라 일반적인 의미로 대나무가 있는 보통 산을 말한다.
4) 龜茲 : 고대 漢나라 西域에 있던 나라 가운데 하나로, 지금의 新疆省 庫車縣 일대에 해당한다. '쿠차'라는 명칭을 音借해 표기한 것이다. 唐 太宗이 龜茲都督府를 설치했는데, 安西都護府에 예속되었다.
5) 涼州胡人 : '涼州'는 당나라 때의 지명으로 지금의 甘肅省 武威縣 혹은 秦安縣 일대를 가리킨다. '涼州胡人'은 安萬善을 말한다.
6) 長飆 : 狂暴한 바람을 말한다.
7) 颼飀 : 바람소리를 형용한 것이다.
8) 九雛鳴鳳 : '九'는 실제 아홉을 가리켰다기보다는 많다는 뜻이다. '九雛'는 ≪晉書≫에, "穆帝 升平 4년에 봉황이 새끼 아홉 마리를 거느리고 풍성에 나타났다〔穆帝升平四年 鳳凰將九雛見於豐城〕"는 기록이 보인다.
9) 萬籟百泉相與秋 : '萬籟'는 자연에서 나는 온갖 소리를 말한다. '相與'는 한 단어로 서로, 함께라는 뜻이다.
10) 漁陽摻 : 漁陽은 후한 때 禰衡이 만든 鼓曲이다. 曹操가 예형을 모욕하기 위해 북을 치는 아전으로 삼아 북을 치게 하자, 예형은 여러 사람들이 보는 자리에서 부모가 물려준 결백한 몸을 보여 준다면서 속옷만 걸치고 이 곡을 쳤는데, 그 음조가 어찌나 절묘하고 처절하던지 조조 이하 여러 사람의 안색이 달라졌다고 한다. ≪後漢書≫ 〈禰衡傳〉에 기록이 보인다.
11) 楊柳春 : 楊柳는 〈折楊柳〉 혹은 〈楊柳枝〉로 알려진 옛 樂曲을 가리키기도 하는데 여기서는 단순히 '버드나무'의 뜻으로 쓰였다. '春'은 앞 구절의 '秋'와 대조를 이루면서 곡조의 변화를 나타낸다.
12) 上林 : 上林苑을 말한다. 秦나라 때부터 있던 舊院인데 漢나라 武帝가 확장해 황제의 연회와 수렵처로 쓴 곳으로 西安 서쪽에 있다.
13) 歲夜 : 除夜와 같은 말이다.

【通釋】

남산의 대를 잘라 필률을 만들었는데 이 악기는 본래 서역의 龜茲에서 나온 것으로 오랑캐 지역에서 중원으로 흘러 들어와서는 그 가락 더욱 기이해졌다. 양주 출신의 胡人 安萬善이 날 위해 불어주었는데 이 악기를 불자 곁에서 듣는 이들은 모두 슬픈 소리라고 탄식을 했고 먼 길 떠나 온 나그네는 고향을 생각하면서 다들 눈물을 흘렸다.

하지만 세상 사람들은 그저 소리나 들을 줄 알지 미묘한 음률을 감상할 줄 모르니, 폭풍처럼 쏟아지는 그 소리가 홀로 쓸쓸히 떠돌 뿐이다. 그 소리는 참으로 여러 가지로 다채로와 나뭇잎 떨어진 빈 가지의 마른 뽕나무와 가는 이파리의 측백나무에 차갑게 쏴아 바람 부는 듯하고, 수많은 새끼 봉황들이 어지럽게 우는 듯하기도 하고, 용울음소리 호랑이 으르릉 소리가 한꺼번에 터지듯 하기도 하고, 온갖 소리가 맑은 가을에 서로 울리는 듯하다. 갑자기 쓸쓸한 느낌이 있는 〈漁陽摻〉을 또 침착하게 연주하자 먹구름이 끼어 주위가 쓸쓸하고 해도 어두워지는 듯한 느낌을 주기도 한다. 또 곡조를 바꾸자 푸른 버드나무를 배경으로 〈楊柳曲〉 듣는 봄인 듯 상림원에 핀 수 많은 꽃들이 눈에 새롭게 비추는 것처럼 밝은 느낌을 주기도 한다.

한 해가 저무는 除夜에 좋은 집에 환하게 촛불 밝히고선 좋은 술 한 잔 마시면서 노래 한 곡 듣는다.

【解題】

이 시의 저작 시기는 분명하지 않으나 시의 내용으로 미루어 보건대 작자가 객지 생활을 하던 중에 쓴 작품으로 추측하고 있다.

시는 세 단락으로 나눌 수 있다. 첫째 단락은 악기의 유래를 말하고 연주를 듣는 사람들의 반응을 묘사했으며, 두 번째 단락은 악기소리를 본격적으로 형용하였고, 셋째 단락은 연주가 이루어지는 구체적인 시공간을 알려준다.

이 시의 白眉는 피리소리를 묘사한 부분이다. 이 부분은 換韻을 계속하고 있어 변화무쌍한 표현과 호응한다.

【集評】

○ 先敍觱篥之曲 其聲極哀也 敍觱篥之聲 可以通靈感物也 言其變化無窮 有陽春白雪之妙 以歲逼客孤 異鄕聞笛 有一段不勝感傷意 溢于言外 - 淸 章燮, 《唐詩三百首注疏》 卷2

觱篥曲은 그 소리가 매우 슬프다고 먼저 서술하고, 觱篥소리는 신령과도 통하고 만물을 움직일 수 있다고 서술했으며, 그 무궁한 변화는 陽春이 되었다가 白雪이 내리기도 하는 오묘함이 있다고 말하였다. 세월은 가는데 홀로 된 객이 타향에서 피리를 듣자니 이기지 못하는 感傷의 뜻이 말 밖으로 넘쳐난다.

052 夜歸鹿門歌[1)]

밤에 녹문산으로 돌아가며 부른 노래

孟浩然

山寺鳴鐘晝已昏　　산사에 종이 울리니 날은 이미 어둑해지고
漁梁[2)]渡頭爭渡喧　　漁梁나루에선 서로 건너려 떠들썩하네

人隨沙路[3)]向江村　　사람들 모랫길 따라 강촌으로 향하고
余亦乘舟歸鹿門　　나 역시 배에 올라 鹿門으로 돌아간다

鹿門月照開煙樹　　녹문산에 달이 비춰 안개 낀 나무 드러나고
忽到龐公[4)]棲隱處　　어느덧 방덕공이 머물던 은거처에 이르렀네

巖扉松徑長寂寥　　바위 문 솔숲 길은 늘 적막한데
惟有幽人[5)]自[6)]來去　　오직 幽人만이 홀로 오가는구나

【註釋】

1) 夜歸鹿門歌 : 제목이 〈夜歸鹿門山歌〉로 되어 있는 본도 있다. 鹿門山은 맹호연이 은거했던 곳으로, 湖北省 襄陽縣(지금의 襄樊市) 동남쪽에 있다.
2) 漁梁 : 漁梁州로, 襄樊市의 동쪽에 있었다.
3) 沙路 : '沙岸'으로 되어 있는 본도 있다.
4) 龐公 : 녹문산에 은거했던 東漢의 은사인 龐德公을 말한다. 방덕공은 峴山의 남쪽에 지내면서 성안에 들어가지 않고 荊州刺史 劉表의 추천 역시 여러 차례 거절하다가, 나중에는 鹿門山에서 은거하며 삶을 마쳤다. ≪後漢書≫ 〈逸民列傳〉에 〈龐公傳〉이 있다.
5) 幽人 : 隱士인데, 방덕공과 맹호연 자신을 동시에 가리킨다.
6) 自 : '夜'로 되어 있는 본도 있다.

【通釋】

산사의 종소리가 울리자 날은 이미 어둑해지고, 서로 먼저 건너겠다고 다투느라 어량나루는 떠들썩하다. 사람들이 모랫길 따라 집으로 향할 때에, 나 역시 배에 올라 돌아가지만 내가 가는 곳은 녹문산이다. 안개가 자욱하게 드리웠던 녹문산 숲에 달빛이 비추자 그 모습 어렴풋하게 보이는데, 달빛에 취하여 걷다가 어느덧, 그 옛날 방덕공이 은거했던 곳에 이르게 되었다. 바위 사이의 문, 솔숲의 사잇길은 다니는 사람이 없어 늘 적막한데, 오직 隱士만이 저 홀로 오가고 있다.

【解題】

맹호연은 睿宗 景雲 2년(711) 張子容과 함께 녹문산에 은거하였는데, 이 작품은 이해 또는 그 전해에 지은 것으로 보인다.

이 작품은 유람의 과정을 노래한 〈登鹿門山懷古〉와는 달리 龐德公에 대한 회고를 통해 시인 자신의 은일을 지향하는 정취를 담아내고 있다. 특히 해질 무렵 어량나루에서 배를 타고 녹문산으로 들어가는 모습을 표현하면서, 사람들이 집으로 돌아가려고 떠들썩한 나루의 모습과 자신이 돌아간 산 속의 적막한 정경을 대비시킴으로써, 세속에서 벗어나 자연으로 돌아가고자 하는 바람을 잘 나타내고 있다.

【集評】

○ 夜歸鹿門歌句句下韻 緊調也 脈却舒徐 - 清 張謙宜, ≪繭齋詩談≫ 卷5

〈夜歸鹿門歌〉는 구절구절마다 운을 놓은 것이 긴박한 율조지만, 흐름은 오히려 느긋하다.

○ 孟公邊幅[1]太窘 然而夜歸鹿門一首 淸幽絶妙 才力小者 學步此種 參之李東川派 亦可名家 - 清 施補華, ≪峴傭說詩≫

孟公(맹호연) 작품은 변폭이 지나치게 군색하지만, 〈夜歸鹿門〉 한 수는 淸幽하고 絶妙하다. 才力이 작은 자라도 이러한 류를 배우면서 李東川(李頎)派를 참고한다면 또한 名家라 할 수 있을 것이다.

1) 邊幅 : 시의 내용이 제재를 폭넓게 운용하거나 사회생활을 반영하는 정도를 말한다.

【참고자료】

李珥의 ≪精言妙選≫ 〈亨字集〉에 선집되어 있다.

053 廬山[1]謠 寄盧侍御虛舟[2]

여산의 노래 시어사 노허주에게 부치다

李白

我本楚狂人[3]	나는 본래 楚나라 狂人
鳳歌笑孔丘	봉새노래 불러 孔子를 비웃으며
手持綠玉杖[4]	손에는 綠玉 지팡이를 쥐고
朝別黃鶴樓[5]	아침에 黃鶴樓를 떠났다오
五嶽[6]尋仙不辭遠	五嶽의 신선을 찾아 먼 길 마다않고
一生好入名山遊	평생 명산에 들어가 노니길 좋아 한다네
廬山秀出南斗傍[7]	여산은 南斗星 옆에 우뚝 솟아있고
屛風九疊雲錦張[8]	屛風九疊은 구름 비단이 펼쳐있는 듯
影落明湖[9]青黛光	그림자 드리운 밝은 호수엔 짙푸른 산색이 빛나고
金闕前開二峰長[10]	金闕巖 앞에는 두 봉우리가 길게 솟아 있는데
銀河倒掛三石梁[11]	은하수가 세 개의 돌다리에 거꾸로 매달려 있고
香爐瀑布遙相望	향로봉 폭포가 저 멀리 보인다
廻[12]崖沓障凌蒼蒼	둘러선 절벽, 겹쳐있는 봉우리는 푸른 하늘을 찌르고
翠影紅霞映朝日	푸른 산빛, 붉은 놀, 아침 햇빛이 비치니
鳥飛不到吳天[13]長	새도 날아 못가는 吳 땅의 먼 하늘이로다
登高壯觀天地間	산에 올라 보니 천지간의 장관이니
大江茫茫去不還	큰 강물은 도도히 흘러 다시 돌아오지 않는데

黃雲萬里動風色[14)] 누런 구름 만 리에 퍼져 하늘색을 바꾸고
白波九道流雪山[15)] 흰 물결 아홉 줄기 雪山을 이루며 흐른다

好爲廬山謠 즐거워 여산 노래를 부르니
興因廬山發 흥취는 바로 여산에서 일어난다

閑窺石鏡[16)]淸我心 石鏡을 조용히 들여다보니 내 마음 맑아지는데
謝公[17)]行處蒼苔沒 謝公의 노닐던 곳은 푸른 이끼 속에 묻혀있다

早服還丹[18)]無世情 아침에 丹藥을 먹어 세속의 마음이 사라지고
琴心三疊[19)]道初成 琴心三疊으로 道를 처음 이루니

遙見仙人綵雲裏 아득히 채색구름 속 仙人이 보이는데
手把芙蓉朝玉京[20)] 부용꽃 손에 들고 玉京에 조회를 하고 있다.

先期汗漫九垓上[21)] 먼저 九天 위에서 汗漫 만날 기약했으니
願接盧敖遊太淸[22)] 盧敖를 만나 太淸에서 노니길 바라노라

【註釋】

1) 廬山 : 지금의 江西省 九江市 남쪽에 있는 산으로, '匡山', '廬阜' 또는 합하여 '匡廬'라고 부른다.
2) 盧侍御虛舟 : 당나라 范陽人으로 字는 幼眞이다. 肅宗 때 殿中侍御史로 있었으므로 '盧侍御'라고 한 것이다.
3) 楚狂人 : 춘추전국시대 초나라 사람 陸通을 지칭한다. 陸通은 黃甫謐의 ≪高士傳≫에, "字가 接輿로 초나라 昭王 때, 정치가 혼란한 것을 보고 거짓으로 미친 척하여 관직에 나가지 않았는데, 당시 사람들이 '楚狂'이라고 불렀다."고 한다. ≪論語≫〈微子〉편에, "초나라 광인 接輿가 노래를 부르며 공자 곁을 지나 갔는데, '봉새여, 봉새여. 어찌 그 덕이 쇠하였는가. 지난 과거의 일은 諫할 수 없고 오는 미래의 일은 오히려 따를 수 있으니, 그만둘지어다. 그만둘지어다. 오늘날 정사에 종사하는 자들은 위험하도다.'하였다.〔楚狂接輿 歌而過孔子曰 鳳兮鳳兮 何德之衰 往者不可諫 來者猶可追 已而已而 今之從政者 殆

而〕"라고 하였다. 이백이 초광 접여에 자신을 비유한 것이다.

4) 綠玉杖 : 仙人의 지팡이이다.

5) 黃鶴樓 : 湖北省 武昌縣 서쪽에 있는 누대이다.

6) 五岳 : 동서남북과 중앙에 위치한 중국의 名山으로, 東의 泰山, 南의 衡山, 西의 華山, 北의 恒山, 中央의 嵩山을 지칭한다.

7) 廬山秀出南斗傍 : 여산은 南斗星 옆에 우뚝 솟아있다. '南斗'은 별자리 이름으로, 二十八宿 중의 '斗宿'를 지칭한다. 옛사람들은 廬山이 있는 潯陽이 남두성 자리의 分野에 속한다고 여겼다.

8) 屛風九疊雲錦張 : '屛風九疊'은 여산의 '屛風疊'을 지칭한다. ≪一統志≫에, "병풍첩은 여산에 있는데, 五老峰으로부터 아래로 내려가며 아홉 번 겹쳐진 것이 마치 병풍과 같다. 〔屛風疊 在廬山 自五老峰而下 九疊如屛〕"라고 하였다. '雲錦'은 구름문양을 수놓은 비단으로, 병풍첩의 모습을 비단에 비유한 것이다.

9) 明湖 : 鄱陽湖를 지칭한다. 중국 최대의 담수호로서 '彭蠡澤', '彭澤' 또는 '彭湖'라고도 부른다. 江西省 북부에 위치하고 있으며, 贛江, 修水, 鄱江, 信江, 撫江 등의 강이 이 호수를 거쳐 長江으로 들어간다.

10) 金闕前開二峰長 : 金闕은 여산에 있는 金闕巖으로 石門山이라고도 한다. 慧遠法師의 〈廬山記〉에, "서남쪽에 석문산이 있는데, 그 모습이 한 쌍의 궁궐과 같다.〔西南有石門山 其形似雙闕〕"라고 하였다. 두 봉우리는 香爐峰과 雙劍峰이다.

11) 銀河倒掛三石梁 : '은하'는 폭포를 비유한 것으로, 병풍첩 부근의 三疊泉을 지칭한다. 淸代 楊鍾義의 ≪雪橋詩話≫에, "현재 삼첩천은 구첩병의 왼쪽에 있는데, 물의 흐름이 세 번 꺾여서 떨어지는 것이 마치 은하수가 돌다리에 걸려있는 듯하여 이태백의 시구와 그대로 합치한다. 그러나 이곳에 따로 세 개의 돌다리가 있는 것은 아니다. 후대의 사람들이 반드시 그 곳에 가서 실증해보고자 한다면 천착에 빠지는 것이다.〔今三疊泉在九疊屛之左 水勢三折而下 如銀河之掛石梁 與太白詩句正相脗合 非此別有三石梁也 後人必欲求其地以實之 失之鑿矣〕"라고 하였다.

12) 廻 : '迥'으로 되어 있는 본도 있다.

13) 吳天 : 여산이 춘추시대와 삼국시대에 吳나라 지역에 있었기 때문에 이 일대를 '吳天'이라 한 것이다.

14) 黃雲萬里動風色 : '風色'은 天色 또는 天氣를 뜻한다. 어두운 구름이 만 리 하늘에 펼쳐지며 하늘의 빛이 변하는 모습을 형용한 것이다.

15) 白波九道流雪山 : 九道는 九江을 지칭한다. ≪尙書≫ 〈禹貢〉의 孔安國注에, "江이 이 州에서 경계가 나뉘어 九道가 된다.〔江於此州 界分爲九道〕"라고 하였다. 雪山은 강물이 흰

포말을 일으키며 용솟음치는 것을 눈 덮인 산이 솟아 있는 것에 비유한 것이다.

16) 石鏡 : 거울같은 바위라는 뜻이다. 張僧繇의 〈潯陽記〉에, "石鏡山 동쪽에 둥근 바위 하나가 절벽에 붙어있는데, 밝고 깨끗하여 사람을 비추면 미세한 것도 살펴볼 수 있다.〔石鏡山東一圓石懸崖 明淨照人 微細必察〕"라고 하였다.

17) 謝公 : 謝靈運을 지칭한다. 사영운의 시 중에는 〈登廬山絶頂望諸嶠〉라는 시가 있고, 〈入彭蠡湖口〉에서는, "절벽을 더위잡고 올라가 석경을 비춰 보네.〔攀崖照石鏡〕"라는 시구가 있는 것으로 보아, 사영운이 여산을 유람하며 석경에 오른 적이 있음을 알 수 있다.

18) 還丹 : 丹藥을 지칭한다. ≪廣宏明集≫에, "丹砂를 태워 水銀을 만들고, 수은을 되돌려 丹砂를 만들기 때문에 還丹이라고 한다.〔燒丹成水銀 還水銀成丹 故曰還丹〕"라고 하였다.

19) 琴心三疊 : 道家의 수련법으로, 氣를 和하게 하여 蓄積하는 것을 뜻한다. ≪黃庭內景經≫에, "琴은 和이고, 疊은 積이다. 三丹田을 보존하여 和하게 하여 축적하기를 한결같게 하는 것이다.〔琴 和也 疊 積也 存三丹田 使和積如一〕"라고 하였다. 三丹田은 도가에서 말하는 세 곳의 단전으로, 두 눈썹 사이의 上丹田, 심장의 中丹田, 배꼽 아래의 下丹田이다.

20) 玉京 : 天宮을 뜻한다. 도교의 전설에 天帝가 거처하는 곳이라 한다.

21) 先期汗漫九垓上 : ≪淮南子≫ 〈道應訓〉편에, 盧敖가 北海를 유람하다가 용모가 古怪한 선비를 만나 같이 北陽을 유람하자고 청하니 그 선비가 "나는 九垓之外에서 汗漫과 만나기로 기약했으니 오래 머물 수 없다."고 말하며 구름 속으로 솟아올랐다는 이야기가 있다. 高誘의 注에, "汗漫은 알 수 없는 것이다.〔汗漫 不可知之也〕"라고 하였듯이 汗漫의 의미는 분명하지 않으나, 전설 속 신선을 지칭한 것으로 보기도 하고 광대하여 무궁무진함을 뜻하는 것으로 보기도 한다. '九垓'는 '九重之天'을 뜻한다. ≪文選≫에서 九垓에 대한 李善의 注에, "垓는 重(겹)의 뜻이다.〔垓 重也〕"라고 하였다.

22) 願接盧敖游太淸 : 盧敖는 전국시대 燕나라 사람으로 秦始皇帝가 신선을 찾도록 보냈으므로, 후대에 신선으로 칭하기도 하였다. 여기서는 ≪淮南子≫의 典故를 反用하여 古怪한 선비를 이백 자신에 비유하고, 盧敖를 盧虛舟에 비유했다. 太淸은 가장 높은 하늘을 뜻한다. 道家에서는 하늘을 세 곳으로 나눠 玉淸, 上淸, 太淸이라 하는데, 이 중에 太淸이 가장 높은 곳이라고 한다.

【通釋】

나는 본래 楚나라 接輿와 같은 狂人, 정치에 뜻을 둔 孔子를 봉새노래 불러 비웃으며 오늘 아침 綠玉 지팡이를 쥐고 黃鶴樓를 떠났다오. 五嶽의 신선을 찾아 먼 길 마다않고, 평생 명산에 들어가 노니길 좋아 한다네.

여산은 南斗星 옆에 우뚝 솟아있고, 屛風疊은 아홉 번 굽이치며 마치 구름 비단이 펼쳐있는 듯 아름다운데, 밝은 호수 鄱陽湖엔 여산의 그림자가 드리워 짙푸른 산색이 빛난다. 산을 오르자 金闕巖 앞에 香爐峰, 雙劍峰 두 봉우리가 높게 솟아 있고, 폭포는 마치 은하수가 세 개의 돌다리에 매달려 있는 듯 쏟아지는데 저 멀리 향로봉 폭포가 보인다. 둘러선 절벽, 겹쳐 있는 봉우리는 푸른 하늘을 찌르고, 푸른 산빛, 붉은 놀, 아침 햇빛이 비추니 새도 날아 못가는 吳 땅의 하늘은 멀기만 하다. 산에 오르니 천지간에 장관이 펼쳐 있으니, 큰 강물은 도도히 흘러 다시 돌아오지 않는데, 누런 구름은 만 리에 퍼져 하늘색을 바꾸고, 九江의 흰 물결 아홉 줄기는 雪山처럼 하얗게 파도를 만들며 흐른다.

내 맘이 즐거워 이 여산 노래를 부르니, 흥취는 바로 여산에서 일어난 것이라네. 石鏡山에 올라 거울처럼 모습을 비춰주는 바위를 조용히 들여다보니 내 마음 맑아지는데, 謝靈運이 옛날에 와서 노닐던 곳은 푸른 이끼 속에 묻혀있을 뿐이다. 아침에 丹藥을 먹어 세속의 마음을 지우고, 三丹田에 氣를 조화롭게 하여 막 仙道가 이루어져, 아득히 먼 채색구름 속에 부용꽃을 손에 들고 天帝에게 조회하는 仙人 한 사람이 보인다. 먼저 아득한 세상 밖에서 汗漫仙과 만날 기약을 했으니, 진나라 때의 仙人 盧敖와 같은, 盧虛舟 그대를 만나 太淸에서 노니길 바라노라.

【解題】

이 시는 이백이 여산의 경치를 찬미한 노래로서 侍御史 盧虛舟에게 보낸 작품이다. 여산의 수려한 모습을 仙界의 환상적 세계로 묘사하고, 여산에서 조망한 경치를 장쾌한 필치로 그려, 張戒의 ≪歲寒堂詩話≫에는, "이것이야말로 진짜 태백의 시일 것이다.〔此乃眞太白詩矣〕"라고 하였다. 본문의 '登高壯觀天地間 大江茫茫去不還 黃雲萬里動風色 白波九道流雪山'과 같은 시구에서 이백다운 면모를 확인할 수 있다.

이 작품은 이백이 760년(59세)에 夜郎으로 추방되었다가 도중에 사면을 받고 江夏(지금의 湖北省 武漢市)로 돌아온 뒤 이듬해 여산을 유람하면서 지은 시이다. 정치적 좌절에 따른 탈속적 정취가 狂人을 표방하며 공자를 비웃고, 단약과 신선을 추구하는 도가적 색채로 드러나 있다.

【集評】

○ 朗詠李白梁園吟廬山謠 神意超忽 眞有飄飄凌雲意 - 朝鮮 崔昌大, ≪昆侖集≫ 卷6, 〈北征記〉

이백의 〈梁園吟〉과 〈廬山謠〉를 낭송하면 정신과 마음이 아득히 고양되어 진실로 훨훨 날아 구름 위로 오르려는 뜻이 생긴다.

○ 余少讀李太白廬山謠 知山川爲江南絕勝 尋常夢想 不離三峽五老之間 及讀朱夫子南康諸作 益信老仙之語爲不虛 - 朝鮮 李光庭, ≪訥隱先生文集≫ 卷2, 〈敬次晦翁先生和尤延之廬山十四咏竝序〉

내가 어렸을 때 이태백의 〈廬山謠〉를 읽고 산천 중에 강남이 절승임을 알게 되어 평상시 夢想 속에서도 三峽과 五老峰 사이를 떠나지 못하였다. 朱子가 南康에서 지은 여러 작품들을 읽고 나서는 老仙(李白)의 말이 헛된 것이 아님을 더욱 믿게 되었다.

○ 先寫廬山形勝 後言尋幽不如學仙 與盧敖同遊太清 此素願也 筆下殊有仙氣 - 淸 沈德潛, ≪唐詩別裁集≫ 卷6

먼저 여산의 뛰어난 경치를 그리고, 뒤에 산수 깊은 곳을 찾는 것이 神仙을 배우는 것만 못하다고 말하였으니, 盧敖와 太淸에서 함께 노닐겠다는 것은 본래부터의 소망이다. 붓 아래 특별히 仙氣가 있다.

054 夢遊天姥吟留別

꿈속에서 천모산에 노닌 것으로 이별을 읊다

李白

海客談瀛洲[1]	바다에 다니는 사람들은 瀛洲를 얘기하는데
煙濤微茫信難求	안개 낀 파도 아득히 깔려 참으로 찾기 어렵고
越人語天姥[2]	越 지방 사람들은 천모산을 말하는데
雲霓明滅或可覩	구름 무지개 사이사이, 볼 수도 있으렷다
天姥連天向天橫	천모산은 하늘과 맞닿아 하늘가에 비껴있어
勢拔五嶽掩赤城[3]	기세는 五嶽을 뽑아버리고 적성산도 덮어버린다
天台[4]四萬八千丈	천태산 四萬 八千丈도
對此欲倒東南傾	이 산을 대하곤 쓰러질 듯 동남쪽에 기울어 있다
我欲因之夢吳越	이 때문에 나는 오월 지방을 꿈꾸었는데

一夜飛渡鏡湖[5)]月　　어느 날 밤 달 비치는 경호를 지나 날아갔네

湖月照我影　　호수의 달빛, 내 그림자 비추더니
送我至剡溪[6)]　　剡溪로 날 보낸다

謝公宿處今尙在[7)]　　謝公이 머물던 곳 지금도 여전히 있어
淥水蕩漾淸猿啼　　맑은 물결 넘실대고 원숭이는 맑게 우네

脚著謝公屐[8)]　　발에는 사공의 나막신 신고
身登靑雲梯[9)]　　푸른 구름 사다리를 몸소 오르니

半壁見海日　　산허리에서 바다에 해 뜨는 것 보이고
空中聞天雞[10)]　　허공에서 天雞의 울음소리 들리네

千巖萬轉路不定　　수많은 바위 굽이굽이 정해진 길 없어
迷花倚石忽已暝　　꽃에 홀려 바위에 기댔는데 홀연 어두워져

熊咆龍吟殷[11)]巖泉　　곰이 포효하고 용이 울듯 커다란 계곡 물소리
慄深林兮驚層巓　　깊은 숲마저 떨게 하고 솟아오른 봉우리도 놀라게 한다

雲靑靑兮欲雨　　구름 짙어지며 비 오려는 듯
水澹澹[12)]兮生煙　　물 출렁거리며 물안개 피우더니

列缺霹靂[13)]　　번갯불 번쩍이고 우레소리 들리더니
丘巒崩摧　　언덕이며 봉우리 무너지고 부서져

洞天石扇[14)]　　동천의 돌문이
訇然中開[15)]　　꽈광 쩌억 열린다

靑冥[16)]浩蕩不見底　　푸른 하늘 넓고 넓어 끝 보이지 않는데

日月照耀金銀臺[17] 햇빛, 달빛 金銀臺에 비쳐 번쩍이도다

霓爲衣兮風爲馬 무지개로 옷 해입고 바람으로 말을 삼아
雲之君[18]兮紛紛而來下 구름의 신들이 어지러이 내려 오는데

虎鼓瑟兮鸞回車[19] 호랑이는 瑟을 타고 난새는 수레 끌며
仙之人兮列如麻[20] 신선들이 삼대처럼 늘어선다

忽魂悸以魄動 홀연히 혼백이 놀라고 요동쳐서
怳[21]驚起而長嗟 황홀하게 놀라 깨어 길게 탄식하였네

惟覺時之枕席 꿈 깰 때의 잠자리만 있을 뿐
失向來之煙霞 여지껏 있던 좋은 풍경 사라져버리다니

世間行樂亦如此 이 세상 즐거움 또한 이와 같으리니
古來萬事東流水 예로부터 모든 일은 동쪽으로 흘러가는 물과 같은 것

別君去兮何時還 그대들과 이별하고 떠나가면 언제나 돌아오리
且放白鹿[22]青崖間 푸른 절벽 사이에 흰 사슴 풀어 놓아
須行卽騎訪名山 떠나면 사슴 타고 명산을 찾을지니

安能摧眉折腰事權貴[23] 어찌 머리 숙이고 허리 꺾어 權臣과 貴人 섬겨
使我不得開心顔 내 마음이며 얼굴 펼 수 없게 하겠는가

【註釋】

1) 瀛洲 : 동쪽 바다에 있는 神仙이 산다는 전설상의 섬이다. ≪史記≫〈秦始皇本紀〉에, "바다 가운데 세 神山이 있는데 蓬萊, 方丈, 瀛洲로 신선이 산다.〔海中有三神山 名曰蓬萊方丈瀛洲 仙人居之〕"라고 하였다.
2) 天姥 : 浙江省 新昌縣 동쪽 50리에 있는 산인데, 동쪽으로는 天台山 華頂峰과 접하고 있고 서쪽으로는 沃洲山과 이어져 있다.
3) 赤城 : 절강성 天台縣 북쪽에 있는 산인데, 燒山이라고도 한다. 산의 흙빛이 적색이고

모양이 무지개 같으며 멀리서 보면 성가퀴 같다. 서쪽에 玉京洞이 있는데 天台山의 南門이다.

4) 天台 : 지금의 절강성 천태현 북쪽에 있는 산이다. 仙霞산맥의 동쪽 지맥으로 서남으로는 括蒼·雁蕩 두 산과 접하고, 서북으로는 四明·金華 두 산과 접하고 있다.

5) 鏡湖 : 鑑湖라고도 한다. 지금의 절강성 紹興縣 남쪽에 있는데 예전에는 후한 때 會稽, 山陰 두 縣 경계에 둑을 쌓아 만든 호수다.

6) 剡溪 : 지금의 절강성 嵊縣 남쪽에 있는데 曹娥江의 상류다.

7) 謝公宿處今尙在 : 謝公은 謝靈運을 가리키는데 그가 이곳 섬계에 머문 적이 있다. 사영운의 〈登臨海嶠〉 시에, "날 저물어 剡溪 가운데 투숙하고, 밝아선 천모산 봉우리에 오른다.〔暝投剡中宿 明登天姥岑〕"라는 시구가 보인다.

8) 謝公屐 : 사영운은 산에 올라 유람하기를 좋아하였는데, 굽을 조절할 수 있는 나막신을 신고 다녔다. ≪宋書≫ 〈謝靈運傳〉에, "산을 찾고 고개에 올라 꼭 깊고 험한 곳엘 갔으며 바위절벽이 천리 되는 곳도 두루 다 가지 않은 곳이 없었다. 항상 나무신발을 신고 갔는데, 산에 오를 때는 앞굽을 떼고 내려 올 때는 그 뒷굽을 뗐다.〔尋山陟嶺 必造幽峻 巖障千重 莫不備盡 登躡常著木履 上山則去前齒 下山則去其後齒〕"고 하였다.

9) 青雲梯 : 구름에 오르는 사다리로, 험하고 높은 산을 올라가는 것이 마치 푸른 구름 속으로 들어가 오르는 것 같다는 뜻이다. 사영운의 〈登石門最高頂〉 시에, "안타깝구나 심회 똑같은 나그네 없어, 함께 청운제 오르지 못하는 것이〔惜無同懷客 共登青雲梯〕"라는 구절이 있다.

10) 天雞 : 천상에 있다는 닭으로, ≪述異記≫에, "동남쪽에 桃都山이 있는데 산 위에 큰 나무가 있어 桃都라고 한다. 나무 가지 사이 거리가 3천리인데 그 위에 天雞가 있다. 해가 떠서 이 나무를 비추면 天雞가 우는데 천하의 닭이 모두 이를 따라 운다.〔東南有桃都山 上有大樹 名曰桃都 枝相去三千里 上有天鷄 日初出照此木 天鷄則鳴 天下鷄皆隨之鳴〕"라고 하였다.

11) 殷 : 크다 혹은 성대하다는 뜻이다.

12) 澹澹 : 물이 흔들리는 모양이다. 張衡의 〈西京賦〉에, "맑은 물 출렁출렁〔淥水澹澹〕"이라는 구절이 보인다.

13) 列缺霹靂 : '列缺'은 번개 빛이 번쩍하는 것이며, '霹靂'은 천둥소리다.

14) 洞天石扇 : '洞天'은 道家에서 신선이 사는 곳을 말한다. '石扇'은 돌문이다.

15) 訇然中開 : 큰소리를 내며 한 가운데가 열리는 것으로, '訇然'은 의성어이다.

16) 青冥 : 하늘을 가리킨다.

17) 日月照耀金銀臺 : '金銀臺'는 동해바다에 신선이 사는 곳의 궁궐을 말한다. ≪史記≫ 〈封

禪書〉에, "蓬萊, 方丈, 瀛洲는 신선이 사는 곳이다. …… 식물이며 동물은 모두 희고 黃金과 白銀으로 궁궐을 지었다.〔蓬萊方丈瀛洲仙人居之 …… 其物禽獸盡白 而黃金白銀爲宮闕〕"라는 用例가 보인다.

18) 雲之君 : 구름의 신으로, 굴원의 〈九歌〉에, '雲中君'이라는 말이 있다.

19) 虎鼓瑟兮鸞回車 : '虎鼓瑟'은 漢나라 張衡의 〈西京賦〉에, "白虎가 瑟을 타고 蒼龍이 篪를 분다.〔白虎鼓瑟 蒼龍吹篪〕"라는 용례가 보이는데 신선들이 내려오는 성대한 모양을 형용한 것이다. '鸞回車'는 唐나라 李庾의 〈兩都賦〉 東都賦에, "난새의 가마, 학의 수레가 하늘을 왕래하네.〔鸞駕鶴車 往來於中天〕"라는 용례가 있는데 신선들의 탈 것을 묘사한 것이다.

20) 列如麻 : 삼처럼 빽빽이 늘어선 모양으로 많다는 말이다.

21) 怳 : 실망한 모양으로 보기도 하고 갑자기 깨어난 모습으로 풀기도 하며, 꿈속과 깨어난 경계 사이에서 어렴풋한 모양으로 보기도 한다. 여기서는 꿈에서 막 깨어나 의식이 돌아오는 단계를 나타내는 것으로 보았다.

22) 白鹿 : 흰 사슴으로 신선이 탄다는 전설상의 사슴을 말한다.

23) 摧眉折腰事權貴 : 윗사람에게 극진히 아부하는 모습이다. '摧眉'는 머리를 숙이다, '折腰'는 허리를 굽힌다는 뜻이다.

【通釋】

바다에 다니는 사람들은 신선이 산다는 영주를 말하곤 하지만, 그 산은 안개 낀 파도가 아득히 펼쳐진 가운데 있어 참으로 찾기 어렵다. 옛날 월나라가 있었던 지방 사람들은 천모산을 얘기하는데 그 산은 무지개가 생겼다가 사라지고 하는 사이사이에 간혹 볼 수 있다.

천모산은 하늘과 맞닿아 있으면서 하늘가에 비스듬히 솟아있다. 그 기세는 오악보다도 훨씬 뛰어나고 적성산도 가려버릴 정도다. 사만 팔천장이나 높은 천태산조차 천모산을 대하곤 쓰러질 듯 동남쪽으로 기울어져 있을 뿐이다.

나는 이런 천모산의 모습 때문에 그 산이 있는 오월 지방을 꿈속에서라도 가보길 바랐는데 어느 날 밤 경호를 비치는 달을 지나 날아갔다. 호수의 달은 나를 비춰 그림자를 생기게 하고 옛날 사영운이 묵었던 섬계에까지 데려다 주었다. 사영운 그 분이 묵었던 곳은 지금까지도 여전히 남아 있어 깨끗한 물이 시원하게 흐르고 원숭이 울음소리는 맑고 높다. 그 분이 만들었다는 나막신을 신고는 이 몸이 푸른 구름을 뚫고 험하고 높은 산에 올라 산허리에 이르러서는 바다에서 솟는 해를 보고 허공 가운데에서 들려오는 천계 우는 소리를 듣는다. 수많은 바위들이며 끝 없이 돌아가는 곳, 길이 정해져 있지 않아 꽃에 홀려 바위에 앉아 쉬노라니 갑자기 날이 어려워져 버렸다. 밤이 되자 곰이 울부짖고 용이 소리를 내며 바위 사이로 흐르는 물소리도 우렁차게 울려 깊은 숲마저 떨게 하는 것 같고 높이 솟은 봉우리까지도 놀라게 하는 것 같다. 구름이 짙어지면서 비가 쏟아질 듯 하고 물이 출렁이며 물안개를 피우는가 싶더니 천둥이 울리고 번개가 치면서 봉우리들이 무너지고 부서져 내리고 동천의 돌문도 큰 소리를 내며 가운데가 쩍 열린다. 그러자 맑은 하늘 끝없이 드넓게 펼쳐지고 햇빛은 동해바다 삼신산이 있는 곳의 금은대를 비춰 빛나게 한다. 무지개를 옷으로 입고 바람을 말로 삼아서는 구름의 신들이 많이 내려오고 호랑이는 瑟을 연주하면서 난새는 수레를 몰면서 신선들이 삼대처럼 빽빽하게 수 없이 늘어섰다. 그런데 갑자기 혼백이 요동치며 움직이더니 바로 잠에서 놀라 깨어 길게 한숨만 내쉰다. 잠에서 깨어난 뒤의 잠자리만 남아 있을 뿐 방금까지 있었던 아름다운 풍경들은 사라져 버렸다. 세상에서 누리는 즐거움이란 이와 같은 게 아닐까. 예로부터 모든 일은 동쪽으로 흘러가는 물과 같아서 한 번 가면 다시는 돌아오지 못하는 것을.

그대들과 헤어져 나 떠나가는 길 어느 때에나 돌아올 수 있을까. 먼저 흰 사슴 푸른 계곡 사이에 놓아두고 기르면서 모름지기 길 떠나게 되면 그 사슴을 타고 명산을 찾아갈 걸세. 어떻게 머리 숙이고 허리 굽혀 권력 있고 귀한 사람 섬기면서 내 마음이며 얼굴 펴지 못하게 하는 일을 할 수 있겠나.

【解題】

≪全唐詩≫에는 이 시의 제목 아래 注에, "別東魯諸公이라고도 한다."라 하였다. 李白은 天寶 3년(744) 조정에서 쫓겨난 후 杜甫·高適과 함께 齊魯 지방을 여행하고 한동안 그곳에 정착했는데, 天寶 5년(746)경에는 다시 吳·越 지역으로 떠났다. 이 시는 남쪽으로 떠나면서 齊魯의 친구들에게 준 시이다. 시의 상징성을 중시해 천모산의 仙境은 조정의 궁궐에, 꿈속에 노닌 것은 翰林에 入侍한 것에 비유하여 뜻을 잃고 조정을 떠나는 情을 토로한 시로 보기도 한다.

시는 네 부분으로 나눌 수 있다. 첫째 부분은 瀛洲와 천모산을 대비해 천모산이 실제로 있음을 묘사하였다. 둘째 부분은 천모산의 雄偉는 절강성의 뭇 산이 미칠 수 없음을 서술하였다. 셋째 부분은 가장 길고 표현의 묘미가 잘 드러난 곳으로, 꿈속 장면을 묘사하면서 동시에 실제 모습을 그리고 있는데 천모산의 야경과 일출 모습이 중심이다. 마지막 부분은 사람들과 이별하는 구절로 제목을 드러내면서 人生無常과 벼슬을 버리고 은거하려는 뜻을 보이고 있다.

【集評】

○ 託言夢遊 窮形盡相 而極洞天之奇幻 至醒後 頓失煙霞矣 知世間行樂 亦同一夢 安能於夢中屈身權貴乎 吾當別去 遍遊名山以終天年也 詩境雖奇 脈理極細 - 淸 沈德潛, ≪唐詩別裁集≫ 卷6

夢遊에 가탁해서 형상을 끝까지 다 묘사하였고 洞天의 奇異한 모습과 幻想을 극진히 그렸다. 잠에서 깬 후 아름다운 풍경이 갑자기 사라져 버린데 이르자 세상의 즐거움이란 또한 꿈과 같음을 알고 있으니 어찌 꿈속에서 권신・귀인에게 몸을 굽히겠는가, 나는 마땅히 떠나서 명산을 편력하며 천수를 마치리라라고 하였다. 詩境이 비록 奇異하지만 맥락과 조리는 아주 세밀하다.

○ 范德機云 夢吳越以下 夢之源也 以次諸節 夢之波瀾也 其間顯而晦 晦而顯 至失向來之煙霞 夢極而與人接矣 非太白之胸次筆力 亦不能發此 枕席煙霞 二句最有力 結句平衍 亦文勢當如此 - 淸 王琦, ≪李太白詩集注≫

范德機가 말하기를, "'夢吳越' 구절 이하는 꿈의 근원이고, 그 다음의 모든 구절은 꿈의 파란 많은 변화다. 그 사이에 환히 드러내면서 숨기기도 하고, 숨기면서 드러내기도 하다가 '失向來之煙霞' 구절에 이르러 꿈이 절정에 이르자 사람과 접촉하게 된다. 이태백의 마음속의 필력이 아니라면 이렇게 쓰지 못할 것이다. '枕席' '煙霞' 두 구절이 가장 힘이 있고 結句는 평범하고 변화가 없지만 文章의 氣勢는 당연히 이와 같아야 한다."라고 했다.

○ 夢遊天姥山 開頭二句是說求仙無從 其次二句是說進宮或有希望 此下描寫天姥山景色一大段 實質是描寫宮廷 結論是宮廷裏也無從存身 仙宮兩無從 這一句可以說就夢遊天姥山的主題 - 現代 施蟄存, ≪唐詩百話≫ 1987年版

〈夢遊天姥山〉의 첫 두 구절은 신선을 찾으려고 했으나 찾을 길이 없음을 말하였고 그 다음 두 구절은 궁정에 가면 혹 희망이 있을까 말하였다. 이 이하는 天姥山의 경치를 대단하게 묘사했지만 실제로는 궁정을 묘사했다. 결론은 궁정에도 가서 몸을 둘 수 없다는 것이다. '신선세계와 궁정 어디에도 갈 길이 없구나'라는 한 구절로 〈夢遊天姥山〉의 주제를 설명할 수 있다.

055 金陵酒肆留別

금릉의 술집에서 벗들과 이별하며

李白

風吹柳花滿店香	버들개지에 바람 부니 주점에 향기 가득한데
吳姬壓酒喚客嘗[1)]	오희는 술을 거르며 손님 불러 맛보게 한다
金陵子弟來相送	금릉의 자제들 와서 전송해 주니
欲行不行各盡觴	가려는 사람 가지 않는 사람 제각기 술잔을 비운다
請君試問東流水	그대들, 동쪽으로 흐르는 강물에 한번 물어 보게나
別意與之[2)]誰短長	이별하는 마음과 흐르는 강물 어느 것이 더 긴가를

【註釋】

1) 吳姬壓酒喚客嘗 : '吳姬'는 吳 땅의 여자이다. '壓酒'는 쌀로 술을 빚어, 그것이 익을 때를 기다려 눌러서 술을 취하는 것이다. '喚'은 ≪全唐詩≫ 注에, '一作勸', '一作使'라고 하였다.
2) 之 : 지시대명사로 東流水를 가리킨다.

【通釋】

미풍이 버들개지를 불어 흔드니 주점에 꽃향기가 넘쳐나고, 오희는 술을 잘 거른 후에 손님을 불러 맛보게 한다. 금릉의 자제들은 모두 와서 나를 전송해주니, 떠나야 하는 나는 물론이고 떠나지 않는 그들까지도 이별이 아쉬워 다만 각자의 술잔을 비울 뿐이다.

그대들, 저 동쪽으로 흐르는 강물에 물어보시오. 우리의 이별을 섭섭해 하는 마음과 저 흐르는 강물, 어느 것이 더 깊고도 유장한가를.

【解題】

이 시는 開元 14년(726) 그의 나이 26세 때, 이백이 금릉을 떠나 揚州로 가면서 벗들에게 남긴 留別詩이다. 매우 화창한 봄날에 좋은 술이 있고 이에 금릉의 젊은이들이 와서 전송해

주니, 이 같은 '젊은 날의 이별'은 절로 주저되기 마련이다. 이별의 아쉬움이 짙어질수록 술을 권하는 마음은 더욱 간절한데, 묻는 말로 끝을 맺었으니 여운이 더욱 길다. 이백이 술을 마신 후 손 가는 대로 써내려간 시로서, 그의 솔직한 심경이 잘 드러났을 뿐 아니라 情景이 서로 어우러져 淸新하고 明麗한 맛이 가득하다.

【集評】

○ 山谷言 學者不見古人用意處 但得其皮毛 所以去之更遠 如風吹柳花滿店香 若人復能爲此句 亦未是太白 至於吳姬壓酒勸客嘗 壓酒字他人亦難及 金陵子弟來相送 欲行不行各盡觴 益不同 請君試問東流水 別意與之誰短長 至此乃眞太白妙處 當潛心焉 故學者先以識爲主 禪家所謂正法眼 直須具此眼目 方可入道 – 宋 魏慶之, ≪詩人玉屑≫ 卷14

山谷(黃庭堅)이 말하였다. "학자는 古人의 用意處를 보지 못하고 다만 겉만 얻을 뿐이니, 이 때문에 거리가 더욱 먼 것이다. 예를 들면 '風吹柳花滿店香'에서, 만약 사람들이 다시 이러한 句를 쓸 수 있다면, 또한 태백이 아니다. '吳姬壓酒勸客嘗'에 이르러서는 壓酒라는 글자가 타인은 또한 미치기 어려운 것이다. '金陵子弟來相送 欲行不行各盡觴'은 더욱 같지 않다. '請君試問東流水 別意與之誰短長' 이에 이르러서는 진실로 태백의 妙處가 있으니, 마땅히 潛心해야 한다. 그러므로 배우는 자들은 먼저 識을 주로 하여야 한다. 禪家의 이른바 正法眼[1]이라는 것이니, 바로 이 안목을 갖추어야만 비로소 道에 들어갈 수 있다."

1) 正法眼 : 四諦(苦諦, 集諦, 滅諦, 道諦) 또는 不生不滅의 진리를 명료하게 아는 청정한 지혜를 말한다.

○ 語不必深 寫情已足 – 淸 沈德潛, ≪唐詩別裁集≫ 卷5

시가 꼭 심오한 것은 아니지만, 情을 그리는 것으로 이미 충분하다.

056 宣州[1]謝朓樓[2]餞別校書叔雲[3]

선주 사조루에서 교서 숙운을 전별하다

李白

棄我去者 昨日之日不可留　　나를 버리고 가는 어제의 해는 붙잡아 둘 수 없고

亂我心者 今日之日多煩憂　　내 맘 어지럽히는 오늘의 해에 괴로운 근심 많도다

長風萬里送秋雁　　만 리에 부는 장풍 가을 기러기 보내주니
對此可以酣高樓　　이를 보며 높은 누각에서 술 즐길 만하다

蓬萊文章建安骨[4)]　　蓬萊의 문장이고 건안의 풍골이며
中間小謝又清發[5)]　　중간에는 謝朓가 또 청신하고 뛰어났네

俱懷逸興壯思[6)]飛　　두 사람 모두 뛰어난 흥취 품고 장대한 생각으로 날아
欲上青天覽日月[7)]　　푸른 하늘에 올라 해와 달 잡으려 했었지

抽刀斷水水更流　　칼 뽑아 물 베어도 물은 다시 흐르고
擧杯銷愁愁更愁　　잔 들어 시름 삭여도 시름 다시 깊어질 뿐

人生在世不稱意　　세상의 인생살이 뜻에 맞지 않으니
明朝散髮弄扁舟[8)]　　내일은 머리 풀고 조각배 타리라

【註釋】

1) 宣州 : 지금의 安徽省 宣城縣이다.
2) 謝朓樓 : 南齊의 유명한 시인 謝朓가 宣城太守로 있으면서 지은 누대로 北樓 혹은 謝公樓라고도 한다.
3) 校書叔雲 : 校書는 秘書省 校書郞을 말한다. 이 시의 제목이 ≪文苑英華≫에는 〈陪侍御叔華登樓歌〉로 되어 있다. '叔'은 李白과 같은 姓氏임을 나타내는 것으로 보인다. 그러므로 이백이 전별하는 인물이 李雲인지 李華인지 확실하지 않다. 李雲은 生平 未詳의 인물이다. 李華는 字가 遐叔으로 開元年間에 進士가 되고 天寶 11년 監察御史가 되었는데 권신들의 미움을 받아 御史府에 있을 수 없어 右補闕에 除授되었다. 文章으로 이름이 높아 蕭穎士와 나란히 칭해져 세상에서 蕭李라 불렸던 인물이다.
4) 蓬萊文章建安骨 : 蓬萊는 원래 신선이 산다는 전설의 산을 말하는데 道家의 서적들이 이곳에 보관되었다고 전해진다. 그래서 東漢 때에는 종종 도서관을 '蓬萊閣' 또는 '東觀'으로 불렀고, 唐나라 때에는 秘書省을 '蓬閣'으로 불렀다. 여기서 蓬萊文章은 곧 漢代의 문장으로, 李雲이 秘書省 校書郞이었기 때문에 이렇게 말한 것이다. 建安은 한나라 獻帝의 연호로 당시 문인에 曹氏三父子〔三曹〕와 建安七子가 유명한데 모두 문장에 뛰어나 世稱 建安

體라 했다.

5) 小謝又清發 : 小謝는 謝朓를 가리키는 것으로 謝靈運을 大謝라 칭한데서 연유한다. 謝朓는 五言에 능했는데 특히 山水詩로 이름이 높았다. 宣城太守를 지냈지만 誣告로 獄死했다. 淸發은 淸新俊發을 말한다.

6) 壯思 : 장대한 뜻〔壯志〕과 같은 말이다.

7) 覽日月 : '覽'은 '攬'으로 되어 있는 본도 있는데 두 글자는 본래 통용된다. '日月'은 '明月'로 되어 있는 본도 있다.

8) 散髮弄扁舟 : 이 구절을 두고 ≪全唐詩≫ 注에는, " '노를 저어 滄洲(옛날 隱士의 거처로 항상 쓰이던 말)로 돌아가다.〔擧櫂還滄洲〕'라고 되어 있다." 하였다. 散髮은 "세상과 인연을 끊다.〔絶世〕"라는 뜻이 있다. ≪後漢書≫ 〈袁閎傳〉에, "閎은 마침내 머리를 풀고 세상과 인연을 끊었다.〔閎遂散髮絶世〕"라는 글귀가 보이는데, 곧 머리를 풀어 헤침으로써 벼슬아치들의 머리장식인 簪·纓을 벗어던진다는 뜻이니, 더 이상 벼슬에 미련이 없다는 것을 나타낸다. 弄扁舟는 전국시대 范蠡의 고사를 빌어온 것이다. 越나라가 吳나라를 멸한 후 범려는 조각배를 타고 강호를 떠돌며 變姓名했다는 기록이 ≪史記≫ 〈越王勾踐世家〉에 보인다. 弄은 여기서 '타다〔駕〕'라는 뜻이다.

【通釋】

날 두고 떠나 가버린 어제의 시간은 이미 붙들어 둘 수 없고 내 마음 어지럽게 하는 오늘의 시간은 대부분 괴로움과 근심이로구나. 내가 이 사조루에서 그대를 전별하는데 만리를 부는 장풍에 가을 기러기가 날아가는걸 보노라니 통쾌하게 술 한 잔 마실 만하다.역대 훌륭한 문인을 떠올려보니 그대는 蓬萊의 문장이고 건안의 풍골을 가지고 있고 중간에는 사조가 또 청신하고 뛰어났는데 나는 그를 좋아했지. 우리 두 사람 모두 뛰어난 흥취 품고 장대한 생각을 가지고서 푸른 하늘에 날아올라 해와 달을 잡으려 할 만큼 포부가 컸건만.

칼을 빼어 흐르는 물을 베어도 흐르는 물은 다시 흘러 그치지 않고 술잔 들어 근심 삭여보지만 어찌하든 근심은 다시 많아져 풀기 힘들다. 사람이 세상을 살면서 뜻같이 되지 않으니 내일 머리 풀고 세상 등져 조각배를 타고 떠나가리라.

【解題】

이 시의 표제는 〈陪侍御叔華登樓歌〉로 쓰기도 한다. '叔雲'을 李華로 볼 경우 이화의 약력에 견주어 저작시기를 살필 수 있는데 천보 12년(753) 이백의 나이 53세인 해에 쓴 것으로 보고 있다.

이 시는 세 부분으로 나뉜다. 첫 단락은 이별의 괴로움을 묘사한 것으로 3·4구 가운데

‘送’과 ‘酣’을 써서 전별을 드러내고 있다. 다음 단락은 술 마시며 문장을 논하고 시를 얘기하는 대목이다. 마지막 단락은 다시 이별의 시름을 묘사해 맺고 있다.

이 시는 전별시라는 형식을 통해 자신의 시름을 펼친 작품으로 볼 수 있다. 이백은 장안을 떠난 이후 뜻을 얻지 못해 세상을 구제하고자 하는 열정이 좌절되었다. 그로 인해 내심의 모순이 격렬하던 때 자신의 심사를 풀어버린 작품으로 이해할 수 있다. ‘세상의 인생살이 뜻대로 되지 않으니 내일은 머리 풀고 조각배 타리.〔人生在世不稱意 明朝散髮弄扁舟〕’라는 마지막 구는 시 전편의 主旨를 드러낸다.

【集評】

○ 此種格調 太白從心化出 - 青 沈德潛, ≪唐詩別裁集≫ 卷6
이러한 격조는 이태백이 마음으로부터 化出해 낸 것이다.

057 走馬川[1]行 奉送封大夫[2]出師西征[3]

주마천행 : 봉대부의 서역 출정을 봉송하며

岑參

君不見	그대는 보지 못했는가
走馬川行[4]雪海[5]邊	走馬川, 雪海邊에
平沙莽莽黃入天	끝없는 모래벌, 누런 먼지 하늘에 닿는 것을
輪臺[6]九月風夜吼	輪臺의 구월 바람은 밤에 울부짖고
一川碎石大如斗	하천의 부서진 돌 크기는 말〔斗〕만 한데
隨風滿地石亂走	바람따라 온 땅 가득 어지러이 구른다네
匈奴[7]草黃馬正肥	흉노 땅 풀 시들고 말은 살찌는 때
金山[8]西見煙塵[9]飛	금산 서쪽에 연기와 먼지 일어나니
漢家大將[10]西出師	한나라 대장군 서쪽으로 출정하는구나
將軍金甲夜不脫	장군의 쇠갑옷 밤에도 벗지 못하고

半夜軍行戈相撥　　한밤중 행군엔 창이 서로 부딪치는데
風頭如刀面如割　　바람끝은 칼날 같아 얼굴을 베는 듯하네

馬毛帶雪汗氣蒸　　말 털에 쌓인 눈이 땀기운으로 녹았다가
五花連錢[11]旋作冰　　오화마 연전마에 바로 엉겨 얼음되고
幕中草檄[12]硯水凝　　군막에서 격문을 쓸 땐 벼룻물이 얼더라

虜騎[13]聞之應膽懾　　오랑캐들은 이 소식 듣고 간담이 서늘해져
料知短兵不敢接　　졸렬한 무기로는 감히 덤비지 못하리니
車師[14]西門佇獻捷[15]　　車師國 서문에서 獻捷을 기다린다네

【註釋】

1) 走馬川 : 左末河라고도 하는데, 新疆省의 車爾咸河를 말한다.
2) 封大夫 : 封常淸으로, 天寶 13년(754) 御使大夫로 北庭都護 겸 安西節度使를 맡아 서북 변방을 지키는 總帥였다.
3) 走馬川行奉送封大夫出師西征 : ≪全唐詩≫에는 제목이 '走馬川行奉送出師西征'이라고 되어 있지만, 뒤의 장주본과 ≪당시별재≫본에는 모두 奉送 아래에 '封大夫' 3자가 더 있어 '走馬川行奉送封大夫出師西征'으로 되어 있다.
4) 行 : 衍字인듯 하다.
5) 雪海 : 지금의 新疆省 북쪽 사막 지역으로, 봄이나 여름에도 항상 눈이 오는 혹한지역이다.
6) 輪臺 : 新疆省 우루무치시 북동쪽의 米泉縣이다. 封常淸이 이 지역에 병사를 주둔시켰다. 이 지역은 당나라 貞觀 14년(640)에 처음으로 縣이 설치되었는데, 漢代 서역의 輪臺를 이름으로 삼았으며 北庭都護府에 속했다.
7) 匈奴 : 중국 북방의 소수민족 중 하나로, 여기서는 당시 반란을 일으켰던 播仙族을 말한다.
8) 金山 : 알타이산〔阿爾泰山〕을 말한다. 新疆省 북부와 몽고 서부에 위치하며 서북부는 카자흐스탄 안에 위치한다.
9) 煙塵 : 전쟁이 벌어진 상황을 가리킨다. '煙'은 변경의 봉화대에서 올린 봉화연기를 말하고, '塵'은 전장에서 말발굽에 의해 일어난 흙먼지를 말한다.
10) 漢家大將 : '漢家'는 中華의 대명사로 당왕조를 지칭하며, '大將'은 봉상청을 지칭한다.

11) 五花連錢 : '五花'는 목덜미의 털을 다듬어 꽃문양을 낸 말이고, '連錢'은 연전지역의 우수한 말로, 모두 준마를 지칭한다.
12) 草檄 : 적군을 성토하는 격문을 쓴다는 뜻이다.
13) 虜騎 : 파선족의 기병을 말하는 것으로, '虜'는 북방 소수민족을 비하하는 의미를 담고 있다.
14) 車師 : 서한시대 서역에 위치한 나라(지금의 新疆省 吐魯番 일대)의 이름으로, 후에 北魏에 의해 멸망했다.
15) 獻捷 : 승전하여 포로와 전리품을 바치는 의식을 말한다.

【通釋】

그대는 走馬川, 雪海邊에 사막의 누런 먼지가 끝도 없이 하늘로 들어가는 것처럼 일어나는 것을 보지 못 했는가. 주둔하고 있는 輪臺의 구월 밤, 바람은 짐승이 울부짖듯 불어대고 메마른 하천의 말〔斗〕만한 돌들은 바람에 부딪혀 이리저리 굴러다닌다.

흉노지역의 풀은 이미 시들고 전쟁에 쓰이는 말들이 살이 찌자, 金山 서쪽에는 전쟁을 알리는 봉화연기가 피어오른다. 노략질하러 오는 흉노들에 의해 모래먼지 일어나니 우리 대장군은 서쪽으로 출정하신다.

장군께서는 밤에도 갑옷을 벗지 못하고 한밤중에도 행군하는 병사들은 창으로 서로 치며 나아가니 밤바람은 칼날로 얼굴을 베어내는 것처럼 차갑다. 분주히 달리는 전쟁터의 말은 눈이 쌓여도 땀 기운에 녹았다가, 매서운 추위에 오화마 연전마 같은 준마의 몸에도 곧 다시 엉겨서 얼음이 된다. 군막에서는 격문을 쓰기 위해 준비한 벼루의 물도 얼어버린다.

오랑캐들은 이 소식을 전해 듣고는 간담이 서늘해질 것이고, 생각건대 그들의 졸렬한 무기로는 감히 덤빌 수 없을 것이니 車師國의 서문에서 장군의 獻捷을 기다리고 있다.

【解題】

이 시는 天寶 13년(754)경 北庭都護 겸 安西節度使 封常淸이 輪臺에 주둔했을 때 지은 것으로 짐작된다. 이때 잠삼은 안서절도사 高仙芝의 막부에 함께 있었던 봉상청의 천거로 安西北庭都護判官에 임명되어 半隱半官의 생활을 청산하고 북정에 부임함으로써 제2차 종군생활을 시작하였다. 이 시기 잠삼은 鄕愁에 고통스러워하던 1차 종군생활(749~751) 때와는 달리 변방의 풍경과 전쟁의 참혹함, 그 지역 소수민족의 풍습과 문물 등을 시로 남기게 되는데, 이를 통해 唐代 邊塞詩派의 가장 대표적인 시인으로 자리매김하게 된다.

이 작품은 잠삼 변새시의 대표작으로, 출정길에 겪는 변방지역의 혹독한 추위와 황량한 모습을 통해 전쟁의 괴로움을 간접적으로 표현하고 있다. 이 시를 의미상 나눈다면 네 단락으로 나눌 수 있다. 첫째 단락의 여섯 구는 모랫바람이 거센 서역 지방을, 둘째 단락의 세 구는 흉노지역의 모습과 봉장군의 출정이유를, 셋째 단락의 여섯 구는 눈보라를 무릅쓰고 출정하는 모습을 통해 엄동설한 속에서 겪는 여러 어려움을 담아내고 있다. 마지막 단락의 세 구는 봉장군의 위엄에 오랑캐들이 놀랄 것과, 승리에 대한 기대를 담고 있다. 그리고 음절적 특성으로 나눈다면 다른 시들과는 달리 세 구가 한 聯을 이루며 매 聯마다 換韻하여 낭랑하게 읽히며 박진감을 준다.

【集評】

○ 一句一韻 三句而易 始於老子明道若昧章 元次山中興頌 岑參走馬川行 出於此 王弇州謂秦始皇琅邪臺銘[1)]用此體 而攷之實不然 三句一韻 始於采芑二章 韓奕首章 秦皇帝嶧山之罘銘[2)] 皆用此法 後世銘頌 尤多有之 而詩歌則罕見焉 - 朝鮮 張維, ≪谿谷漫筆≫ 권1 〈古人用韻〉

한 句에 한 韻을 쓰다가 3句마다 운을 바꾸는 것은 ≪老子≫의 〈明道若昧章〉(제41장)에서 시작되었는데, 元次山(元結)의 〈大唐中興頌〉과 岑參의 〈走馬川行〉은 모두 여기에서 나온 것이다. 王弇州(王世貞)는 秦始皇의 〈琅邪臺銘〉도 이 체를 사용한 것이라고 하였지만, 고구해보니 실제는 그렇지 않았다. 3句마다 하나의 韻을 쓰는 것은 〈采芑〉 2章과 〈韓奕〉 首章에서 시작되었다. 秦始皇이 세운 嶧山의 罘銘도 모두 이 법을 썼으며, 후세의 銘과 頌은 더더욱 그러하다. 그러나 詩歌에서는 이러한 것을 보기가 힘들다.

1) 琅邪臺銘 : 山東省 琅邪山에 秦始皇이 누대를 세우고 자신의 공을 기려 세운 碑銘이다. ≪史記≫ 〈秦始皇紀〉에 보인다.

2) 嶧山之罘銘 : 진시황 28년(B.C.219)에 진시황이 巡行 도중 역산에 올라가 秦나라의 공덕을 찬송하며 새긴 碑銘을 말한다.

○ 三句一轉 秦皇嶧山碑文法也……岑嘉州 走馬川行 亦用之 而三句一轉中又句句用韻 與嶧山碑又別 - 淸 沈德潛, ≪唐詩別裁集≫ 卷5

3구마다 한번 변하는 것은 秦皇의 〈嶧山碑〉의 문법이다. …… 岑嘉州(岑參)의 〈走馬川行〉도 이를 사용하였다. 그런데 3구마다 운을 바꾸고 또 구절마다 운을 사용했으니, 〈역산비〉의 문법과는 또 다르다.

058 輪臺歌 奉送封大夫出師西征

윤대가 : 봉대부의 서역 출정을 봉송하며

岑參

輪臺城頭夜吹角[1)]	輪臺城 위에서는 한 밤에 호각 소리
輪臺城北旄頭落[2)]	윤대성 북쪽에선 昴星이 떨어진다
羽書[3)]昨夜過渠黎[4)]	羽書는 어젯밤 渠黎를 지나왔건만
單于[5)]已在金山[6)]西	單于가 이미 금산 서쪽에 와 있다네
戍樓西望煙塵黑	戍樓에서 서쪽 바라보니 연기와 먼지로 어둡고
漢兵屯在輪臺北	한나라 군대는 윤대 북쪽에 진을 쳤구나
上將擁旄西出征	상장군이 깃발 잡고 서쪽으로 출정하니
平明吹笛大軍行	날이 밝자 塞笛 불매 대군이 출발하네
四邊伐鼓雪海[7)]涌	사방에서 북을 치니 雪海가 솟구치고
三軍大呼陰山[8)]動	三軍이 고함치니 陰山이 요동친다
虜塞兵氣連雲屯	오랑캐 땅의 전쟁 기운은 구름까지 닿아있고
戰場白骨纏草根	전쟁터의 백골들은 풀뿌리에 엉켜있네
劍河[9)]風急雪片闊	劍河에는 바람이 급해 눈보라 휘날리고
沙口[10)]石凍馬蹄脫	沙口에는 돌이 얼어 말발굽도 벗겨진다
亞相勤王[11)]甘苦辛	亞相께서 나라를 위해 고생도 달게 여기고
誓將報主靜邊塵	君恩 갚고 변방을 평정하리라 맹세했네
古來青史[12)]誰不見	예로부터 青史의 인물 그 누가 모를까마는

今見功名勝古人　　지금 보니 그 공명이 옛사람보다 낫도다

【註釋】

1) 角 : 군중에서 사용하는 악기, 지금의 호각 같은 것을 말한다.
2) 旄頭落 : '旄頭'는 昴星을 말한다. 옛날 사람들은 묘성이 오랑캐〔胡人〕를 상징한다고 여겼으므로, '묘성이 떨어진다는 것'〔旄頭落〕은 오랑캐가 곧 전멸함을 의미한다.
3) 羽書 : 군대에서 사용되는 긴급한 문서를 말한다. 군대에서 급한 일임을 표시하기 위해 깃털을 꽂았으므로, 羽書라고 하였다.
4) 渠黎 : 渠犂이다. 서한시대 서역에 위치한 나라의 이름으로, 지금의 新疆省 윤대현 동남쪽에 있다.
5) 單于 : 한나라 때 흉노의 君長을 '선우'라고 했다. 여기서는 播仙族의 군주를 말한다.
6) 金山 : 앞의 057 〈走馬川行〉의 주8) 참조.
7) 雪海 : 앞의 057 〈走馬川行〉의 주5) 참조.
8) 陰山 : 지금의 내몽고자치구 중부를 거쳐 河北省 서북부를 차지하고 있는 산맥 이름이다. 옛날부터 중국 북방의 장벽 역할을 하였다.
9) 劍河 : 지금의 新疆省 경내에 있는 강 이름으로, 러시아 시베리아 남부 예니세이강〔葉尼塞河〕 상류 일대를 말한다. ≪新唐書≫ 〈回鶻傳〉에, "回鶻牙에서 북쪽으로 600리를 가면 仙娥河에 이른다. 선아하의 동북을 雪山이라 하는데, 땅에는 샘물이 많다. 青山의 동쪽에 물이 있는데 이를 劍河라고 한다.〔回鶻牙北六百里得仙娥河 河東北曰雪山 地多水泉 青山之東 有水曰劍河〕"라고 하였다.
10) 沙口 : 검하 부근을 지칭하는 듯하나, 자세한 것은 미상이다.
11) 亞相勤王 : '亞相'은 御史大夫였던 봉상청을 지칭하는 말이다. 漢나라 제도에 御史大夫는 위치가 재상 다음이기 때문에 亞相이라고 하였다. '勤王'은 왕과 왕실을 위하여 충성을 다함을 말한다.
12) 青史 : 역사 또는 史書를 말한다. 옛날 종이가 없을 때에 푸른 대껍질을 불에 쬐어 기름기를 빼고 글씨를 쓴 데서 유래한다.

【通釋】

이 밤 輪臺城 위에서는 호각소리 들리고 윤대성 북쪽에선 오랑캐별인 昴星이 떨어진다. 긴급을 알리는 羽書는 어젯밤에야 渠黎를 지나왔건만 單于는 이미 벌써 금산 서쪽에 주둔해 있다. 戍樓에서 서쪽을 바라보니 선우 군대가 일으키는 연기와 먼지로 어둡고 우리 군대는 윤대 북쪽에 진을 쳤다.

상장군이 선봉에 서서 군대를 이끌고 서쪽으로 출정하는데, 날이 밝자 塞笛소리에 대군이 출발한다. 사방에서 북을 치니 雪海가 솟구치는 듯하고, 三軍이 고함치니 陰山이 요동치는 듯하다.

오랑캐 땅의 전운은 하늘까지 뻗어있고, 황량한 들판 전쟁터의 백골들은 풀에 뒤엉켜 나뒹군다. 劍河에는 바람이 급해 눈보라 휘몰아치고 沙口에는 돌이 얼어 말발굽도 벗겨질 만큼 날이 매섭다.

그런데도 亞相께서는 나라를 위해 고생도 달게 여기고 君恩을 갚기 위하여 변방의 전쟁을 평정하겠다고 맹세했다. 예로부터 역사상의 위대한 인물을 그 누가 모를까마는, 지금 보니 봉대부의 공명이 옛사람보다 낫다.

【解題】

잠삼 변새시의 대표작 중 하나인 이 작품 역시 앞의 시와 같은 시기에 동일한 소재로 지어졌다. 다만 앞의 〈走馬川行〉이 전쟁이 일어나기 전 눈보라를 무릅쓰고 야간행군을 하는 군대의 모습을 통해 勝勢를 간접적으로 드러냈다면, 이 작품은 陣中의 모습을 구체적으로 곡진하게 표현하고 있다는 점에서 구별된다.

이 시는 내용상 네 단락으로 나눌 수 있다. 첫째 단락 여섯 구는 변방지역의 긴장된 분위기와 전쟁준비 상황을 묘사하였고, 둘째 단락 네 구는 출정과 사기충천함을, 셋째 단락 네 구는 전운이 가득한 변방의 황량함과 혹독한 기후를 표현하였다. 마지막 단락은 나라를 위한 봉대부의 충정을 통해 승리에 대한 강한 믿음을 나타내고 있다.

【集評】

○ 輪臺歌 四邊伐鼓雪海涌 三軍大呼陰山動 走馬川行 輪臺九月風夜吼 一川碎石大如斗 隨風滿地石亂走 半夜軍行戈相撥 風頭如刀面如割等句 兵法所謂其節短其勢險 - 淸 施補華, ≪峴傭說詩≫

〈윤대가〉의 "사방에서 북을 치니 雪海가 솟구치고, 三軍이 고함치니 陰山이 요동친다.〔四邊伐鼓雪海涌 三軍大呼陰山動〕"와 〈주마천행〉의 "輪臺의 구월 바람은 밤에 울부짖고, 하천의 부서진 돌 크기는 말〔斗〕만 한데, 바람따라 온 땅 가득 어지러이 구른다네.〔輪臺九月風夜吼 一川碎石大如斗 隨風滿地石亂走〕", "한밤중 행군엔 창이 서로 부딪치는데, 바람끝은 칼날 같아 얼굴을 베는 듯하네.〔半夜軍行戈相撥 風頭如刀面如割〕" 등의 구절은 ≪손자병법≫의 이른바 그 거리는 짧고 기세는 빠르다[1]는 것이다.

1) 그 거리는 짧고 기세는 빠르다 : ≪손자병법≫의, "전투를 잘하는 자는 그 기세가

빠르고 그 공격거리가 짧다.〔善戰者 其勢險 其節短〕"(卷5 〈勢〉)라는 구절을 인용한 것이다.

059 白雪歌 送武判官[1]歸京

백설가 : 서울로 돌아가는 무판관을 보내며

岑參

北風卷地白草[2]折　　북풍이 대지를 말듯 몰아쳐 백초 꺾이고
胡天八月卽飛雪　　오랑캐 하늘 팔월에 벌써 눈이 날리어

忽如[3]一夜春風來　　홀연 하룻밤 새 봄바람 불어 와
千樹萬樹梨花[4]開　　천만 그루 나무에 배꽃이 피어난 듯

散入珠簾濕羅幕　　주렴 안으로 날아들어 장막 적시니
狐裘不暖錦衾薄　　여우 갖옷도 따뜻하지 않고 비단 이불도 얇기만 하네

將軍角弓[5]不得控　　장군은 角弓을 당길 수 없고
都護[6]鐵衣冷難[7]着　　도호는 쇠 갑옷 차가워 입기 어렵네

瀚海闌干[8]百丈冰　　큰 사막엔 百丈되는 얼음이 어지러이 널려 있고
愁雲[9]慘淡萬里凝　　시름겨운 구름 참담히 만리에 엉겨 있네

中軍[10]置酒飮歸客　　중군에서 술상 차려 돌아가는 객과 마실 적에
胡琴琵琶與羌笛　　어우러지는 호금과 비파 그리고 강적 소리

紛紛暮雪下轅門[11]　　저녁 눈 어지러이 軍門에 내리고
風掣紅旗凍不翻　　바람 몰아쳐도 붉은 깃발 얼어 펄럭이지 않네

輪臺[12]東門送君去　　윤대 동문에서 그대 떠나 보내는데
去時雪滿天山[13]路　　갈 때 천산 길에 눈 가득하구나

山回路轉不見君　　산은 돌고 길은 굽어 그대 볼 수 없는데
雪上空留馬行處　　눈 위에 부질없이 남아 있는 말 지나간 자국

【註釋】

1) 武判官 : 생애가 상세하지 않다. 판관은 관찰사와 절도사에 딸린 屬官을 말한다.
2) 白草 : 변방에서 나는 풀로 가을에 다 자라면 말라 백색으로 변한다.
3) 忽如 : '忽然'으로 되어 있는 본도 있다.
4) 梨花 : 배꽃. 여기서는 눈꽃을 가리켜 말한 것이다.
5) 角弓 : 뿔로 장식한 硬弓을 일컫는다.
6) 都護 : 都護府의 장관으로 변경지역 사령부의 總帥를 가리킨다. 당나라 때에는 安東, 安西, 安南, 安北, 單于, 北庭 등 六大都護府를 두었다.
7) 難 : '猶'로 되어 있는 본도 있다. 猶로 해석하면 '쇠 갑옷 차가워도 그대로 입는다.' 정도의 뜻이 된다.
8) 瀚海闌干 : '瀚海'는 큰 사막을 말한다. '闌干'은 종횡으로 어지러이 널려 있는 모양이다.
9) 愁雲 : 먹구름이 어두워 사람이 시름에 잠기도록 하기에 愁雲이라 표현한 것이다. '愁'字에 이별이 암시되어 있다.
10) 中軍 : 본래는 사령관이 거느린 부대를 말하지만 여기서는 사령관이 있는 곳을 말한다.
11) 轅門 : 병영을 표시하는 문으로 營門과 같은 뜻이다.
12) 輪臺 : 지명으로 한나라, 당나라 때 군대 주둔지로 지금의 新疆省 維吾爾 自治區 부근이다.
13) 天山 : 新疆省 中部를 東西로 가로지르는 큰 산이다. 白山, 雪山으로도 불리며 天山北路, 天山南路로 나뉘는 길이 나 있다.

【通釋】

북풍이 대지를 말아 몰아쳐오자 백초가 꺾이고 변방 하늘엔 팔월인데 벌써 눈이 날린다. 홀연 하룻밤 새 봄바람이 불어 와 모든 나무에 배꽃이 피어난 듯 눈꽃이 피었다. 눈보라가 어지러이 주렴 안으로 날아들어 장막을 적셔 여우 갖옷도 따뜻하지 않고 비단 이불조차 얇게만 느껴진다. 장군은 뿔 활시위가 얼어 당길 수 없고 도호는 쇠 갑옷이 차가와 입기 어렵게 되었다.

큰 사막엔 백장이나 될 만한 氷雪이 어지러이 널려 있고 시름겨운 먹구름은 참담히 저 멀리까지 엉겨 있다. 중군에서 술자리를 마련해 돌아가는 무판관과 마실 적에 호금과 비파 그

리고 강적 소리가 서로 어우러져 연주된다. 송별하는 아쉬운 술자리에 어느덧 저녁 눈이 어지러이 軍門에 내리고 바람 몰아치건만 붉은 깃발은 얼어서 펄럭이지도 않을 정도다.

윤대의 동문에서 그대를 떠나보내는데 그대가 떠나갈 때 천산 길에 눈 가득하다. 첩첩 산 사이로 길은 돌고 굽어 그대를 볼 수 없는데 눈 위에 부질없이 그대 말 타고 지나간 자국만 남아 있다.

【解題】

이 시는 앞의 두 시와 마찬가지로 대략 천보 13년(754)경 安西節度使 겸 北庭都護 封常淸이 윤대에 주둔할 때 지은 것으로 추정된다. 잠삼이 윤대로 오면서 이때 판관으로 있던 武判官과 임무 교대하면서 이 시를 쓴 것으로 보인다.

이 시도 잠삼 변새시의 대표작으로 알려졌는데 특히 제 3, 4구 '忽如一夜春風來 千樹萬樹梨花開'가 가장 출중하다고 평가 받는다.

【集評】

○ 此詩連用四雪字 第一雪字見送別之前 第二雪字見餞別之時 第三雪字見臨別之際 第四雪字見送歸之後 字同而用意不同耳 - 淸 章燮, ≪唐詩三百首箋注≫ 卷2

이 시에서는 '눈'〔雪〕이라는 글자가 네 번 쓰였다. 첫 번째는 송별하기 전에 보이고, 두 번째는 전별할 때 보이며, 세 번째는 이별에 임했을 즈음에 보이고, 네 번째는 글자는 보내고 돌아온 후에 보인다. 글자는 같지만 사용한 의미는 같지 않다.

060 韋諷[1]錄事宅觀曹將軍[2]畫馬圖引[3]

위풍 녹사의 댁에서 조 장군이 그린 말 그림을 보고서

杜甫

國初已來畫鞍馬　　개국한 이래 안장 얹은 말 그림
神妙獨數江都王[4]　　신묘하기로는 오직 江都王을 꼽는데

將軍得名三十載　　曹장군이 이름 얻은 지 삼십 년에
人間又見眞乘黃[5]　　세상에서는 다시 진짜 乘黃을 보게 되었네

曾貌先帝[6)]照夜白[7)]　　일찍이 先帝의 神馬 照夜白을 그렸더니
龍池十日飛霹靂[8)]　　龍池의 용이 연일 천둥처럼 내달리는 듯했지

內府[9)]殷紅瑪瑙盌[10)]　　內府의 붉게 빛나는 瑪瑙盌을
婕妤傳詔才人索[11)]　　婕妤가 어명 전해 才人이 찾아오니

盌賜將軍拜舞歸　　마노완 받은 장군은 절하고 춤추며 돌아가는데
輕紈細綺相追飛[12)]　　가볍고 가는 비단들이 뒤따라 너울너울

貴戚權門得筆跡　　貴戚과 權門 세도가들 그의 그림 얻고서야
始覺屛障生光輝　　병풍에서 빛이 나는 것을 비로소 깨달았네

昔日太宗拳毛騧[13)]　　옛날 태종의 준마 拳毛騧
近時郭家師子花[14)]　　근래 곽씨 집의 명마 師子花

今之新圖有二馬　　지금 새 그림에 이 두 마리 말이 있으니
復令識者久歎嗟　　다시금 識者들로 오랫동안 찬탄케 하는구나

此皆騎戰一敵萬　　이 말들 모두 전쟁터에서 一當萬이라
縞素漠漠開風沙　　흰 비단 넓은 곳에서 모래 바람 헤치는 듯

其餘七匹[15)]亦殊絶　　나머지 일곱 필의 말 또한 빼어나서
逈若寒空動煙雪　　멀리 찬 하늘에 날리는 안개와 눈 같아라

霜蹄[16)]蹴踏長楸間[17)]　　말발굽은 긴 가래나무 사이를 내달리고
馬官廝養[18)]森成列　　馬官과 廝養은 빽빽하게 늘어서 있네

可憐九馬爭神駿　　아름답다, 아홉 필의 말 神駿함을 다투니
顧視淸高氣深穩[19)]　　돌아보는 눈빛은 淸高하고 기운은 深穩하네

借問苦心愛者誰　　묻노니 고심하며 이 말을 아꼈던 자 그 누구였나
後有韋諷前支遁[20]　　후대에는 위풍이요 전대에는 지둔이었네

憶昔巡幸新豐宮[21]　　그 옛날 신풍궁에 巡幸했던 때를 생각하니
翠華[22]拂天來向東　　천자의 깃발 하늘에 닿을 듯 동쪽으로 향했고

騰驤磊落[23]三萬匹　　뛰고 내달리는 말이 삼만 필이었는데
皆與此圖筋骨同　　모두 이 그림 속 말들과 筋骨이 같았네

自從獻寶朝河宗[24]　　보배 바쳐 河伯에게 조회 간 후로는
無復射蛟[25]江水中　　다시는 강물 속 교룡을 쏘지 못하였다네

君不見　　그대는 보지 못했나
金粟[26]堆前松柏裏　　금속산 무덤 앞 松柏 속에서
龍媒[27]去盡鳥呼風　　용매는 다 가 버리고 새들만이 바람 속에 우는 것을

【註釋】

1) 韋諷 : 閬州錄事였는데 그의 집이 成都에 있었다. 閬州는 지금의 四川省 閬中縣이다.
2) 曹將軍 : 曹霸를 가리킨다. ≪歷代名畫記≫ 卷9에, "조패는 魏나라 曹髦의 후손이다. 조모의 그림은 후대에 와서 유명해졌지만 조패는 開元 연간에 이미 명성을 얻었고, 天寶 말기에는 매양 부름을 받아 御馬와 功臣像을 模寫하였다. 관직이 左武衛將軍에 이르렀다.〔曹霸 魏曹髦之後 髦畫稱於後代 霸在開元中已得名 天寶末 每詔寫御馬及功臣 至左武衛將軍〕"라 하였다.
3) 韋諷錄事宅觀曹將軍畫馬圖引 : ≪全唐詩≫에서는 이 시의 표제 아래 校註에, "어떤 본에는 끝에 歌자가 있고, 어떤 본에는 引자가 있다."고 되어 있다.
4) 江都王 : 唐 太宗의 조카인 李緖이다. 唐나라 張彦遠의 ≪歷代名畫記≫ 卷10에, "강도왕 緖는 霍王 元軌의 아들이며 태종 황제의 조카였다. 재주가 많고 글씨를 잘 썼으며 鞍馬를 잘 그리기로 유명하였다. 垂拱 연간(685~688)에 관직이 金州刺史에 이르렀다.〔江都王緖 霍王元軌之子 太宗皇帝猶子也 多才藝 善書 畫鞍馬擅名 垂拱中官至金州刺史〕"고 하였다.
5) 乘黃 : 神馬의 이름이다. ≪廣川畫跋≫에, "승황의 모습은 여우 같고 등에는 뿔이 있다.

曹霸가 그린 말은 한 번도 이와 같지 않았으니, 다만 그 신묘하고 빼어남을 말한 것일 뿐이다.〔乘黃狀如狐 背有角 霸所畫馬 未嘗如此 特論其神駿耳〕"고 하였다.

6) 先帝 : 唐 玄宗을 가리킨다.

7) 照夜白 : 玄宗이 타고 다녔다는 駿馬의 이름이다. ≪明皇雜錄≫에, "임금이 타는 말로는 玉花驄, 照夜白이 있다.〔上所乘馬 有玉花驄照夜白〕"고 하였다.

8) 龍池十日飛霹靂 : '龍池'는 못 이름인데, 長安의 南內*) 南薰殿의 북쪽에 있다. ≪唐六典≫ 注에, "흥경궁은 今上(玄宗)이 潛邸에 있을 때 살던 옛 집이다. 집 동쪽 우물이 있었는데 갑자기 물이 솟아올라 작은 연못이 되었다. 항상 그곳에는 雲氣가 서려 있고 간혹 黃龍이 그 안에서 나왔는데 못의 물이 점점 불어나더니 마침내 물이 솟아나와 龍池가 되었다.〔興慶宮 今上潛龍舊宅也 宅東有井 忽湧爲小池 常有雲氣 或黃龍出其中 其沼浸廣 遂瀰洞爲龍池〕"고 하였다. 十日은 連日 이어진다는 뜻이다. 飛霹靂은 뛰어오르는 것의 빠르기가 천둥과 같음을 형용한 것이다.

*) 南內 : 唐代 長安의 興慶宮을 가리키는 말이다. 원래는 玄宗이 藩王으로 있을 때의 故宅이었는데, 나중에 宮이 되었다. 그 위치가 大明宮(東內)의 남쪽에 있으므로 '남내'라 이름하였다.

9) 內府 : 皇室의 창고이다.

10) 瑪瑙盌 : '盌'은 주발〔碗〕이다. 盤으로 되어 있는 본도 있다. '瑪瑙'는 보석의 일종이다.

11) 婕妤傳詔才人索 : '婕妤'는 궁중의 女官이며, '傳詔'는 황제의 명령을 전달하는 것이다. '才人' 역시 궁중의 여관이다. ≪新唐書≫ 〈百官志〉에, "內官으로는 婕妤가 아홉 명인데 정3품이요, 才人이 일곱 명인데 정4품이다.〔內官有婕妤九人 正三品 才人七人 正四品〕"라고 하였다.

12) 輕紈細綺相追飛 : '紈'과 '綺'는 모두 결이 가늘고 섬세한 비단이다. '相追飛'는 황제가 상을 내리는 데 마노완 이외에도 紈綺를 더 주어서 은총을 표시하였음을 말한다.

13) 拳毛騧 : 唐 太宗이 타던 여섯 마리 준마 중의 하나이다. ≪長安志≫에, "태종의 여섯 마리 준마가 소릉 북궐의 아래쪽에 돌로 조각되어 있는데, 다섯 번째 말이 권모과이다.〔太宗六駿刻石於昭陵北闕之下 五曰拳毛騧〕"고 하였다. 黃馬인데 검은 주둥이를 가졌다.

14) 郭家師子花 : '郭家'는 郭子儀이다. '師子花'는 곧 九花虬로서 代宗 李豫의 준마의 이름인데 훗날 功勳을 세운 곽자의에게 하사하였다. ≪杜陽雜編≫에, "대종이 陝西에서 돌아와 御馬인 구화규와 紫玉으로 된 채찍과 고삐를 곽자의에게 하사하도록 명하였다. 구화규는 곧 范陽節度使 李懷仙이 바친 것인데, 이마의 높이가 9촌이고 앞발굽이 기린과 같다. 또 獅子驄이 있는데 모두 그 부류이다.〔代宗自陝還 命以御馬九花虬幷紫玉鞭轡賜郭子儀 九花虬 卽范陽節度使李懷仙所貢 額高九寸 拳如麟 亦有獅子驄 皆其類〕"라고 하였다.

15) 七匹 : 조장군이 그린 그림은 '九駿圖'이다.

16) 霜蹄 : 말발굽을 가리킨다. ≪莊子≫ 〈馬蹄〉에, "말은 발굽이 있어 서리나 눈을 밟을 수 있다.〔馬蹄可以踐霜雪〕"라고 했다.

17) 長楸間 : 大路의 道上을 말한다. 曹植의 시에, "긴 가래나무 사이로 말을 달린다.〔走馬長楸間〕"고 했는데, 그 注에, "옛날 사람들은 길가에 가래나무를 심었다. 그래서 長楸라 한 것이다.〔古人種楸於道 故曰長楸〕"라고 하였다.

18) 馬官廝養 : 마관은 말을 관리하는 관원이고, 시양은 군중에서 나무를 하거나 밥을 짓는 천한 일을 하는 자를 이른다. ≪漢書≫ 〈路溫舒傳〉에, "시양을 공급해 주길 원한다.〔願給廝養〕"라 했는데, 韋昭가 말하기를, "땔나무 쪼개는 자를 廝라 하고 불을 때서 밥을 짓는 자를 養이라 한다.〔析薪爲廝 炊烹爲養〕" 하였다.

19) 氣深穩 : 말의 기운과 도량이 깊이 沈潛해 있으면서도 穩重하여 아름다운 기품을 지녔음을 가리킨다.

20) 支遁 : 晉나라 高僧이다. ≪世說新語≫ 〈言語篇〉에, "支道林(지둔의 字)은 일찍이 몇 마리의 말을 키웠는데, 혹자가 이르기를 '道人이 말을 키우는 것은 운치 있는 일이 아니다.' 라고 하니, 지도림이 '나는 그 神駿함을 중히 여길 뿐이다.' 하였다.〔支道林 嘗養數匹馬 或謂道人畜馬不韻 支曰 貧道重其神駿耳〕"는 기록이 보인다.

21) 新豐宮 : 華淸宮이다. ≪元和郡縣志≫에, "漢나라 7년에 고조가 태상황이 되어 동쪽으로 돌아갈 것을 생각하여 이곳에 縣을 설치하고 豐 땅 사람들을 이주시켜 그곳을 채웠기 때문에 新豐이라 한다. 화청궁은 여산 위에 있는데, 개원 11년에 처음 온천궁을 지었고 천보 6년에 改名하여 화청궁이라 하였다.〔漢七年 高祖以太上皇思東歸 於此置縣 徙豐人以實之 故曰新豐 華淸宮在驪山上 開元十一年初置溫泉宮 天寶六年 改爲華淸宮〕"고 되어 있다. 여기서는 玄宗이 화청궁에 거둥한 것을 가리킨다.

22) 翠華 : 황제가 巡幸을 나갈 때 사용하였던 깃발로 翠鳥의 깃털로 장식하였다.

23) 騰驤磊落 : '騰驤'은 뛰어오르고 내달린다는 뜻이다. 말이 내달리고 뛰어오르는 그 모습이 대단함을 말한 것이다.

24) 獻寶朝河宗 : ≪穆天子傳≫에 의하면, 목천자가 서쪽으로 가다가 陽紆의 산에 이르러 물의 신 河伯을 만났다. 그는 하백에게 절을 하고 보물을 바친 후 돌아왔는데, 그로부터 오래지않아 죽었다. 여기에서는 이 故事를 들어 唐 玄宗의 죽음을 말하였다.

25) 射蛟 : ≪漢書≫ 〈武帝紀〉에, "원봉 5년 겨울에 남쪽으로 巡狩를 떠났다. 심양에서부터 강에 배를 띄워 가다가 강 가운데서 직접 교룡을 쏘아 잡았다.〔元封五年冬行南巡狩 自尋陽浮江 親射蛟江中 獲之〕"고 하였다. "다시 교룡을 쏘지 못하였다."는 말 또한 玄宗의 죽음을 의미한다.

26) 金粟 : 산이름이다. 玄宗을 金粟山에 장사지내고 泰陵이라 하였다.
27) 龍媒 : 말 이름이다. ≪漢書≫ 〈禮樂志〉에, "천마가 오니 용이 오게 될 매개이다.〔天馬徠兮龍之媒〕" 했다. 후에 이로 인하여 준마를 龍媒라 부르게 되었다.

【通釋】

개국한 이래 鞍馬를 가장 잘 그린 이로는 江都王을 꼽는다. 그런데 曹 장군이 畫名을 누린 지 30년이 된 지금 세상에서는 다시 진정한 神馬를 볼 수 있게 되었다. 그는 일찍이 玄宗皇帝의 준마였던 照夜白을 그렸는데, 그 묘사가 얼마나 핍진하였던지 마치 龍池에서 나온 용이 연일 천둥처럼 내달리는 듯하였다. 궁궐 府庫에는 붉게 빛나는 瑪瑙碗이 있었는데, 황제께서 이것을 그에게 상으로 주고자 하시니, 婕妤는 그 명을 전하였고 才人은 그것을 찾아 왔다. 조 장군은 마노완을 얻은 후 절을 하고 춤을 추며 돌아갔는데 이후에도 황제께서는 고운 비단을 잇달아 내려 그에 대한 은총을 보여주셨다. 권문세가의 귀족들이 그의 그림을 얻어 병풍으로 만들어 펼쳐 놓으면 광채가 나는 것을 보게 되었다.

예전에 태종의 명마였던 拳毛騧와 근래 郭子儀가 상으로 받은 준마 獅子花, 이 두 필의 말이 지금 이 그림 속에 모두 그려져 있으니 감식안을 가진 자들은 이 그림을 보고 연신 터져 나오는 讚嘆을 금하지 못한다. 이 두 필의 말은 전쟁터에서 모두 一當萬으로 대적할 수 있으니, 지금은 비록 한 폭의 흰 비단 속에 그려져 있지만 그 씩씩한 기운은 하늘에 닿아 마치 아득하게 모래바람을 헤치고 달리는 듯하다. 그림 속의 나머지 일곱 필의 말도 역시 빼어나 차가운 공중에 흩날리는 안개나 눈처럼 매우 奇特하다. 그들의 발굽은 길게 자란 가래나무 사이의 길을 내달리고, 말을 기르는 馬官과 廝役들이 그 옆에서 줄지어 서서 시중을 들고 있는 모습이 그려져 있다. 모두가 사랑스러운 이 아홉 필의 말은 자신의 神駿함을 다투어 드러내는데, 서로 돌아보는 그 눈빛이 청고하고 그 기운은 깊고도 온건하다. 이런 말들을 가장 애써서 사랑한 이들은 누구였던가. 예전에는 支遁이 그러했고 지금은 韋諷이 그런 사람이다.

예전에 太上皇(玄宗)께서 新豐宮에 巡幸하였을 때를 기억하니, 천자의 깃발은 하늘을 가린 채 위풍당당하게 동쪽을 향해 나아갔고 그때 약 3만 필의 말이 함께 동행하였는데 그 말들의 근육과 뼈대가 마치 지금 이 그림 속의 말들 같았다. 그러나 태상황께서 崩御하신 후 강물 속에서 교룡을 쏘아 죽이는 장대한 일은 두 번 다시 없었다. 그대는 보지 못했나, 金粟山 태상황의 무덤 가 松柏들 사이에 그 많던 준마들은 다 사라지고 그저 새들만이 남아 바람을 부르며 우는 것을.

【解題】

이 시는 그림을 묘사한 작품으로 曹霸 장군이 그린 말을 노래하고 있다. ≪杜甫年譜≫에 의하면 이 시는 대략 廣德 2년(764), 두보가 成都에 있을 당시에 지은 것이다.

시 전체는 의미상 세 부분으로 나눌 수 있는데, 첫 단락은 曹霸가 말 그림을 잘 그려 황제가 상을 내렸고 당시 사람들은 다투어 그의 그림을 구하였다는 내용이다. 중간 단락에서는 그가 그린 〈九駿圖〉를 묘사하였는데, '借問苦心愛者誰 後有韋諷前支遁'은 시의 제목 가운데 '韋諷錄事宅'이라는 부분과 호응한다. 마지막 단락에서는 그림 속에 그려진 名馬로 인해 唐玄宗을 연상하였는데 이는 이전의 역사를 상기시키는 言外의 뜻이 있어 깊은 감개를 느끼게 한다.

이 시의 마지막 단락은 桑田碧海, 興亡盛衰의 悲感을 담고 있는데, 이 같은 시의 흐름은 두보 詩의 특징적 면모라 할 수 있다. 두보는 당시 나그네 신세로 蜀 땅에 寓居하면서 기울어 가는 나라의 형세와 그치지 않는 전란의 실상을 목도하였다. 그런데 曹霸도 당시에 皇室의 寵客에서 평범한 백성으로 전락하여 두보와 마찬가지로 떠돌다가 촉 땅에 이른 것이다. 때문에 이 시에는 畫馬와 眞馬가 조응하면서 말에 관한 탁월한 묘사가 이루어졌을 뿐만 아니라, 그것을 통해 한 시대의 凋落을 바라보는 시인의 괴로운 심사가 드러나 있다.

【集評】

○ 絶大波瀾 無窮感慨 學者熟此 可悟開拓之法 皆與此圖筋骨同一句作鉤勒 更無奔放不收之病 味之 - 清 施補華, ≪峴傭說詩≫

거대하게 파란이 일어 감개가 무궁하니 배우는 자가 이 시를 잘 익히면 개척의 법을 깨달을 수 있을 것이다. '皆與此圖筋骨同' 한 구는 鉤勒[1]의 수법을 썼으니 자유분방하지만 거두어들이지 못하는 병폐가 없음을 맛볼 수 있다.

1) 鉤勒 : 摹寫하는 방법의 한 가지로, 모사할 글씨의 가장자리를 선으로 가늘게 그리는 것을 말한다.

○ 身歷興衰 感時撫事 惟其胸中有淚 是以言中有物 - 清 浦起龍, ≪讀杜心解≫

자신이 몸소 흥망성쇠를 겪고서 시절을 느끼고 時事를 慰撫하니, 오직 그 가슴속에는 눈물이 있을 뿐이다. 이 때문에 말에 실체가 있다.[1]

1) 말에 실체가 있다 : ≪周易≫ 家人卦 〈象傳〉에서 "바람이 불로부터 나옴이 家人이니, 君子가 이것을 보고서 말에 진실함이 있고 行實에 항상함이 있게 한다.〔風自火出家人 君子以言有物而行有恒〕"고 하였다.

○ 尤須玩其結構之妙 將江都王襯出曹霸 又將支遁襯出韋諷 便增兩人多少身分 本畫九馬 先從照夜白說來 詳其寵賜之出 本結九馬 却想到三萬匹去 不勝龍媒之悲 前後波瀾亦闊 中敍九馬 先將拳毛獅子二馬拈出別敍 次及七馬 然後將九馬幷說 妙在一氣渾雄 了不着迹 眞屬化工之筆 - 淸 楊倫, ≪杜詩鏡銓≫

모름지기 그 짜임새의 묘미를 음미해야 하니, 강도왕을 배경으로 조패를 드러내고, 또 지둔을 배경으로 위풍을 드러낸 것은, 두 사람(조패, 위풍)의 보잘것없는 신분을 높여준 것이다. 그림의 九馬는 먼저 조야백으로부터 말을 시작해서 총애를 내려준 것을 상세히 하였고, 마지막 단락의 九馬는 삼만 필의 말이 떠나간 데까지 생각이 미쳐 龍媒의 슬픔을 이기지 못하니, 전후의 파란이 또한 크다. 중간에 서술된 九馬는, 먼저 拳毛騧, 獅子花를 꼭 집어서 서술하고, 다음으로 七馬를 언급하였으며 그런 후에 九馬를 함께 설명하였으니, 하나의 기운이 渾雄한 데 묘함이 있으며 끝까지 꿰어맞춘 흔적이 없으니 참으로 조물주의 솜씨라 할 것이다.

○ 此歌先言其寵遇 篇中則追述巡幸 俯仰感慨 照應有情 而沈著可味 - 淸 胡夏客, 淸 仇兆鰲, ≪杜詩詳註≫에서 재인용

이 노래는 먼저 총애를 받았음을 말하였고 詩篇 가운데서는 순행하였던 일을 追述하였는데, 俯仰하는 사이에 감개하고 照應함에 마음이 담겨 있어 沈著[1)]의 품격을 음미할 만하다.

1) 沈著 : 着實하면서도 가볍거나 浮薄하지 않음을 나타내는 품격 용어이다.

○ 杜詩詠一物 必及時事 故能淋漓頓挫 今人不過就事塡寫 宜其興致索然耳 - 淸 張溍, ≪讀書堂杜工部文集注解≫

두보의 시는 하나의 사물을 읊어도 반드시 時事를 언급하기 때문에 그것들이 서로 잘 어우러져 있으면서도 필세의 변화가 강렬하다. 지금 사람들은 그저 일을 그대로 묘사하는 데 불과하니, 흥취가 거의 느껴지지 않음은 당연한 일이다.

061 丹靑[1)]引贈曹將軍霸[2)]

단청인 : 조패 장군에게 주다

杜甫

將軍魏武[3)]之子孫　　장군은 위무제의 자손

於今爲庶爲清門[4)]	지금은 서민이 되어 清貧한 가문이 되었네
英雄割據雖已矣	영웅이 할거하던 시대 이미 끝났지만
文采風流今[5)]尙存	문채와 풍류는 지금도 여전히 남아있다오
學書初學衛夫人[6)]	글씨는 처음 위부인에게 배웠지만
但恨無過王右軍[7)]	다만 왕우군보다 낫지 못함 한하더니
丹青不知老將至[8)]	그림 그리다 늙어가는 것도 알지 못해
富貴於我如浮雲[9)]	부귀는 나에게 뜬 구름과 같다 하게 되었네
開元之中常引見	開元연간에 황제가 항상 引見하니
承恩數上南薰殿[10)]	聖恩 입어 여러 번 남훈전에 올랐네
凌煙功臣少顔色[11)]	능연각의 공신상 색깔 바랬는데
將軍下筆開生面	장군이 붓을 대어 산 얼굴을 펼쳤네
良相頭上進賢冠[12)]	어진 재상 머리에는 진현관을 올렸고
猛將腰間大羽箭[13)]	용맹한 장수 허리에 대우전이 끼어있네
褒公鄂公[14)]毛髮動	포공과 악공은 모발이 움직이는 듯
英姿颯爽[15)]來酣戰	영웅의 자태 늠름하여 한창 싸우다 돌아온 듯
先帝天馬玉花驄[16)]	선제가 타던 천마 옥화총은
畫工如山貌不同	화공들 산처럼 많아도 그림이 실물 같지 않았는데
是日牽來赤墀[17)]下	이날 붉은 계단 아래로 끌고 와
逈立閶闔生長風	궁문 앞에 우뚝 서자 긴 바람이 일었지
詔謂將軍拂絹素	장군에게 명을 내려 흰 비단 펼치라 하자

意匠[18]慘淡經營中　　어떻게 그릴까 고심하며 구상하더니

斯須九重眞龍出[19]　　잠깐 사이 궁궐에 진짜 龍馬 나타나
一洗萬古凡馬空　　만고의 범상한 말들을 단 번에 씻어버렸네

玉花卻在御榻上　　옥화총이 어느새 어탑 위에 있게 되니
榻上庭前屹相向　　어탑 위와 뜰 앞에 우뚝 서서 서로 마주보고 있네

至尊含笑催賜金　　지존께서 웃음 머금고 금을 하사하라 재촉하니
圉人太僕[20]皆惆悵　　圉人과 太僕이 모두 슬퍼하였지

弟子韓幹早入室[21]　　제자인 韓幹도 일찍이 入室의 경지로
亦能畫馬窮殊相　　그 또한 말을 잘 그려 다양한 모습 다 그렸지만

幹惟畫肉不畫骨　　한간은 오직 살만 그렸을 뿐 뼈는 그리지 못해
忍使驊騮[22]氣凋喪　　驊騮馬의 기상을 쇠하게 하였네

將軍畫善蓋有神　　장군의 그림 精美하여 신이 도와주는 듯
偶[23]逢佳士亦寫眞　　훌륭한 선비 만나면 또한 참모습 그려주련만

卽今漂泊干戈際　　지금은 전란 가운데 떠돌면서
屢貌[24]尋常行路人　　길가는 보통 사람만 자주 그릴 뿐

途窮反遭俗眼白[25]　　가는 길 곤궁한데 도리어 세속의 백안시당해
世上未有如公貧　　세상에는 공처럼 가난한 이도 없다네

但看古來盛名下　　다만 보건대 예로부터 훌륭한 명성 아래에는
終日坎壈[26]纏其身　　오래도록 곤궁함이 그 몸을 휘감는다오

【註釋】

1) 丹靑 : 원래는 그림에 쓰이는 안료를 말하는데 여기서는 '그림'의 뜻으로 쓰였다.

2) 曹霸 : 曹髦의 후예로, 開元・天寶 연간에 활약한 유명한 화가이다.
3) 魏武 : 魏武帝 曹操를 말한다.
4) 於今爲庶爲淸門 : '庶'는 평민을 이르고, '淸門'은 淸貧한 가문을 일컫는다. 玄宗 말년에 조패는 죄를 지어 평민이 되었다.
5) 今 : '猶'로 되어 있는 本도 있다.
6) 衛夫人 : 東晉의 여류 書家로서 隸書를 특히 잘 썼다. 姓은 衛이며 이름은 鑠, 字는 茂猗이다. 汝陽太守 李矩의 처였으므로 李夫人이라고도 한다. 왕우군〔王羲之〕이 위부인에게 글씨를 배운 적이 있다.
7) 王右軍 : 王羲之를 가리킨다. ≪晉書≫ 〈王羲之傳〉에, "왕희지는 字가 逸少로 예서를 잘 써 古今 이래 으뜸이다. 관직은 우장군에 이르렀다.〔王羲之字逸少 善隸書 爲古今之冠 官右將軍〕" 하였다. 書聖으로 알려진 중국의 서예가다.
8) 不知老將至 : ≪論語≫ 〈述而〉에 보이는 공자의 말이다. "그 사람됨이, 분발하면 먹는 것도 잊고 (이치를 깨달으면) 즐거워 근심을 잊어 늙음이 닥쳐오는 줄도 모른다.〔其爲人也 發憤忘食 樂以忘憂 不知老之將至云爾〕"
9) 富貴於我如浮雲 : ≪論語≫ 〈述而〉에 보인다. "공자께서 말씀하셨다. '거친 밥을 먹고 물을 마시며 팔을 굽혀 베더라도 즐거움이 또 그 가운데 있으니, 의롭지 않은데 부유하고 귀함은 내게 있어 뜬구름과 같다.'〔子曰 飯疏食飮水 曲肱而枕之 樂亦在其中矣 不義而富且貴 於我如浮雲〕"
10) 南薰殿 : ≪長安志≫에 의하면 남훈전은 興慶宮 내에 위치한 內殿이다.
11) 凌煙功臣少顔色 : '凌煙'은 凌煙閣을 이른다. ≪唐書≫에, "태종 정관 17년 2월, 공신 24인의 그림을 능연각에 그려 놓았는데, 능연각은 西內 삼청전에 있다.〔太宗貞觀十七年二月 圖功臣卄四人於凌煙閣 閣在西內三淸殿〕"고 하였다. '少顔色'은 그림이 오래되어 색깔이 바랜 것을 이른다.
12) 進賢冠 : 文官이 조정에 들어갈 때 쓰던 모자이다.
13) 大羽箭 : 당 태종이 즐겨 쓰던 깃이 달린 큰 화살을 말한다.
14) 褒公鄂公 : '褒公'은 忠壯公 段志玄으로 凌煙閣 공신상 가운데 제10열에 있으며, '鄂公'은 尉遲恭으로 字는 敬德인데 凌煙閣 공신상 가운데 제7열에 있다. 둘 다 猛將으로 알려져 있다.
15) 颯爽 : 위풍이 늠름한 모양을 말한다.
16) 天馬玉花驄 : '天馬'가 '御馬'로 되어 있는 본도 있다. '玉花驄'은 선제 현종이 타던 준마로 驄은 靑白色의 말을 가리킨다.
17) 赤墀 : 궁궐 내에 붉은 색으로 칠한 계단으로 丹墀라고도 한다.

18) 意匠 : 화가가 그림 그리는 것을 匠人이 마음을 쓰며 구상하는 것에 비유한 것이다. 창조력과 관련하여 '정교한 구상' 정도의 뜻으로 쓰이며 匠心과 같은 말이다.
19) 斯須九重眞龍出 : '斯須'는 須臾로 되어 있는 본도 있다. '九重'에는 하늘이라는 뜻과 구중궁궐 즉 임금의 거처라는 뜻이 있다. 여기서는 후자를 취했다. '眞龍'은 진짜 龍馬라는 뜻으로 ≪周禮≫ 〈夏官〉에, "말은 8척 이상을 龍이라 한다.〔馬八尺以上爲龍〕"는 기록이 있다.
20) 圉人太僕 : '圉人'은 말을 기르는 사람이며 '太僕'은 황제의 車馬를 관장하는 사람이다.
21) 韓幹早入室 : '한간'은 藍田사람이다. 젊어서는 酒家에서 술을 파는 일을 하였다. 일찍이 시인 왕유의 집으로 술값을 받으러 갔다가 재미로 땅에 人馬圖를 그렸는데, 왕유가 그 그림을 보고 그를 격려하였다. 인물화를 잘 그렸으며 특히 鞍馬圖에 능했다. 玄宗은 큰 말을 좋아하였는데, 西域의 大宛이 해마다 말을 헌납하면 한간에게 명하여 그 준마들을 모두 그림으로 그리게 하였다. 그 가운데 玉花驄이며 照夜白 등이 있었다. 그에 대한 기록은 ≪역대명화기≫에 보인다. 入室은 ≪論語≫ 〈先進〉에 나오는 말이다. "공자께서 말씀하기를, '유(子路)는 비파를 어찌 내 문에서 연주하는가.' 하자, 門人들이 자로를 공경하지 않으니 공자께서 말씀하셨다. '유는 堂에는 올랐고 아직 방에 들어오지 못한 것이다.'〔子曰 由之瑟 奚爲於丘之門 門人不敬子路 子曰 由也升堂矣 未入於室也〕" 여기서 '入室'이란 스승의 가르침을 받아 참된 경지에 올랐음을 말한다.
22) 驊騮 : 원래는 周나라 穆王이 타던 八駿馬 가운데 하나를 지칭하는 고유명사인데, 여기서는 준마 일반을 가리킨다.
23) 偶 : '必'로 되어 있는 본도 있다.
24) 屢貌 : '貌'은 묘사한다는 뜻으로 '막'으로 읽는다.
25) 眼白 : 백안시하다. 냉대하며 가볍게 보는 것을 말한다. 竹林七賢의 한 사람인 阮籍이 속된 사람을 만나면 白眼 즉 눈의 흰자위를 드러내어 냉대하는 뜻을 보이고, 의기투합하는 사람을 만나면 靑眼 즉 검은 눈동자로 대하여 반가운 뜻을 보인데서 유래한 말이다.
26) 坎壈 : 困窮하여 뜻을 얻지 못함을 이른다.

【通釋】

조장군은 원래 위무제의 자손으로 지금은 淸貧한 가문의 서민이 되었다. 조조, 유비, 손권 등 영웅이 할거하던 시대는 이미 오래 전에 끝났지만 그 조상 위무제가 가졌던 뛰어난 문채와 풍류의 여운은 지금까지도 여전히 장군의 몸에 남아 있다. 그는 처음에 동진의 위부인을 스승으로 여겨 私淑하면서 그 서법을 배우기는 하였으나 직접 위부인에게 배운 왕희지를 능가하지 못한 것을 한스러워하였다. 이후에는 전심을 다해 그림 그리는 것에 정성을 쏟아 늙어가는 것도 잊었으며 부귀를 대해서는 뜬 구름과 같이 여길 정도까지 되었다.

개원연간에는 황제께서 자주 그를 불러 현종의 총애를 입어 여러 번 황제의 편전 남훈전에까지 가 직접 만나 뵈었다. 그 당시에는 능연각에 그려져 있던 공신의 화상이 빛이 바래어 선명치 않았는데, 조장군의 붓 아래에서 그들은 면모가 살아있는 듯 모습을 드러내었다. 현명하고 어진 재상들인 文臣의 머리 위에는 진현관이 씌여지고, 용맹한 장군의 허리춤에는 거대한 깃 화살을 그려 넣었다. 용맹스런 장군으로 이름이 높았던 포국공과 악국공은 그 머리터럭이 움직이는 듯하여 영웅의 풍모와 자태 그리고 늠름한 기상이 격렬한 싸움에 참가했다가 돌아온 느낌까지 더해 주었다.

선제 현종이 타던 명마 옥화총은 많은 화가들이 그 모습을 그려내었지만 어느 누구도 본래 모습을 제대로 그려 내지 못했다. 이날 옥화총을 궁정의 계단 아래로 끌고 와 궁문 앞에 우뚝하게 세우니 마치 긴 바람이 이는 듯 말의 기세가 날아갈듯 하였다. 황제께서 조장군에게 명하여 흰 비단을 펼치고 그 위에 그림을 그리라 하자 조장군은 어떻게 그릴까 고심하고 구상하였다. 얼마 후 순식간에 마치 구중궁궐에 진짜 용마가 나타난 듯 그려내어 천고 이래 범속한 말들의 모습을 한 번에 다 씻어내 버렸다. 그림으로 그려진 옥화마가 황제의 자리 옆에 세워지자 황제자리 옆의 그려진 말과 계단 앞에 있는 진짜 말이 우뚝 서서 마주 보고 있게 되었다. 황제께서 만족해하며 미소를 띠고 조장군에게 치하하는 황금을 빨리 내려주라 재촉하니 말을 관장하던 관원들은 그린 말이 진짜 말보다 더 총애를 받자 失意하였다.

그의 제자 가운데 한간이라는 사람 역시 그림에 조예가 깊어 유명했는데 특히 말그림에 뛰어나 다양한 모습을 잘 담아내었다. 그러나 그는 단지 겉모습의 '살'만 그려냈을 뿐 骨氣를 나타내는 '뼈'는 그리지 못해 名馬들의 풍채와 기상을 잃게 만드니 조장군만은 못했던 것이다. 조장군의 뛰어난 그림 솜씨는 하늘이 내린 도움이 있으므로 훌륭한 선비들을 만나면 그 모습을 또한 실물과 똑같이 그려내련만 지금은 전란 중에 떠돌아다니면서 길에서 만나는 보통 사람들의 모습만 자주 그리고 있다. 전란 때문에 운명이 곤궁함에 처하자 세상 사람들은 그를 백안시하니 이 세상에 그 누가 조장군보다 더 곤궁할까. 다만 그를 위로해주는 한 마디 말을 하자면 예로부터 훌륭한 명성이 있는 이에게는 일생동안 곤궁과 고통이 따라다니는 것이니 너무 괴로워하지 마시게.

【解題】

이 시는 廣德 2년(764) 두보가 成都에서 曹霸를 처음 만나 그에게 써 준 시이다.

앞의 〈韋諷錄事宅觀曹將軍畫馬圖〉가 조장군이 그린 아름다운 말그림을 묘사한 시라면, 이 시는 조장군의 불우함을 말해주는 작품이다. 凌煙閣의 공신상과 황제의 말을 잘 그려 유명했던 화가가 전란 통에 떠돌며 길에서 사람을 그려주면서 연명하고 있다. 앞뒤의 선명한 對照를 통해 조장군의 삶이 어떻게 전락했는지 잘 드러낸다. 이 대조법이 시 전체를 일관하고 있다. 한 시대를 풍미했던 예술가들이 전란 속에 어떻게 살고 있는가는 歌客을 그린 두보의 또 다른 작품 〈江南逢李龜年〉에도 잘 묘사되어 있는데 이 두 작품은 나란히 읽을 만하다.

【集評】

○ 衛夫人 杜詩此註 亦謂晉李夫人名衛 善書云 則李氏名衛 故仍謂之衛夫人耳 右軍初學夫人書 夫人見其書 歎曰 此子咄咄逼人 右軍遂以書名天下 故子美始以霸擬右軍云 初學衛夫人 卽係之曰 但恨不能過王右軍 意匠慘憺 意所構造 謂之意匠 慘憺 神妙變異之狀 - 朝鮮 李德弘, ≪艮齋集≫〈古文前集質疑〉

衛夫人 : 두보 시에 이에 대한 주석에도 "진나라 李夫人은 이름이 衛로 글씨를 잘 썼다."라 하였다. 李氏의 이름이 衛이기 때문에 衛夫人이라 한 것이다. 右軍이 처음 衛夫人에게 글씨를 배울 때 부인이 그의 글씨를 보고 감탄하며 말하기를, "이 사람은 정말 위압감을 느낄만큼 대단하구나."라고 했다. 右軍은 마침내 글씨로 천하에 이름을 떨쳤다. 그러므로 子美(두보)가 처음에는 조패를 우군에게 견주어 "처음에 조패는 衛夫人에게 배웠다."고 했지만 바로 이어서 "다만 王右軍보다 나을 수 없음을 恨하였다."고 했다.

意匠慘憺 : 뜻이 구조를 짜는 데 있는 것을 일러 '意匠'이라 한다. '慘憺'은 神妙하며 기이하게 변하는 모습이다.

○ 杜子美曹將軍丹青引曰 斯須九重眞龍出 一洗萬古凡馬空 玉花却在御榻上 榻上庭前屹相向 弟子韓幹早入室 亦能畫馬窮殊相 幹惟畫肉不畫骨 忍使驊騮氣凋喪 幹乃曹將軍弟子也 東坡之詠韓幹畫馬曰 韓生畫馬眞是馬 世無伯樂亦無韓 盖曹韓 天下之善畫馬者也 若使二公見此軸而題品 則當屬之何等也 - 朝鮮 南公轍, ≪金陵集≫〈趙子昂萬馬圖橫軸綃本〉

두보의 〈曹將軍丹青引〉에, "斯須九重眞龍出 一洗萬古凡馬空 玉花却在御榻上 榻上庭前屹相向 弟子韓幹早入室 亦能畫馬窮殊相 幹惟畫肉不畫骨 忍使驊騮氣凋喪"이라 하였는데, 한간은 곧 조장군의 제자이다. 소동파 역시 한간의 말 그림에 대해 "한간이 그린 말이야말로 진짜 말이고, 세상에 백락이 없으면 한간 또한 없으리니〔韓生畫馬眞是馬 世無伯樂亦無韓〕"[1)]라고 읊은 적이 있다. 대저 조장군과 한간은 모두 천하의 말그림을 잘 그리는 이들이다. 만일 조공과 한공이 이 趙子昂의 萬馬圖 畫軸을 보고 품평을 쓴다면 어느 등급에 속하게 될까.

1) 韓生畫馬眞是馬 世無伯樂亦無韓 : 이 구절은 소동파의 古詩인 〈韓幹馬十四匹〉의 끝 구로 해당 부분은 다음과 같다. "한간이 그린 말이야말로 진짜 말이고, 소자가 쓴 시는 그림을 보는 것 같네. 세상에 백락이 없으면 한간 또한 없으리니, 이 시와 이 그림 누가 보아줄까.〔韓生畫馬眞是馬 蘇子作詩如見畫 世無伯樂亦無韓 此詩此畫誰當看〕"

○ 起來四句便淸超婉暢 而文采風流從魏武來 便可定將軍之品 學書四句 只是同能不能獨勝 故舍學書而專精于畫 然下語之妙 眞是行空天馬……凌煙功臣一段 雖是件語 已露精神 至先帝天馬以下 眞神化所至 只迥立閶闔生長風七字 已奪天馬之神 而慘淡經營 貌出良工用心苦……至將軍畫善以下 乃急來緩受之法 必逢佳士 亦肯寫眞 世間佳士少 俗人多 干戈漂泊 屢貌常人 而俗眼白之 其貧宜矣 蓋盛名之下 坎壈纏其身 自古皆然 何疑于將軍哉 余謂此詩公借曹霸以自狀 與淵明之記桃源相似 - 明 王嗣奭, ≪杜臆≫ 卷6

첫 네 구절은 淸雅하고 脫俗하면서도 부드럽고 유창한데 문채와 풍류가 위 무제에게서 비롯되었다고 했으니 조장군의 기품을 이루었다고 할 수 있다. '學書' 4句는 똑같이 잘 하기는 하지만 독보적으로 잘 할 수는 없어 그 때문에 글씨 배우기를 버리고 그림에 오로지 정신을 쏟았다는 말이다. 하지만 말을 쓰는 오묘한 솜씨가 참으로 천마가 하늘을 나는 것 같다…… '凌煙功臣' 한 단락은 (핵심을 보강하려고) 붙인 말이지만 이미 정신을 드러내 보이고 있다. '先帝天馬' 이하에 가서야 참으로 귀신같은 변화가 일어나는 데 단지 '迥立閶闔生長風' 일곱 글자로 천마의 신령스러움을 다 그려냈으며 '慘淡經營'은 훌륭한 예술가의 고심하는 모습을 잘 그려내었다…… '將軍畫善' 이하는 사태가 급박함을 알려주는데도 천천히 받는 수법을 쓰고 있다. 즉, 반드시 빼어난 선비를 만나 또한 참 모습을 그려낼 터인데 세상에 빼어난 선비는 적고 俗人은 많은데다 전란 속에 떠돌아다니면서 자주 보통 사람들이나 그려주고 세상 사람들에게 차가운 대우를 받으니 그의 가난은 당연할 수밖에 없다. 대개 훌륭한 이름 아래엔 곤궁이 그 몸을 감고 있음은 예로부터 그래왔으니, 어찌 장군에게 의심을 두겠는가. 내 생각에 이 시는 두보가 조패장군을 빌어 스스로를 그렸으니, 도연명이 桃花源을 기록한 것과 비슷하다.

○ 韋諷宅觀畫九馬 敍出無數馬來 格最奇 此丹青引專爲一馬 却敍出無數人來 格尤奇 起處寫將軍之當時 極其寵縱 結更寫將軍之今日 極其悲涼 中間述其丹靑之恩遇 以畫馬爲主 馬之前後 又將功臣佳士來襯 起頭之上 又有起頭 煞尾之下 又有煞尾 至于插入學書衛夫人一段 授弟子韓幹一段 昔日右軍爲弟子 賢過其師 今日將軍得弟子 師賢于弟 波漾疊出

分外爭奇 却一氣混成 眞乃匠心獨運之筆 - 淸 金人瑞, ≪杜詩解≫ 卷3

위풍의 집에서 조장군이 그린 아홉 마리 말을 보면서 무수한 말이 달려오는 것을 묘사하였는데 격조가 아주 기이하다. 이 〈丹靑引〉은 오로지 말 한 마리를 묘사하면서 무수한 사람을 그리고 있는데 격조가 더욱 기이하다. 시작하는 곳은 조장군의 옛날을 묘사하면서 그 우뚝함을 다 표현했고, 맺는 부분에서 지금의 장군을 다시 묘사하면서 그 슬픔과 처량함을 다 표현했다. 그 중간에 그림솜씨가 天子의 知遇를 받았음을 서술하면서 말 묘사를 위주로 하였는데 말 앞뒤로 공신, 佳士를 가져와 도드라지게 하고 있다. (이러한 수법은) 시작 위에 또 시작이 있고 마무리 뒤에 또 마무리가 있는 것이다. 위부인을 스승으로 붓글씨를 배웠다는 한 단락과 제자 한간을 가르쳤다는 한 단락에 이르면, 예전에 왕우군은 위부인 제자였으나 실력이 자기 스승보다 뛰어났고, 지금 장군은 제자를 얻었으나 스승이 제자보다 실력이 뛰어나다는 말이다. 파도가 출렁거리며 연이어 밀려오면서 본래 모습 외에 기이함을 다투면서도 바로 혼연하게 한 기운이 首尾一貫하는 작품이다. 참으로 창조력의 정교한 구상만이 독창적으로 운용할 수 있는 필법이다.

○ 讀此詩 莫忘却贈曹將軍霸五字……通篇感慨淋漓 都從此五字出 自來注家只解作題畫 不知詩意却是感遇也 但其盛其衰 總從畫上見 故曰丹靑引 - 淸 浦起龍, ≪讀杜心解≫ 卷2

이 시를 읽을 때는 '贈曹將軍霸' 다섯 자를 잊어서는 안 된다. …… 시 전체에 감개한 기운이 흘러넘치는데 모두 이 다섯 글자에서 나온다. 예로부터 주석가들은 단지 題畫詩로만 풀이했을 뿐 시의 주제가 자기를 알아주는 이를 만난 것에 감격함을 알지 못했다. 다만 그의 전성기와 그의 몰락을 모두 그림을 통해 볼 수 있으므로 제목을 〈丹靑引〉이라 한 것이다.

062 寄韓諫議[1)]

한간의에게 부치다

杜甫

今我不樂思岳陽[2)] 지금 내가 슬픈 것은 岳陽을 생각하기 때문이니
身欲奮飛病在牀 몸은 날아가고 싶지만 병들어 침상에 누워있네

美人[3]娟娟[4]隔秋水　미인은 아름다운 모습으로 가을 물 저 건너에서
濯足[5]洞庭望八荒[6]　동정호에 발 씻으며 八荒을 바라보고 있겠지

鴻飛冥冥[7]日月白　높은 하늘에 기러기 날고 해와 달은 빛나는데
青楓葉赤天雨霜[8]　푸르던 단풍잎이 붉어지고 서리가 내린다

玉京群帝集北斗[9]　玉京의 여러 제왕들 북두성에 모였는데
或騎麒麟翳鳳凰[10]　혹 기린을 타기도 하고 봉황을 타기도 했네

芙蓉旌旗煙霧落　부용꽃 새겨진 깃발 煙霧 속에 내려오니
影動倒景搖瀟湘　그 그림자 거꾸로 비쳐 소상강 수면에 너울거린다

星宮之君[11]醉瓊漿　星宮의 신하들은 좋은 술에 취하여 있으나
羽人[12]稀少不在旁　羽人은 드물어 그 곁에 있지 않네

似聞昨者赤松子[13]　그 옛날 赤松子와 같다고 들은 듯한데
恐是漢代韓張良[14]　漢나라 때 韓人 張良이 아니었을까

昔隨劉氏定長安[15]　옛날 劉邦을 따라 長安을 평정했던
帷幄未改神慘傷[16]　군막의 지략은 그대로 지녔기에 마음이 아팠으리라

國家成敗吾豈敢　나라의 성패에 내가 어찌 관여하랴
色難腥腐餐楓香[17]　비리고 썩은 음식은 사양하고 楓香을 먹고 있네

周南留滯古所惜[18]　周南에 남겨짐을 예로부터 애석하게 여겼거늘
南極老人應壽昌[19]　南極老人이 나타나 태평성대를 이루리니

美人胡爲隔秋水　미인은 어이하여 가을 물 건너에 있는가
焉得置之貢玉堂[20]　어찌하면 그대를 천거하여 玉堂에 앉힐거나

【註釋】

1) 韓諫議 : ≪杜詩詳注≫에는 〈寄韓諫議注〉로 되어 있어 名字가 '注'임을 알 수 있다. 그러나 한간의의 행적이 자세하게 남아있지 않고, 韓休의 아들 韓汯이 당시에 諫議大夫로 있었으므로, '注'를 '汯'의 誤字로 보기도 한다.
2) 岳陽 : 지금의 湖南省 岳陽市이다. 韓諫議가 이곳에 거주하고 있었던 것으로 보인다.
3) 美人 : 君王 또는 君子의 代稱인데, 대개 상대방에 대한 美稱으로 쓰이기도 한다. 논자에 따라 한간의로 보기도 하고, 두보가 한간의에게 추천해주기 바랬던 李泌로 보기도 한다. 이필은 肅宗이 장안을 수복할 때 큰 공을 세웠고, 당시에는 衡山에 은거하고 있었다.
4) 娟娟 : 아름다운 모습을 형용한다.
5) 濯足 : ≪孟子≫ 〈離婁〉의, "滄浪의 물이 濁하면 발 씻을 만하다.〔滄浪之水濁兮 可以濯吾足〕"에서 취한 것으로 세속을 떠나 있음을 뜻한다.
6) 八荒 : 八極, 즉 팔방의 끝까지 이르는 지경으로 온 천하를 뜻한다.
7) 鴻飛冥冥 : '冥冥'은 높고 아득히 먼 하늘을 뜻한다. 揚雄의 ≪法言≫ 〈問明〉에, "큰 기러기 아득한 하늘을 나니, 주살을 가진 자들이 어찌 잡을 수 있겠는가.〔鴻飛冥冥 弋人何篡焉〕"라는 전거에서 볼 수 있듯이 큰 기러기는 세속에서 벗어나 있는 賢者을 상징하기도 한다.
8) 雨霜 : 下霜, 즉 서리가 내린다는 뜻이다.
9) 玉京群帝集北斗 : '玉京'은 天帝가 있는 天宮을 지칭하며, '群帝'는 여러 제왕들을 지칭한다. '北斗'는 별의 이름으로 여기서는 천자를 상징한다. ≪晉書≫ 〈天文志〉에, "북두칠성은 태미성의 북쪽에 있는데 七政의 중심축이요 음양의 근원이다. …… 북두는 人君의 象이요, 號令의 주재자이다.〔北斗七星 在太微北 七政之樞機 陰陽之元本也…… 斗爲人君之象 號令之主也〕"라고 하였다. 이 구절은 천궁에서 천상의 제왕들이 天帝를 시종하고 있는 모습을 형용한 것으로 群臣들이 천자를 모시고 있는 朝廷의 모습을 표현한 것이다.
10) 或騎麒麟翳鳳凰 : 기린과 봉황은 仙人이 타는 상서로운 짐승이다. ≪集仙錄≫에, "여러 신선들이 모두 모이는데, 지위가 가장 높은 자는 鸞을 타고, 그 다음은 기린을 타고, 그 다음은 용을 탄다.〔群仙畢集 位高者 乘鸞 次乘麒麟 次乘龍〕"라고 하였다. '翳'는 원래 가리개 또는 일산을 뜻하는데, 여기서는 탄다는 의미로 쓰였다. 이 구절은 조정에 모이는 신하들의 모습을 묘사한 것이다.
11) 星宮之君 : '星宮'은 별자리인 二十八宿를 뜻하는데, 각 별자리를 맡은 제왕이라는 뜻으로 앞에서 말한 '玉京群帝'와 같이 조정의 신하를 비유한 것이다.

12) 羽人 : 羽衣를 입은 仙人으로 飛仙을 지칭한다. 여기서는 동정호의 은자처럼 조정에 등용되지 못한 인재를 뜻한다.

13) 赤松子 : 전설 속의 仙人이다. ≪漢書≫ 顔師古의 注에, "적송자는 仙人의 號이다. 神農氏 때에 雨師였다.〔赤松子仙人號也 神農時爲雨師〕"라고 하였다.

14) 韓張良 : 장량을 지칭한다. 韓나라 출신으로 劉邦을 도와 漢나라를 건국, 留侯에 봉해졌다. 훗날 功名을 버리고 적송자를 따라 신선이 되었다고 전한다.

15) 昔隨劉氏定長安 : 장량이 漢 高祖 劉邦을 도와 천하를 평정했다는 뜻이다. "장안을 평정했다.〔定長安〕"는 것은 천하를 평정하여 한나라를 건국하였음을 뜻한다.

16) 帷幄未改神慘傷 : '帷幄'은 군막을 뜻한다. ≪漢書≫ 〈高帝紀〉에 한고조가, "군막 안에서 책략을 세워 천리 밖의 승패를 좌우하는 것은 내가 子房(張良) 만 못하다.〔夫運籌帷幄之中 決勝千里之外 吾不如子房〕"라고 하였다. 여기서는 동정호의 은자가 장량과 같은 지략을 지니고 있음에도 등용되지 못함을 말한 것이다.

17) 色難腥腐餐楓香 : '色難'은 '싫어함〔難〕을 얼굴색으로 드러내다〔色〕'라는 뜻이며, '腥腐'는 비린내 나고 썩은 음식으로 세속적 삶을 뜻하고, '楓香'은 신선의 음식으로 탈속의 삶을 뜻한다.

18) 周南留滯古所惜 : '周南'은 洛陽을 가리킨다. 司馬遷의 아버지인 太史公 司馬談이 泰山의 祭天 행사에 참여하지 못하고 周南에 남겨진 것을 애석해하였던 전거를 인용하였다. ≪史記≫ 〈太史公自序〉에, "이 해에 천자가 비로소 한나라의 封禪을 올렸는데 태사공은 주남에 체류하고 있어 그 행사에 참여하지 못하였다, 이 때문에 분통한 나머지 죽을 지경에 이르렀다.〔是歲 天子始建漢家之封 而太史公留滯周南 不得與從事 故發憤且卒〕"라고 하였다.

19) 南極老人應壽昌 : '南極老人'은 별자리의 명칭으로 남극성 또는 노인성이라고 하는데, 이 별이 나타나면 천하가 태평해진다고 한다. '壽昌'은 '長壽昌盛'의 준말로 황제의 장수와 태평성대를 뜻한다. 이 구절은 "南極老人星이 응당 韓諫議를 昌壽케 하기를 빈다."로 풀이하기도 한다.

20) 玉堂 : 玉殿으로 漢代의 궁정의 이름인데, 朝廷을 뜻한다.

【通釋】

내가 지금 슬퍼하는 것은 岳陽에 있는 한 사람을 생각하기 때문이다. 마음 같아선 날아가 그를 만나보고 싶지만 몸은 병들어 침상에 누워있으니 어찌 답답하지 않으랴. 그는 아름다운 모습으로 가을 물 저 건너에서 세속을 잊은 채 동정호에서 발을 씻으며 이 세상을 멀리서 바라보고 있겠지.

이제 해와 달이 하얗게 빛나는 높은 하늘에 큰 기러기 날고, 붉어진 단풍잎에 서리가 내리는 가을이다. 저 천상의 궁전을 바라보니, 여러 제왕들은 북두성에 모이는데, 어떤 이는 기린을 타고, 또 어떤 이는 봉황을 탔다. 또 부용꽃 새겨진 깃발을 휘날리며 仙人들이 煙霧 속에 내려오니 그 그림자가 瀟湘江 수면에 거꾸로 비쳐 너울거린다. 하늘 위 별자리에 군왕들은 좋은 술에 잔뜩 취하여 있으나 仙人들은 그곳을 떠나있으니, 그들의 곁에 선인은 있지 않구나. 이러한 모습은 조정에 그가 없는 것과 같지 않을까?

그가 그 옛날 赤松子와 같다고 하는 소리를 들은 듯한데, 내 생각에는 漢나라의 건국을 도운 韓나라 출신 張良이 아닌가 한다. 옛날 漢高祖 劉邦을 따라 천하를 평정했던 장량의 지략을 지니고 있으나 세상을 떠나있어 크게 쓰이지 못하고 있으니 어찌 상심하지 않겠는가. 그는 “나라의 성패에 내가 어찌 관여하랴.”라 말하면서 세속의 비리고 썩은 음식은 먹지 않고 깨끗하고 향기로운 풍향을 먹고 있다.

그러나 泰山의 封禪에 참여하지 못하고 周南에 체류하고 있던 司馬談이 국가대사에 참여하지 못해 분통한 나머지 죽을 지경에 이르렀던 사실은 예로부터 사람들이 애석하게 여겨오지 않았던가. 이제 南極老人星이 이 나라를 창성케 할 것인데, 어찌 그대와 같은 인물이 가을 물 건너편에 그대로 머물러 있을 것인가. 어떻게 하면 그대를 천거하여 조정에 앉힐 수 있을까.

【解題】

이 작품은 韓諫議라는 인물에게 부친 시로서, 두보가 55세인 大曆 元年(766)에 夔州에서 지은 것으로 알려져 있다. 시의 내용은 한나라의 張良과 같은 큰 공을 세우고도 당시 동정호에서 은거하고 있던 인물을 안타까워하며, 그가 다시 등용되기를 바라는 마음을 담고 있다.

그러나 시를 보낸 한간의의 행적이 잘 알려져 있지 않아, 논의가 매우 분분하다. 朱鶴年은 肅宗이 장안을 수복할 때 큰 공을 세우고도 衡山에 은거하여 仙道를 닦던 李泌과 같은 류의 사람이 한간의일 것이라고 추측하였고, 錢謙益은 두보가 한간의에게 이필을 추천해줄 것을 청한 것이라고 보았다. 그러나 전겸익의 해석도 여러 가지 측면에서 비판을 받는다. 먼저 두보와 교유한 인물은 모두 그의 시에 등장하는데, 이필의 경우는 두보와 교유한 자취가 없다는 사실이고, 두 번째는 韓나라 출신 장량의 고사를 인용한 것은 한간의를 비유하기 위한 것이기 때문이란 말이다. ≪杜詩詳注≫에 여러 논의가 자세하게 실려 있다.

【集評】

○ 錢牧齋集釋杜子美寄韓諫議詩 謂以諫爲職 望其薦李鄴侯於朝者 得之 又引外傳泌居衡山羨門安期降之 羽車幢節照耀山谷 證玉京群帝 則未然也 彼雖仙群 豈可以帝稱之耶 泌旣立大功 避輔國之詭 乞遊衡岳而已 其麻姑送酒之類 不過畏惡群小託此爲言 豈眞有所謂安期之徒相與從遊耶 鴻飛冥冥日月白 靑楓葉赤天雨霜 謂其脫略世禍 無所繫累 雖有天霜凋物 無奈鴻飛何也 玉京群帝指五帝座 此下四句謂輔國等群小居大臣之位 左右昏君 詭毁罔極 搖撼至於高踏之地 以其擅弄主威 故指之爲帝也 倒景指天上也 影動於彼而意實在此也 星宮對北斗言指南內也 南方朱鳥七宿而星居最中 故徵其文稱南內之拘囚也 玄宗方在憂愁鬱悒 麯糵爲半 理必有之 而親信高力士又被斥去 卽羽人稀少不在傍也 因泝前而述泌之成績 爲其好仙 故以赤松爲比 其功不減張良之定關中也 運籌之帷幄尙在而避詭遠逃 則神之所以慘傷也 然則國家成敗已非與知者 故於腥腐則色難而不食 於楓香則甘焉 謂不肯與群小同歸而飄然高擧也 然周南留滯如太史公者 古今所惜 而其絶世養性 則宜壽考無疆也 末乃言 當此時如此人 不宜任其自放 猶其望於諫議之薦達而置之玉堂也 如是看方是上下無滯矣 - 朝鮮 李瀷, ≪星湖僿說≫ 卷28, 〈子美寄韓諫議詩〉

≪錢牧齋集≫에, 杜子美가 韓諫議에게 부친 시를 해석하면서, "諫議는 諫하는 것을 직책으로 삼고 있으니, 그가 李鄴侯를 조정에 천거하기를 바라서 지은 것이다."고 한 말은 맞았다고 보겠으나, 또 업후의 外傳에, "李泌이 衡山에 살 때에 羨門・安期가 하강하여 羽車와 幢節이 산골에 환하게 비쳤다."는 구절을 인용하여 '玉京群帝'를 입증한 것은 옳지 않다. 그들이 아무리 신선의 무리라 하더라도 어찌 帝로써 일컬을 수 있으랴? 이필이 이미 큰 공을 세우고서 李輔國의 참소를 피하기 위하여 자원해서 형산에 노닐었을 따름이다. 그 麻姑 신선이 술을 보냈다는 類는 뭇 소인들을 두려워하고 미워한 나머지 이에 가탁하여 말을 한 것에 지나지 않는다. 어찌 참으로 이른바 安期生의 무리가 상종하여 노닌 일이 있었겠는가? 그 시 중에 '鴻飛冥冥日月白 靑楓葉赤天雨霜'이라고 한 것은, 그가 세속의 災禍를 초탈하여 얽매이는 바가 없으니, 비록 하늘이 서리를 내려서 만물을 시들게 하더라도 기러기가 높이 날아가서 어찌할 수 없음을 말한 것이다. 그리고 '玉京群帝'는 다섯 帝座를 지칭한 것이다. 이 아래 네 구는 李輔國 등 여러 소인들이 大臣의 지위에 거하여, 혼미한 임금을 좌지우지하여 참소하고 헐뜯음이 극에 달하였으며, 잡아 흔드는 것이 높은 곳에까지 이르러 그 임금의 위엄을 천단하기 때문에 帝라 지칭한 것이다. '倒景'은 천상을 지적한 것이니 그림자는 저쪽에서 움직이

지만 뜻은 실로 이쪽에 있는 것이다. '星宮'은 北斗를 대하여 말한 것으로 南內를 지적한 것이니 남방에 朱鳥 七宿가 있는데, 星이 가장 중앙에 있으므로 짐짓 그 글뜻을 은미하게 하여 南內의 拘囚를 지칭한 것이다.

玄宗이 바야흐로 근심걱정에 싸여 답답하고 서글프므로 술로 벗을 삼은 것은 이치로 미루어 반드시 있을 일이며 親信하던 高力士마저도 배척을 당했으니, '羽人稀少不在傍'이라 한 것이다.

인하여 전자의 일을 거슬러 이필의 공적 이룬 것을 서술하되 그가 신선을 좋아한 까닭으로 赤松子로써 비유한 것이며, 그가 세운 공이 저 張良이 關中을 평정한 것보다 못하지 않은데, 運籌하던 帷幄은 아직 있으나 참소를 피하여 멀리 도망하였으니, 이로써 심신이 참혹하게 상한 것이다.

그렇다면 국가의 성패에 대해서는 이미 참여해서 알 바 아니기 때문에 비린내 나고 썩은 것에는 난색을 표하여 먹지 아니하고 楓香을 달게 여긴 것이니, 이는 뭇 소인들과 함께 돌아가기를 즐겨하지 않고 표연히 높이 노님을 말한 것이다. 그러나 周南에 체류한 太史公 같은 이는 고금이 애석히 여기는 바이지만 세속을 사절하고 성정을 수양하니, 마땅히 한량없는 壽를 누릴 것이라는 뜻이다.

말미에는, 이와 같은 때를 당하여 이와 같은 사람을 스스로 방랑하게 맡겨 두어서는 안 된다고 말했으니, 오히려 諫議의 천거로서 玉堂에 두게 되기를 바란 것이다. 이와 같이 보아야만 바야흐로 위아래가 막힘이 없다.

○ 昔與吾友論杜詩七言古詩 以韓諫議爲首 余則以桃竹杖引爲優 優劣未易論也 杜詩謁先主廟長律最妙 且自負非常 蓋得意作也 - 朝鮮 朴長遠, ≪久堂先生集≫ 卷19, 〈箚錄〉 下

예전에 나의 친구와 함께 두보의 七言古詩에 대하여 논하면서 〈寄韓諫議〉를 첫째로 꼽았다. 나로서는 〈桃竹杖引〉이 더 우수하다고 여겼으나 우열을 쉽게 논할 수 없었다. 두보의 시 중 〈謁先主廟〉가 장편의 시로는 가장 묘하며 자부 또한 비상하였으니 대개 득의작이라 할 것이다.

○ 朱鶴齡曰 韓諫議不可考其人 大似李鄴侯泌 肅宗收京時 嘗與密謀 後屏居衡湘 修神仙羽化之道 公思之而作 似聞以下 美其功 在帷幄以下 惜其留滯秋水而不得大用也 - 淸 仇兆鼇, ≪杜詩詳註≫ 卷17

朱鶴齡은 다음과 같이 말하였다. "한간의는 어떤 사람인지 考究할 수 없다. 대개 李鄴侯 泌과 같은 사람인 듯하다. 肅宗이 장안을 수복하였을 때, 함께 깊이 謀議하였다. 그러나 후에 衡陽의 湘水에 물러나 살면서 신선의 도를 닦았으므로 公(杜甫)이 그를 생각하여 지은 것이다. '似聞'이하는 그의 공훈을 미화한 것이고, '帷幄'이하는 가을 물가에 머물러 있으면서 크게 임용되지 못하는 것을 애석해한 것이다."

063 古柏[1]行

오래된 측백나무

杜甫

孔明廟[2]前有老柏　　諸葛孔明 사당 앞의 늙은 측백나무
柯如青銅根如石　　가지는 푸른 구리, 뿌리는 돌 같구나

霜皮溜雨[3]四十圍　　서리 맞은 껍질 비에 젖어 둘레는 마흔 아름
黛色參天[4]二千尺　　하늘을 찌를 듯 짙푸르게 이천 척 솟았네

君臣已與時際會　　君臣이 이미 그때 뜻맞아 만났으니
樹木猶爲人愛惜　　나무들 지금도 사람들의 사랑 받는다네

雲來氣接巫峽長　　구름이 떠오면 그 기운 巫峽까지 길게 닿고
月出寒通雪山白[5]　　달이 뜨면 싸늘함이 雪山의 흰 빛과 통하네

憶昨路繞錦亭[6]東　　지난날 생각하니 錦亭 동쪽을 지나갈 때
先主武侯同閟宮[7]　　先主와 武侯가 閟宮에 함께 계셨는데

崔嵬[8]枝幹郊原古　　드높은 가지 줄기, 들판에서 늙어가고
窈窕[9]丹青戶牖空　　단청은 그윽한데 창문은 텅비었지

落落[10]盤踞[11]雖得地　　홀로 우뚝 서려 앉아 비록 제자리를 얻었으나
冥冥孤高多烈風　　하늘에 홀로 높아 매운 바람 많았지만

扶持自是神明力　　부지한 것은 神明의 힘에서 비롯하고
正直原因造化功　　바르고 곧은 것은 조화옹의 功 때문이리

大廈如傾要梁棟　　큰 집이 기울어져 들보와 기둥 필요해도
萬牛回首丘山重　　산같이 무거워 만 마리 소도 고개만 돌리리라

不露文章[12]世已驚　　아름다운 무늬 드러내지 않았어도 세상 이미 놀랐건만
未辭剪伐誰能送[13]　　잘림도 베어짐도 거절 않지만 누가 이를 옮기리오

苦心豈[14]免容螻蟻[15]　　괴로워도 그 속에 땅강아지 개미들이 사는 것을 어찌 면할까마는
香葉終經宿鸞鳳[16]　　향기로운 잎에는 마침내 난새와 봉새들이 머물리라

志士幽人莫怨嗟　　지사와 은자는 원망하고 탄식하지 말라
古來材大難爲用　　예로부터 재목이 크면 쓰이기 어려웠다네

【註釋】

1) 古柏 : 夔州(지금의 四川省 奉節縣)의 諸葛孔明 사당 앞에 있는 오래된 측백나무를 말한다.

2) 孔明廟 : 諸葛孔明의 사당을 지칭하는 것으로, 지금의 사천성 奉節縣 八陳臺 아래에 있다.

3) 霜皮溜雨 : 측백나무의 껍질이 창백하여 마치 서리가 지나간 것 같고, 가지가 윤택하여 마치 비에 씻긴 듯 하다는 의미이다.

4) 參天 : 하늘에 닿을 만큼 높다는 의미이다.

5) 雲來氣接巫峽長 月出寒通雪山白 : ≪杜詩詳註≫에는 이 2구가 '黛色參天二千尺' 구 아래에 있는데, "2구는 예전에는 愛惜 아래에 있었는데, 지금 須溪(劉辰翁)를 따라 고치니 氣가 順하다.〔二句舊在愛惜之下 今依須溪改正 則氣順矣〕"고 하였다. 여기서는 ≪全唐詩≫본을 따른다. '巫峽'은 사천성 巫山縣 동쪽에 있는데 長江 三峽 중 하나이다. '雪山'은 西岭, 西山이라고도 하는데, 사천성 松潘縣 남쪽에 있으며 岷山을 主峰으로 한다. 일 년 내내 눈이 쌓여 녹지 않으므로 이렇게 부른다.

6) 錦亭 : 정자이름이다. 두보가 成都 草堂에 머물던 때에 정자가 있었는데, 錦江 가까이에 있었기 때문에 '錦亭'이라 하였다.

7) 先主武侯同閟宮 : '先主'는 劉備를 가리키고, '武侯'는 諸葛亮을 가리킨다. 제갈량이 유비를 보좌하여 蜀나라를 세운 공으로 武鄕侯에 봉해졌는데, 이를 줄여 武侯라고 한다. '閟宮'은 祠廟를 말하고, '同閟宮'은 한 사묘 안에 함께 있는 것을 말한다. 성도의 무후묘가

선주묘 안에 달려 있기에, 同閟宮이라고 한 것이다.

8) 崔嵬 : 높은 모습을 말한다.

9) 窈窕 : 깊고 그윽한 모습을 말한다.

10) 落落 : 홀로 우뚝하게 높은 모습을 말한다.

11) 盤踞 : 龍盤虎踞의 준말로, 용이 서려 있는 듯하고 범이 웅크리고 앉은 듯한 모습을 말한다.

12) 不露文章 : 문채를 드러내지 않는다는 것은 화려한 꽃가지가 없는 측백나무의 질박함을 의미한다.

13) 未辭剪伐誰能送 : '辭'는 거절의 뜻으로, '未辭剪伐'은 측백나무가 동량이 되기 위해 찍히고 깎이는 괴로움을 마다하지 않음을 표현한 것이다. '誰能送'은 운송해 줄 사람이 없다는 뜻으로, 동량이 될 만한 인재를 추천해 주는 사람이 없다는 의미이다.

14) 豈 : '未'로 되어 있는 본도 있다.

15) 螻蟻 : 小人을 의미한다.

16) 鸞鳳 : 君子를 의미한다.

【通釋】

夔州의 제갈공명 묘 앞에 서 있는 측백나무, 그 가지는 늙었지만 푸른 구리처럼 굳세고 뿌리는 돌처럼 견고하다. 나무껍질은 서리를 맞은 듯 창백하지만 가지는 비에 씻긴 듯 윤기가 돌고 전체 둘레는 마흔 아름 정도로 굵으며 짙푸른 잎들은 하늘을 찌를 듯 높이가 2천 척이나 된다. 이전의 현군 유비와 충신 제갈공명이 시대를 걱정하며 뜻을 함께했던 일은 이미 역사상의 지난 일이 되었건만, 나무는 그들을 기억하는 후인들에게 여전히 사랑받고 있다. 나무 꼭대기에 구름이 떠오면 그 기운이 무협에 닿아 길게 뻗고, 달이 뜨면 그 차가운 기운이 설산과 통하여 희다.

지난날 내가 성도의 錦亭 동쪽을 지나갈 때를 생각해 보니, 先主 유비의 사당과 武侯 제갈공명의 사당은 깊고 고즈넉한 사당에 함께 모셔져 있었다. 그곳 나무의 높다란 가지는 들녘에 古色을 더하고, 단청으로 꾸며진 고요한 사당 안에는 아무도 없었다. 그곳의 측백나무는 비록 제자리를 얻어 생장하고 있었지만, 홀로 높이 솟아 하늘의 매서운 바람을 다 받아야만 했다. 그럼에도 불구하고 꺾이지 않고 버틸 수 있었던 것은 신명의 힘이었고, 바르고 곧을 수 있었던 것은 조화옹의 공 때문이었을 것이다.

커다란 집이 기울어져 이를 지탱할 들보와 기둥이 필요하다 하더라도, 기주의 이 나무는 언덕이나 산같이 무거워 만 마리의 소를 이용해도 옮길 수가 없을 것이다. 아름다운 文彩를 밖으로 드러내지 않아도 그 질박한 아름다움에 세상 사람들은 이미 감탄하고, 이 나무도 잘리거나 베어져 들보와 기둥이 되는 것을 사양하지 않지만, 누가 이 나무를 옮길 수 있을까. 나무속에 땅강아지와 개미가 들어와 해를 입히는 것을 어떻게 피할 수 있을까마는, 끝내는 그 향기로운 잎에 난새와 봉새가 깃들어 머물 것이다. 세상의 지사들과 은자들은 원망도 탄식도 하지 말라, 예로부터 재목이 크면 쓰이기 어려운 법이다.

【解題】

이 시는 大曆 元年(766) 두보가 夔州에서 지낼 때 지은 작품이다. 이는 사물에 의탁하여 노래한 詠物詩로, 夔州 古柏의 크고 높으며 곧고 빼어난 모습을 讚嘆하여 諸葛孔明을 높이고, 이를 통해 자신의 번민과 불평을 드러내었다.

시 전체는 세 단락으로 나뉜다. 첫 번째 단락은 기주 무후묘 앞의 古柏을 묘사하고 있는데, 제5・6구에서 古柏을 통해 인간사까지 언급함으로써 古柏을 인격화시키고 있다. 다음 단락은 성도 선주묘와 무후묘 앞의 古柏을 언급했으며, 마지막 단락은 古柏을 통해 人間事를 비유하고, '예로부터 재목이 크면 쓰이기 어려웠다.〔古來材大難爲用〕'라고 끝맺어 재주가 있어도 시대를 만나지 못한 두보 자신의 불우한 심정을 담아내고 있다.

【集評】

○ 古柏行 路繞錦亭 元註 黃氏趙氏 皆謂此詩作於夔州 蓋武侯廟在成都 亦在夔州 兩廟皆有柏 此詩 子美初至夔州 見武侯廟 遂追感成都所見而作故云 錦亭在成都 誰能送 言此柏不辭剪伐爲用 而誰能取遣而用之乎 － 朝鮮 李德弘, ≪艮齋集≫〈古文前集質疑〉

〈고백행〉의 '路繞錦亭'은 元註에 황씨와 조씨 모두 이 시는 夔州에서 지은 것이라고 하였다. 대개 武侯廟는 성도에 있고 또한 기주에도 있는데, 두 묘에 모두 측백나무가 있으나 이 시는 子美(杜甫)가 처음 기주에 이르러 무후묘를 보고 성도에서 보았던 것을 떠올리면서 지었기 때문이라고 한다. 錦亭은 성도에 있다. '誰能送'은 이 측백나무가 잘리고 베어져 쓰이는 것을 사양하지 않지만, 누가 取捨하여 그것을 쓸 수 있겠는가라고 말한 것이다.

○ 或爲子美作此詩 備詩家衆體 非獨形容一時君臣相遇之盛 亦可以自況 而又以憫其所値之時不如古也 第深考之 信然 － 宋 李之儀, ≪姑溪居士文集≫〈跋古柏行後〉

혹자는 子美(杜甫)가 이 시를 지어 시인의 여러 체를 갖추었는데, 한때 훌륭한 군주와 신하가 만난 성대함을 형용하였을 뿐만 아니라 또한 자신을 비유하였고, 또 처한 때가 옛날과 같지 않음을 근심하였다고 하였다. 깊이 살펴보니 믿을 만하다.

○ 古柏行一首 見睹物懷人氣勢之大 - 宋 何溪汶, ≪竹莊詩話≫ 卷15
〈고백행〉 한 수는 사물을 보고 사람을 그리워하는 큰 기세가 보인다.

○ 成都夔府各有孔明祠 祠前各有古柏 此因夔祠之柏而幷及成都 然非咏柏也 公平生極贊孔明 蓋有竊比之思 孔明材大而不盡其用 公嘗自比稷契 材似孔明而人莫用之 故篇終而結以材大難爲用 此作詩本意 而發興於柏耳 不然 廟前之柏 豈梁棟之需哉 - 明 王嗣奭, ≪杜臆≫ 卷7

성도와 기부에는 각각 제갈공명의 사당이 있고, 사당 앞에는 각각 오래된 측백나무가 있다. 여기에서는 기주 사당의 측백나무로 인해 성도의 것까지 아울러 언급했지만, 측백나무를 읊은 것은 아니다. 공은 평생 제갈공명을 극찬했는데, 대개 은밀히 (자신을) 비유하는 뜻이 있다. 공명의 재목은 컸으나 다 쓰지는 않았다. 공은 일찍이 스스로를 稷과 契에 견주어 재목은 공명과 같지만 사람들이 쓰지 않는다고 하였다. 그러므로 이 작품의 마지막을 "재목이 크면 쓰이기 어려웠다네.〔材大難爲用〕"로 끝맺었는데, 이것이 시를 지은 본의이며 측백나무는 흥을 일으킨 것뿐이다. 그렇지 않다면 사당 앞의 측백나무가 어떻게 동량으로 쓰이겠는가?

【참고자료】

徐居正의 〈寄七休亭孫同年〉 제2수 "예로부터 재목이 크면 쓰이기가 어렵나니, 꼭 배처럼 큰 꽃을 피울 필요가 있으리오.〔古來材大難爲用 何必開花大似船〕"(≪四佳詩集≫ 卷20)와 〈題老松屛風 八首〉의 제7수 "재목이 크면 쓰이기 어렵다 하지 마오, 예로부터 큰 그릇은 반드시 늦게 이뤄진다네.〔莫言材大難爲用 由來大器成必晩〕"(≪四佳詩集≫ 卷46)와 〈病中詠荷花 錄奉子固〉의 제4수 "재주가 커서 쓰이기 어렵다 하지 마오, 만백성의 고질병을 낫게 하리니.〔莫嫌才大難爲用 會使沈痾萬姓痊〕"(≪四佳詩集≫ 卷46)는 이 시의 마지막 구절인 '志士幽人莫怨嗟 古來材大難爲用'을 차용한 것이다.

064 觀公孫大娘[1]弟子舞劍器行 幷序

공손대랑의 제자가 검기무 추는 것을 보고 병서

杜甫

大曆二年十月十九日 夔府別駕元持宅[2] 見臨潁李十二娘[3]舞劍器[4] 壯其蔚跂[5] 問其所師 曰余公孫大娘弟子也 開元三載[6] 余尙童穉 記於郾城[7]觀公孫氏[8]舞

劍器渾脫[9] 瀏灕[10]頓挫 獨出冠時 自高頭[11]宜春梨園[12]二伎坊內人[13] 洎外供奉[14] 曉是舞者 聖文神武皇帝[15]初 公孫一人而已 玉貌錦衣 況余白首 今玆弟子 亦匪盛顔 旣辨其由來 知波瀾[16]莫二 撫事慷慨 聊爲劍器行 昔者吳人張旭[17] 善草書書帖 數嘗於鄴縣[18] 見公孫大娘舞西河劍器[19] 自此草書長進 豪蕩感激 卽公孫可知矣

大曆 2년(767년, 唐 代宗 5) 10월 19일 夔州府 別駕 元持댁에서 臨潁人 李十二娘의 검기무를 보고 그 빛나고 호탕한 모습이 훌륭하다고 생각해 그 스승을 물으니, "저는 공손대랑의 제자입니다."라고 하였다.

개원 3년(715년, 당 현종 4) 내가 아직 어렸을 때, 郾城에서 공손씨가 검기혼탈무를 추는 걸 본 기억이 있는데, 활발한 변화가 끝이 없어 당시에 홀로 으뜸이었다. 황제 앞에서 춤추던 宜春園·梨園 두 敎坊 나인에서부터 外供奉에 이르기까지 이 춤을 알고 있는 사람은 현종 초까지 공손씨 한 사람뿐이었다. 옥같은 얼굴에 비단 옷 입은 공손씨도 사라져 버렸는데 하물며 내 흰머리 나는 것이야. 지금 이 제자 또한 한창 때 얼굴은 아니다. 이 제자의 유래를 알고 나니 그 변화 가득한 춤이 스승의 춤과 다르지 않음을 알겠다. 옛일을 더듬으며 슬퍼하면서 애오라지 〈검기행〉을 쓴다.

예전에 吳人 장욱이 서첩에 草書를 잘 썼는데, 자주 鄴縣에서 공손대랑이 西河劍器舞 추는 걸 보았다. 이로부터 초서가 크게 진척되어 호방하고 激蕩하게 되었으니, 공손씨 춤이 어떠한지 알 수 있을 것이다!

昔有佳人公孫氏	옛날에 佳人 공손씨 있어
一舞劍器動四方	한번 검기무를 추면 사방을 진동시켰지
觀者如山色沮喪[20]	보는 이들 산처럼 모여 얼굴색이 변하고
天地爲之久低昂	천지도 이로 인해 출렁이는 듯
㸌如羿射九日落[21]	빛나기는 羿가 해 아홉을 쏘아 떨어뜨리듯
矯如群帝驂龍翔	힘차기는 여러 천제가 용을 타고 날 듯
來如雷霆收震怒[22]	나올 때는 천둥소리가 진노를 거둬들이듯

罷如江海凝清光[23] 물러날 때는 강과 바다에 맑은 빛 엉기듯 하였지

絳唇珠袖兩寂寞[24] 붉은 입술 주옥 같은 소매 모두 적막해졌는데
晩有弟子傳芬芳[25] 늦게 둔 제자가 그 아름다움 전하여

臨潁美人在白帝[26] 臨潁의 미인이 백제성에서
妙舞此曲神揚揚 이 곡을 절묘하게 춤추니 神彩 너울거린다

與余問答旣有以 나와 묻고 답해 보니 이미 연유 있었던 것
感時撫事增惋傷 시절을 느끼며 옛 일 더듬어보니 서글픔만 더해진다

先帝[27]侍女八千人 先帝의 시녀 팔천 명에
公孫劍器初第一 공손씨 검기무가 처음부터 으뜸이었지

五十年間[28]似反掌 오십년 사이에 손바닥 뒤집듯 세월이 빨라
風塵澒洞[29]昏王室 끝없는 바람 먼지 왕실 어둡게 하였기에

梨園弟子散如煙 이원의 제자들 연기처럼 흩어지고
女樂餘姿映寒日[30] 女樂의 남은 자태만 차가운 해에 비친다

金粟堆前木已拱[31] 금속퇴 앞에 나무는 이미 한 아름이나 되고
瞿塘石城[32]草蕭瑟 구당협 석성에 풀은 쓸쓸하기만

玳筵[33]急管曲復終 성대한 술자리 빠른 피리소리 노래조차 끝나니
樂極哀來[34]月東出 즐거움 다하고 슬픔이 와 달 동쪽에 떠오르네

老夫[35]不知其所往 이 늙은이 갈 곳 모르고
足繭荒山轉愁疾[36] 굳은살 박힌 발로 가야 할 황량한 산야 수심만 도리어 빠르구나

【註釋】

1) 公孫大娘 : 開元 연간 劍器渾脫舞를 잘 추기로 유명했던 여자다. 그에 대한 기록이 ≪明皇

雜錄≫에, "이때 공손대랑은 칼춤을 잘 추어 鄉里曲 및 裵將軍滿堂勢, 西河劍器渾脫을 잘 했는데 춤추는 기예가 아름답고 묘해 모두 이 시대의 으뜸이었다.〔時有公孫大娘者 善劍舞 能爲鄰里曲及裵將軍滿堂勢 西河劍器渾脫 舞藝妍妙 皆冠絶於時〕"고 전한다.

2) 夔府別駕元持宅 : '夔府'는 夔州府로 지금의 四川省이다. 府廳 소재지는 奉節에 있었다. '別駕'는 관직명으로 刺史의 보좌직이다. '元持'는 기주부 별가를 맡고 있던 사람인데 生平은 未詳이다.

3) 臨潁李十二娘 : 臨潁사람으로 공손대랑의 제자다. 臨潁은 河南省 臨潁縣을 말한다.

4) 劍器 : 健舞 곡명의 일종으로 서역에서 전해진 武舞이다. 唐나라 敎坊樂舞에는 춤추는 자세가 剛健하고 많은 현악기와 빠른 관악을 사용하는 健舞와 이와 상대되는 軟舞가 있었다. 건무에는 劍器・稜大・胡旋 등이 있고, 연무에는 涼州・綠腰・甘州 등이 있다. 劍器에 대한 기록은 ≪文獻通考≫ 〈舞部〉에, "고대 武舞의 曲名으로 이 춤은 여자 기생이 성대하게 화장을 하고 빈손으로 춘다.〔古武舞之曲名 其舞用女妓雄妝 空手而舞〕"라고 하였다.

5) 蔚跂 : 웅건하고 호탕한 모양을 말한다.

6) 開元三載 : ≪全唐詩≫ 注에, "다른 본에는 5년으로 되어 있다.〔一作五年〕"고 하였는데, 개원 5년이면 두보가 5살 때이다.

7) 郾城 : 지금 河南省 臨潁縣 남쪽의 郾城縣을 말한다. 두보가 어렸을 때 여기 산 적이 있다. 臨潁과 함께 郾城은 당나라 때 모두 許州에 속했다.

8) 公孫氏 : 여기서는 公孫大娘을 가리킨다.

9) 劍器渾脫 : 武舞의 일종으로 唐代에 유행하던 渾脫舞와 劍器舞가 융합되어 새롭게 만들어진 武舞를 말한다. 혹자는 劍器와 渾脫을 각각 다른 춤으로 보기도 한다.

10) 瀏灕 : 춤추는 자태가 활발한 모양을 형용한 것이다.

11) 高頭 : '前頭'를 가리키는 말인 듯하다. 항상 황제 앞에서 춤추고 노래했으므로 붙여진 이름이다.

12) 宜春梨園 : 옛 터가 지금의 陜西省 長安縣에 있다. 宜春園은 당 현종 때 歌舞에 종사하는 궁녀들이 있던 곳이다. 현종이 직접 才人들을 가르치던 곳은 梨園이라 하고 여기에 속한 藝人들을 梨園弟子라 하였다. 梨園弟子 가운데는 궁녀 數百人은 宜春園에 살았다고 한다.

13) 伎坊內人 : 伎坊은 敎坊을 말하며 노래와 춤을 가르치던 곳이다. 妓女가 宜春園에 들어오면 內人(나인) 혹은 前頭人이라 불렀다.

14) 外供奉 : 궁전 밖에 살면서 일이 있을 때마다 궁전에 들어와 재주를 보여줬던 남녀 藝人들을 말한다.

15) 聖文神武皇帝 : 聖文神武는 현종의 尊號를 말한다.
16) 波瀾 : 여기서 波瀾은 춤추는 자태와 변화의 法度를 가리킨다.
17) 張旭 : 蘇州人으로 당나라 때 유명한 草書의 名人이다. 字는 伯高로 '草聖'으로 불렸다. 머리에 먹을 적셔 글씨를 쓰기도 해서 세상에서는 張顚이라 불렀다. 顚은 미치광이라는 뜻이다.
18) 鄴縣 : 지금의 河南省 臨潁縣 서남쪽의 安陽縣을 가리킨다.
19) 西河劍器 : 劍器舞의 일종이다.
20) 沮喪 : 낯빛이 변하는 것으로 솜씨가 기특하고 비범해 놀랐다는 뜻이다.
21) 㸌如羿射九日落 : 㸌은 번쩍 빛나는 모양으로 劍光을 가리킨다. 羿는 后羿를 말한다. 고대 전설에, 요임금 때 해 열 개가 함께 떠 곡식을 태우고 초목이 죽자 요임금이 활을 잘 쏘는 예에게 해를 쏘아 없애게 하니, 예가 아홉 개를 쏘아 떨어뜨렸다고 한다. ≪淮南子≫ 〈本經訓〉에 보인다.
22) 來如雷霆收震怒 : 劍舞를 시작하는 모습을 형용한 것으로 크게 음악이 시작되고 나서 조금씩 음악소리가 잦아들 때 격렬하게 춤을 시작하므로 이렇게 표현하였다.
23) 罷如江海凝淸光 : 춤을 마칠 때의 모습으로, 음악이 끝나고 동작을 멈춘 모습을 표현한 것이다.
24) 絳脣珠袖兩寂寞 : '絳脣'은 공손대랑의 美貌를, '珠袖'는 공손대랑의 춤추는 모습을 나타낸다. '兩寂寞'의 兩은 絳脣과 珠袖를 가리키고 '寂寞'은 공손대랑이 죽고 없어 그 모습도 춤도 볼 수 없어 적막하다 한 것이다.
25) 芬芳 : 원뜻은 짙은 향기, 고운 향기를 말하나 여기서는 공손대랑의 뛰어난 예술을 가리킨다.
26) 臨潁美人在白帝 : 臨潁美人은 공손대랑의 제자인 李十二娘을 가리킨다. 白帝는 지명으로 지금 四川省 奉節縣 동쪽의 白帝山이다. 夔州를 가리켜 말한 것이다.
27) 先帝 : 당 현종을 가리킨다.
28) 五十年間 : 당 현종 開元 5년(717) 두보가 처음 춤을 보았을 때부터 지금 두보가 이 시를 쓰는 代宗 大曆 2년(767) 사이를 말한다.
29) 澒洞 : '傾動'으로 되어 있는 본도 있다. 끝없이 이어지는 모양을 말한다.
30) 女樂餘姿映寒日 : '女樂'은 李十二娘을 가리킨다. '餘姿'는 李十二娘의 춤에 개원 연간 盛世의 모습이 남아 있음을 말하고 있다. '寒日'은 이 시가 씌어진 10월, 초겨울을 나타내지만 해 저물어 갈 곳 없는 고단함을 암시하고 있다.
31) 金粟堆前木已拱 : '金粟堆'는 현종의 泰陵이 있는 金粟山으로 지금 陝西省 蒲城의 동북쪽이다. '木已拱'라 한 것은 당 현종이 세상을 떠난 때가 대종 보응 원년(762)이니,

이미 5년이 지났기 때문에 이렇게 표현하였다. '拱'은 양손으로 합쳐 잡을 수 있는 굵기를 말한다.

32) 瞿塘石城 : 지명으로 夔州를 가리킨다. 夔州가 瞿塘峽에 가깝기 때문에 이렇게 말한 것이다. '石城'은 白帝山에 있는 白帝城을 가리킨다.

33) 玳筵 : 瓊筵(호화로운 宴席)과 같다.

34) 樂極哀來 : 일반적인 서술이 아니라 '樂'은 연회의 歌舞가 사람을 즐겁게 해줌을, '哀'는 자신의 영락한 신세와 국가의 盛衰가 슬픔을 낳는 것을 말한다.

35) 老夫 : 작자 두보의 겸칭이다.

36) 足繭荒山轉愁疾 : '足繭'은 발바닥에 생긴 굳은살이다. 청나라 仇兆鰲는 ≪杜詩詳註≫에서 이 구절을 두고, "발에 굳은살이 박혀 갈 길 더딘데 도리어 근심은 가장 빠르다. 길 떠나려는데 차마 떠날 수가 없다.〔足繭行遲 反愁太疾 臨去而不忍其去也〕"라고 하였다.

【通釋】

옛날에 아름다운 사람 공손씨는 한 번 검기무를 추면 온 사방을 놀라게 할 정도여서 그의 춤을 보려는 사람들이 산처럼 많이 모여 춤을 보고는 깜짝 놀라 失色할 정도였고 그의 춤 동작은 하늘로 오르고 땅으로 내리며 움직여 마치 하늘과 땅이 그를 따라 움직이는 것 같았다. 칼을 번쩍 빛내며 춤추는 모습은 예가 해 아홉개를 쏘아 떨어뜨리는 듯 했고 힘차게 솟구치며 날래게 춤추는 동작은 여러 천제가 용을 타고 나는 듯 했으며 춤이 시작되어 나올 때는 요란한 북소리가 잦아들어 마치 천둥우레가 진노한 소리를 거둬들이는 듯했고 음악이 멈춰 춤을 마치며 정지한 모습은 강과 바다에 맑은 빛이 서리는 듯했다.

붉은 입술의 아름다운 얼굴과 주옥같은 화려한 복장의 그 모습 이제는 모두 세상을 떠나 적막해졌는데 늦게나마 제자를 두어 그 제자가 아름다운 춤을 전할 수 있었다. 臨潁 출신의 이 아리따운 제자가 백제성에서 이 곡에 맞춰 절묘하게 춤추니 신령스러운 운치가 너울거려 눈에 보이는 것 같다. 내가 그 사람에게 물어 대답을 듣고 나니 그 師承關係를 알게 되었다. 하여 지금의 시국을 생각하고 옛 일 더듬어보니 서글픈 느낌만 더해질 뿐이다.

돌아가신 현종의 시녀 팔천 명 가운데 공손씨의 검기무가 처음부터 본래 으뜸이었다. 내가 처음 춤을 본 시기에서 선제께서 돌아가고 난 후 지금까지 오십년 사이에 손바닥 뒤집듯 세월은 빨리 가서 난리가 끝없는 먼지바람처럼 일어나 왕실은 衰落하고 말았다. 전란 속에 이원제자들은 연기처럼 다 흩어졌는데 이 춤추는 여자에게 번영했던 시대의 자취가 남아 초겨울 차가운 해에 어른거린다.

선제의 능, 금속퇴 앞의 나무는 돌아가신지 5년이 지나 이미 두 줌이나 되고 백제성

이곳 구당협 가까이 있는 석성에는 황량하게 풀들만 자란다. 성대한 술자리며 빠른 피리 소리 곡조가 다 끝나자 잔치의 즐거움 다 사라지고 자신에 대한 서글픔과 국가의 盛衰에 대한 슬픔이 생겨나는데 그때 마침 달이 동쪽에 떠오른다. 이 늙은 몸은 어디로 가야할지 모르고 있는데 굳은 살 박힌 발로는 황량한 산야를 더디 갈 수 밖에 없건만 도리어 수심만 빠르게 생겨난다.

【解題】

이 시는 大曆 2년 (767) 두보 나이 56세 때 夔州(지금의 四川省)에서 지은 작품이다. 이 때는 安史의 난이 평정되기는 하였으나 정세는 아직도 불안해서 河北 지방은 安史의 잔당들이 점거하고 있었고 河西와 隴右 지방은 吐蕃에 함락되어 장안이 위협을 받을 정도였다. 이 시기에 시인은 西南 지방을 오래 떠돌면서 艱難辛苦를 겪고 있을 때였다. 이런 상황에서 시인은 李十二娘의 검기무를 보게 된다. 회상을 금할 수 없어 공손대랑의 춤추는 자태를 기억하게 되고, 현종황제 때의 성세를 연상하며 또한 지금 자신의 노년까지 생각하게 된다.

시는 네 단락으로 나눌 수 있다. 첫 단락 여덟 구는 공손대랑의 춤추는 자태를 묘사하였다. 특히 제5구부터 제8구까지 춤을 묘사한 부분은 혹 '四如句'라 일컬어지기도 하는데 주석가들의 의견이 일치하지 않는다. 그 이유는 劍器가 칼을 가지고 추느냐 아니냐에서 생긴다. 앞서 말한 대로 여기서는 칼을 가지고 추는 것으로 보았다. 둘째 단락 여섯 구는 적막감과 아울러 그 여자의 제자가 기예를 계승한 것을 묘사했는데 '妙舞'구절은 춤추는 모습을 형용했고, '感時'구절은 마지막 단락의 감상을 끌어오고 있다. 셋째 단락은 오십년 간의 변화, 현종이 이미 세상을 뜨고 이원자제도 벌써 흩어져 버렸음을 묘사하였으며, 마지막 단락의 여섯 구는 침울한 감개로 마무리하고 있다.

이 시는 서문에서 말한 대로 활발하고 변화무쌍한〔瀏灕頓挫〕 氣勢와 호방하고 격렬한〔豪蕩感激〕 감정을 갖도록 하는 力量이 충전된 작품이다.

두보의 散文이 남아 있지 않아 볼 기회가 없는데 이 시에는 文이 있어 두보의 散文을 볼 수 있다. 보통 두보는, "詩로 文을 쓰고〔以詩爲文〕" 한유는, "文으로 詩를 쓴다.〔以文爲詩〕"고 말한다. 이 서문은 그러한 말의 예증이 된다. 주어와 허사는 태반이 생략되어 있고 감정이 굴절하는 곳에서는 문장이 비약할 뿐 아니라 자유로운 필법을 구사하고 있다. 그러면서도 내용이 분명해 詩意가 집약되어 있는 곳이다.

【集評】

○ 杜甫公孫大娘舞劍器歌 來如雷霆收震怒 罷如江海凝淸光 此只形容其人之神彩從容 謂其

始氣像威武 其終精神凝遠也 劍器武舞之曲名 其舞用女妓雄妝 空手而舞 非用刀劍也 文獻通考劍器恐指受劍之物 謂空手也 杜又云妙舞 此曲可見 - 朝鮮 李翼, ≪星湖僿說≫ 〈詩文門·舞劍器〉

두보의 〈公孫大娘舞劍器歌〉에, '나올 때는 천둥소리가 진노를 거둬들이듯, 강과 바다에 맑은 빛 엉기듯'이라고 하였는데, 이는 단지 그 사람의 神彩가 종용함을 형용한 것으로, 처음에는 기상이 위엄있고 씩씩하며 나중에는 정신이 嚴正하고 深遠함을 이른 것이다. 劍器는 武舞의 曲이름인데, 그 춤은 女妓를 雄傑하게 단장시켜 空手로 춤추게 하는 것이요 刀劍을 사용하는 것이 아니다. ≪文獻通考≫에, "검기란 아마도 칼을 받아들이는 물건을 가리킨 듯하다." 하였으니 空手를 이른다. 두보 역시 '묘한 춤〔妙舞〕'이라 하였으니 이 곡을 알 수 있다.

○ 來如雷霆收震怒 雷霆震怒 轟然之後 累累遠馳 赫有餘怒 故知收字之妙 若轟然一聲 闃然而止 雖震怒不爲奇也 罷如江海凝淸光 鍾云 此一語獨妙 信然 鍾總評題是公孫大娘弟子 而序與詩 情事俱屬公孫氏 便自穆然深思 余謂未盡也 不知情事俱屬玄宗 故序云 撫事慷慨 聊爲劍器行 知其意不在劍器也 詩云 感時撫事增惋傷 則五十年間似反掌數句 乃其賦詩本旨 足繭荒山 從此而來 尤使人穆然深思 - 明 王嗣奭, ≪杜臆≫ 卷9

'나올 때는 천둥소리가 진노를 거둬들이는 듯'이라는 시 구절은 천둥우레가 진노하듯 울리면서 우르릉 울린 뒤에도 소리가 계속 멀리까지 달려가므로 뚜렷이 남는 진동이 있다. 그러므로 '거둬들인다〔收〕'는 글자의 묘함을 알 수 있다. 만약 우르릉하는 소리가 조용히 끝나 멈춰버렸다면 진노했다해도 기이하지는 않았을 것이다. '물러날 때는 강과 바다에 맑은 빛 서리는 듯'이라는 시구를 두고 鍾惺(明代의 작가)은 "이 말이 유독 묘하다."고 했는데 참으로 그렇다. 종성은 총평하면서, "제목은 公孫大娘의 弟子이지만 서문과 시에는 감정과 일이 모두 公孫氏에게 속하니 저절로 깊은 생각에 조용히 잠기게 된다."고 하였다. 나는 이것으로는 미진하다고 생각하니, 그는 감정과 일이 모두 현종에게 속한다는 것을 모르고 있다. 그러므로 서문에, "옛일을 더듬으며 슬퍼하면서 애오라지 검기행을 쓴다."고 했으니 그 뜻이 劍器에 있지 않다는 것을 알겠다. 시에 '시절을 느끼며 일 더듬어보니 서글픔만 더해진다.'고 하였으니, 바로 '오십년 사이에 손바닥 뒤집듯 세월이 빠르다.'는 몇 구절이 바로 시를 지은 本旨이다. '굳은 살 박힌 발로 가야 할 황량한 산야' 여기서부터는 사람을 더욱 조용히 깊은 생각에 잠기게 한다.

○ 序從弟子逆推至公孫 詩從公孫順拖出弟子 首八句 先寫公孫劍器之妙 忽然而伏 忽然

而起 狀其舞姿也 忽然而來 忽然而罷 總始末而形容也 有末句 益顯上三句之騰踔 有上三句 尤難末句之安閑 序所謂蔚跂者正如此 絳唇六句 落到李娘 如篇中敍事處 舞之妙 已就公孫詳寫 此只以神揚揚三字括之 可識虛實互用之法 感時撫事句 逗出作詩本旨 先帝六句 往事之慨 此本旨也 言公孫而統及女樂 言女樂 卽是感深先帝 故下段竟以金粟堆作轉接 此下正寫惋傷之情 一句着先帝 一句收歸本身 玳筵 哀樂 幷帶別駕宅結二語 所謂對此茫茫 百端交集 行失其所往 止失其所居 作者讀者 俱欲噭然一哭 - 淸 浦起龍, ≪讀杜心解≫

서문에서는 제자로부터 거꾸로 올라가 공손씨에 이르렀고, 시에서는 공손씨로부터 순서에 따라 제자를 나타냈다. 첫 여덟 구는 먼저 공손씨의 검기가 묘하다는 것을 묘사하면서 홀연 잠복했다가 홀연 일어나 그 춤추는 자세를 형상화했다. 홀연히 시작했다가 홀연히 마치면서 시작과 끝을 총괄해서 형용한 것이다. 末句가 있기 때문에 바로 위 세 구의 역동적인 동작이 더욱 드러나며, 위의 세 구가 있기 때문에 末句가 안이하고 한가롭게 되기가 더욱 어렵다. 서문에서 말한 '빛나고 호탕한 모습'이 바로 이와 같은 것이다. '붉은 입술' 여섯 구는 李娘만 따로 떨어져 있어 마치 시 가운데 敍事를 한 것 같다. 춤의 묘함에 대해서는 이미 공손씨에서 상세하게 묘사했으므로 여기서는 다만 '신령스러움 너울거린다.〔神揚揚〕'라는 세 글자만으로 포괄하였으니 虛實을 번갈아 쓰는 법을 알 수 있다. '시절을 느끼며 일 더듬어보니'라는 구절에서 시를 쓴 本旨를 드러내 보인다. '先帝' 여섯 구는 지나간 일을 감개하고 있는데 이것이 本旨이다. 공손씨를 언급하면서 총체적으로 女樂에까지 미치고 女樂을 언급하면서 바로 先帝를 깊이 느낀다. 그러므로 아래 단락에서 마침내 '金粟堆'라는 말로 전환이 생기는데 이 이하는 바로 가슴 아픈 감정을 쓰고 있다. 한 구절은 先帝에 부치고 한 구절은 자기 자신에게로 수렴해 돌아온다. '성대한 술자리' '슬픔과 즐거움'이란 말은 別駕宅을 아울러 가리키기도 한다. 마지막 두 구절은 이른바 '이를 대하니 망망해져서 온갖 실마리가 엇갈려 모여든다.〔對此茫茫 百端交集〕'는 것이다. 떠나려하니 갈 곳을 잃었고 머무르려 하나 살 곳을 잃었으니 작자나 독자나 모두 소리 내어 한바탕 울고 싶도록 한다.

【참고자료】

陶谷 李宜顯의 시에 〈觀劍舞有感 次杜甫舞劍器行韻〉가 ≪陶谷集≫에 보이며, 兪漢雋의 시에 〈後劍器行 戊戌○用杜詩公孫大娘釖器行韻〉라는 작품이 ≪金陵集≫에 있다.

065 石魚湖[1)]上醉歌 幷序

석어호 가에서 취하여 노래 부르다 병서

元結

漫叟[2)]以公田米釀酒 因休暇則載酒於湖上 時取一醉 歡醉中 據湖岸 引臂向魚取酒[3)] 使舫載之 徧飮坐者 意疑倚巴丘[4)] 酌於君山[5)]之上 諸子環洞庭而坐 酒舫泛泛然 觸波濤而往來者 乃作歌以長之

나는 公田의 쌀로 술을 빚어서, 한가할 때에 술을 싣고 호수로 가서는 때때로 한 번씩 취하도록 마신다. 기분 좋게 취했을 때 호숫가 언덕에 기대어, 석어(물고기 모양의 바위)를 향해 팔을 뻗어 술을 가져와 작은 배로 실어다가 앉아 있는 사람들이 두루 마시게 한다. 내 생각에는 이것이 마치 巴丘에 기대어 君山 위의 술을 따르고, 여러 사람들은 동정호를 에워싸고 앉아 있는데 술을 실은 작은 배가 둥실둥실 물결을 타고 오가는 것 같았다. 이에 노래를 지어 길게 읊조려본다.

石魚湖 似洞庭　　석어호는 동정호 같아
夏水欲滿君山靑　　여름 물 가득하니 君山이 푸르네

山爲樽 水爲沼　　산은 술동이요 물은 酒池라
酒徒歷歷坐洲島　　주당들은 제각기 호숫가 섬에 앉았네

長風連日作大浪　　긴 바람 연일 큰 물결 일으켜도
不能廢人運酒舫　　우리의 술 실어오는 배를 멈출 수는 없네

我持長瓢坐巴丘　　나는 긴 표주박 가지고 파구에 앉아서
酌飮四座以散愁　　사방 酒客들에게 술 따르며 시름 흩어지게 한다오

【註釋】

1) 石魚湖 : 지금의 湖南省 道縣 동쪽에 있다. 元結은 그의 詩 〈石魚湖上作〉의 序에서, "漶泉

의 남쪽에 돌 하나가 있는데, 물속에 있으면 그 모양이 헤엄치는 물고기 같다. 그 물고기의 오목한 곳을 잘 닦으면 술을 담을 만하다. 물이 사방을 에워싸고 비스듬히 기울어진 많은 돌들이 서로 이어져 있는데, 그 돌 위에 사람이 앉을 만하고 물은 작은 배를 띄워 술을 싣고 올 수 있으며, 또 石魚를 빙 둘러 흘러가기도 한다. 이에 그 호수를 石魚湖라고 명명하였다.〔漶泉南有獨石 在水中 狀如遊魚 魚凹處 修之 可以貯酒 水涯四匝 多欹石相連 石上堪人坐 水能浮小舫載酒 又能繞石魚洄流 乃命湖曰石魚湖〕"고 하였다. 원결은 또 "내 석어호를 사랑하노니, 석어는 호수 안에 있네. 석어의 등에는 술을 담을 수 있고 석어를 빙 두른 것은 호수의 물이라네.〔吾愛石魚湖 石魚在湖裏 魚背有酒樽 繞魚是湖水〕"라는 시도 지었다.

2) 漫叟 : 원결의 自號이다. 字는 次山이다.
3) 引臂向魚取酒 : '引臂'는 팔을 뻗다의 뜻이다. '魚'는 石魚湖 안에 있는 물고기 모양의 바위를 가리킨다. 그 움푹한 곳에 술을 담을 수 있는데 그곳에서 술을 뜬다는 뜻이다.
4) 巴丘 : 산 이름으로 巴陵이라고도 한다. 湖南省 岳陽市 洞庭湖 주변에 있다.
5) 君山 : 일명 洞庭山인데 洞庭湖 안에 있다. 여기서는 石魚湖 안의 石魚를 빗대었다.

【通釋】

石魚湖는 洞庭湖와 같으니 여름철이라 물은 불어나고 호수 속의 君山은 울창하고 푸르다. 이곳에 있으면 산은 술동이요, 湖水는 酒池가 되며, 酒黨들은 한 사람 한 사람이 호수 속 섬들에 앉아 있는 모습이다. 긴 바람이 연일 불어와 큰 물결을 일으켜도 우리들이 술을 싣고 오는 배를 멈추게 하지는 못하리라. 내가 술을 뜨는 긴 표주박을 가지고 巴丘山에 앉아 사방에 빙 둘러 있는 酒客들에게 술을 떠서 주니, 모두 함께 마시며 마음속 시름과 번민을 잊는다.

【解題】

이 시는 雜言의 형식으로 쓰인 飮酒歌이다. 3·3·7의 句法을 사용한 것은 대개 民歌와 비슷한데 시 전체가 한 호흡으로 이루어져 단락을 나눌 수 없다. 이 시는 元結이 道州刺史 시절에 지은 것으로 그는 道州에 있을 때 〈舂陵行〉〈賊退示官吏〉 등의 유명한 현실주의 시들을 남겼다. 그러나 이 시의 어조는 다분히 낭만적이다. 시인은 石魚湖를 빌려 마음껏 노래하였는데 그의 詩想은 ≪莊子≫ 〈秋水〉편에 나오는, "천지도 돌피 알처럼 작은 것이 됨을 알고, 가느다란 털끝도 언덕이나 산처럼 큰 것이 됨을 안다.〔知天地之爲稊米也 知毫末之爲丘山也〕"는 구절에 연원을 두고 있다. 石魚를 洞庭에 비유하고 大石을 君山·巴丘에 비유하였으니, 이는 또한 莊子의 이른바, "각기 큰 것을 통해서 그것을 크다고 한다면, 만물이 크지 않은 것이 없다.〔因其所大而大之 則萬物莫不大〕"는 뜻과 통하기도 한다. 이 시는 술로 詩題를 삼고 있지만 마지막 句에서 술을 마셔 근심을 흩어버린다고 하였으니, 시인의 본래 뜻은 세상을 근심하여 감회를 일으킨 데 있음을 알 수 있다.

066 山石

산석

韓愈

山石犖确[1]行徑微　　산의 바위는 험준하고 가는 길 좁은데
黃昏到寺蝙蝠飛　　황혼에 절에 이르니 박쥐들이 날아다니네

升堂坐階新雨足　　法堂에 올라 섬돌에 앉으니 방금 내린 비 넉넉하여
芭蕉葉大梔子肥　　파초 잎은 커지고 치자 꽃은 살이 쪘네

僧言古壁佛畫好　　스님이 오래된 벽의 佛畫가 좋다고 말하기에
以火[2]來照所見稀[3]　　등불 들고 와 비춰보니 보기 드문 그림이라

鋪牀拂席置羹飯　　상 펴고 자리 털어 국과 밥을 차렸는데
疏糲亦足飽我飢　　거친 밥이지만 또한 虛飢를 채우기에 넉넉하다

夜深靜臥百蟲絶[4]　　밤 깊어 조용히 자리에 드니 벌레소리 끊기고
淸月出嶺光入扉　　청명한 달은 고개 위로 솟아 사립문에 비춰든다

天明獨去無道路[5]　　날이 밝자 혼자 떠나니 길을 찾지 못하여
出入高下窮煙霏[6]　　높고 낮은 언덕길 오르내리며 雲霧자욱한 길 두루 다니네

山紅澗碧紛爛漫[7]　　붉은 산 푸른 시내 현란한 색깔인데
時見松櫪皆十圍　　때때로 보이는 소나무와 상수리나무 열 아름이나 되네

當流赤足蹋澗石	시내를 만나면 맨발로 개울돌 밟고 건너니
水聲激激風生[8)]衣	물소리는 콸콸, 옷에서는 바람이 이네
人生如此自可樂	인생이 이만하면 즐길 만하니
豈必局束[9)]爲人鞿[10)]	어찌 반드시 구속되어 남에게 얽매일까
嗟哉吾黨二三子[11)]	애닯구나 동행하는 우리 친구들이여
安得至老不更歸	어찌하여 다 늙도록 돌아가지 못하는가

【註釋】

1) 犖确 : 산의 바위들이 험준하고 울퉁불퉁하여 고르지 못한 모양이다.
2) 火 : 여기서는 등불〔燈火〕을 가리킨다.
3) 稀 : '稀少하다'라는 뜻으로, 여기서는 佛畫가 매우 훌륭하여 보기 드물다는 의미가 된다. 한편 '모호하다' 혹은 '명확하게 보이지 않는다.'라 해석하는 경우도 있다.
4) 百蟲絶 : 벌레 울음소리가 모두 멈추었다는 뜻이다.
5) 無道路 : 이른 아침에 낀 안개로 인해 길을 분간할 수 없음을 이른다.
6) 窮煙霏 : 雲霧가 자욱한 산길을 두루 다녔다는 의미이다.
7) 爛漫 : 햇볕이 사방에서 내려쬐어 색채가 현란한 모습이다.
8) 生 : '吹'로 되어 있는 본도 있다.
9) 局束 : 구속받는다는 뜻이다. '局促'이라 되어 있는 본도 있다.
10) 鞿 : 본래는 말에 메는 굴레 혹은 재갈인데, 여기서는 '얽매인다'는 뜻이다.
11) 吾黨二三子 : 자신과 志趣가 서로 들어맞는 친구들이다. ≪韓昌黎集外集≫〈洛北惠林寺題名〉에, "韓愈, 李景興, 侯喜, 尉遲汾이 貞元 17年 7月 22日 溫落에서 고기를 잡고 이곳에서 묵다가 돌아갔다."라 하였고, 〈贈侯喜〉에 '晡時堅坐到黃昏'이라는 구절이 있는데 이는 '黃昏到寺蝙蝠飛'라는 구절과 같은 景物이므로 시에서 지칭하는 二三子는 바로 이경흥과 후희, 위지분 등임을 알 수 있다.

【通釋】

산의 바위는 험준하여 울퉁불퉁 고르지 못한 모습이고 산길 역시 매우 좁은데, 황혼무렵 절에 다다르니 박쥐들이 날아다닌다. 法堂에 올라 섬돌에 앉아있으려니 방금 전 흠뻑 비가 내려 파초 잎도 커지고 치자 꽃도 무성해졌다. 절의 스님이 오래된 벽의 佛畫가 좋다고 하기에 등불을 들고 와서 비춰보니 과연 세상에서 보기 드문 그림이다. 상을 펴고 앉을 자리를 턴 다음 스님이 국과 밥을 차려 내오는데, 거친 밥이지만 주려있는 나의 배를 채우기에는 충분하다. 밤이 깊어지자 침상에 조용히 누웠는데 이때 모든 벌레는 울음소리를 멈추었고, 청명한 달이 고개 너머로 떠올라 그 빛이 사립문에 비춰든다. 이른 아침 홀로 떠남에 길은 구름과 안개가 자욱하여 분간하기 어렵고, 굽이굽이 들어갔다 나왔다 오르락내리락 반복하며 구름 안개 낀 산길을 두루 다닌다. 산은 붉고 시내는 푸른데 햇볕이 사방에서 내리쬐어 그 빛깔은 더욱 현란하다. 때때로 보이는 소나무와 상수리나무는 그 크기가 열 아름이나 될 만큼 장대하다. 흐르는 물속에 발을 담근 채 물 속의 돌들을 밟는데, 콸콸 물 흐르는 소리 들리고 미풍이 불어와 옷깃을 날린다. 인생이 이만하다면 즐길만하니 굳이 구속되어 다른 이의 굴레에 얽매일 필요는 없다. 나와 뜻을 함께 하는 친구들이여. 어째서 늙어서까지도 돌아가지 못하고 있는가.

【解題】

이는 貞元 17년(801) 韓愈가 徐州에서 洛陽으로 오는 도중 惠林寺라는 절을 둘러보고 쓴 시이다. 그는 해질녘에 절에 도착하여 밤에 留宿하고 날이 밝자 홀로 다시 여정을 떠나면서 목격한 주위의 아름다운 자연풍광을 묘사하였는데, 이를 통해 자신이 평소 지니고 있던 한적한 생활에 대한 동경과 仕宦 생활에 대한 불평한 심기를 표출하기도 하였다.

이 시의 제목인 〈山石〉은 시구 가운데 몇 자를 취하여 제목으로 삼는 방식을 따른 것이다. 시의 내용은 주로 山寺를 유람하는 정경을 묘사한 것이지만, 그 가운데 내포된 主旨는 '人生如此自可樂 豈必局束爲人鞿'라는 시구 속에 담겨 있다.

시 전체는 의미상 세 단락으로 나눌 수 있는데, 처음의 네 구는 초여름 황혼 무렵에 한차례 비가 지나간 후, 그림처럼 펼쳐진 절 풍경을 묘사한 것이다. 중간의 여섯 구는 밤에 절에서 留宿하며 경험한 초여름 밤의 청명한 情景을 묘사하였다. 마지막 열 구는 절을 나온 후 주변의 自然景色을 묘사하였는데, 강렬한 색채 대비 등을 통해 그 묘미를 더하기도 하였다. 흐르는 물에서 濯足하면서 自然을 몸소 느끼는 가운데, 인생의 樂을 찾는다는 것으로 마무리 짓는다.

【集評】

○ 退之七言詩 如穎師琴雉帶箭之類 巧追精琢斤斧 無憾然 其不犯手勢陶鑄自成者 其有山石一篇 自頭至終 只如山行日記 隨遇寫出 而筆力雄渾 不見罅縫 惟能者能之 而不可學得也 後來元之元好問 知此意曰 拈出退之山石句 始知渠是女郎詩 盖知言矣 - 朝鮮 李瀷, ≪星

湖僿說≫ 卷29, 〈詩文門·退之山石句〉

韓退之의 七言詩에 〈穎師琴〉과 〈雉帶箭〉 같은 부류는, 공교하게 다듬어지고 정밀하게 닦여져서 조금도 유감이 없다고 하겠다. 그러나 그 공력을 들이지 않고 자연적으로 이뤄진 것은 오직 山石 한 편뿐이다.

이 시는 처음부터 끝까지 마치 山行日記처럼 만나는 바에 따라 써낸 것인데, 필력이 雄渾해서 결함이나 수식한 흔적이 보이지 않으니, 오직 능한 자만이 할 수 있을 뿐, 배워서 될 수는 없는 것이다. 뒤에 와서 元나라 元好問이 이 뜻을 알고서, "한퇴지의 산석 글귀를 뽑아 내보니 그것이 바로 여랑의 시란 것을 이제 알겠네[1]〔拈出退之山石句 始知渠是女郎詩〕"라고 하였으니, 대개 아는 말이라 하겠다.

1) 한퇴지의……알겠네 : 女郎의 시란 곧 여인같이 온순한 풍의 시를 뜻한다. 元나라 때 시인인 元好文의 〈論詩絶句〉에, "宋나라 秦觀의 시에 '정이 있는 작약은 봄 눈물을 머금었고 기력 없는 장미는 저녁 가지에 누웠다.'라고 하였는데, 한퇴지의 〈산석〉시를 뽑아 내니, 이것이 여랑의 시임을 비로소 알겠다.〔有情芍藥含春淚 無力薔薇臥晩枝 拈出退之山石句 始知渠女郎詩〕"라고 한 데서 온 말로, 즉 송나라 秦觀의 시를 한퇴지의 〈산석〉시와 비교해 보면 한퇴지의 시는 장부에 해당하고, 진관의 시는 여랑에 해당한다는 말이다.≪韓昌黎集 卷3≫

○ 山石詩最淸峻 – 宋 黃震, ≪黃氏日鈔≫ 卷59

〈山石〉 詩는 가장 淸峻하다.

○ 山石是宿寺後補作 以首二字山石標題 此古人通例也 山石四句 到寺卽景 僧言四句 到寺後卽事 夜深二句 宿寺寫景 天明六句 出寺寫景 人生四句 寫懷結 通體寫景處句多濃麗 卽事寫懷 以談語出之 濃淡相間 純任自然 似不經意 以實極經意之作也 – 淸 汪佑南, ≪山經草堂詩話≫

〈山石〉은 절에 머문 후 보충해서 지은 작품이다. 첫 구의 '山石' 두 글자로 표제를 삼은 것은 옛 사람들의 통례이다. '山石' 4구는 절에 이르러 卽景(눈앞의 경물)을 읊은 것이요, '僧言' 4구는 절에 이른 후에 卽事(눈앞의 일)를 읊은 것이다. '夜深' 2구는 절에 묵으며 寫景(경치를 묘사)한 것이며, '天明' 6구는 절에서 나와 寫景한 것이다. '人生' 4구는 심회를 묘사하면서 맺은 것이다. 시 전체를 통해 寫景한 부분은 농려함이 많고, '卽事'와 심회를 풀어낸 부분은 담담한 어조로 드러내었다. 농려하고 담담한 사이에 순전히 자연스러운 것을 주로 하였으니 주의를 기울이지 않은 듯하지만 기실 매우 주의를 기울인 작품이다.

【참고자료】

정약용의 ≪다산시문집≫ 제6권 〈三月二十七日乘小艓赴忠州舟中雜吟〉에, “모르겠노라 山石의 글귀가, 어찌 여랑의 시와 같겠는가.〔未知山石句 何似女郎詩〕”라는 구절이 있다.

067 八月十五夜贈張功曹[1)]

팔월 십오일 밤 장공조에게

韓愈

纖雲四捲天無河	열은 구름 걷히고 하늘엔 은하수도 없는데
淸風吹空月舒波	맑은 바람 불어와 달빛 물결을 퍼트린다
沙平水息聲影絶	평평한 모래 물도 멈춰 소리도 그림자도 사라질 때
一杯相屬[2)]君當歌	한 잔 술 권하노니 그대는 노래를 불러야 하리
君歌聲酸辭且苦	그대 노랫소리 구슬프고 가사 또한 괴로우니
不能聽終淚如雨	다 듣지 못하고서 눈물이 비 오듯 쏟아진다
洞庭連天九疑[3)]高	洞庭湖는 하늘로 이어지고 구의산은 높이 솟았는데
蛟龍出沒猩鼯[4)]號	교룡이 출몰하고 성성이와 하늘다람쥐가 운다
十生九死到官所[5)]	구사일생으로 도착한 임지에서
幽居默默如藏逃	적막하게 홀로 지내니 마치 도망쳐 숨어온 듯
下牀畏蛇食畏藥	침상을 내려오면 뱀이 무섭고 밥을 먹을 때는 毒草가 두려운데
海氣濕蟄熏腥臊	바다 기운 축축하여 비린내가 풍긴다
昨者州前搥大鼓[6)]	어제 州의 관아 앞에서 큰 북을 쳤다 하니
嗣皇繼聖登夔皐[7)]	새 황제가 先皇의 德을 이어 夔와 皐陶 같은 신하를 등용하리라

赦書一日行萬里　　赦免의 문서는 하루에 만 리를 달려와
罪從大辟[8]皆除死　　사형에 처할 죄인도 모두 죽음을 면하고

遷者追回流者還　　좌천된 자도 되돌아가고, 유배된 자도 돌아가
滌瑕蕩垢清朝班　　흠을 씻고 때를 벗겨 조정이 정화되겠건만

州家申名使家抑[9]　　州府에서 올린 명단을 관찰사가 묵살하니
坎軻[10]祇得移荊蠻[11]　　험난한 인생은 겨우 荊蠻의 땅으로 옮겨갈 뿐이네

判司[12]卑官不堪說　　判司의 직책 낮다 말할 것 없으니
未免捶楚[13]塵埃間　　땅바닥에서 杖刑을 당하는 신세를 면치 못한다오

同時輩流多上道　　당시에 함께 왔던 친구들은 모두 귀경길에 오르는데
天路[14]幽險難追攀　　서울 길 험하고 멀어 따라가기 어렵구나

君歌且休聽我歌　　그대 노래 잠시 멈추고 내 노래 들어보라
我歌今與君殊科[15]　　내 노래 오늘은 그대와 다르니

一年明月今宵多　　일 년 중 밝은 달 오늘밤이 제일이라
人生由命非由他　　인생이란 운명을 따를 뿐 다른 무엇 있으리오
有酒不飮奈明[16]何　　있는 술 마시잖고 밝은 달을 어이 하리

【註釋】

1) 張功曹 : 한유와 함께 좌천당한 張署를 지칭한다. 功曹는 관직명이다.
2) 屬 : 술을 권한다는 뜻이다. 소식의 〈赤壁賦〉에, "술을 들어 객에게 권한다.〔擧酒屬客〕"라고 하였다.
3) 九疑 : 九疑山으로 '蒼梧山'이라고도 한다. 지금의 湖南省 寧遠縣 부근에 있으며 舜임금을 葬事한 곳이라 전한다.
4) 猩鼯 : 猩猩과 大飛鼠를 지칭한다. 猩猩은 오늘날 오랑우탄의 일종으로, 옛 기록에 말하고 웃을 수 있으며 얼굴은 사람이고 몸은 돼지와 같다고 되어 있다. 大飛鼠는 齧齒類의 한 종류로 앞뒤 다리의 사이에 있는 얇은 피막으로 하늘을 날아 우리나라에서는 하늘다

람쥐라고 부른다.

5) 十生九死到官所 : '十生九死'는 '九死一生'과 같은 말로, 張署가 임지로 가는 길이 험난함을 뜻한다. '官所'는 張署가 좌천당한 湖南省의 臨武를 지칭한다.

6) 昨者州前搥大鼓 : '搥大鼓'는 관료들을 소집하기 위하여 북을 치는 것을 뜻한다. ≪新唐書≫ 〈百官志〉에, "赦免日에는 금으로 장식한 닭의 모형을 의장의 남쪽에 세우고, …… 㭎鼓를 천 번 쳐서 만조백관을 모이게 한다.〔赦日 樹金雞於仗南……擊㭎鼓千聲集百官〕"라고 하였다.

7) 嗣皇繼聖登夔皐 : '嗣皇繼聖'은 후계자가 先皇의 德을 계승하였음을 뜻하는데 德宗을 이어 順宗이 즉위한 사실을 지칭한다. '登夔皐'에서 '夔皐'는 舜임금의 신하 夔와 皐陶를 말하는데, 그들과 같은 어질고 뛰어난 신하를 등용한다는 뜻이다.

8) 大辟 : 死刑을 뜻한다.

9) 州家申名使家抑 : '州家'는 州의 관아를 뜻하고, '使家'는 관찰사의 관아를 뜻한다.

10) 坎軻 : '坎坷'라고도 하며, 길이 험하여 다니기 힘들거나 일이 뜻대로 되지 않는 것을 뜻한다.

11) 荊蠻 : 楚·越 등 남방지역을 지칭한다. 여기서는 한유가 連州의 陽山令으로 좌천되었다가 다시 자리를 옮긴 江陵을 지칭한다.

12) 判司 : 관직명으로 당나라 때 節度使나 州郡의 장관에 소속된 하위관원을 지칭하였다. 한유와 장서가 각각 法曹參軍과 功曹參軍에 임명되었기에 판사라 한 것이다.

13) 捶楚 : 杖刑을 뜻한다. ≪文獻通考≫(권166)에는 杜甫, 杜牧之, 韓愈의 시에 의거하여 "당나라 시대에는 參軍과 簿尉에게 과실이 있으면 장형 받는 것을 면치 못하였다.〔唐時參軍簿尉有過 不免受杖〕"라고 하였다.

14) 天路 : 서울로 가는 길을 뜻한다.

15) 殊科 : 不同의 의미로 類가 다름을 뜻한다.

16) 明 : '月'로 되어 있는 본도 있다.

【通釋】

솜털같은 옅은 구름이 다 걷힌 하늘엔 은하수도 보이지 않는 밤. 맑은 바람이 불어와 달빛은 물결처럼 흐르고, 평평한 모래가 흐르던 물도 멈춘 듯 소리도 그림자도 모두 사라진 지금 이 시간. 내가 한 잔 술 권하노니 그대는 노래를 불러 화답해야 하리라. 그대 노랫소리는 구슬프고 가사 또한 괴로운 내용이라 눈물이 비오듯 쏟아져 끝까지 들을 수 없도다.

동정호의 수평선은 하늘과 맞닿아 있고 구의산은 하늘 높이 솟았는데, 교룡이 출몰하고 성성이와 하늘다람쥐의 섬짓한 울음소리가 들려온다. 이런 험로를 거쳐 구사일생으로 도착한 임지에서 세상과 멀리 떨어져 홀로 적막하게 지내자니 마치 도망쳐 숨어사는 듯하다. 남방 오지인지라 침상을 내려오면 뱀에 물릴까 무섭고 밥을 먹자하니 음식에 毒草가 섞여있을까 두려운데, 바다 기운이 늘 축축하게 잠겨있어 비린내가 물씬 풍긴다.

어제 州의 관아 앞에서 사면의 큰 북을 쳤다 하니, 順宗께서 새로 등극하여 舜임금의 어진 신하인 夔와 皐陶 같은 인물들을 등용하리라. 사면의 문서는 하루에 만 리를 달려와서 사형에 처할 죄인도 모두 죽음을 면하게 하고, 좌천된 자도 유배된 자도 모두 다 제자리로 돌아가게 한다. 이렇게 그 동안의 실수와 잘못을 모두 척결하여 조정은 정화되련만, 州府에서 올린 명단을 관찰사가 묵살해버리니, 우리와 같이 어그러진 인생은 겨우 옛 남방 오랑캐의 땅인 江陵으로 옮겨 갈 수 있을 뿐이다. 이곳에서 맡은 判司란 직책은 낮은 벼슬이라 말할 것이 없으니, 과실이 있으면 땅바닥에서 笞刑을 당하는 수모를 견뎌야 하는 신세이다. 함께 왔던 친구들은 모두 귀환의 길을 오르는데, 서울로 가는 길은 험하고 멀어 따라갈 수 없구나.

그대 노래 잠시 멈추고 이제 내 노래 들어보라. 오늘은 그대의 노래와 다르리니. 일 년 중 8월 15일 오늘밤이 제일 밝은 달이 떠있구려. 인생이란 운명을 따를 뿐 다른 무엇 있으리오. 있는 술 마시잖고 저 밝은 달을 어찌 보리.

【解題】

貞元 19년(803)에 韓愈와 張署는 監察御使로 德宗에게 直諫을 하였다가 한유는 陽山으로, 장서는 臨武로 각각 좌천당하였다. 貞元 21년(805) 정월 順宗이 즉위하고 2월에 대사면이 내렸으며, 8월에 憲宗이 즉위하여 다시 大赦免을 내렸으나 湖南觀察使 揚憑이 방해하여 두 사람 모두 장안으로 돌아오지 못하고, 임지가 江陵으로 바뀌었을 뿐이다. 이 작품은 두 사람이 命을 기다리기 위해 郴州에서 조우하였을 당시에 지은 것이다.

작품은 네 단락으로 구성되어 있다. 첫째 단락은 달이 비추는 가을 밤에 두 사람이 만나 슬픈 노래를 부르는 정경을 묘사하였고, 둘째 단락은 변방오지에서의 고통스러운 謫居생활을, 셋째 단락은 大赦免에 자신들이 제외된 부조리한 현실과 그에 대한 불만을 토로하였는데, 이 두 단락은 張署가 부른 노래라 할 수 있다. 마지막 단락에서 한유는 벗의 노래에 대해, "인생이란 운명을 따를 뿐 다른 무엇 있으리오. 있는 술 마시지 않고 밝은 달을 어이 하리."라고 하여 자못 광달한 자세로 운명론과 술을 빌어 벗을 위로하고 있다. 그러나 장서의 노래 부분이 실제의 내용이라는 점에서 한유가 자신의 처지와 심정을 동병상련으로 표현한 것이라 할 수 있다.

비분강개한 벗의 이야기에 눈물을 쏟으며 공감하고 또 운명론으로 체념하며 술로 위로할 수밖에 없음은 그들이 겪는 고통과 좌절을 보다 깊게 드러내고 있다.

【集評】

○ 怨而不亂 有小雅之風 - 宋 河谿汶, ≪竹莊詩話≫
悲怨하면서도 어지러움에 이르지 않았으니, 小雅의 風格이 있다.

○ 一篇 古文章法 前敍 中間以正意苦語重意移作賓 避實法也……收應起 筆力轉換 朱子曰 詞氣抑揚 一篇轉換用力處 歸之於命 反騷意 - 淸 方東樹, ≪昭昧詹言≫ 續錄 卷2
이 한 편은 古文의 章法이다. 앞에서 序를 쓰고 중간에 正意와 苦語와 重意[1]를 客의 것으로 옮겨놓았으니 실제를 말하는 것을 피하는 법이다. …… 結句의 거두어들임이 起句에 응하여 필력이 전환하였으니, 朱子는 "시어의 기세가 변화가 많은데 한 편의 필력을 전환하는 곳에서 〈자신의 일은〉 天命에 돌렸으니, 〈反離騷〉[2]의 뜻이다."라고 하였다.

1) 正意와 苦語와 重意 : '正意'는 자신의 뜻을 직접적으로 표현하는 말이고, '苦語'는 고통을 표현한 말이며, '重意'는 심중한 뜻을 표현한 말로서, 시의 내용 중 유배의 고통과 사면에서 제외된 울분을 토로한 張署의 노래를 지칭한다. '객의 것으로 옮겨놓았으니 실제를 말하는 것을 피하는 법이다.'라는 것은 한유가 자신의 처지와 심정을 장서의 노래로 옮겨 진술하여 간접적으로 표현하였음을 말한 것이다.

2) 〈反離騷〉 : 揚雄은, 굴원의 문장이 사마상여보다 훌륭했는데 세상에 용납되지 못하여 〈離騷〉를 짓고 스스로 강물에 투신해 죽은 것을 괴이하게 여기고 이소의 글을 읽을 때마다 눈물을 흘렸다. 이에 양웅은 때를 만나면 잘 되고 때를 만나지 못하면 못 된다고 하여 글을 짓되 이소의 글을 인용하고 반대로 써서 岷山으로부터 강물에 던져 굴원을 조문하고 그 글을 〈反離騷〉라 이름하였다. ≪漢書≫ 〈揚雄傳〉

068 謁衡嶽廟[1]遂宿嶽寺題門樓

형악묘에 배알하고 드디어 형산의 절에서 묵으며 문루에 제하다

韓愈

五嶽祭秩皆三公[2]　　五嶽의 제사는 모두 三公의 예로써 하는데
四方環鎭嵩當中[3]　　사방에 큰 산이 빙 둘러 있고 嵩山이 중앙에 있네

火維[4]地荒足妖怪　　남쪽은 지역이 거칠고 멀어 妖怪가 많은 까닭에
天假神[5]柄專其雄　　하늘이 嶽神에게 권력을 주어 雄威를 떨치게 하였지

噴雲泄霧藏半腹[6]　　구름 뿜고 안개 쏟아 산허리를 감췄으니
雖有絶頂誰能窮　　산 정상이 있다 한들 누가 능히 오르겠나

我來正逢秋雨節　　나 이곳에 와서 마침 가을비 내리는 계절을 만나
陰氣晦昧無淸風　　陰氣로 어두한 가운데 맑은 바람 한 줄기 없구나

潛心默禱若有應　　마음 가라앉히고 조용히 기도하매 응함이 있는 듯하니
豈非正直能感通[7]　　어찌 정직함이 神明을 감동시킨 것 아니겠는가

須臾靜掃衆峰出　　잠시 후 구름은 조용히 쓸려 가고 뭇 봉우리 나왔는데
仰見突兀撑青空　　올려다보니 우뚝하여 푸른 하늘을 받치고 있네

紫蓋連延接天柱　　紫蓋峰은 면면히 이어져 天柱峰에 닿아 있고
石廩騰擲堆祝融[8]　　石廩峰은 우뚝우뚝 祝融峰까지 쌓여 있네

森然魄動下馬拜　　삼엄한 모습에 내 마음 움직여 말에서 내려 경배하니
松柏一逕趨靈宮[9]　　松柏 서 있는 길이 靈宮까지 뻗어 있네

粉牆丹柱動光彩　　하얗게 칠한 담장 붉은 기둥은 광채를 발하고
鬼物圖畫[10]塡青紅　　神鬼의 그림들은 푸른 빛 붉은 빛으로 채워져 있구나

升堦傴僂[11]薦脯酒　　계단에 올라 허리를 굽히고 포와 술을 바치나니
欲以菲薄明其衷　　보잘것없는 제물로 이내 충심 밝히고자

廟內[12]老人識神意　　사당 안의 노인은 神의 뜻을 잘 아는 듯
睢盱偵伺能鞠躬　　눈 크게 뜨고 살피더니 익숙하게 몸을 굽히네

手持盃珓[13]導我擲　　손에는 盃珓를 들고서 나를 이끌어 던지게 하고는
云此最吉餘難同　　더 이상 좋을 수 없는 가장 길한 점이라 말한다

竄逐蠻荒[14]幸不死　　남방의 거친 땅으로 쫓겨 왔어도 다행히 죽지 않고
衣食纔足甘長終　　衣食도 그런대로 족하니 이대로 살다가 마치면 좋으리

侯王將相望久絶　　王侯將相을 바라는 것 오래 전에 단념했으니
神縱欲福難爲功　　神이 내게 복을 주려 해도 功을 이루긴 어려우리라

夜投佛寺上高閣　　오늘 밤 佛寺에 투숙하여 높은 누각에 오르니
星月掩映雲朣朧[15]　　별과 달이 구름에 가려 어슴푸레하구나

猿鳴鐘動不知曙　　원숭이 울고 종소리 울려도 동트는 줄 몰랐는데
杲杲寒日生於東　　차가운 해 동쪽에서 환하게 떠오른다

【註釋】

1) 衡嶽廟 : '衡嶽'은 곧 衡山을 말하며 南嶽이라고도 지칭한다. '衡嶽廟'는 지금 湖南省 衡山縣 서쪽 30리에 있다.

2) 五嶽祭秩皆三公 : 五嶽은 東嶽인 泰山, 南嶽인 衡山, 西嶽인 華山, 北嶽인 恒山, 中嶽인 嵩山을 말한다. '祭秩'은 제사지낼 때의 등급이다. ≪禮記≫ 〈王制〉에, "天子는 천하의 명산대천에 제사를 지내니, 五嶽에 지내는 제사는 三公에 비한다.〔天子祭天下名川大山 五嶽視三公〕"고 하였다. 周나라 때는 太師, 太傅, 太保를 三公이라 하였고, 西漢 때에는 大司馬, 大司徒, 大司空을 삼공으로 삼았는데, 후대에 三公은 조정의 최고 관직의 통칭이 되었다. 여기서는 三公의 禮의 등급으로써 五嶽을 제사지낸다는 의미이다.

3) 四方環鎭嵩當中 : 嵩은 곧 嵩山이며, 河南省 登封縣 북쪽에 있다. ≪史記≫ 〈封禪書〉에, "옛날 三代의 임금들은 모두 河水와 洛水의 사이에 있었다. 그러므로 嵩山을 中嶽으로 하고 四岳은 각각 그 방향대로 하였다.〔昔三代之君 皆在河洛之間 故嵩高爲中嶽 而四岳各如其方〕"고 되어 있다.

4) 火維 : 고대에는 水・火・木・金・土를 五行이라 부르고 東・南・西・北・中央 五方에 그것을 分屬시켰다. 南方이 火에 속하므로 火維는 곧 남방을 가리킨다. 維는 隅・邊과 같은 뜻이다.

5) 神 : 嶽神이다.
6) 半腹 : 산허리를 말한다.
7) 豈非正直能感通 : 이 구절은 "어찌 정직한 神明이 나의 소원을 들어준 것이 아니겠는가." 라고 풀이하기도 한다.
8) 紫蓋連延接天柱 石廩騰擲堆祝融 : 衡山 72峰 중에 祝融, 紫蓋, 雲密, 石廩, 天柱 다섯 봉우리가 가장 높다.
9) 靈宮 : 神殿으로 여기서는 衡嶽廟를 가리킨다.
10) 鬼物圖畫 : 사당 안의 벽에 그려진 神鬼의 그림을 지칭한다.
11) 傴僂 : 등이 굽은 것을 말한다.
12) 廟內 : '廟令'이라고 되어 있는 本도 있다. ≪新唐書≫ 〈百官志〉에, "五岳과 四瀆은 令이 각각 한 사람씩 있는데, 정 9품 이상이고 제사를 담당한다.〔五岳四瀆 令各一人 正九品上 掌祭祀〕"고 하였다.
13) 盃珓 : 玉으로 만들었으며 길흉을 점치는 기구이다. 宋 程大昌의 ≪演繁露≫에 이르기를, "神에게 점을 쳐서 묻는데 杯珓라는 기구가 있다. 두 쪽의 조개껍질을 허공에 던지고 땅에 던져 그것의 엎어지고 젖혀진 모습을 보고서 길흉을 판단한다. 후대의 사람들은 혹 대나무로, 혹은 그냥 나무를 조개 모양처럼 깎아 만들어 중간을 두 개로 나누고 역시 杯珓라고 이름하였다.〔問卜於神 有器名杯珓 以兩蚌殼投空擲地 觀其俯仰 以斷休咎 後人或以竹 或以木 斲如蛤形 而中分爲二 亦名杯珓〕"고 하였다.
14) 竄逐蠻荒 : 貞元 19년(803)에 한유가 陽山縣令으로 貶謫된 일을 가리킨다.
15) 朣朦 : 朣朧 또는 曈曨으로 되어 있는 本도 있다. 星月의 빛이 희미함을 말한다.

【通釋】

五嶽에 제사를 지낼 때에는 그 등급을 모두 三公과 같이 하는데, 泰山・華山・衡山・恒山의 四嶽이 사방을 빙 둘러 鎭山이 되고 嵩山이 그 가운데를 차지하고 있다. 衡山은 火氣에 속하는 남쪽에 있는데 중앙으로부터 너무나 멀리 떨어져 있어서 妖怪가 매우 많은 까닭에, 하늘이 형산의 嶽神에게 신령한 권세를 주어 雄威를 떨치며 남쪽 지역을 다스리게 하였다. 형산은 雲氣를 뿜어내고 雲霧를 뱉어내어 산허리에 그것들이 자욱하게 둘러 있으니, 비록 산이 이곳에 있다 해도 누가 그 정상까지 오를 수 있겠는가.

내가 이곳에 오니 때는 마침 가을철 장마 무렵이라, 음침한 기운이 가득하고 어둑어둑하며 시원한 바람 한 줄기 불지 않는다. 나는 마음을 가라앉히고 嶽神을 향해 하늘이 개기를 묵묵히 기도하였는데 이미 나의 기도에 神의 감응이 있는 듯하였다. 이 어찌 나의 正直함에 南嶽의 神이 감동하여 움직인 것이 아니겠는가. 잠시 후 바람이 불어 구름과 안개를 비로 쓸 듯이 고요하게 흩어버리니 뭇 산의 봉우리들이 모두 그 모습을 우뚝하게 드러냈다. 고개를 들어 그 높고 높은 산봉우리를 바라보니 곧장 하늘 가운데 버티고 서 있는 모습이었다. 紫蓋峰은 天柱峰에까지 잇닿아 있고, 石廩峰은 들쭉날쭉 우뚝한 모습으로 祝融峰에까지 쌓여 있다. 이 삼엄한 광경에 나는 저절로 황송하고 두려운 마음이 들어서, 서둘러 말에서 내려 절을 하였다. 좁은 길 양쪽 가에는 소나무 잣나무가 울창하였는데 衡嶽廟에까지 나무들이 줄지어 서 있었다. 하얗게 칠한 사당의 담장과 붉은 색의 기둥은 선명한 광채를 발하였으며, 사당의 벽에는 붉은색 푸른색으로 神鬼의 그림이 그려져 있었다.

나는 神殿의 계단 위로 올라가 허리를 굽혀 예를 표하고 脯와 술을 바쳤는데, 보잘것 없는 예물이지만 그것으로라도 나의 衷心을 밝히고자 하는 마음에서였다. 사당 안의 노인은 마치 神明의 뜻을 다 알아차리기라도 하는 것처럼 눈을 크게 뜨고 가만히 나를 관찰하더니 익숙하게 神像을 향해 몸을 굽혔다. 그리고는 손에 점을 치는 도구인 盃珓를 들고서 나에게 던져보라고 시켰다. 내가 그것을 던져 점괘가 나오자 그는 이 괘가 가장 吉한 것이며 그 어떤 점괘도 이보다 더 좋을 수는 없다고 말한다. 남방의 황량한 지역으로 쫓겨 온 몸으로 다행히 죽지 않고 살아 있으며, 衣食도 이만하면 만족할 만하니 이대로 살다가 죽어도 좋겠다고 나는 생각한다. 王侯將相의 富貴功名을 얻으리라는 소망도 일찌감치 끊어버렸으니 神이 비록 복을 내려 나를 도와준다 해도 功力을 이루기는 참으로 어려울 것이다.

오늘 밤 佛寺에 투숙하여 높은 누각에 올라 보니, 층층 구름 뒤로 별빛과 달빛이 때로는 숨었다가 때로는 나타나기도 한다. 원숭이 울고 종소리가 울리는데도 마치 꿈을 꾸는 것 같아 하늘이 밝아오는 것을 알아차리지 못했는데, 가을의 찬 기운을 간직한 밝은 태양이 벌써 동녘에 떠올라 있다.

【解題】

陽山(지금의 廣東省)에 貶謫되었던 한유는 永貞 元年(805) 사면이 되어 陽山을 떠나 郴州에 도착하여 命을 기다리고 있었는데 그해 9월에 江陵의 法曹參軍으로 좌천되었다. 이 시는 한유가 침주를 떠나 강릉의 任所로 가는 도중 衡山을 지나는 길에 衡嶽廟를 배알하고 느낀 바를 쓴 것으로, 그의 나이 38세 때의 作이다. 시에서 작자는 그가 南嶽에서 致祭를 드린 일과 길흉을 점친 일, 절에 투숙했던 정황들을 서술하였는데, 중국 名山의 雄俊한 勝景을 찬미하고 아울러 자신의 소회와 원망, 분노 등을 드러내고 있다.

전체 시는 의미상 네 부분으로 나눌 수 있다. 첫 단락에서는 五嶽으로부터 말을 시작하여 南嶽 衡山에 이르렀는데, 하늘이 권세를 빌려 주어 雄威를 떨치는 그 위세와 雲霧가 산허리를 에워싸고 있는 신비한 형세를 묘사하고 있다. 이는 시인이 뒤에 嶽廟에 배알하게 된 이유를 암시하고 있는 부분이기도 하다. 두 번째 단락에서는 형산에 올라 嶽廟까지 가는 길에 본 풍경들을 묘사하였다. 가을장마가 한창인 때라서 음습한 기운이 가득한 가운데 시인은 날이 개기를 기도하였고, 이에 구름이 걷혀 산의 봉우리들을 모두 볼 수 있었다. 세 번째 단락에서는 珓를 가지고 길흉을 점친 일을 그리면서 다시 자신의 감회를 쓰고 있는데, 전체 시의 主旨가 담긴 부분이다. 길흉의 단서는 人事에 달려 있는 것이지 鬼神과 관련된 것이 아니다. 이미 荊蠻으로 쫓겨 왔고 부귀공명과도 인연을 끊었기 때문에 吉한 점괘가 나온다 한들 神이 도와줄 수 있는 것은 없다. 이는 곧 한유의 삶에 대한 굳은 의지와 위정자에 대한 불만을 표현한 것이기도 하다. 마지막 단락에서는 嶽廟의 高樓에 올라 밤을 지새우고 차가운 가을의 아침 해가 동쪽에서 떠오르는 것을 깨닫는 광경을 그렸는데, 이는 앞서 '秋雨' '陰氣'와 호응하는 동시에 훗날 그의 인생행로가 험준하리라는 것을 豫示하는 것으로도 볼 수 있다.

【集評】

○ 退之倔强遷揭陽 道經衡山愛靑蒼 逸群駿氣不可御 頓塵初控靑絲繮 朝雲偶開豈有意 妙意放浪高稱揚 我生少小善詩律 讀之坐令身世忘 - 宋 惠洪, 〈次韻游南岳〉, ≪石門文字禪≫ 卷7

退之倔强遷揭陽	韓退之(韓愈)의 奇倔함은 태양도 옮겨 솟게 하니
道經衡山愛靑蒼	衡山을 지나는 길 그 푸른빛이 사랑스럽네
逸群駿氣不可御	무리에서 빼어난 기운 다스릴 수 없는데
頓塵初控靑絲繮	세상에 내려와 비로소 푸른 말고삐를 잡았네
朝雲偶開豈有意	아침 구름 우연히 걷힌 것 어찌 뜻이 있으랴만
妙意放浪高稱揚	방랑하는 깊은 뜻만은 높이 추어올리네
我生少小善詩律	나 어려서부터 詩律에 능하였는데
讀之坐令身世忘	이 시 읽고 있으니 몸과 세상 잊혀지네

○ 謁衡岳祠 惻怛之忱 正直之操 坡老所謂能開衡山之雲者也 - 宋 黃震, ≪黃氏日鈔≫ 卷59

〈謁衡岳祠〉에서의 진심어린 정성, 정직한 마음가짐이 坡老(蘇軾)의 이른바 '衡山의 구름을 능히 개이게 하였다.'는 것이다.

○ 橫空盤硬語 妥帖力排奡 公詩足當此語 - 清 沈德潛, ≪唐詩別裁集≫ 卷7, ≪韓昌黎詩系年集釋≫에서 재인용

'허공을 가로질러 굳센 언어 서려 있으니, 奡가 힘 있게 배를 밀듯 순조롭다.'[1]고 했는데 韓公의 시가 이 말에 족히 합당하다.

1) 奡가……순조롭다 : 奡는 힘이 세서 陸地에서도 배를 끌었다는 壯士의 이름이다. 이는 한유의 시 〈薦士〉의 한 구절로, 孟郊의 詩體를 형용한 말이다.

○ 謁衡岳廟遂宿岳寺題門樓 此以對句第五字用平 是阮亭先生所講七言平韻到底之正調也 蓋七古之氣局 至韓蘇而極其致耳 少陵瘦馬行 平聲一韻到底 尙非極著意之作 此種句句三平正調之作 竟要算昌黎開之 - 清 翁方綱, ≪七言詩平仄擧隅≫ 丁福保, ≪淸詩話≫에서 재인용

〈謁衡岳廟遂宿岳寺題門樓〉 이 시는 對句의 다섯 번째 글자에 平聲을 썼으니, 이는 阮亭先生(王士禛)이 말한바 七言詩로서 平韻到底한 正調라는 것이다. 대개 七言古詩의 틀은 韓愈와 蘇軾에 이르러 그 극치를 이루었다. 少陵(杜甫)의 〈瘦馬行〉은 평성의 한 韻으로 끝까지 관철하였지만 오히려 꼭 그렇게 쓰고자 해서 된 것은 아니다. 이처럼 구절구절 三平을 쓴 正調의 작품은 결국 昌黎(韓愈)가 그것을 시작한 셈이다.

○ 莊起陪起 此典重大題 首以議爲敍 中敍中夾寫 意境詞句俱奇創 以下收 凡分三段 - 清 方東樹, ≪昭昧詹言≫ 卷12, 〈韓公〉

장엄한 首句와 더불어 시작하였다. 이렇게 무겁고 큰 제목을 걸어놓고 첫머리에서 議論을 서술하고 중간에서 마음속 생각을 묘사하였으니, 意境과 詩句가 모두 奇倔하고 창의적이다. 그 이하로는 거두어들였다. 모두 세 단락으로 나누어진다.

○ 昌黎謁衡岳廟詩 讀去覺其宏肆中有肅穆之氣 細看去却是文從字順 未嘗矜奇好壞 如近人論詩所謂實話也 後人遇此種大題目 便以艱澁堆砌爲能 去古日遠矣 侯王將相二句 啓後來東坡一種 蘇出于韓 此類是也 然蘇較韓更覺濃秀凌跨 此之謂善于學古 不似後人依樣葫蘆 - 清 延君壽, ≪老生常談≫ 郭紹虞, ≪淸詩話續編≫에서 재인용

昌黎(韓愈)의 〈謁衡岳廟〉는 읽어가면서 크고도 거리낌 없이 말하는 가운데 엄숙하고 경건한 기운이 있음을 느낄 수 있으며, 자세히 보면 도리어 문맥과 措語가 순하여 일찍이 기이한 것을 자랑하고 남다른 것을 좋아한 적이 없으니, 근래 사람이 시를 논하면서 말한바 '實話'와 같은 것이다. 후대인들은 이 같은 큰 제목을 대하면 문득 난삽하고 껄끄러운 것을 능한 것으로 여기니, 古法과의 거리가 날마다 멀어지는 것이다. '侯王將相' 두 句는 후배인 東坡(蘇軾)를 계발시켰으니 소식이 한유에서

비롯한 것은 이러한 류가 그렇다. 그러나 소식은 한유보다 더욱 깊이 깨달아 그를 능가하였으니, 이를 일러 學古를 잘한다고 하는 것이다. 후대인들이 그대로 모방하는 것과는 같지 않다.

○ 退之詩 我能屈曲自世間 安能隨汝巢神山 侯王將相望久絶 神縱欲福難爲功 高心勁氣千古無兩 詩者心聲 信不誣也 同時惟東野之古骨 可以相亞 故終身推許不遺餘力 雖柳子厚之詩 尙不引爲知己 況東天夢得耶 - 淸 潘德輿, ≪養一齋詩話≫ 郭紹虞, ≪淸詩話續編≫에서 재인용

退之(韓愈)의 시 '나는 세상에서 마음대로 살 수 있으니, 어찌 너를 따라 신선세계에 살 수 있으랴.〔我能屈曲自世間 安能隨汝巢神山〕'와 '侯王將相望久絶 神縱欲福難爲功'은 그 마음이 高遠하고 기운이 굳세어 천고에 둘도 없는 詩다. 시인의 마음과 소리는 참으로 속일 수가 없다. 동시대인으로는 오직 東野(孟郊)의 古骨이 그에 버금갈 만했다. 그러므로 종신토록 허여함에 餘力을 남기지 않았으니, 柳子厚(柳宗元)의 시도 오히려 知己라고 끌어들이지 않는데, 하물며 樂天(白居易)이나 夢得(劉禹錫)에 있어서랴.

○ 七古中此爲第一 後來惟蘇子瞻解得此詩 所以能作海市詩 潛心默禱若有應 豈非正直能感通 曰 若有應 則不必眞有應也 我公至大至剛 浩然之氣 忽于游嬉中無心現露 廟令老人識神意數語 純是諧謔得妙 末云 侯王將相望久絶 神縱欲福難爲功 我公富貴不能移 威武不能屈之節操 忽于嬉笑中無心現露 公志在傳道 上接孟子 卽原道及此詩可證也 文與詩義自各別 故公于原道原性諸作 皆正言之以垂敎也 而于詩中多諧言之以寫情也 卽如此詩 于陰雲暫開 則曰此獨非正直之所感乎 所感僅此 則平日之不能感者多矣 于廟祝妄禱 則曰我已無志 神旻能富我乎 神且不能强我 則平日之不能轉移于人可明矣 然前者托之開雲 後則以謝廟祝 皆跌宕游戲之詞 非正言也 假如作言志詩 示我之正直 可感天地 世之勳名 我所不屑 則膚闊而無味矣 讀韓詩與讀韓文迥別 試按之然否 - 淸 程不恂, ≪韓詩臆說≫ 錢仲聯, ≪韓昌黎詩文係年集釋≫에서 재인용

七言古詩 가운데 이 시가 제일이다. 後代人 가운데 오직 蘇子瞻(蘇軾)만이 이 시를 이해하였고, 그래서 그의 시 〈海市〉를 지을 수 있었다. '潛心默禱若有應 豈非正直能感通'에서 '응함이 있는 듯하다.'라고 말하였으니, 반드시 실제로 응함이 있지는 않다는 것이다. 韓公은 지극히 크고 굳세어 浩然之氣가 홀연히 유희 중에 無心하게 드러났다. '廟令老人識神意' 몇 마디는 순전히 諧謔으로 妙를 얻었다. 마지막에서 '侯王將相望久絶 神縱欲福難爲功'이라고 하였으니, 韓公은 富貴가 그를 변

화시킬 수 없고 威武도 그의 節操를 꺾을 수 없는 사람이라는 것이 홀연히 장난하며 웃는 가운데 無心하게 드러났다. 公의 뜻은 道를 전함에 있으니 위로는 孟子에 닿아 있다. 곧 〈原道〉와 이 시가 그것을 증명한다. 文과 詩는 意義가 제각기 다르다. 그래서 韓公은 〈原道〉와 〈原性〉 등의 글에서 모두 똑바로 말하여 가르침을 주었다. 그러나 시에서는 대부분 그것을 익살스럽게 말하여 情을 그려냈다. 즉 이 시와 같은 경우 어두운 구름이 잠시 걷히니, "이 어찌 정직함이 감응한 바가 아니겠는가."라고 하였다. 느낀 바가 겨우 이것뿐이라면 평소에 느끼지 못하는 것은 더 많을 것이다. 사당에서 축원하고 함부로 기도하면서는, "나는 이미 뜻이 없으니 神이 나를 어떻게 부귀하게 할 수 있겠는가."라고 하였다. 神 또한 억지로 나를 어떻게 할 수 없다면, 그가 평소에 사람에 의해서 자신의 소신을 바꾸지 않았다는 것은 분명한 일이다. 그러나 前者는 걷히는 구름에 의탁을 하였고 後者는 사당에서의 축원에 謝禮하면서 한 것이니, 모두 跌宕하게 遊戱하면서 한 말이지 똑바로 말한 것은 아니다. 만일 시를 쓰면서 자신의 정직함을 보여주려고 "천지를 감동시켜 세상의 공훈과 명예를 얻는 일을 나는 달가워하지 않는다."고 했다면 천박하고 거칠어서 맛이 없을 것이다. 한유의 詩를 읽는 것과 한유의 文을 읽는 것은 매우 다르니, 그런지 그렇지 않은지 한 번 시험해 볼 일이다.

○ 首六句從五岳落到衡岳 步驟從容 是典制題開場大局面 領起游意 我來正逢十二句 是登衡岳至廟寫景 升堦傴僂六句敍事 竄逐蠻荒四句寫懷 夜投佛寺四句結宿意 精警處在寫懷四句 明哲保身 是聖賢學問 隱然有敬鬼神而遠之意 廟令老人 目爲尋常游客 寧非淺視韓公 - 淸 汪佑南, ≪山經草堂詩話≫ 錢仲聯, ≪韓昌黎詩文係年集釋≫에서 재인용

처음 6句는 五岳으로부터 衡岳으로 내려갔으니 흐름이 여유가 있다. 이것은 詩題에 의거하여 大局面을 연 것으로써 첫머리에서 유람의 뜻을 드러낸 것이다. '我來正逢' 12句는 형악에 올라 사당에 이르기까지 경치를 묘사하였다. '升堦傴僂' 6句는 사실을 기술하였다. '竄逐蠻荒' 4句는 감회를 적었다. '夜投佛寺' 4句는 투숙하려는 뜻으로 결말을 지었다. 가장 중요한 警戒는 감회를 적은 네 句에 있다. 明哲保身은 聖賢의 학문으로 은연중에 鬼神을 공경하면서도 그를 멀리하는 뜻을 갖고 있다. 사당의 노인이 尋常한 游客으로 여겼다면 어찌 韓公을 얕본 것이 아니겠는가.

069 石鼓[1)]歌

석고의 노래

韓愈

張生[2)]手持石鼓文[3)]	장생이 손에 석고문을 가지고 와서
勸我試作石鼓歌	나에게 한 번 석고가 지으라고 권하네
少陵無人謫仙[4)]死	소릉엔 사람 없고, 적선도 죽었으니
才薄將奈石鼓何	재주 얇은 내가 장치 어찌 석고가를 짓겠는가
周綱[5)]淩遲[6)]四海沸[7)]	주나라 기강이 무너져 사해가 들끓으니
宣王憤起揮天戈[8)]	선왕이 분발하여 하늘의 창 휘둘렀네
大開明堂[9)]受朝賀	크게 명당 열고 조하를 받으니
諸侯劍佩鳴相磨[10)]	제후들의 칼과 패옥 서로 부딪쳐 울렸다오
蒐[11)]於岐陽騁雄俊	기산 남쪽에서 사냥하여 영웅과 준걸들 달리게 하니
萬里禽獸皆遮羅[12)]	만리의 금수들 모두 길을 막아 그물로 잡았도다
鐫功勒成[13)]告萬世	공을 새기고 성과를 기록하여 만세에 알리려
鑿石作鼓隳嵯峨	돌 깎아 북 모양 만드느라 높은 산 무너뜨렸네
從臣才藝咸第一	따르는 신하들 재예가 모두 제일인데
揀選撰刻留山阿[14)]	선발하여 글 지어 새겨 산아에 남겼도다
雨淋日炙[15)]野火燒	비에 젖고 햇볕 쬐고 들불에 타도
鬼物守護煩撝訶[16)]	鬼物이 수호하고 애써 물리쳐 꾸짖었네
公從何處得紙本	공께선 어디에서 탁본을 얻었는가

毫髮盡備無差訛　　털끝만큼도 틀림이 없이 모두 갖추었구나

辭嚴義密讀難曉　　文辭는 엄정하고 뜻은 정밀하여 읽어도 깨닫기 어렵고
字體不類隷與蝌[17)]　　자체는 예서도, 과두문자도 닮지 않았네

年深豈免有缺畫　　세월이 깊었으니 빠진 획을 어찌 면할까만
快劍斫斷生蛟鼉[18)]　　예리한 칼로 살아있는 교룡과 악어 잘라 놓은 듯

鸞翔鳳翥衆仙下　　난새와 봉황이 날아오르고 신선들이 내려오는 듯
珊瑚碧樹交枝柯　　珊瑚와 碧樹 가지가 서로 얽혀 있는 듯

金繩鐵索鎖紐壯[19)]　　금줄과 쇠사슬이 서로 얽혀 힘차고
古鼎躍水龍騰梭[20)]　　옛 솥이 물에서 뛰듯, 용이 북으로 변해 날아가듯

陋儒編詩不收入　　고루한 선비들이 시를 엮을 때 수록하지 않았으니
二雅褊迫[21)]無委蛇[22)]　　〈大雅〉와 〈小雅〉는 편협하고 궁박하여 여유가 없네

孔子西行不到秦[23)]　　공자는 서쪽에 갔지만 진나라에 이르지 않았으니
掎摭星宿遺羲娥[24)]　　별은 주워 모았으나 羲娥는 버려둔 셈이네

嗟余好古生苦晚　　나, 옛것을 좋아하지만 늦게 태어나
對此涕淚雙滂沱　　이것을 마주하여 두 줄기 눈물이 쏟아지는구나

憶昔初蒙博士徵　　생각건대 처음으로 박사의 부름을 받았을 때
其年[25)]始改稱元和　　그해 처음으로 원화라 개칭했네

故人從軍在右輔[26)]　　친구가 從軍하며 右輔에 있으면서
爲我量度掘臼科[27)]　　나를 위해 헤아려 구멍을 파두었네

濯冠沐浴告祭酒[28)]　　冠 씻고 목욕하여 祭酒에게 아뢰기를

如此至寶存豈多　“이처럼 지극한 보물이 남아있는 것 어찌 많으리오

氈包席裹可立致　담요로 싸고 자리로 말면 즉시 가져올 수 있으니
十鼓祇載數駱駝　열 개의 石鼓는 몇 마리 낙타면 실어 올 수 있습니다

薦諸太廟[29]比郜鼎[30]　태묘에 올려 郜鼎과 나란히 놓는다면
光價豈止百倍過　광채와 가치가 어찌 백배에 그치리오

聖恩若許留太學　聖恩으로 만약 태학에 보관하길 허락하신다면
諸生講解得切磋　제생들은 강구하고 해석하여 학문을 갈고 닦을 수 있을 것입니다

觀經鴻都[31]尚填咽　石經을 관람하느라 홍도문도 메웠는데
坐見擧國來奔波　장차 온나라에서 물밀듯이 몰려드는 것 볼 것입니다

剜苔剔蘚露節角　이끼를 깎아내고 도려내어 마디와 모서리 드러내고
安置妥帖平不頗　편안히 두고 평평히 하여 기울어지지 않게 하여

大厦深簷與蓋覆　큰 집에 깊은 처마로 덮고 가려준다면
經歷久遠期無他　세월이 오래도록 지나도 별 탈 없을 것입니다.”

中朝大官老於事　조정의 대관들은 모든 일에 익숙할 터
詎肯感激徒媕婀　어찌 감격만하고 우물쭈물 하는가

牧童敲火[32]牛礪角　목동들 부싯돌로 삼고 소는 뿔로 비벼대니
誰復著手爲摩挲　누가 다시 손대어 어루만질까

日銷月鑠就埋沒　나날이 없어지고 다달이 삭아 매몰되어가니
六年西顧空吟哦　육년 동안 서쪽을 바라보며 공연히 한숨 짓네

羲之俗書[33]趁姿媚　왕희지의 속된 글씨 아름다운 모습에만 내달렸어도

數紙尚可博白鵝[34) 몇 장의 종이 오히려 흰 거위와 바꿀 수 있었는데

繼周八代爭戰罷 주나라 이은 팔대에 전쟁이 끝났으나
無人收拾理則那 석고 돌보는 이 없으니 어이된 일인가

方今太平日無事 지금은 태평시대라 아무일이 없으니
柄用[35)]儒術崇丘軻 儒學을 높여 쓰고 孔孟을 숭상하는 이때

安能以此上論列 어찌하면 이것을 논의에 부칠까
願借辯口如懸河[36)] 원하노니, 현하와 같은 口辯을 빌었으면

石鼓之歌止於此 석고의 노래 여기서 그치니
嗚呼吾意其蹉跎 안타깝다 나의 뜻은 이뤄지지 않음이

【註釋】

1) 石鼓 : 中國의 현존하는 石刻 중 가장 오래된 것으로 그 모양이 북을 닮았다 해서 石鼓라 칭한다. 唐나라 초기에 陝西省 鳳翔 지역에서 출토된 것이 10개인데, 韋應物과 韓愈는 이를 두고 周 宣王이 岐陽에서 수렵할 때 새겨 놓은 것이라 하였다. 근자에 秦나라의 유물이라 고증되었는데, 춘추말년에서 전국시대에 이르는 시기로 추정된다.
2) 張生 : 예전에는 張籍이라 하였으나, 근래에 한유의 문하생이었던 張徹로 고증되었다.
3) 石鼓文 : 石鼓에서 拓本한 문자이다.
4) 少陵 · 謫仙 : 소릉은 杜甫가 살던 곳이며, 적선은 李白이다.
5) 周綱 : 주나라의 기강과 법도, 정치질서를 말한다.
6) 淩遲 : 衰落, 衰敗한다는 뜻이다.
7) 四海沸 : 천하가 들끓어서 불안한 것이다.
8) 揮天戈 : 하늘을 대신하여 창을 휘두르는 것이다.
9) 明堂 : 천자가 政敎를 반포하고 제후의 朝會를 받으며 제사를 거행하는 곳이다.
10) 諸侯劍佩鳴相磨 : 天子의 明堂으로 朝貢 온 제후들이 많아, 서로 刀劍이 부딪치며 소리가 난다는 의미이다.
11) 蒐 : 봄에 狩獵하는 것이다. 여름 사냥은 苗, 가을 사냥은 獮, 겨울 사냥은 狩라고 한다.
12) 遮羅 : 막아서 포획한다는 뜻이다.

13) 鐫功勒成 : 功業을 석고에 새긴다는 의미이다. '鐫'과 '勒'은 모두 '새기다'〔刻〕의 뜻이고, 成은 成就의 뜻으로 功과 같다.

14) 山阿 : 산과 큰 언덕이다.

15) 日炙 : 햇볕에 타는 것이다.

16) 撝訶 : '撝'는 손가락질 하는 것이고 '訶'는 꾸짖는 것이다. 석고를 해치려는 자가 있으면 鬼物이 쫓아버렸다는 뜻이다.

17) 隷與蝌 : 隷書와 蝌蚪文字이다. 隷書는 秦나라 때 程邈이 만들었다는 문자이고, 蝌蚪는 黃帝때 蒼頡이 새 발자국에서 암시를 얻어 만들었다는 문자로 모양이 올챙이 같다고 하여 붙여진 이름이다. 蝌蚪는 올챙이이다.

18) 快劍斫斷生蛟鼉 : 石鼓에 새겨져 있는 글씨의 획이 마치 예리한 칼로 살아 있는 교룡과 악어를 베어 놓은 것처럼 氣勢가 생동감 있다는 의미이다.

19) 金繩鐵索鎖紐壯 : 석고문의 필봉이 금줄과 쇠사슬로 엮어 놓은 듯이 기이하고 굳세며, 글자의 結體가 고리가 이어진 듯한 모습이라는 뜻이다.

20) 古鼎躍水龍騰梭 : 전하기를, 주 현왕 42년 九鼎이 泗水에 잠겼는데, 진시황이 당시 사람을 보내어 물속에 들어가 찾게 하였으나 구정을 찾지 못했다고 한다. '龍騰梭'는 ≪晉書≫ 〈陶侃傳〉에, "侃이 어릴 적, 뇌택에서 고기를 잡고 있었는데 그물에 북〔織梭〕이 걸려들었다. 이를 벽에다 걸어 놓았는데, 얼마 후 천둥치며 비가 쏟아지자 그 북이 절로 용이 되어 날아갔다.〔侃少時 漁于雷澤 網得一織梭 以掛于壁 有頃雷雨 自化爲龍而去〕"라는 고사에 보인다. 이 구절은 석고문의 字體가 변화무쌍하여 예측하기 어렵다는 뜻이다.

21) 褊迫 : 편협하고 局促한 것이다.

22) 委蛇 : 관대하고 종용한 모양이다.

23) 秦 : 지금의 섬서성 일대로, 석고가 발견된 곳이다.

24) 羲娥 : 羲和와 嫦娥이다. 羲和는 본래 해 수레를 모는 사람이지만, 여기서는 해를 의미한다. 嫦娥는 달을 의미한다. 여기서 星宿는 ≪詩經≫의 시들을 가리키고 羲娥는 石鼓文을 가리킨다.

25) 其年 : 이 해는 한유가 강릉의 法曹 參軍으로 있다가 國子監博士로 임명되어 장안으로 불려갔던 해로써, 元和 원년(806)이다.

26) 右輔 : ≪三輔黃圖≫에, "태초 원년(공원전 104)에 渭城 서쪽은 右扶風에, 長安 동쪽은 京兆尹에, 長陵 북쪽은 左馮翊에 귀속시켰으니, 이를 일러 '三輔'라 했다."라 하였다. 우보는 우부풍이며 鳳翔府가 된다. 한유의 친구가 鳳翔節度府에 종사하였으므로 '從軍在右輔'라 이른 것이다.

27) 臼科 : 石鼓를 안전하게 둘 곳을 일컫는다.
28) 祭酒(좨주) : 大學의 長老를 가리킨다.
29) 太廟 : 天子의 조상을 모시는 사당이다.
30) 郜鼎 : 郜國에서 만든 솥이다. 郜國은 지금의 山東省 城武縣이다. ≪春秋左傳≫ 桓公 2년에, "여름 4월에 郜 땅의 큰 솥을 宋나라에서 취하여 戊申日에 太廟에 바쳤다.〔夏四月取郜大鼎于宋 戊申納太廟〕"는 기록이 있다.
31) 鴻都 : 홍도는 漢代에 서책을 보관하던 장소였다. ≪後漢書≫ 〈蔡邕傳〉에 의하면, 漢 靈帝 熹平 4年(175)에 蔡邕이 六經文字를 정정할 것을 주청하였는데, 황제가 허락하자 채옹이 스스로 비에 글씨를 쓰고 석공들에게 새기게 하여 태학문 밖에 세웠다. 이로부터 매일 석비를 관람하고 摹寫하려는 사람들로 人山人海를 이루었다고 한다.
32) 敲火 : 목동들이 무지하여 石鼓를 부싯돌 대용으로 쓴다는 뜻이다.
33) 俗書 : 심덕잠의 ≪唐詩別裁集≫에, "예서가 세간에서 유행했는데, 고전과는 구별되었으므로 속서라 이른 것이다. 왕우군을 폄하하려는 뜻은 없다.〔隸書風俗通行 別于古篆 故云俗書 無貶右軍意〕"라 하였다. 俗書는 古書에 대칭되는 말로서, 여기의 '俗'은 時俗의 '俗'이지 俚俗의 '俗'이 아니므로 貶意가 아니다.
34) 博白鵝 : 白鵝와 바꾼다는 뜻이다. ≪晉書≫ 〈王羲之傳〉에 의하면, 왕희지는 거위를 좋아하여 직접 ≪道德經≫을 써주고 山陰道士의 거위와 맞바꾸었다고 한다.
35) 用 : '任'으로 되어 있는 本도 있다.
36) 懸河 : 구변에 재주가 있음을 비유한 것이다. ≪晉書≫ 〈郭象傳〉에, "太尉 王衍이 매번 이르기를, '곽상이 말하는 것은 현하의 물이 쏟아져 마르지 않는 것과 같다.' 했다.〔王衍每云 聽象注而不竭〕"라 하였다.

【通釋】

장적이 〈석고문〉 한권을 가지고 와서 나에게 〈석고가〉를 지어줄 것을 요청하였다. 이백과 두보가 이미 세상을 떠났고, 나는 그들처럼 천재적인 재능을 지니고 있지 않아 어찌할 바를 모를 뿐 석고가를 지을 수 있을지 의문이 생긴다.

주나라의 기강과 법도가 무너지고 사해가 들끓는 가운데 선왕은 직접 창을 들고 휘둘러 중흥시켰다. 명당을 크게 열고 제후의 조회를 받았는데, 그들이 허리에 차고온 검과 패옥들이 서로 부딪치며 내는 소리들이 청명하게 울렸다. 이에 선왕은 기산의 남쪽에서 사냥을 하며 영웅·준걸들을 달리게 하여 만리의 금수를 일거에 모두 포획하였다. 사관이 이러한 공업을 만세에 알리고자 돌에 새겨 놓은 것이다. 이에 그들은 돌을 북 모양으로 만들어, 울퉁불퉁한 곳 하나 없이 고르게 다듬었다. 선왕을 곁에서 모시고 있던 신하는 재주와 학문이 모두 일류인데도 그들 중에서 특히 뛰어난 자를 가려 뽑아 글을 짓게 하고 돌에 새겨서 산아에 남겨두었다.

이러한 石鼓는 비록 비에 흠뻑 젖고 따가운 햇볕에 들불에 타기도 하였는데, 다행스럽게 귀신들이 그것을 수호하여 애써 돌보아주었다. 장공께서는 어디서 탁본을 얻으셨는가. 그가 얻은 탁본들은 모두 완정하여 한치의 오차가 없구나. 내 보니, 이 문자들의 뜻이 엄정하고 정밀하여 읽어도 깨닫기 어렵고, 글자체는 예서도 아니고 과두문자도 아닌 매우 특이한 것이다. 세월이 오래된 까닭에 글자의 획이 빠진 것은 피하기 어렵구나. 저 필체의 웅혼함을 보니, 마치 예리한 칼로 살아 있는 교룡을 베어낸 듯 하고, 난새와 봉새가 날며 춤을 추는 듯, 여러 신선들이 한꺼번에 날아오르는 듯, 산호와 벽수의 가지들이 서로 얽혀 있는 듯 신비롭다. 또한 금줄과 쇠사슬로 얽어매어 고리를 엮어 놓은 듯 하며, 古鼎이 깊은 연못에 빠져 일으키는 파동과 같기도 하고, 용이 나는 북으로 변한 듯하기도 하다. 비루한 선비들은 ≪詩經≫을 엮으면서 이것을 수록하지 않아 오히려 〈二雅〉를 편협하게 만들었다. 공자가 여러 나라를 주유하면서도 秦을 거치지 않아서 마치 별들을 모으면서 가장 중요한 해와 달을 빠뜨린 것과 같은 것이다.

내 비록 오래된 것을 좋아하지만 너무 늦게 태어난 것이 한이 된다. 이 탁본을 보니 진실로 내 눈에 눈물이 흐르는구나. 생각해보면, 처음 내가 국자박사가 되었을 때는 연호를 開元에서 元和로 고쳤던 때인데, 나의 절친한 벗이 봉상절도부에 종사하면서 나를 도와 石鼓를 발굴할 것을 계획하였다. 이에 나는 의관을 정제하고 목욕재계한 후 국자감의 좨주에게 아뢰기를, "이처럼 보존할 가치가 높은 보물들이 또 어디 있단 말입니까. 담요로 싸고 자리로 말아 가져 오는데, 그저 몇 마리의 낙타면 열 개의 석고를 싣고 올 수 있습니다. 가져와서는 저 태묘에 헌납하여 郜鼎과 나란히 놓는다면 그 가치가 어찌 백배에만 그치겠습니까. 황상께서 은혜를 베푸시어 태학에 보관해두길 허락해 주신다면 제생들은 강구하여 학문을 절차탁마할 것입니다. 漢代 채옹이 석경을 태학문 밖에 새겨놓았더니, 온 나라 사람들이 그것을 抄寫하기 위해 모여 들던 것을 생각해보십시오. 이끼를 제거하고 筆劃의 모서리와 마디가 잘 드러나게 한 뒤, 평평한 곳에 잘 두고 큰 집의 처마로 덮어주고 가려준다면 시간이 지나도 변치 않을 것입니다." 하였다.

조정의 대관들은 일 처리에 능숙한데도, 감탄만 하고 왜 빨리 결정내리지 못하는가. 그러는 사이 목동들은 석고를 부싯돌 삼아 불을 켜고, 늙은 소는 뿔로 비벼대니 누가 다시 손대어 아끼고 보호해주겠는가. 날이 가고 달이 갈수록 석고는 삭아서 매몰되어가니, 육 년 동안 서쪽만 바라보며 공연히 한숨짓는구나. 왕희지의 필법은 아름다운 것만 추구했지만, 그가 쓴 몇 장의 종이는 흰 거위와 바꿀 수가 있었거늘, 여덟 왕조에 전쟁이 모두 끝났으나 아무도 석고를 수습하는 이 없으니 이유가 무엇이란 말인가. 지금은 태평시대라 아무 일 없어 유학을 높여 쓰고 공맹을 숭상하는 이때 내 어찌하면 이것을 논의에 부칠 수 있는가. 떨어지는 폭포수 같은 구변을 빌어 이 일을 의논해보고 싶다. 〈석고가〉는 여기서 그칠 것이나, 이 뜻을 실현시키지 못한 것을 매우 안타깝게 생각한다.

【解題】

〈석고가〉는 한유의 유명한 시편으로서, 저작 시기는 元和 6년(811)이다. 이때는 한유가 河南(지금의 河南省 洛陽市) 縣令이었다가 마침 尙書職方員外郎으로 승직하여 장안으로 돌아온 지 얼마 되지 않았던 시기이다. 이 시는 讚美는 물론, 諷刺의 의미까지 내포하고 있는데 石鼓와 石鼓文의 중요한 가치를 인식하고 보존・연구하여야 한다고 강조한다. 石鼓와 石鼓文처럼 세상에서 얻기 어려운 귀중한 보물이 저 황무지에 방치되어 있어서는 안 되며, 마땅히 太學으로 운반되어 보호 받아야 함을 주장하는 것이다. 특히 한유가 詩에서 朝廷의 大官들이나 陋儒를 언급하고 또한 '공자는 서쪽에 갔지만 진나라에 이르지 않았으니, 별은 주워 모았으나 羲娥는 버려둔 셈이네.〔孔子西行不到秦 掎摭星宿遺羲娥〕'라 한 것은 석고와 석고문의 가치를 제대로 알지 못하는 당시 현실에 대해 자신의 불만을 토로한 부분이라 할 수 있다.

【集評】

○ 岐山之陽石鼓文 昌黎退之爲之歌 我今賡歌千載後 思凡筆弱吁奈何 在周文孫武子王 四海一家弭干戈 小腆遺孽干天紀 仁風義威從盪磨 大會群神揖明庭 陸讋水慄歸網羅 攻車同馬何所向 沔沔汧水岍山峩 有邁天王六師隨 麾幢劍珮山之阿 嘽嘽徒御鼓塡塡 幽靈奔走鬼叱訶 旛翰霎霎檠戟奕 宣猷大田平南訛 從臣何人勒爲辭 文字威迤駕蒼蚪 高山大林生豹禽 積水古沈盤黿鼉 流傳幾代久乃發 忽若鳴鳳峙瓊柯 至寶由來帝弗秘 雲錦煥爛天孫梭 愧不從雄問奇字 鉤章棘句搜委蛇 亦訝仲尼聞見少 任受嘲得捐羲娥 淸廟生民映簡策 倬見大化流滂沱 當時若無此記載 孰知類夏函天和 更驚贔屭虯猗勢 不落大小蟲鳥科 我聞西都九葉宣 撥亂奮起功最多 天降申樊吉方武 比如冀野產騠駝 又有史籀生王國 軒臣沮頡不是過 南征北伐若雷霆 祖文憲武如琢磋 指顧萬邦復西趨 天無烈風海不波 穆穆闕門通四目 平平皇道無偏頗 千乘萬騎于岐陽 文孫文子來非佗 之子之探允無聲 熊旂鳥旟何娜婀 蜩螗思帥豈考擊 礱頑命史非挼挲 繩前光後垂永久 車攻常武殆摹哦 鐵幹金筋絶穗蕤 丹鳳崑鶴超鸐鵝 唐愈宋軾迭春撞 商彛周應同猗那 方今寰宇入凋騷 人把蜩藻背輿軻 豈有詰戎追前軌

安得猛士挽天河 石鼓之歌歌益哀 嗚呼吾道終蹉跎 石鼓詩 韓蘇二公 先後歌詠 所以發揮揚扢之者備矣 固無竢後人容喙 且其文字精輝 有萬丈之焰 足爲岐鼓後乘 但考其時世史傳參之事情 詩之作似當在周成五年 會諸侯蒐岐之日 而乃其碣之籒之以無忘先王之蹟 則在宣王之世耳 今二公 皆以宣王爲言 恐不無遺見 閑居無事 輒爲之步韓韻 而掇以成宣之事以存古實 所以效嚬於前人云 - 朝鮮 尹鑴, ≪白湖全書≫ 卷2, 〈步韓文公石鼓歌〉

한문공의 석고가 본을 떠서〔步韓文公石鼓歌〕

岐山之陽石鼓文　　기산의 양지쪽 석고문에 대해서
昌黎退之爲之歌　　한창려 퇴지가 노래를 지었기에
我今賡歌千載後　　내 지금 천년 뒤에 그 화답을 하려는데
思凡筆弱吁奈何　　생각 필력 다 부족해 이 일을 어찌 할까
在周文孫武子王　　주나라 문왕 손자 무왕 아들이 왕일 때는
四海一家弭干戈　　사해가 일가여서 무력 싸움 없더니만
小腆遺孽干天紀　　볼품없는 유얼이 하늘의 법을 범해
仁風義威從盪磨　　사랑도 위엄도 범벅타령 되었기에
大會群神揖明庭　　뭇귀신을 왕의 뜰에 모두 모이게 했었는데
陸讋水慄歸網羅　　온 사방이 겁에 질려 너도 나도 굴복했다네
攻車同馬何所向　　공격 위한 수레와 말 어딜 향해 갔다던가
沔沔汧水岍山峩　　넘실넘실한 견수와 높은 견산 향해 갔지
有邁天王六師隨　　천자가 가게 되면 육사가 따르는 법
麾幢劍珮山之阿　　산언덕엔 지휘기와 칼 찬 사람 줄을 서고
嘽嘽徒御鼓嗔嗔　　그 많은 따름새에 북소리도 두리둥둥
幽靈奔走鬼叱訶　　유령들도 바삐 날뛰고 귀신이 길을 트네
旛翰霏霏槊戟奕　　기폭은 펄렁펄렁 칼과 창은 번득번득
宣猷大田平南訛　　중지를 모아서 남쪽 평정 나섰다네
從臣何人勒爲辭　　신하 중에 어느 누가 이 문장을 새겼는지
文字威迤駕蒼蝌　　창힐의 과두문처럼 글자마다 구불구불
高山大林生豹禽　　높은 산 깊은 숲에 살아 있는 표범인가
積水古沈盤鼊鼉　　물 고인 옛 호수에 사리고 있는 자라일까
流傳幾代久乃發　　몇 세대를 전해오다 오랜만에 발견된 것
忽若鳴鳳峙瓊柯　　어느새 가지 높이 앉아 우는 봉이 됐네

至寶由來帝弗秘　알짜 보물은 하느님도 숨겨둘 수가 없는 것
雲錦煥爛天孫梭　찬란한 구름 비단 직녀 솜씨 아니던가
愧不從雄問奇字　차라리 양웅에게 어려운 글자 물었다가
鉤章棘句搜委蛇　이해 못할 뜻들을 샅샅이 못 찾아 부끄럽고
亦訝仲尼聞見少　또 하나는 공자도 문견이 부족해서
任受嘲得捐羲娥　해와 달을 버렸다는 조롱 들은 게 이상하다네
淸廟生民映簡策　청묘와 생민이 책 속에 빛나고 있어
倬見大化流滂沱　위대한 교화가 전래했음을 볼 수 있지
當時若無此記載　만약에 그 당시 이 기록이 없었던들
孰知類夏函天和　누가 알리 하나라가 천지 화기에 싸였던 것을
更驚贔屭虯狗勢　또 하나 놀란 것은 거북 같고 규룡 같아
不落大小蟲鳥科　크고 작은 벌레 따위가 아니라는 것이었네
我聞西都九葉宣　내 듣기에 서도의 선왕이라는 임금이
撥亂奮起功最多　난리 평정 공로가 제일로 많았는데
天降申樊吉方武　하늘이 또 신과 번, 길과 방 같은 인물 내려
比如冀野產騠駝　기주에서 용마가 난 것과 같았으며
又有史籀生王國　거기에 또 사주가 왕국에 태어나서
軒臣沮頡不是過　황제 신하 저힐보다 못지 않았다네
南征北伐若雷霆　천둥처럼 번개처럼 남쪽 치고 북쪽 치고
祖文憲武如琢磋　옥돌 갈고 다듬듯이 문무의 법 따랐으며
指顧萬邦復西趨　만방을 돌아보고 서로 다시 갈 때
天無烈風海不波　하늘에 열풍 없어 파도도 일지 않았다네
穆穆闓門通四目　사대문 활짝 열고 사방 두루 다 살피고
平平皇道無偏頗　왕조가 공평하여 편파라곤 없었기에
千乘萬騎于岐陽　천승만기 모두모두 기산으로 모여들고
文孫文子來非佗　다른 데로 가지 않고 문손문자 다 왔다네
之子之探允無聲　정탐 맡은 그 사람 감쪽같이 소리 없고
熊旂鳥旟何婀娿　펄럭이는 깃발들은 그리도 고왔다네
劖巉思帥豈考擊　바위 깎아 만든 석고 치려고 한 것인가
礱頑命史非挼挲　돌을 갈아 비 새긴 것 만지기 위함 아니라네

繩前光後垂永久	조상의 법을 따라 자손만대 물려주는
車攻常武殆摹哦	거공과 상무라면 본을 뜨고 읊을 만하지
鐵幹金筋絶穗蕹	철몸통에 금젓가락 부추에다 댈 것인가
丹鳳崑鶴超鸐鵝	단산의 봉 곤산 학은 닭 거위완 비교 안되지
唐愈宋軾迭舂撞	당의 한유 송의 소식이 앞뒤에서 부딪쳤고
商鼗周應同猗那	상나라 북 주나라 북은 똑같이 아름다워
方今寰宇入凋騷	지금은 온 세상이 시들하고 시끄럽고
人把蜩藻背輿軻	사람들도 입만 살았지 도덕을 모른다네
豈有詰戎追前軌	그 전처럼 오랑캐를 몰아낼 자 뉘 있으며
安得猛士挽天河	은하수 끌어당길 용사인들 있을건가
石鼓之歌歌益哀	석고를 노래한 그 노래가 더욱 슬퍼
嗚呼吾道終蹉跎	아아, 우리 갈 길 끝내 못 찾고 말 것인가

石鼓詩에 대해 韓愈와 蘇軾 두 공이 앞뒤에서 노래하면서 그 숨은 뜻을 캐내 세상에 알릴만큼 알렸으므로 후인으로서는 그에 대해 입을 놀릴 필요도 없을 뿐만 아니라, 그들 문장력이야말로 만장의 불꽃과도 같이 휘황찬란하여 주나라 석고시를 뒷받침하는 역사가 되고도 남는 것이다. 다만 그것을 시대적 역사적으로 살펴보고 또 여러 가지 사정으로 참작해 볼 때 그 시를 지은 연대는 주나라 成王 5년 제후들이 기산에 모여 사냥할 때인 것 같고, 그리고 그 先王의 유적을 잊지 않기 위해 그것을 빗돌에다 새기고 大篆을 쓴 것은 宣王시대에 했던 것이 아닌가 싶다. 그런데 지금 두 공은 모두 선왕 때의 것으로 말하고 있어 그들이 혹시 잘못 볼 수 있지 않을까 싶기도 하다. 한가히 있으면서 다른 일이 없기에 곧 한유의 시를 본떠서 그 운에 맞춰 지으면서 내 나름대로 성왕·선왕 때의 일들을 섞어 엮어서 되도록 사실에 맞는 기록이 되기를 기해본 것이지만 사실은 전인들이 했던 일을 흉내 낸 꼴이 되고 말았다.

○ 石鼓 大成門內廊閣 設紅柵而安石鼓 鼓凡十枚 而左右各五 世傳周宣王之獵碣 辭類風雅 字畫皆籒文 鼓之大 高可一尺 圍一抱餘 其形中脹 而兩端微殺 頂圓如鼗鼓 色淡黑而剝落贔屓 初在陳倉野中 唐鄭餘慶遷置鳳翔縣夫子廟 而亡其一 宋皇祐四年 向傳師得之於民間 十鼓乃定 大德〔觀〕二年 自京兆徙汴京 初置辟雍 後移保和殿 以金填字 靖康二年 金人取歸燕 剝其金 置汪宣武第 後徙大興府學 元大德十一年 虞集爲大都敎授 得之泥土中 皇慶初 移置于此 鼓以十干次第爲標 鼓文共六百五十四字 而皆泐缺 其可辨者 爲二十五字 或有全鼓無一字者 其甲鼓初句曰 我車旣攻 我馬旣同 乙鼓曰 汧繄泛泛 烝波淜淵 丙

鼓曰 田車孔安 鋚勒騂騂 丁鼓曰 帥彼鑾車 勿速頌如 戊鼓曰 我來自東 靈雨奔流 己鼓曰 宣猷作原 作周導遄 庚鼓曰 徒御嘽嘽 然而師旅 辛鼓曰 徒走驕驕 馬麃哲哲 壬鼓曰 我水旣淨 我道旣平 癸鼓曰 虞人怜亟 朝夕敬愓 字與大篆少異 所謂籒文也 右邊第五鼓 陷其中爲臼 蓋在民間時所鑿 臼中尙有糠粃跡 旁立協山潘迪石鼓音訓碑 左右各列十二戟 以視衛護之意 門外兩廊 又置乾隆新製石鼓十坐 其制一依舊石鼓 而集其可辨字 別成十章 刻籒文而頌功德 門右有碑 以張照筆 刻昌黎石鼓詩 上面刻乾隆御製詩 又門左有重刻石鼓文碑 石鼓石鼓周王鼓 贔屭節角傳千古 勒成豐烈辭嚴密 太平蒐獵宛今睹 仲尼摭星遺羲娥 韓愈按歌嗟李杜 上都鸞鳳無消息 珊瑚老柯啼腥雨 日消月鑠神鬼祕 埋沒村臼委泥土 終然寶鼎汾河出 完如石經鴻都叟 剝蝕太半蒼籒缺 潘君短碣稽遺譜 絶笑胡皇紀何績 十章新鼓峙廊廡 - 朝鮮 李海應, ≪薊山紀程≫ 卷3, 〈留館〉 中 '石鼓'

石鼓 : 大成門 안 廊閣에다 紅柵을 설립하고 석고를 안치하였는데, 석고는 모두 10枚로 좌우에 각각 다섯씩이었다. 세상에서 전하기로는, 주 선왕의 獵碣이라 하는데, 文辭는 風雅와 유사하고 자획은 모두 籒文(大篆)이었다. 석고의 크기는 높이 한 자쯤에 둘레는 한 아름 남짓하고, 그 모양은 가운데는 불룩하고 양 끝은 약간 줄어들었으며, 꼭대기는 둥그스름해서 마치 북처럼 생기고, 빛깔은 담흑색인데, 긁히고 깎였지만 여전히 힘찬 기운이 남아있다.

처음에는 陳倉(지명)의 들 가운데 있었더니, 당나라 鄭餘慶이 鳳翔縣에 있는 공자의 사당으로 옮겨 두었는데 그중 하나를 잃었다. 그러다가 宋나라 皇祐 4년(1052)에 向傳師가 민간에서 그것을 찾아 10개의 북이 비로소 갖추어졌다. 大觀 2년(1108)에 京兆에서 汴京으로 옮겨 처음에는 태학에 두었다가 나중에 保和殿으로 옮기고 금으로 글자를 입혔다. 靖康 2년(1127)에 金나라 사람이 그것을 연경으로 가져다가 그 금을 벗겨 汪宣武의 집에 두었고, 후에 大興府學으로 옮겼다. 원나라 대덕 11년(1307)에 虞集이 大都教授로 있으면서 이것을 진흙 속에서 발견해서 皇慶 초년에 여기로 옮겨 두었던 것이다.

석고는 十干을 가지고 차례를 표시하였으며, 석고의 글은 도합 654자인데, 모두 파손되고 그중에 알아볼 수 있는 것은 겨우 25자로, 혹은 한 글자도 없는 석고도 있었다. 그 甲鼓의 첫 구에는, "우리 수레 이미 견고하며, 우리 말도 그러하네.〔我車旣攻 我馬旣同〕" 했고, 乙鼓에는, "못물은 넘실넘실, 숱한 물결이 못에 거슬러 흐른다.〔汧繄泛泛 烝波潮淵〕" 했으며, 丙鼓에는, "사냥 수레 매우 안전한데, 투구 고삐 튼튼하다.〔田車孔安 鋚勒騂騂〕" 했고, 丁鼓에는, "저 방울 달린 수레 거느리고, 속히 몰지 말고 서서히 할지어다.〔帥彼鑾車 勿速頃如〕" 했으며, 戊鼓에는, "내 동쪽으로부터 오느라니, 신령스러운 비 흘러내린다.〔我來自東 靈雨奔流〕" 했고, 己鼓에는, "계책을 펴서 평원을 만들고 큰길을 내서 빠른 걸음 인도한다.〔宣猷作原 作周導遄〕" 했으며, 庚鼓에는, "따르는 부하들 많기도 하고 군사들 또한 용맹스럽다.〔徒御嘽嘽 然而師旅〕" 했고, 辛鼓에는, "달리는 군사들 오락가락하고, 말의 빛깔 번쩍번쩍하도다.〔徒走驕驕 馬應皙皙〕" 했으며, 壬鼓에는, "우리의 물은 이미 깨끗하고, 우리의 길은 이미 편편하도다.〔我水既淨 我道既平〕" 했고, 癸鼓에는, "사냥꾼들 모두 영리하고 날래며, 조석으로 공경하고 조심한다.〔虞人怜亟 朝夕敬惕〕"라 했다. 글자는 大篆과 조금 다르니, 이른바 籀文이란 것이다.

오른쪽에 있는 다섯 번째 석고는 그 복판이 패여서 절구처럼 되었는데, 아마 민간에 있을 때 패인 듯하다. 절구 속에는 아직도 곡식의 흔적이 있다. 곁에는 協山 潘迪의 石鼓音訓碑를 세웠고, 좌우에는 열두 개의 창을 주욱 세워 위호하는 뜻을 보였다. 문밖의 두 翼廊에는 또 건륭이 새로 만든 석고 10坐를 두었는데, 그 제도는 한결같이 옛 석고에 의거했고, 그중에서 알아볼 수 있는 글자를 모아 가지고 별도로 10章을 이룬 다음, 주문을 새겨서 功德을 칭송하였다. 문 오른쪽에 있는 비석은 張照의 글씨로 韓昌黎의 石鼓詩를 새기고 상면에는 건륭의 어제시를 새겼다. 또 문 왼쪽에는 석고문을 중각한 비석이 있었다.

石鼓石鼓周王鼓	석고 석고 周 宣王의 석고여
贔屭節角傳千古	힘찬 절각이 천고에 전하네
勒成豐烈辭嚴密	풍성한 공렬을 새겨 이뤄서 사연이 엄밀하니
太平蒐獵完今睹	태평 시대에 사냥하던 일을 완연히 지금 보겠네
仲尼摭星遺羲娥	중니는 별만을 줍고 희아는 빠뜨렸으며
韓愈按歌嗟李杜	한유는 노래를 지을 제 이두를 슬퍼했네
上都鸞鳳無消息	상도의 난봉은 소식이 없고
珊瑚老柯啼腥雨	산호의 노가는 성우에 우네
日消月鑠神鬼秘	날과 달로 消鑠하매 신귀가 비장되고
埋沒村臼委泥土	민가 절구로 매몰되어 진흙에 버려졌네
終然寶鼎汾河出	마침내 보정이 분하에서 나오니
完如石經鴻都叟	석경 홍도수와 완연히 같네
剔齡太半蒼籀缺	분명치 않은 자획이 태반이고 전자 또한 파손되었는데

潘君短碣稽遺譜　　반군의 단갈은 끼친 글을 상고케 하네
絶笑胡皇紀何績　　우습구나 호황은 무슨 공적을 기록할 게 있을까
十章新鼓峙廊廡　　십장의 새로 만든 석고가 낭무에 우뚝 섰네

○ 一段來歷 一段寫字 一段敍初年已事 抵一篇傳記 夾敍夾議 容易解 但其字句老練 不易及耳 - 清 方東樹, 《昭昧詹言》

한 단락은 내력을, 한 단락은 글자에 대해 썼으며, 한 단락은 初年의 일에 대해서 서술하였으니 대저 한 편의 전기이다. 서술과 의론이 사이사이 끼어 있어 이해하기 쉬우나, 다만 그 字句가 老練하여 쉽게 미치지 못할 뿐이다.

070 漁翁

늙은 어부

柳宗元

漁翁夜傍西巖宿　　늙은 어부 밤이 되면 서쪽 바위에 기대어 잠들고
曉汲清湘然楚竹[1]　　새벽엔 맑은 湘水 물을 길어다 楚竹으로 불을 지핀다

煙銷日出不見人　　안개 흩어지고 해가 뜨니 사람은 아니 뵈고
欸乃[2]一聲山水綠　　'어여차' 한 소리에 山水가 푸르구나

迴看天際下中流　　中流를 타고 내려가며 하늘 끝을 돌아보니
巖上無心雲相逐　　바위 위 무심한 구름이 서로 좇는다

【註釋】

1) 曉汲清湘然楚竹 : '清湘'은 맑은 湘水의 물이고, '楚竹'은 楚나라의 대나무이다. 유종원이 시를 지은 지역이 옛 초나라에 속한 永州였으므로 이렇게 말한 것이다.

2) 欸乃 : 노를 저을 때 힘을 내기 위해 내는 소리이다. 《御製詞譜》에는 노래를 부를 때 화답하는 소리인 '號頭'가 있는데 이것과 유사한 것으로, 배의 노를 저을 때 서로 힘을 맞추기 위해 내는 소리라고 하였고, 또 강남지역의 뱃노래는 한 구절을 부르면 여러 사람이 한 소리로 화답하는데 이것과 같은 것이라고 하였다. 《全唐詩》와 章燮의 注疏本에는 '款乃'라고 되어 있다.

【通釋】

늙은 어부는 밤이 되면 서쪽 바위에 기대어 잠들고, 새벽이 되면 맑은 상수의 물을 길어다 초나라 대나무에 불을 피워 아침밥을 짓는다. 아침 안개 사라지고 해가 떠오르니 사람은 보이지 않는데, 오직 푸른 산수 속에서 '어여차' 노 젓는 소리만 들려온다. 흐르는 물결을 따라 강의 중류를 타고 내려가는데 고개 돌려 저 하늘 끝을 바라보니 바위 위엔 무심한 구름이 따라온다.

【解題】

이 시는 유종원이 永州로 좌천되었을 때 지은 작품으로, 세속을 벗어나 초연한 삶을 살고 있는 늙은 어부의 형상이 한 폭의 수묵화처럼 그려져 있다. 유종원은 늙은 어부에 자신을 의탁하여 당시 좌천당한 좌절감을 승화시켜 탈속의 정취로 노래한 것이다. 특히 제 3, 4구인 '煙銷日出不見人 欸乃一聲山水綠'은 유종원의 시구 중 絶唱으로 평가되고 있다.

【集評】

○ 東坡云 詩以奇趣爲宗 反常合道爲趣 熟味此詩 有奇趣 然其尾兩句 雖不必 亦可 - 宋 吳可, ≪冷齋詩話≫

소동파가 말하기를, "시는 奇趣를 宗으로 삼는데 평상적인 것과 상반되면서도 道와 합치되는 것이 趣이니, 이 시를 깊이 음미해보면 奇趣가 있다. 그러나 마지막 두 구는 비록 꼭 그렇게 하지 않아도 역시 좋을 것이다." 하였다.

○ 柳子厚漁翁夜傍西巖宿之詩 東坡刪去後二句 使子厚復生 亦必心服 - 宋 嚴羽, ≪滄浪詩話≫

柳子厚(柳宗元)의 '漁翁夜傍西巖宿' 詩에서 소동파가 뒤의 두 구를 삭제하였는데, 자후가 다시 살아온다 해도 또한 반드시 심복할 것이다.

071 長恨歌

장한가

白居易[1)]

漢皇重色思傾國[2)]　　한나라 황제 여색을 중히 여겨 傾國之色 그리워했지만

御宇[3]多年求不得 천하 다스린 지 여러 해 동안 구하지 못하였네

楊家有女[4]初長成 양씨 집안에 한 여자 막 장성했는데
養在深閨人未識 깊은 규중에서 자라 사람들은 알지 못했지

天生麗質難自棄 하늘이 낸 고운 용모 스스로 버리기 어려워
一朝選在君王側 하루아침에 뽑혀 군왕 곁에 있게 되었네

回眸[5]一笑百媚生 눈동자 움직이며 한 번 웃으면 온갖 교태 피어나
六宮[6]粉黛無顏色 어여쁘게 단장한 후궁의 여인들 광채를 잃었다오

春寒賜浴華清池[7] 봄날씨 차가워 화청지에서 목욕하게 하니
溫泉水滑洗凝脂[8] 온천물 매끄러워 엉긴 기름 같은 살결 씻어주네

侍兒扶起嬌無力 시중드는 궁녀들 부축해 일으키는데 나른해 힘이 없으니
始是新承恩澤時 비로소 새로이 은택을 입던 때였네

雲鬢花顏金步搖[9] 구름 같은 머리 꽃 같은 얼굴에 金步搖 꽂고
芙蓉帳[10]暖度春宵 芙蓉帳 따뜻한데 봄밤을 지냈네

春宵苦短日高起 봄밤 너무 짧아 해 높이 떠야 일어나니
從此君王不早朝 이로부터 군왕은 일찍 조회하지 않았지

承歡侍宴無閑暇 기쁘게 해드리고 잔치에서 뫼시느라 한가한 겨를 없어
春從春遊夜專夜 봄이면 봄놀이 따르고 밤이면 밤을 독차지 하였네

後宮佳麗三千人 후궁의 아름다운 여자 삼천 명이건만
三千寵愛在一身 삼천 명이 받을 총애 한 몸에 있게 되었네

金屋[11]妝成嬌侍夜 金屋에서 화장하고 교태 가득 밤에 뫼시니

玉樓宴罷醉和春　玉樓에서 잔치가 끝나자 취기가 봄과 어우러지는구나

姊妹弟兄皆列土[12)]　형제자매 모두 땅을 받아 봉해졌으니
可憐光彩生門戶　문에서 광채가 나 부러워할 만 하였네

遂令天下父母心　마침내 천하의 부모 마음에
不重生男重生女　아들 낳는 것 중하게 여기지 않고 딸 낳는 것 중하게 여기도록 했네

驪宮高處入青雲　驪山의 華清宮 높은 곳 구름 속에 들어가고
仙樂風飄處處聞　신선의 음악 바람에 나부껴 곳곳에서 들려오네

緩歌慢舞凝絲竹　부드러운 노래와 여유로운 춤 관현악 소리에 엉겨
盡日君王看不足　온 종일 보면서도 왕은 싫증내지 않았지

漁陽鼙鼓動地來[13)]　漁陽의 북소리 땅을 울리며 몰려오자
驚破霓裳羽衣曲[14)]　놀라서 霓裳羽衣曲 그치고 말았네

九重城闕[15)]煙塵生　九重궁궐에 연기와 먼지 피어올라
千乘萬騎西南行　千乘萬騎가 서남쪽으로 떠나갔네

翠華[16)]搖搖行復止　翠華旗 흔들흔들 가다가 멈추며
西出都門百餘里　서쪽으로 도성문에서 백 여리를 나갔는데

六軍[17)]不發無奈何　六軍 나아가지 아니하니 어찌할 수 없어
宛轉蛾眉[18)]馬前死　아름다운 여인 말 앞에서 죽고 말았네

花鈿委地無人收　꽃비녀 땅에 버려져도 거두는 사람 없고
翠翹金雀玉搔頭[19)]　翠翹도 金雀도 玉搔頭도 버려졌다오

君王掩面救不得　군왕은 얼굴 가리고 구할 수 없어

回看血淚相和流　　시선 돌리자 피와 눈물 섞여 흐르네

黃埃散漫[20]風蕭索　　누런 먼지 자욱하고 바람은 쓸쓸한데
雲棧縈紆登劍閣[21]　　구름 속 棧道따라 구불구불 劍閣山 올랐네

峨嵋山[22]下少人行　　峨嵋山 아래 다니는 사람 적어
旌旗無光日色薄　　깃발도 빛이 없고 햇빛조차 엷었네

蜀江水碧蜀山青　　蜀江 물 푸르고 蜀山도 푸르른데
聖主朝朝暮暮情　　聖主는 아침마다 저녁마다 그리는 情일레라

行宮見月傷心色　　行宮에서 달 보면 달빛에 마음 아프고
夜雨聞鈴[23]腸斷聲　　밤비에 방울소리 들리면 소리에 애간장 끊어지네

天旋地轉迴龍馭[24]　　하늘이 돌고 땅이 돌아 황제의 수레 돌아올 제
到此[25]躊躇不能去　　이곳에 이르러선 주저하며 떠나지 못했네

馬嵬坡下泥土中　　馬嵬坡 아래 진흙 속에
不見玉顏空死處　　옥같은 얼굴 볼 수 없고 죽은 곳만 휑하구나

君臣相顧盡霑衣　　임금과 신하 서로 돌아보고 모두 눈물로 옷 적시고
東望都門信馬歸　　동쪽으로 도성문 바라보며 말 가는대로 맡기고 돌아왔네

歸來池苑皆依舊　　돌아오니 연못 정원 모두가 그대론데
太液芙蓉未央柳　　太液池엔 연꽃이요 未央宮엔 버드나무

芙蓉如面柳如眉　　연꽃은 얼굴같고 버들은 눈썹같아
對此如何不淚垂　　이를 보고 어찌 눈물 아니 흘리리

春風桃李花開夜[26]　　복사꽃 오얏꽃, 봄바람에 피는 날

秋雨梧桐葉落時	오동잎 가을비에 떨어지는 때
西宮南內[27]多秋草	西宮과 南內에는 가을 풀 많아
落葉滿階紅不掃	낙엽이 계단 가득 붉게 덮여도 쓸지 않았네
梨園弟子[28]白髮新	梨園의 弟子들은 백발이 새로 나고
椒房阿監[29]青娥老	椒房의 阿監은 아리따운 모습 늙었다오
夕殿螢飛思悄然	저녁 궁전에 반딧불 나니 그리움에 쓸쓸해져
孤燈挑盡未成眠	외로운 등불 심지 다 돋우어도 잠 못 이루었네
遲遲鐘鼓初長夜	더딘 종소리 처음으로 밤이 긴 줄 알게 되니
耿耿星河欲曙天	희미한 은하수 동이 트려 하는구나
鴛鴦瓦[30]冷霜華重	원앙기와 차갑고 서리꽃 무거운데
翡翠衾[31]寒誰與共	비취 이불 싸늘해 누구와 함께 할까
悠悠生死別經年	살고 죽고 이별한지 한해가 지났건만
魂魄不曾來入夢	혼백이 한 번도 꿈속에 들어오지 않았네
臨邛道士鴻都客[32]	臨邛 땅 道士 鴻都客은
能以精誠[33]致魂魄	精誠으로 혼백을 불러올 수 있는데
爲感君王展轉思[34]	군왕의 展轉하는 그리움에 감동되어
遂教方士殷勤覓	마침내 方士들에게 은근히 찾아보게 했네
排空馭氣奔如電	허공을 밀치고 기운을 타고 번개처럼 달려
升天入地求之遍	하늘에 오르고 땅에 들어가 그녀를 두루 찾았다네
上窮碧落下黃泉	위로는 하늘 끝까지 아래로는 황천까지 갔으나

兩處茫茫皆不見　　두 곳 다 아득해 볼 수가 없었는데

忽聞海上有仙山[35)]　　홀연 들으니 해상에 신선의 산 있어
山在虛無縹緲[36)]間　　산은 허공 속 아득한 곳에 있다 하네

樓閣玲瓏五雲起　　누각은 영롱하고 오색구름 일어나고
其中綽約多仙子　　그 가운데 아름다운 선녀들 많다네

中有一人字太眞[37)]　　그 속에 한 사람 字는 太眞
雪膚花貌參差是[38)]　　눈 같은 피부 꽃 같은 모습 거의 비슷하다오

金闕西廂叩玉扃　　금대궐 서쪽 행랑의 玉門 두드리고
轉教小玉報雙成[39)]　　다시 小玉을 시켜 雙成에게 전하게 했네

聞道漢家天子使　　한나라 사신이라는 말 듣고는
九華帳[40)]裏夢魂驚　　九華帳 안에서 놀라 잠깨어

攬衣推枕起徘徊　　옷 잡고 베개 밀치고 일어나 서성이자
珠箔銀屛迤邐[41)]開　　珠簾과 은병풍 연이어 따라 열리네

雲鬢半偏新睡覺　　구름 같은 머리채 반쯤 기운 채 막 잠에서 깨어
花冠不整下堂來　　花冠도 매만지지 못하고 마루에서 내려왔네

風吹仙袂飄飄擧　　바람이 옷소매에 불어 나부끼듯 들리니
猶似霓裳羽衣舞　　흡사 霓裳羽衣춤 추는 듯하구나

玉容寂寞淚闌干[42)]　　옥같은 얼굴 쓸쓸한데 눈물 줄줄 흘리니
梨花一枝春帶雨　　배꽃 한 가지가 봄비에 젖은 듯하네

含情凝睇謝君王　　정 머금고 눈물 가득한 채 군왕에게 사례하길

一別音容兩渺茫　　"한 번 이별 후에 소식과 모습 아득해서

昭陽殿[43]裏恩愛絶　　昭陽殿 안의 은혜와 사랑 끊어지고
蓬萊宮中日月長　　蓬萊宮 가운데 세월은 길었습니다

回頭下望人寰[44]處　　머리 돌려 인간 세상 내려다 보니
不見長安見塵霧　　장안은 보이지 않고 먼지와 안개만 보였습니다

惟將舊物表深情　　오직 옛 물건 가지고 깊은 정 표하나니
鈿合[45]金釵寄將去　　자개상자 금비녀 가지고 가시도록 부치옵니다

釵留一股合一扇[46]　　비녀는 한 가락 자개상자는 한 쪽 남기오니
釵擘黃金合分鈿　　비녀는 황금을 쪼개었고 상자는 자개를 나눈 것입니다.

但令[47]心似金鈿堅　　다만 마음을 금과 자개처럼 굳게 가진다면
天上人間會相見　　천상과 인간 세상에서 서로 만나 볼 것입니다."

臨別殷勤重寄詞　　이별 즈음에 은근하게 거듭 말 전하니
詞中有誓兩心知　　말 가운데 맹세 있었던 걸 두 마음만이 안다네

七月七日長生殿[48]　　"칠월 칠석 長生殿에서
夜半無人私語時　　깊은 밤 아무도 없어 둘만이 속삭였죠

在天願作比翼鳥[49]　　하늘에서는 比翼鳥 되길 바라고
在地願爲連理枝[50]　　땅에서는 連理枝 되길 바란다고"

天長地久有時盡　　하늘은 영원하고 땅 유구해도 다할 때 있겠지만
此恨綿綿無絶期　　이 한은 끝없이 이어져 끊길 날 없으리라

【註釋】

1) 白居易 : 772~846. 字는 樂天, 醉吟先生, 香山居士이다. 29세 진사가 되어 한림학사,

太子少傳 등을 역임하였다. ≪白氏文集≫이 전한다.

2) 漢皇重色思傾國 : 漢皇은 漢 武帝를 말하지만 여기서는 唐 玄宗을 가리킨다. ≪漢書≫ 〈外戚傳〉에 李延年이 武帝 앞에서 노래하기를, "북방에 아름다운 사람이 있는데, 세상에 견줄 수 없이 홀로 우뚝 서 있네. 한 번 돌아보면 성을 기울이고 두 번 돌아보면 나라를 기울게 하네. 성 기울이고 나라 기울게 함을 어찌 모르랴만, 아름다운 사람은 다시 얻기 어렵다네.〔北方有佳人 絶世而獨立 一顧傾人城 再顧傾人國 寧不知傾城與傾國 佳人難再得〕"라고 했다는 기록이 있다. 이 노래속의 미인이 李延年의 누이였는데 武帝의 後宮이 되어 李夫人이라 불렸다. 여기서 유래해 '傾國之色'이 絶世美人의 뜻으로 사용되었다.

3) 御宇 : 천하를 다스리다.

4) 楊家有女 : 楊貴妃를 가리킨다. 이름은 玉環이다. 양귀비의 역사적 사실은 다음과 같다. 양귀비는 開元 23년(735) 현종의 아들 壽王 李瑁의 妃였는데, 妃를 잃은 현종이 뜻에 맞는 후궁이 없자 수왕의 비를 말하는 자가 있으므로 불러 보고 어여삐 여겼다. 개원 28년(740)에 女道士로 出家시켜 太眞宮에 머무르도록 하고 太眞이라는 道號를 내려 주었다. 天寶 4년(745)에 정식으로 궁중에 들어오도록 해 貴妃로 봉하였다.

5) 回眸 : 눈동자를 반짝이며 살짝 움직인다는 말이다. '回頭'로 되어 있는 本도 있다.

6) 六宮 : 后妃들의 처소를 가리킨다. 고대 皇后의 寢宮으로 正寢이 하나, 燕寢이 다섯인 데서 붙은 이름이다.

7) 華淸池 : 陝西省 臨潼縣 東南의 驪山에 있다. 당 현종이 본래 있었던 溫泉宮을 확장해 華淸宮이라 하고 목욕하던 곳을 華淸池라 하였다.

8) 凝脂 : ≪詩經≫ 〈衛風 碩人〉에, "손은 부드러운 새순 같고 피부는 엉긴 기름 같다.〔手如柔荑 膚如凝脂〕"라는 典故를 쓴 것으로 피부가 하얗고 매끄러움을 형용한 것이다.

9) 金步搖 : 금으로 만든 떨잠으로 '步搖'는 머리 장식인 떨잠을 말한다. 걸을 때마다 흔들리도록 만들었다.

10) 芙蓉帳 : 연꽃으로 물들인 비단 휘장 혹은 연꽃무늬가 있는 비단 휘장으로, 화려한 장막을 가리킨다.

11) 金屋 : 漢 武帝가 어릴 적에 자신의 姑從妹인 陳阿嬌와 함께 놀면서 매우 친애하였다. 고모가 묻기를, "阿嬌를 배필로 삼으면 어떻겠느냐?" 하니, 무제가 "만일 아교를 얻으면 金屋을 지어서 살게 하겠습니다." 하였는데, 과연 진아교는 후일에 陳皇后가 되었다.

12) 列土 : '列'은 裂과 같다. 領地를 나누어 주어 봉하다는 뜻이다. 양귀비의 여러 친척이 귀하게 된 것을 가리킨다.

13) 漁陽鼙鼓動地來 : '漁陽'은 당나라 때 郡이름으로 지금의 河北省 薊縣, 平谷縣 일대이다. 당시 平盧·范陽·河東 三鎭節度使 安祿山의 관할에 속했다. 775년 안록산의 난이 이곳

에서 시작되었다. '鼙鼓'는 軍中에서 쓰는 북이다.

14) 霓裳羽衣曲 : 당나라 때 유행한 노래이다. 원래는 西域의 樂舞인데 宮中에 傳來된 후 당 玄宗의 윤색을 거쳤다고 한다.

15) 城闕 : 여기서는 수도 長安을 가리킨다.

16) 翠華 : 황제의 수레를 장식하는 깃발이다. 물총새〔翠鳥〕의 깃털로 장식했으므로 翠華라 불렀다.

17) 六軍 : 황제를 호위하는 군대이다. 고대에 天子가 六軍을 보유한 데에서 비롯되었다.

18) 宛轉蛾眉 : '宛轉'은 아름다운 모습을 형용하는 말이다. '蛾眉'는 美人의 代稱이다. 宛轉은 죽음을 앞두고 비탄에 빠져 슬퍼하는 모습이라고 보는 견해도 있다.

19) 翠翹金雀玉搔頭 : '翠翹'는 머리 장식물, '金雀'은 금비녀, '玉搔頭'는 옥으로 만든 머리장식을 말한다.

20) 黃埃散漫 : '散漫'은 가득〔滿〕 날린다는 말이다.

21) 劍閣 : 劍閣山을 가리킨다. 四川省 劍閣縣 북쪽에 있는 산으로 棧道가 있다.

22) 峨嵋山 : 四川省 城都 西南에 있는 유명한 산이다. 실제 역사를 보면 현종은 이 산을 지나지 않았으나 蜀의 名山이므로 이를 들어 행로의 험난함을 말한 것이다.

23) 鈴 : 행궁 처마에 매달아 놓은 방울을 가리킨다.

24) 天旋地轉迴龍馭 : '天旋地轉'은 큰 변화가 일어났음을 말한다. 여기서는 안록산의 난이 평정되어 수도 장안이 수복되었음을 가리킨다. '龍馭'는 황제의 수레이다.

25) 到此 : '이곳'은 양귀비가 죽은 馬嵬坡를 말한다.

26) 夜 : '日'로 되어 있는 本도 있다.

27) 西宮南內 : '西宮'은 西內라고도 하는데 太極宮을 가리키며, '南內'는 興慶宮을 가리킨다. 현종이 蒙塵에서 돌아와 황제 자리에 다시 오르지 못하고 上王이 되어 처음에는 興慶宮에 머물렀다. 肅宗은 현종이 다시 帝位에 오를까 두려워 그를 西宮으로 옮겼다.

28) 梨園弟子 : 현종이 帝位에 있을 때 梨園에서 가르친 藝人들을 말한다.

29) 椒房阿監 : 椒房은 벽에 산초나무 열매를 바른 后妃의 宮室로 산초는 多産을 상징한다. 阿監은 궁중의 女官으로 여기서는 양귀비의 시중을 들던 女官을 가리킨다.

30) 鴛鴦瓦 : 두 쪽의 기와로, 암키와 수키와를 말한다.

31) 翡翠衾 : 비취새를 수 놓은 이불을 말한다.

32) 臨邛道士鴻都客 : '臨邛'은 지금의 四川省 邛崍縣이다. '鴻都'는 본래 東漢 洛陽의 궁문 이름으로 당시 나라의 책을 보관했던 곳인데 여기서는 長安을 가리킨다. '鴻都客'은 道士가 長安에 와서 머무는 나그네라는 뜻이다.

33) 精誠 : 도사의 精誠을 다한 術法을 가리킨다.

34) 展轉思 : 잠을 이루지 못하고 뒤척이며 그리워한다는 뜻이다.
35) 仙山 : 신선이 사는 산으로 蓬萊山을 가리킨다.
36) 縹緲 : 있는 듯 없는 듯한 모양이다.
37) 太眞 : 玉眞으로 된 本도 있다. 太眞 또는 玉眞은 양귀비의 道士시절의 號이다.
38) 參差是 : 거의 비슷하다, 彷佛하다는 뜻이다.
39) 轉教小玉報雙成 : '小玉'은 본래 전국시대 吳나라 왕 夫差의 딸 이름인데, 唐나라 때에는 婢女의 통칭으로 쓰였다. '雙成'은 姓이 董으로 전설 속 西王母의 시녀이다. 모두 신선이 된 양귀비의 시녀를 가리킨다.
40) 九華帳 : 화려한 꽃무늬 장식의 아름다운 휘장을 말한다.
41) 迤邐 : 구불구불 이어진 모양을 말한다.
42) 闌干 : 눈물이 종횡으로 마구 흐르는 모양이다.
43) 昭陽殿 : 본래는 한나라 成帝의 황후 趙飛燕이 머물렀던 궁전이나 여기서는 양귀비가 생전에 머물던 궁전을 가리킨다.
44) 人寰 : 인간세계를 말한다.
45) 鈿合 : 꽃 무늬를 새겨 넣은 상자를 말한다.
46) 釵留一股合一扇 : '釵'는 다리가 둘인 비녀를 말하므로 그 한쪽을 주고 한쪽은 남겼으며 상자는 뚜껑과 몸체 한 쌍이므로 하나를 주고 하나는 남겼다는 말이다. 扇은 門이나 상자 등 면을 세는 단위이다.
47) 令 : '教'로 되어 있는 本도 있다.
48) 長生殿 : 驪山 華淸宮 안의 殿堂을 말한다.
49) 比翼鳥 : ≪爾雅≫ 〈釋地〉에, "남방에 比翼鳥가 있는데 날개를 나란히 하지 않으면 날지 못한다. 그 이름이 겸겸이다.〔南方有比翼鳥焉 不比不飛 其名謂之鶼鶼〕"라고 하였다. 암수가 날개 하나씩만 있어 꼭 날개를 나란히 해야만 날수가 있다. 영원히 헤어지지 않고 사는 부부를 비유한 것이다.
50) 連理枝 : 나무 두 그루가 뿌리는 같지 않으나 가지가 연결되어 하나로 된 것을 말한다. 역시 서로 사랑하는 부부를 가리킨다.

【通釋】

한나라 황제는 여색을 중하게 생각해 傾國之色을 그리워했지만 천하를 여러 해 다스리도록 미녀를 찾지 못하였다. 양씨 집안에 한 여자가 있어 이제 막 장성했는데 깊은 규중에서 자라났기 때문에 사람들은 그 여자를 알지 못했다. 그 여자는 하늘이 낸 아름다운 자질을 가지고 있어 스스로 버릴 수가 없었는데 하루아침에 갑자기 궁중에 뽑혀 들어가 군왕 곁에 있게 되었다. 그 여자가 눈동자 반짝이며 한 번 웃으면 온갖 교태가 생겨나 후궁에 있는 다른 여자들 어여쁘게 단장하고 있어도 그 광채를 잃을 정도였다.

어느 차가운 봄날 황제가 화청지에서 그녀가 목욕하도록 했는데 온천물이 매끄럽고 흰 피부를 씻어주어 더 빛나게 해주었다. 목욕을 마치자 시중드는 궁녀들 부축해 일으키는데 목욕하느라 나른해 기력이 없는 듯 했으니 그 날이 바로 새로이 황제의 은택을 입었던 때였다. 구름 같은 머리를 하고서 꽃 같이 고운 얼굴에 金으로 만든 떨잠을 하고 芙蓉을 수놓은 따뜻한 휘장 안에서 황제와 함께 봄밤을 지냈다. 봄밤은 너무 짧게 지나가 해가 높이 떠서야 잠자리에서 일어나니 이때부터 군왕은 아침 일찍 조회하지 않게 되었다. 황제를 기쁘게 해드리며 잔치에 황제 곁에서 모시느라 한가한 겨를이 없는데다 봄이면 봄놀이에 따라 가고 밤이 되면 밤마다 황제를 독차지 하였다. 후궁에 아름다운 여자가 3천 명이나 있는데도 3천 명이 받을 총애가 오직 이 한 사람에게만 쏠려 있었다. 화려한 궁실에서 화장을 하고서 아리따운 모습으로 밤에 모시면서 玉樓에서 잔치가 끝나자 취기가 올라 봄과 어우러진다.

그 여인의 형제자매 친척들까지 모두 땅을 나눠받고 높은 자리에 있게 되자 양씨 가문에 영예가 빛나게 되어 사람들의 부러움을 사더니 마침내 천하의 부모 마음속에 아들 낳는 것을 중하게 여기지 않고 딸 낳는 것을 중하게 여기도록 만들었다.

驪山 華淸宮의 높은 건물은 하늘로 솟아 靑雲에까지 들어가 아름다운 신선의 음악이 바람결 타고 와 곳곳에서 들렸다. 감미로운 노래와 천천히 여유롭게 추는 춤이 거문고 비파소리와 함께 어우러져 황제는 밤낮 없이 그 사이에 빠져 하루 종일 바라보아도 싫증내지 않았다.

漁陽지역에서 전쟁 북소리 천지를 울리며 닥쳐오자 霓裳羽衣曲을 놀라서 중단했다. 궁궐은 戰禍를 입어 연기와 먼지가 피어올라 황제의 千乘萬騎는 서남쪽으로 떠났다. 황제 깃발 나부끼며 병사들은 가다가 멈추곤 하더니 연추문을 나와 서쪽으로 백 여리 쯤 떨어진 마외역에 이르렀다. 그 곳에서 六軍이 앞으로 나아가지 않자 황제도 어쩔 수 없어 아름다운 여인은 말 앞에서 죽고 말았다. 그녀의 꽃비녀 땅에 버려져도 거두는 사람 없고 다른 것들 翠翹도 金雀도 玉搔頭도 그대로 버려졌다. 군왕은 괴로워 얼굴을 가리고 무력해서 그녀를 구할 수 없었으니 죽는 모습 차마 보지 못하고 시선을 돌리자 피와 눈물이 섞여 흘렀다.

누런 먼지 자욱이 끼고 바람은 쓸쓸히 부는데 구름 속으로 구불구불 이어진 棧道를 따라 劍閣山에 올랐다. 峨嵋山 아래에는 다니는 사람조차 드물어서 깃발도 광채가 없어지고 햇빛조차 희미하다. 蜀江의 물 푸르고 蜀山도 푸른데 聖主는 아침이면 아침마다 저녁이면 저녁마다 그녀를 그리워하여 行宮에서 달을 보면 달빛에 마음 아파하고 밤비에 방울소리 들리면 그 소리에 애간장이 끊어질 지경이었다.

시국이 바뀌어 수도를 수복하자 황제의 수레가 돌아오게 되었는데 수레가 여기 馬嵬坡에 이르자 머뭇거리면서 떠나지 못했다. 馬嵬坡 진흙 속에 옥같은 얼굴은 보이지 않고 죽은 자리만 휑하니 남아 있었다. 황제와 신하 서로 돌아보고 모두 눈물로 옷깃을 적시면서 동쪽으로 도성문 바라보며 말 가는대로 맡기고 수도로 돌아왔다.

돌아와 보니 연못이며 정원 모두 옛날과 똑같아서 太液池엔 연꽃이, 未央宮엔 버드나무가 그대로 있었다. 연꽃은 그녀의 얼굴 같고 버드나무는 그녀의 눈썹 같으니 이를 보고서 어떻게 눈물 흘리지 않을 수 있겠는가. 봄바람에 복사꽃 피는 날에도, 가을비에 오동잎 떨어지는 때에도 그녀 생각에 눈물 흘렸다. 돌아와 처음 머물던 南內며 옮겨 간 西宮에는 가을 풀이 많아 계단에 낙엽이 가득 떨어져 붉게 덮여도 아무도 쓰는 사람 없었다. 예전에 거느렸던 梨園弟子들은 백발이 새로 나고 귀비를 시중들던 女官도 곱던 모습이 늙어버렸다.

저녁 궁전에 반딧불 나니 그리움에 쓸쓸해져서 외로운 등불의 심지를 다 돋우도록 밤새 잠 못 이루었다. 시간을 알리는 종소리는 왜 그렇게 더딘지 밤이 긴 줄 처음으로 아는 사이 은하수가 희미해지면서 동이 트려 한다. 원앙기와에는 차가운 서리꽃 무겁게 내렸는데 싸늘해진 비취 이불 누구와 함께 따뜻하게 덮을까. 황제는 살고 그녀는 죽어 이별한지 한 해가 지났건만 혼백조차 한 번 꿈속에 들어오지 않았다.

臨邛출신으로 장안에 와 있는 도사가 精誠으로 혼백을 불러올 수 있는데 군왕의 깊은 그리움에 감동되어 마침내 方士들을 시켜 은근히 양귀비의 혼백을 찾아보게 했다. 방사들은 허공을 가로지르고 기운을 타고 번개처럼 달려서는 하늘에도 오르고 땅에까지 들어가 두루 그녀를 찾으며, 위로는 하늘 끝까지 가보고 아래로는 황천까지 다 가보았으나 하늘과 황천 두 곳 모두 끝없이 아득해 어디에도 그 혼백을 볼 수 없었다.

어느 날 홀연히 들리는 소리가 있었으니 해상에 신선이 사는 산이 있다고 했다. 그 산은 허공 가운데 아련한 곳 사이에 있다고 했다. 그 곳은 누각이 영롱하고 오색구름이 일어나는 아름다운 곳으로 그 가운데 여유로운 모습으로 선녀들이 많이 있었다. 그 속에 한 사람이 太眞이란 字를 가지고 있었는데 눈 같은 피부 꽃 같은 모습을 하고 있어 바로 찾고 있던 그녀와 같았다.

그녀가 사는 금대궐의 서쪽 행랑채의 玉門을 두드리고서는 다시 小玉을 시켜 귀비를 시중드는 雙成에게 전하게 했다. 한나라 천자의 사신이라는 말에 비단 휘장 안에서 잠들어 꿈속에 있던 귀비의 혼도 놀라고 말았다. 잠에서 깨어 옷을 여미며 베개를 밀치고 일어나 어쩔 줄 모르고 서성거리자니 그녀에게 알리려 시녀가 들어와 珠簾과 은병풍을 천천히 잇달아 열었다. 막 잠에서 깬 터라 구름 같은 머리채도 매만지지 못하여 반쯤 기울어졌고 花冠도 가지

런하지 못한 모습으로 마루에서 내려오는데 바람이 옷소매에 불어 나부끼듯 들려 흡사 霓裳羽衣舞를 추는 듯 했다.

그녀는 옥같은 용모에 외로움으로 눈물을 줄줄 흘리니 그 모습이 마치 배꽃 핀 나뭇가지 하나가 봄비에 젖은 듯 했다. 정 머금은 눈으로 응시하며 군왕에게 사례하며 말하기를, "한 번 이별한 후에 소식과 모습이 아득해지고 말아 예전 昭陽殿 안에서 받던 은혜와 사랑은 끊어지고 여기 蓬萊宮 가운데 홀로 지내는 세월이 길었습니다. 머리 돌려 인간 세상을 내려다 보면 먼지와 안개만 보일 뿐 장안은 볼 수 없었습니다. 오직 옛 물건을 가지고 깊은 정을 표시할 수 있을 뿐이니 자개상자와 금비녀를 가지고 가시도록 여기 부치옵니다. 비녀는 두 쪽 중 한 가락을 남기고 자개상자는 한 조각을 제게 남겨두니, 비녀는 황금을 반으로 가른 것이고 상자는 자개를 나눈 것입니다. 다만 마음을 금과 자개처럼 굳게 가진다면 천상에 있고 인간 세상에 있는 사이지만 언젠간 서로 만날 수 있을 겁니다." 하였다.

이별 즈음에 은근하게 거듭 임금께 드릴 말 전하니 그 말 가운데에는 두 사람의 맹세가 담겨 있는 것을 두 마음만 알고 있었다. "옛날 七月七日에 長生殿에서 아무도 없는 깊은 밤에 둘만의 얘기를 나누면서 하늘에서는 比翼鳥 되길 바라고 땅에서는 連理枝 되길 바랐답니다." 하늘은 영원하고 땅 유구해도 하늘과 땅은 언젠가 끝이 있겠지만 이 恨은 끝없이 이어져 끊길 날 없으리라.

【解題】

이 시는 元和 元年(806) 백거이가 盩厔縣(지금의 陝西省 周至)의 縣尉로 있을 때 씌어졌다. 당시 친구 陳鴻, 王質夫와 함께 仙游寺에 놀러 갔다가 당 현종과 양귀비의 故事에 느낀 바가 있어 이 시를 짓게 되었다고 한다. 陳鴻은 이때 같은 소재로 傳奇小說 〈長恨歌傳〉을 지었다.

〈長恨歌〉는 역사에 바탕을 두고 있으나 역사에 구애 받지 않고 전체적인 틀만 유지한 채 전설과 항간의 노래 등을 시 속에 집어넣어 서정과 서사가 풍부한 작품을 만들었다. 현종과 양귀비의 故事는 儒者들에 의해 주로 정치에 대한 鑑戒로 인용되었으나 백거이는 이 시를 통해 현종과 양귀비의 로맨스를 그려내 비극적 사랑에 초점을 맞추고 있다. 감정을 격동시키는 내용으로 인구에 널리 회자되는 名篇이다.

【集評】

○ 翡翠 卽今捕魚翠鳥쇠새 意其鳥腹下赤羽 而背上翠羽 故兩字名之 ○ 鈿合 以金銀珠貝 飾器物之名 合猶今之合鈿 合과 ○ 釵擘 釵애金을擘ᄒᆞ고 合애鈿을分ᄒᆞ다 蓋釵有兩股 合有兩扇

玉眞寄釵而留一股 寄合而留一扇 又就其所寄之中 於釵擘 取黃金 於合分 取鈿飾而留於己 皆所以反復致意於離合 以爲後期也 - 朝鮮 金隆, ≪勿巖集≫〈古文眞寶前集講錄〉

翡翠 : 지금 말로 고기를 잡는 물총새(쇠새)이다. 생각하건대 그 새의 배 아래에 붉은 것이 있고 등 위에 비취깃이 있기 때문에 두 글자를 따서 이름 붙인 것이다.

鈿合 : 金銀이나 구슬, 조개로 기물을 장식한 것을 이른다. 合은 지금 말로 合鈿(나전한 상자)・합과와 같다.

釵擘 : 비녀에 金을 쪼개고 상자에 자개장식(덮개 한쪽)을 나눈다는 말이다. 비녀는 다리가 둘이고 상자는 두 쪽으로 되어 있는데 玉眞이 비녀를 부치면서 다리 하나를 남겨두고 상자를 부치면서 한 쪽을 남겼다. 또 부치는 물건 가운데, 비녀를 쪼개면서 황금을 자기가 가졌고 상자를 나누면서 자개장식을 자기에게 남겨 두었으니, 모두 만나고 헤어짐에 반복해 자신의 뜻을 전달해서 훗날의 기약으로 삼았던 것이다.

○ 樂天長恨歌一百二十句 讀者不厭其長 元微之行宮詩四句 讀者不覺甚短 文章之妙也 - 明 瞿佑, ≪歸田詩話≫ 上

백낙천의〈長恨歌〉120구는 독자가 그 긴 것을 싫증내지 않고 元微之(元結)의〈行宮詩〉4구는 독자가 아주 짧은 것을 깨닫지 못하니 문장이 묘하다.

○ 譏明皇迷于色而不悟也 始則求其人而未得 旣得而愛幸之 卽淪惑而不復理朝政矣 不獨寵妃一身 而又遍及其宗黨 不惟不復早朝 益且盡日耽于絲竹 以致祿山倡亂 乘輿播遷 帝旣誅妃以謝天下 則宜悔過 乃復展轉懷思 不能自絶 至令方士遍索其神 得鈿合金釵而不辨其詐 是眞迷而不悟者矣 - 明 唐汝詢, ≪唐詩解≫

현종이 美色에 빠져 깨닫지 못했음을 비판한 작품이다. 처음에는 알맞은 사람을 찾았으나 찾지 못했고 찾고 나서는 사랑하고 총애해 곧바로 혹하고 빠져 다시는 조정을 다스리지 않았다. 귀비 한 사람을 총애할 뿐만 아니라 또 그 친척들에게까지 두루 총애가 미쳤고, 다시는 일찍 조회하지 않을 뿐만 아니라 더욱이 종일토록 음악에 탐닉해 안록산이 난을 일으켜 수레를 타고 파천하는 일을 초래하고 말았다. 황제가 이미 귀비를 죽여 천하에 사죄했으면 마땅히 잘못을 뉘우쳐야 하거늘 그에 다시 전전하고 그리워하며 스스로 끊지 못하였다. 심지어 方士를 시켜 그 신령을 찾아 나전상자와 금비녀를 얻고는 그것이 사기인 줄 모르기까지 하였으니 이는 참으로 미혹되어 깨닫지 못하는 사람이다.

○ 其事本易傳 以易傳之事 爲絶妙之詞 有聲有情 可歌可泣 文人學士 旣嘆爲不可及 婦人女子 亦喜聞而樂誦之 是以不脛而走 傳遍天下 - 淸 趙翼, ≪甌北詩話≫

일이란 것이 본디 전해지기 쉬운데, 쉽게 전해진 사건을 절묘한 말로 만들어서 소리도 있고 情도 있으며 노래도 할 수 있고 울 수도 있으니, 文人과 學士들이 이미 미칠 수가 없다고 감탄하였고 婦人과 女子들 또한 기뻐하며 듣고 즐겁게 낭송하였다. 이 때문에 이 시는 발이 없어도 달려 나가 천하에 두루 전해졌다.

072 琵琶[1]行 幷序

비파행 병서

白居易

元和十年 予左遷九江郡司馬[2] 明年秋 送客湓浦口[3] 聞船中夜彈琵琶者 聽其音錚錚然有京都聲 問其人 本長安倡女 嘗學琵琶於穆曹二善才[4] 年長色衰 委身爲賈人婦 遂命酒 使快彈數曲 曲罷憫然 自敍少小時歡樂事 今漂淪憔悴 轉徙於江湖間 予出官[5]二年 恬然自安 感斯人言 是夕 始覺有遷謫意 因爲長句歌以贈之 凡六百一十六言 命曰琵琶行

元和 10년(815)에 나는 九江郡 司馬(江州司馬)로 좌천되었다. 다음해 가을, 湓浦 어구에서 손님을 전송하는데 배에서 한밤중에 비파 타는 소리를 들으니 그 소리가 쟁쟁하여 京都의 음색이 있었다. 그 사람에 대해 물어 보니, 본래 長安의 倡妓로 일찍이 穆氏와 曹氏 두 善才에게 비파를 배웠는데, 나이가 들어 美色이 쇠하자 몸을 의탁하여 장사꾼의 아내가 되었다고 하였다. 드디어 술을 가져오라 하고 즐겁게 여러 곡을 타게 하였다. 곡이 끝나자 자신의 젊은 시절 즐거웠던 일과, 영락하여 江湖사이를 떠도는 지금의 신세를 서글프게 말하였다. 나는 외직으로 나온 2년 동안 평온하게 스스로 만족하였는데, 이 사람의 말에 느낀 바가 있어 이날 밤에야 비로소 좌천된 기분이 들었다. 이 때문에 長句의 노래를 지어 그에게 주니, 모두 616자이다. 이름을 〈琵琶行〉이라 하였다.

潯陽江[6]頭夜送客	심양강 어귀에서 밤에 객을 전송하니
楓葉荻花秋瑟瑟[7]	단풍잎과 억새꽃 가을바람에 소슬하네
主人下馬客在船	주인은 말에서 내리고 객은 배에 있는데

舉酒欲飮無管絃　　술잔 들어 마시려 하나 음악이 없구나

醉不成歡慘將別　　취하여도 기쁘지 않고 슬프게 헤어지려 하니
別時茫茫江浸月　　이별하는 이때 아득한 강에는 달이 잠겨있네

忽聞水上琵琶聲　　문득 물가에서 비파소리 들려오니
主人忘歸客不發　　주인은 돌아가는 것 잊고 객도 출발하지 않네

尋聲暗問彈者誰　　소리 찾아 타는 이가 누구인가 조용히 물어보니
琵琶聲停欲語遲　　비파 소리 멈추고 말하려다 머뭇거리네

移船相近邀相見　　배를 옮겨 가까이 가서 만나보길 청하고
添酒回燈[8]重開宴　　술을 더하고 등도 도로 밝혀 다시 술자리 연다

千呼萬喚始出來　　천번 만번 부르자 비로소 나오는데
猶抱琵琶半遮面　　비파를 안은 채로 얼굴 반쯤 가렸네

轉軸撥絃[9]三兩聲　　軸을 돌리고 현을 튕겨 두어 번 소리 내니
未成曲調先有情　　곡조를 이루기도 전에 먼저 감정이 인다

絃絃掩抑[10]聲聲思　　줄마다 낮은 음 소리마다 그리움
似訴平生不得志　　평생의 불우한 뜻 하소연하는 듯하고

低眉[11]信手續續彈　　고개 숙이고 손가는 대로 연이어 타니
說盡心中無限事　　마음속의 끝없는 일들을 다 말하고 있다네

輕攏慢撚抹復挑[12]　　가볍게 눌러 천천히 비비며 튕겼다 다시 뜯으니
初爲霓裳後六么[13]　　처음에는 霓裳이요 다음에는 六么라네

大絃嘈嘈[14]如急雨　　굵은 줄 두둥 울리니 소낙비 같고

小絃切切[15]如私語　　가는 줄 절절하니 속삭이는 듯하네

嘈嘈切切錯雜彈　　두둥거림과 절절함 섞어서 타니
大珠小珠落玉盤　　큰 구슬과 작은 구슬 옥쟁반에 떨어지는 듯

間關[16]鶯語花底滑　　꾀꼴꾀꼴 노랫소리 꽃 아래서 매끄럽게 흐르다가
幽咽[17]泉流氷下灘[18]　　얼음 아래 샘물이 목메어 흐느끼는 듯

氷泉冷澀絃凝絶　　얼음물이 차갑게 얼어붙어 현이 엉겨 끊어지니
凝絶不通聲暫[19]歇　　끊겨 통하지 않음에 소리 잠시 그쳤다네

別有幽愁闇恨生　　따로 그윽한 시름 있어 남모르는 恨이 생겨나니
此時無聲勝有聲　　이때의 소리 없음이 소리 있는 것보다 낫다네

銀甁乍破水漿迸　　은병이 갑자기 깨져 담겼던 물 쏟아지듯
鐵騎突出刀槍鳴　　鐵騎가 돌진하여 칼과 창 울리는 듯

曲終收撥當心畫[20]　　곡이 끝나자 撥을 잡고 한가운데 그으니
四絃一聲如裂帛　　네 줄을 한 번에 긋는 소리 비단을 찢는 듯하네

東船西舫悄無言　　동쪽 배와 서쪽 배는 고요하여 말이 없고
唯見江心秋月白　　오직 보이는 건 강물 속 밝은 가을 달뿐

沈吟放撥插絃中　　생각에 잠겨 撥을 놓아 줄 가운데 꽂고
整頓衣裳起斂容[21]　　옷깃을 여미고 일어나 모습 가다듬는다

自言本是京城女　　스스로 말하기를 "본래 長安의 여자로
家在蝦蟆陵[22]下住　　집이 蝦蟆陵 아래에 있어 그곳에 살았습니다

十三學得琵琶成　　열세 살에 비파를 배워 터득하고

名屬教坊[23]第一部　　이름이 教坊의 第一部에 올랐습니다

曲罷曾教善才服　　곡조 끝나면 善才들을 감복시켰고
粧成每被秋娘[24]妬　　단장을 마치면 秋娘들의 질투를 받았지요

五陵年少[25]爭纏頭[26]　　五陵의 소년들 다투어 머리에 비단 감아주는데
一曲紅綃不知數　　한 곡조에 붉은 비단 셀 수 없었습니다

鈿頭銀篦[27]擊節碎　　鈿頭와 은비녀는 장단 맞추다가 부서지고
血色羅裙翻酒汚　　핏빛 비단 치마는 술을 엎질러 얼룩졌지요

今年歡笑復明年　　올해도 즐겁게 웃고 내년도 또 그렇게
秋月春風[28]等閑度　　가을달과 봄바람 한가로이 보냈답니다

弟走從軍阿姨[29]死　　아우는 軍에 가고 阿姨도 죽었으며
暮去朝來顏色故　　저녁 가고 아침 오자 얼굴빛도 시들었습니다

門前冷落車馬[30]稀　　문앞이 쓸쓸해져 車馬도 드물어지니
老大嫁作商人婦　　나이 들어 시집가 장사꾼의 아내가 되었습니다

商人重利輕別離　　장사꾼은 이익을 중시하고 이별은 가벼이 여겨
前月浮梁[31]買茶去　　지난달 浮梁으로 차 사러 갔습니다

去來江口守空船　　저는 강가를 오가면서 빈 배 지키는데
繞船月明江水寒　　배를 둘러싼 달빛은 밝고 강물은 차가웠습니다

夜深忽夢少年事　　밤 깊자 홀연 젊었을 적 일을 꿈꾸니
夢啼粧淚紅[32]闌干[33]　　꿈에서도 울어서 화장한 얼굴에 붉은 눈물 이리저리 흘렀답니다"

我聞琵琶已嘆息　　나는 비파소리 듣고 이미 탄식하였건만

又聞此語重喞喞[34] 또 이 말 듣고 거듭 탄식하네

同是天涯淪落人 "그대와 나 하늘 끝에 떠도는 신세이니
相逢何必曾相識 서로 만남에 꼭 알던 사람이어야 할까

我從去年辭帝京 나는 지난해에 서울 하직하고
謫居臥病潯陽城 귀양살이하며 심양성에 병들어 누워 있는데

潯陽地僻無音樂 심양 땅 궁벽하여 음악 없으니
終歲不聞絲竹聲 일 년 내내 음악 소리 듣지 못하였네

住近湓江地低濕 사는 곳이 湓江 가까워 땅이 낮고 축축하니
黃蘆苦竹繞宅生 누런 갈대와 참대가 집을 둘러 자라네

其間旦暮聞何物 그 사이에서 아침저녁으로 듣는 것이 무엇이랴
杜鵑啼血猿哀鳴 두견새 피 울음과 원숭이 슬픈 울음이지

春江花朝秋月夜 봄 강의 꽃 피는 아침 가을 달 뜬 밤에
往往取酒還獨傾 종종 술을 가져다가 홀로 기울였네

豈無山歌與村笛 어찌 산의 노래와 마을의 피리 소리 없겠냐마는
嘔啞嘲哳[35]難爲聽 조잡하고 시끄러워 듣기 어렵다네

今夜聞君琵琶語 오늘밤 그대의 비파 소리 들으니
如聽仙樂耳暫明 신선의 음악 들은 듯 귀가 잠시 밝아졌소

莫辭更坐彈一曲 사양치 말고 다시 앉아 한 곡조 타주면
爲君翻作琵琶行 그대 위해 글로 옮겨 琵琶行 지으리다"

感我此言良久立 나의 이 말에 감동하여 한참을 서 있다가

卻坐[36]促絃絃轉急　　다시 앉아 줄을 조이니 줄은 더욱 급하여지네

凄凄不似向前聲　　처량하기가 앞의 소리와 같지 않으니
滿座重聞皆掩泣　　좌중의 사람들 다시 듣고 모두 얼굴 가리며 우는데

座中泣下誰最多　　그 중에 흘린 눈물 누가 가장 많은가
江州司馬靑衫[37]濕　　江州司馬 푸른 적삼 흠뻑 젖었다네

【註釋】

1) 琵琶：≪釋名≫에, "비파는 본래 오랑캐들이 말 위에서 연주하는 악기이다. 앞으로 손을 밀치는 것을 琵라 하고, 뒤로 손을 당기는 것을 琶라 한다.〔釋名曰 琵琶 本胡中馬上所鼓也 推手前曰琵 引手却曰琶〕"고 하였다.
2) 予左遷九江郡司馬：백거이는 40세 되던 해인 元和 10년(815)에, 上疏가 부당하다고 하여 太子左贊善大夫에서 江州司馬로 좌천되었다. 九江郡은 원래 隋나라 때의 郡이름이었으나, 唐 天寶 元年(742)에 江州 또는 潯陽郡으로 개칭되었고, 관아는 지금의 江西省 九江市에 있다. 司馬는 州 刺史의 副職으로, 당시에는 좌천된 京官들로 충당된 유명무실의 한직이었다.
3) 湓浦口：湓江이 長江으로 흘러들어가는 곳인데, 湓口라고도 한다. 九江城 서쪽에 있다.
4) 善才：'善財'라고도 하는데, 당나라 때 비파 연주가를 지칭하는 명칭이다. 당 元和연간에 曹保에게 善才라는 아들이 있었는데, 그가 비파에 정통했기 때문에 '선재'가 비파연주가를 지칭하게 되었다. 唐 段安節의 ≪琵琶錄≫에 그 내용이 보인다.
5) 出官：京官에서 지방관으로 좌천된 것을 말한다.
6) 潯陽江：長江이 흐르는 九江 일대를 말한다.
7) 瑟瑟：가을바람이 단풍잎과 억새꽃에 불면서 나는 소리이다.
8) 回燈：등불을 다시 밝히는 것이다.
9) 轉軸撥絃：'轉軸'은 비파 위의 弦柱를 돌려 단단히 하는 것이고, '撥絃'은 비파를 타기 전에 시험 삼아 두세 번 현을 퉁겨 보는 것이다.
10) 掩抑：낮게 잠긴다는 뜻으로, 여기서는 비파의 낮고 가라앉은 소리를 말한다.
11) 低眉：머리를 숙이는 것이다.
12) 輕攏慢撚抹復挑：攏·撚·抹·挑는 모두 비파를 타는 기법이다. '攏'은 손가락으로 현을 누르는 것을, '撚'은 손가락으로 현을 비비는 것을, '抹'은 손 가는대로 아래로 튕기는 것을, '挑'는 반대로 뜯는 것을 말한다.

13) 初爲霓裳後六幺 : '霓裳'은 霓裳羽衣曲을 말하고, '六幺'는 綠腰라고도 하는데, 당시 유행하던 曲調名이다.
14) 嘈嘈 : 깊고 웅장한 소리를 형용한다.
15) 切切 : 세밀하고 절실한 소리를 형용한다.
16) 間關 : 새 울음소리를 형용한다.
17) 幽咽 : 물이 시원하게 흐르지 못하고 졸졸 흐르는 소리를 형용한다.
18) 氷下灘 : '水下灘', '氷下難'으로 되어 있는 본도 있다.
19) 暫 : '漸'으로 되어 있는 본도 있다.
20) 收撥當心畫 : '撥'은 비파의 현을 튕길 때 사용하는 도구이다. 비파의 네 줄 가운데를 발로 긋는 것을 '收撥'이라고 하는데, 곡의 연주가 끝났음을 나타낸다.
21) 斂容 : 상대방에게 단정하고 공손한 모습을 보이는 것을 말한다.
22) 蝦蟆陵 : 당나라 長安城(지금의 陝西省 西安市) 南曲江 근처에 있다. 董仲舒를 이곳에 장사지내니, 그 제자들이 묘에 이르러 모두 말에서 내렸으므로 이 때문에 下馬陵이라고 하게 되었는데, 후인들이 蝦蟆陵이라고 잘못 일컫게 되었다고 한다. 당시 歌姬와 舞姬들이 그 지역에 모여 살면서 이름이 났다.
23) 教坊 : 당나라 때 歌妓들을 교육시키던 기관이다. 〈教坊記〉에, "西京의 右教坊은 光宅坊에 있고 左教坊은 延政坊에 있는데, 우교방에는 노래를 잘하는 歌妓가 많고 좌교방에는 춤을 잘 추는 舞技가 많았다.〔西京右教坊在光宅坊 左教坊在延政坊 右多善歌 左多工舞〕"고 되어 있다.
24) 秋娘 : 당시 장안의 유명한 歌妓인데, 여기서는 歌妓의 범칭으로 쓰였다.
25) 五陵年少 : '五陵'은 장안성 북쪽의 漢代 帝王의 무덤인 長陵·安陵·陽陵·茂陵·平陵으로 귀족들이 거주하는 곳을 의미한다. '五陵年少'는 귀족자제를 말한다.
26) 纏頭 : 옛날에 歌姬와 舞姬들이 노래하고 춤을 추고 나면 손님들이 비단을 주었는데, 이를 '纏頭'라고 불렀다. 후에 妓女들에게 사례로 주는 비단 또는 재물을 통칭하는 말이 되었다.
27) 鈿頭銀篦 : '鈿頭'와 '銀篦'는 모두 여자들의 머리 장식품이다. 鈿頭는 花鈿이라고도 하는데 금 비취 진주 등을 이용하여 꽃모양으로 만든 머리 장식이고, 銀篦는 은으로 만든 머리 장식으로 빗으로 사용되기도 하였다.
28) 秋月春風 : 가을달과 봄바람, 여기서는 청춘의 아름다운 시절을 의미한다.
29) 阿姨 : 화류계 妓女들의 양어머니를 가리킨다.
30) 車馬 : '鞍馬'로 되어 있는 본도 있다.
31) 浮梁 : 唐나라 때의 縣이름으로 지금의 江西省 景德鎭市에 있다. 당시 부량은 중요한 차

집산지였다.

32) 紅 : 얼굴에 바른 연지 색을 말한다.

33) 闌干 : 눈물이 이리저리 흐르는 모습이다.

34) 喞喞 : 탄식하는 소리이다.

35) 嘔啞嘲哳 : 의성어로, 조잡하고 시끄러운 소리를 형용한다.

36) 卻坐 : 돌아와 원래의 자리에 앉는 것을 말한다.

37) 靑衫 : 당나라 때 가장 낮은 九品 관직의 복색이다.

【通釋】

심양강 어귀에서 밤에 객을 전송하는데 단풍잎과 억새꽃이 가을바람에 부니 소슬하다. 객은 이미 배에 있는데 달려온 주인이 말에서 내리면서 술자리를 차려 마시려고 하지만 음악이 없다. 취하여도 기쁘지 않고 슬프게 헤어지려고 하니 이별하는 이때 아득한 강에는 달이 잠겨있다. 문득 물가에서 비파소리 들려오니 주인은 돌아가는 것도 잊고 객도 출발할 생각을 하지 않는다. 소리를 찾아 타는 이가 누구인지 조용히 물어보니, 그 여인은 비파를 멈추고 무언가 말하려다 머뭇거린다. 배를 옮겨 가까이 가서 만나보길 청하고 술을 더하고 등도 도로 밝혀 다시 술자리를 열었다. 천번 만번이나 부르고 나서야 비로소 나오는데 비파를 안은 채로 얼굴을 반쯤 가렸다.

軸을 돌리고 두어 번 줄을 튕겨 음을 고르는데, 곡을 연주하기도 전에 먼저 감정이 일어난다. 낮은 음으로 연이어 연주하니, 그 소리마다 그리움이 묻어나오고, 평생의 불우한 뜻 하소연하는 듯하다. 고개 숙이고 손가는 대로 연이어 비파를 타면서 마음속의 끝없는 일들을 다 말하고 있다. 가볍게 눌러 천천히 비비며 튕겼다 다시 뜯으니 처음에는 霓裳曲이요 다음에는 六么曲이다. 굵은 줄이 두둥 울리니 소낙비 내리는 소리 같고, 가는 줄이 절절하니 은밀히 속삭이는 듯하다. 두둥 울리는 소리와 절절한 소리가 어우러져 연주되니 큰 구슬과 작은 구슬이 옥쟁반에 떨어지는 듯하고, 꾀꼬리의 꾀꼴꾀꼴 노랫소리가 꽃 아래서 매끄럽게 흐르고 얼음 아래 샘물이 목메어 흐느끼는 듯하다. 샘물이 차갑게 얼어붙어 현이 끊어진 듯, 멈춰서 이어지지 않자 소리가 잠시 그친다. 그러자 따로 깊은 시름이 있어 남모르는 恨이 또다시 생겨나니 이때의 소리가 없는 것이 소리 있는 것보다 낫다. 그러다가 다시 연주가 시작되니 銀甁이 갑자기 깨져 담겼던 물이 쏟아지는 듯하고 鐵騎가 돌진하여 칼과 창이 울리는 듯하다. 곡이 끝나자 撥을 잡고 비파 한가운데를 그으니 네 줄을 한 번에 긋는 소리가 마치 비단을 찢는 듯하다. 동쪽 배와 서쪽 배에서는 고요하여 말이 없고 오직 보이는 것은 강물 속의 밝은 가을달 뿐이다. 깊게 탄식하며 撥을 놓아 줄 가운에 꽂고 옷을 정돈하고 일어나 모습을 가다듬는다.

비파를 타던 여인이 말한다. "저는 본래 長安의 여자로 집이 蝦蟆陵 아래에 있어 그곳에 살았습니다. 열세 살에 비파를 배워 솜씨가 좋아졌고 이름은 敎坊의 第一部에 올랐습니다. 한 곡조가 끝나면 善才들이 감복하였고 단장을 마치면 秋娘들이 질투하였습니다. 五陵의 귀족 자제들은 다투어 머리에 비단을 감아주었는데 한 곡조를 탈 때마다 두른 붉은 비단은 셀 수 없을 정도로 많았습니다. 머리에 꽂았던 鈿頭와 은비녀는 장단 맞추다가 부서지기 일쑤였고 핏빛 붉은 비단치마는 술을 엎질러 얼룩이 졌지요. 올해도 즐겁게 웃으면서 즐겼고 다음해도 또 그렇게 즐겁게 지내면서, 가을달과 봄바람같은 젊은 시절을 한가로이 보냈습니다. 그러는 동안 아우는 軍에 가고 양어머니 노릇하던 阿姨도 죽었으며, 세월이 흘러 고왔던 제 얼굴빛도 시들었습니다. 이에 찾아오는 이도 드물어졌고 나이 들어 장사꾼에게 시집가게 되었습니다. 그런데 장사꾼은 이익을 중시할 뿐 부부간의 이별은 가볍게 여겨, 지난달 浮梁으로 차를 사러 떠났습니다. 저는 강가를 오가면서 빈 배를 지키는데, 그 외로운 배와 짝이 되는 것은 밝은 달빛과 차가운 강물뿐이었습니다. 밤이 깊어 홀연 젊었을 적의 일을 꿈꾸는데, 꿈에서도 울어 화장한 얼굴에 붉은 연지빛 눈물이 이리저리 흘렀답니다."

나는 비파소리를 듣고 이미 탄식하였지만, 이 여인의 이 말을 듣고 거듭 탄식하지 않을 수 없었다. "그대와 나는 하늘 끝을 떠도는 같은 신세이니, 서로 만나 어울리는데 꼭 예전부터 알던 사람이어야 할 필요가 있겠는가. 나는 지난해에 서울을 떠나 심양성에서 귀양살이를 하고 있는데, 심양 땅은 궁벽하여 음악이 없어 일 년 내내 음악소리를 듣지 못하고 있었다네. 내가 사는 곳은 湓江에서 가까워 땅이 낮고 축축하여 집 둘레에는 누런 갈대와 참대가 자라고 있고, 그곳에서 아침저녁으로 들을 수 있는 것은 두견새의 피 울음소리와 원숭이의 슬픈 울음뿐이라네. 봄 강의 꽃 피는 아침에, 가을 달 뜬 밤에 종종 술을 가져다가 혼자 마셨지. 산 중의 노래와 마을의 촌피리 소리가 없는 것은 아니지만 조잡하고 시끄러워 차마 듣기 어려웠는데, 오늘밤 그대의 비파 소리 들으니 신선의 음악을 들은 듯 귀가 잠시 밝아졌다네. 그대가 사양하지 않고 다시 앉아 한 곡조 타준다면, 나는 그대를 위해 이를 글로 옮겨 〈琵琶行〉을 지으리다."

여인은 나의 이 말에 감동하여 한참을 서 있다가 다시 앉아 줄을 조여 음을 고르더니 그 연주 소리가 더욱 급하여졌다. 처량하고 처량한 것이 앞서 연주한 소리와 같지 않으니 좌중의 사람들 이를 다시 듣고 모두 얼굴을 가리며 운다. 그 중에서 누가 가장 많이 울었겠는가? 江州司馬의 푸른 적삼이 흠뻑 젖었다.

【解題】

〈長恨歌〉와 더불어 백거이의 대표작으로 꼽히는 이 작품은 元和 11년(816), 백거이가 九

江으로 좌천되어 온 지 2년째 되는 해에 지어졌다. 당시 정국은 藩鎭과 宦官들이 결탁하여 권력 쟁탈전이 격렬했었는데, 원화 10년(815) 澤路節度使 李師道가 은밀히 자객을 보내 藩鎭 토벌에 주력하던 재상 武元衡을 죽이고 御使中丞 裴度를 습격하였다. 이때 左贊善大夫였던 백거이는 비록 諫官은 아니지만, 이런 상황을 좌시할 수만은 없어 자객들을 붙잡아 엄징할 것을 상소하였다. 그러나 諫하는 직책이 아닌데 諫官보다 먼저 간하였다고 하여 오히려 죄를 얻고 江州司馬로 좌천되었다. 이 시에는 우연히 만난 불우한 처지의 여인과 백거이 자신을 동일시하여, 사회에 대한 자신의 불만과 비분한 심정을 표출하였다고 해석되기도 한다.

이 시는 크게 네 단락으로 나뉜다. 첫째 단락에서 객을 송별하는 것에서부터 시작하여 시간 장소 인물 배경 등을 제시한 뒤, 둘째 단락에서는 비파를 연주하는 여인의 뛰어난 연주를 묘사하였다. 셋째 단락에서는 그 여인의 화려했던 과거 시절과 쇠락한 현재 상태를 自述이라는 형식으로 담아낸 다음, 마지막 단락에서 그런 여인과 자신을 동일시하면서 좌천되어 淪落한 자신의 처지를 드러내었다.

【集評】

○ 白公詩 讀不滯口 其辭平澹和易 意若對面諄諄詳告者 雖不見當時事 想親覩之也 是亦一家體也……其若琵琶行長恨歌 當時已盛傳華夷 至於樂工倡妓 以不學此歌行爲恥 若涉近之辭 能至是耶 嗚呼 凡譏議樂天者 皆不知樂天者也 吾不取已 - 高麗 李奎報, ≪東國李相國後集≫ 卷11 〈書白樂天集後〉

白公의 시는 읽을 때에 입에서 막히지 않고 그 시어는 평담하고 화평하며 그 뜻은 마치 대면하여 친절하게 상세히 알려 주는 듯하다. 비록 당시의 일을 보지는 못했지만 상상하면 직접 본 것과 같으니, 이 또한 일가의 詩體다. ……〈琵琶行〉이나 〈長恨歌〉 같은 것은 당시에 이미 華夷에 성대하게 전해져 樂工과 倡妓까지도 그 歌行을 배우지 못한 것을 수치로 여겼다. 만일 천근한 말이라면 이처럼 될 수 있겠는가. 아, 낙천을 비판한 자는 모두 낙천을 모르는 자이니, 나는 취하지 않는다.

○ 歸鹿趙相公顯 贈老妓詩曰 功名文武前身事 歌舞繁華一夢間 大笑相看頭似雪 空山斜日水流閑 頭恰似潯陽江頭 琵琶詩 門前冷落鞍馬稀 老大嫁作商人婦 吾輩事 亦如是 - 朝鮮 李裕元, ≪林下筆記≫ 〈贈老妓詩〉

歸鹿 趙顯命相公이 늙은 기생에게 준 시에, "文武의 공명은 전생의 일이요, 화려한 가무는 한바탕 꿈이라네. 서로 바라보며 머리가 눈처럼 흼을 크게 웃노라니, 빈산에는 해 기울고 강물은 유유히 흘러가네.〔功名文武前身事 歌舞繁華一夢間 大笑相看頭

似雪 空山斜日水流閑〕" 라고 하였는데, 이는 '潯陽江頭'로 시작되는 백거이의 〈琵琶行〉에 '門前冷落鞍馬稀 老大嫁作商人婦'라고 한 구절과 의미가 흡사하다. 우리들의 일 역시 이와 같다.

○ 滿腔遷謫之感 借商婦以發之 有同病相憐之意焉 比興相緯 寄托遙深 其意微以顯 其音哀以思 其辭麗以則……及杜甫觀公孫大娘弟子舞劍器行 與此篇同爲千秋絶調 不必以古近前後分也 - 淸 ≪唐宋詩醇≫ 卷22

속에 가득 차 있는 유배객의 감정을 장사꾼 아내를 빌어 표현한 것이니, 동병상련의 뜻이 있다. 比와 興이 서로 얽혀있고, 기탁한 것이 요원하고 심오하다. 그 뜻이 은미하면서도 드러나고 그 소리가 슬프면서도 사념에 잠기게 하며, 그 말이 화려하면서도 법칙에 맞는다. …… 두보의 〈觀公孫大娘弟子舞劍器行〉과 이 작품은 모두 천추의 絶調로 古·近·前·後를 나눌 필요가 없다.

○ 白樂天 間關鶯語花底滑 幽咽泉流水下灘 泉流水下灘不成語 且何以與上句屬對 昔年曾謂當作泉流冰下難 故下文接以冰泉冷澀 難與滑對 難者滑之反也 鶯語花底泉流冰下 形容澀滑二境 可謂工絶 - 淸 段玉裁, ≪經韻樓集≫ 卷8, 〈與阮芸臺書〉

백낙천(백거이)의 '間關鶯語花底滑 幽咽泉流水下灘' 구절에서 '泉流水下灘'은 말이 되지 않는다. 또 무엇으로 윗 구절과 대를 이루겠는가? 작년에 "'泉流冰下難'이 되어야 한다."고 말했었다. 이 때문에 아래의 '冰泉冷澀'으로 이을 수 있다. 難은 滑과 대를 이루는데, 難이란 것은 滑의 반대이다. '鶯語花底'와 '泉流冰下'는 澀과 滑 두 경지를 형용한 것이니 공교롭다고 할 수 있다.

【참고자료】

서거정의 〈聞琵琶〉의 제1구 '강주 사마는 푸른 적삼으로 분포에서 울었고〔司馬靑衫湓浦泣〕'(≪四佳詩集≫ 卷21)라는 구절은 〈비파행〉의 마지막 구절을 차용한 것이다.

073 韓碑[1)]

한비

李商隱[2)]

元和天子神武姿[3)] 元和天子의 神聖하고 씩씩한 자질

彼何人哉軒與羲[4)] 그는 어떤 사람인가, 軒轅氏와 伏羲氏라네

誓將上雪列聖恥[5)] 장차 先皇들이 받은 치욕을 씻고
坐法宮[6)]中朝四夷[7)] 法宮 안에 앉아 四夷 조회 받으리라 맹세하였네

淮西有賊五十載[8)] 淮西에 도적들 있은 지 오십 년이라
封狼生貙貙生羆[9)] 큰 이리가 貙를 낳고 貙는 큰곰을 낳은 꼴일세

不據山河據平地 山河에 있지 않고 평지를 차지한 채
長戈利矛日可麾[10)] 길고 예리한 창들은 태양도 불러 세울 만했다

帝得聖相相曰度[11)] 황제가 훌륭한 재상 얻으니 이름하여 裵度인데
賊斫不死神扶持[12)] 도적들이 베었으나 죽지 않음은 神明의 도우심이었다

腰懸相印作都統[13)] 허리에 相印을 차고서 都統이 되어
陰風慘澹天王旗 음산한 바람 부는 참담함 속에 천자의 깃발 휘날렸다

愬武古通作牙爪[14)] 李愬 韓公武 李道古 李文通이 용맹한 장수 되고
儀曹外郎載筆隨[15)] 儀曹員外郎이 붓을 싣고 뒤따랐으며

行軍司馬[16)]智且勇 行軍司馬는 지혜롭고도 용감하였고
十四萬衆猶虎貔 십사만의 군사들 호랑이 큰곰과 같았다

入蔡縛賊獻太廟[17)] 蔡州에 들어간 후 도적놈 포박하여 태묘에 바치니
功無與讓恩不訾[18)] 그 공훈은 누구에게도 뒤지지 않았고 聖恩은 한량 없었다

帝曰汝度功第一 황제께서 말씀하시길 "너 裵度의 공이 제일 크니
汝從事愈宜爲辭[19)] 너의 從事官 韓愈가 마땅히 글을 지어야 할 것이다"

愈拜稽首蹈且舞[20)] 한유는 고개 숙여 절하고 춤추며
金石刻畫臣能爲 "金石에 글을 새기는 일은 신이 할 수 있습니다

古者世稱大手筆[21] 옛날에는 세칭 大手筆이라 했지만
此事不係於職司 이 일은 직책과 상관이 없습니다

當仁自古有不讓[22] 仁을 당해서는 자고로 사양하지 않을 뿐입니다"
言訖屢頷天子頤[23] 말을 마치자 천자는 여러 번 고개를 끄덕였다

公退齋戒坐小閣 韓公이 물러나 재계하고 小閣에 앉아
濡染大筆何淋漓[24] 큰 붓을 적셔 쓰는데 그 얼마나 생동한지

點竄堯典舜典字 〈堯典〉과 〈舜典〉의 글자 고쳐 쓰고
塗改淸廟生民詩[25] 〈淸廟〉와 〈生民〉의 시를 모방하였다

文成破體[26]書在紙 파격적인 문장 이루어 종이 위에 쓰고는
淸晨再拜鋪丹墀[27] 맑은 새벽에 두 번 절하고 붉은 계단에 펼쳐 놓았다

表曰臣愈昧死上 表에 이르길 "신 愈가 不敏하니 죽어 마땅합니다" 하였으니
詠神聖功書之碑 神聖한 功勳 노래한 이 글 碑石에 새겨졌네

碑高三丈字如斗 碑石의 높이는 세 길이요, 글자는 말[斗]만 한데
負以靈鼇蟠以螭[28] 신령한 자라 그것을 등에 지고, 교룡이 비석 위에 서려 있다

句奇語重喩者少 句法은 기특하고 용어는 엄중해서 이해하는 이 적으니
讒之天子言其私[29] 누군가 天子에게 참소하여 그 公平하지 않음을 말하였다

長繩百尺拽碑倒 백 자 되는 긴 밧줄로 비석 끌어 넘어뜨리고
麤沙大石相磨治 거친 모래와 큰 돌로 비석의 글자들을 문질렀지만

公之斯文若元氣 公의 이 문장 天地의 기운과 같아
先時已入人肝脾 앞서 이미 사람들의 폐부로 들어갔다

湯盤孔鼎有述作 湯盤과 孔鼎에 새겨진 글귀
今無其器存其辭[30] 지금 그 器皿은 없지만 그 말은 남아 있도다

嗚呼聖皇及聖相 아아, 훌륭한 임금과 어진 신하여
相與烜赫流淳熙[31] 서로 활활 타오르며 후세에 큰 빛을 드리우리라

公之斯文不示後 公의 이 문장 후대에 보이지 못했다면
曷與三五相攀追[32] 어찌 헌종을 三皇五帝에 비겼으리오

願書萬本誦萬遍[33] 원컨대 이 문장 만 번을 쓰고 만 번을 읽어서
口角流沫右手胝 입가에는 거품이 나고 오른손에는 굳은살 생기고

傳之七十有二代[34] 七十 하고도 二代에 걸쳐 그것을 전하여
以爲封禪玉檢明堂基[35] 封禪의 玉檢과 明堂의 基石으로 삼았으면

【註釋】

1) 韓碑 : 韓愈가 撰한 平淮西碑를 가리킨다. 淮西節度使 吳元濟가 蔡州에서 반란을 일으키자 元和 12년(817)에 裴度가 총사령관이 되어 이를 토벌했다. 이때 韓愈는 行軍司馬로 종군했는데, 亂이 평정된 후 황제가 한유에게 명하여 〈平淮西碑〉를 撰하게 했다.

2) 李商隱 : 812~858. 字는 義山, 호는 玉谿生이다. 저서에 ≪李義山詩集≫ ≪樊南文集≫ 등이 있다.

3) 元和天子神武姿 : 元和天子는 唐 憲宗 李純을 가리킨다. 元和는 헌종의 연호이다. 神武는 英明한 威武를 말하는데 주로 제왕이나 將相을 칭할 때 쓰는 말이다. 姿는 資質의 뜻이다.

4) 軒與羲 : '軒'은 上古時代 전설상의 黃帝 軒轅氏를 말하고, '羲'는 太昊帝로 伏羲氏를 말한다. 헌원씨와 복희씨는 전설 속의 聖君인 三皇五帝를 대표하며, 여기서는 憲宗을 비유한다.

5) 誓將上雪列聖恥 : 唐나라는 玄宗 때 安史의 난 이후 藩鎭들이 割據하여 李希烈, 朱滔, 田悅, 李納, 王武俊, 李錡, 吳元濟 같은 여러 節度使들이 반란을 일으켰는데, 헌종이 일찍이 여러 강한 번진들을 평정하였다. 列聖은 唐 肅宗, 代宗, 德宗, 順宗 네 황제를

가리킨다.

6) 法宮 : 황제의 正殿으로 임금이 政務를 처리하는 곳이다.

7) 四夷 : 원래는 중국 주변의 東夷, 西戎, 南蠻, 北狄 등의 소수 민족을 가리키지만 여기서는 四方의 먼 변방 지역을 범칭한다. 韓愈의 〈平淮西碑〉 銘文에, "이미 淮西의 蔡州 땅을 평정하고 나니 四夷가 모두 來朝했다. 마침내 明堂을 열어 앉아서 그들을 다스렸다.〔旣定淮蔡 四夷畢來 遂開明堂 坐以治之〕"라는 구절이 있다.

8) 淮西有賊五十載 : 李希烈·陳仙奇·吳少誠·吳少陽·吳元濟 등이 淮西를 차지한 채, 唐朝의 命을 듣지 않은 것이 모두 50여 년이었다는 뜻이다.

9) 封狼生貙貙生羆 : '封狼'은 큰 이리이다. '貙'는 삵과 비슷하지만 더 크다. '羆'는 곰과 비슷한데 몸집이 크다. 이들은 모두 猛獸인데, 여기서는 淮西의 여러 장수들이 사사로이 자리를 서로 이어가면서 조정의 명을 순순히 따르지 않았음을 비유하였다.

10) 日可麾 : ≪淮南子≫에, "魯 陽公이 楚나라 장수였는데, 韓나라와 힘겹게 싸우고 있었다. 한창 전쟁하고 있을 때 해가 지려 하자 창을 쥐고서 해를 부르니, 해가 이 때문에 三舍의 거리를 되돌아왔다.〔魯陽公 楚將也 與韓遘難 戰酣 日暮援戈而麾之 日爲之反三舍〕"는 기록이 있다. 여기서는 그들이 跋扈하였음을 형용하였다. 1舍는 30리이다.

11) 帝得聖相相曰度 : 聖相은 곧 賢相이고, 度는 裴度이다. 배도의 字는 中立이고, 河東 聞喜人이다. ≪舊唐書≫ 〈裴度傳〉에, "元和 10년 6월에 詔書를 내려 裴度를 門下侍郞 同中書門下平章事로 삼았다.〔元和十年六月 詔以度爲門下侍郞 同中書門下平章事〕"고 하였다.

12) 賊斫不死神扶持 : 王承宗·李師道가 蔡 땅 정벌을 지연시키기로 모의하고, 자객을 시켜 京師의 大臣들을 공격하게 하였다. 그는 宰相 武元衡을 죽인 후 裴度를 습격하여 머리를 상하게 하고 도랑 속에 버렸는데, 배도의 氈帽가 두꺼웠던 탓에 죽지 않을 수 있었다. 황제가 노하여 "배도가 온전할 수 있었던 것은 天運이다.〔度得全 天也〕"라 하고, 곧 그에게 中書侍郞同平章事를 제수하였다. 이때가 원화 10년(815) 6월이었다.

13) 都統 : 藩鎭토벌군의 총사령관이다. ≪新唐書≫ 〈裴度傳〉에 의하면, 元和 12년(817)에 배도가 자신이 직접 가서 吳元濟를 토벌하기를 청하니, 황제가 기뻐하여 배도를 淮西宣慰招討處置使에 임명하였다.

14) 愬武古通作牙爪 : '愬武古通'은 네 명의 武將을 가리키니, 곧 李愬·韓公武·李道古·李文通이다. '牙爪'는 어금니와 발톱으로 본래는 새와 짐승의 공격과 방어수단을 말하지만 인신하여 勇士 또는 용맹함을 비유한다. ≪漢書≫ 〈李廣傳〉에, "장군은 나라의 爪牙이다.〔將軍者 國之爪牙也〕"라고 하였다.

15) 儀曹外郞載筆隨 : '儀曹外郞'은 곧 禮部員外郞으로 당시에 이들은 대부분 군대를 따라다니며 書記의 일을 맡았다. 여기서는 李宗閔을 가리킨다.

16) 行軍司馬 : 韓愈를 가리키니, 그는 당시 太子右庶子兼御史中丞으로 彰義軍行軍司馬에 충원되었다.

17) 入蔡縛賊獻太廟 : 元和 12년 10월 唐의 장수 李愬가 淮西의 叛將 吳元濟를 잡아 長安으로 移送하였다. 황제는 興安門에서 사로잡힌 오원제를 넘겨받아 廟社에 바치고, 그 후 저자에서 목 베었다.

18) 恩不訾 : '不訾'는 '限量이 없다.'는 뜻이다. 王粲의 咏史詩에, "상투 틀고 明君을 섬기매, 받은 은혜 참으로 한량없도다.〔結髮事明君 受恩良不訾〕"라는 구절이 있다.

19) 汝從事愈宜爲辭 : ≪舊唐書≫ 〈韓愈傳〉에, "淮西 蔡州가 평정되고 12월에 裴度를 따라 조정으로 돌아오니, 그 功勳으로써 刑部侍郞을 제수하고 이에 詔書를 내려 〈平淮西碑〉를 짓도록 하였다.〔淮蔡平 十二月 隨度還朝 以功授刑部侍郞 仍詔撰平淮西碑〕"라고 하였다.

20) 蹈且舞 : 蹈舞는 신하가 조정에 나아가 朝見하고 慶賀할 때 황제에게 경의를 표하는 의식의 한 가지이다.

21) 大手筆 : 문장을 잘 쓰는 사람 또는 大著作을 뜻한다. ≪晉書≫ 〈王珣傳〉에, "꿈에 어떤 사람이 서까래와 같은 큰 붓을 주었다. 꿈에서 깨어나 사람들에게 말하기를, '이는 반드시 큰 붓으로 글 쓸 일이 있을 것이다.'라 하였는데, 이윽고 황제가 죽자 哀冊과 謚號를 모두 王珣이 기초했다.〔夢人以大筆如椽與之 旣覺 語人曰 此當有大手筆事矣 俄而帝崩 哀冊謚號 皆珣所草〕"는 기록이 있다.

22) 當仁自古有不讓 : ≪論語≫ 〈衛靈公〉에, "仁을 당해서는 스승에게도 사양하지 않는다.〔當仁 不讓於師〕"라고 보이는데, 여기서는 직임을 맡는 데 있어서 사양하지 않는다는 뜻이다.

23) 言訖屢頷天子頤 : '頷'은 아래턱인데, 여기서는 동사로 쓰여 고개를 끄덕인다는 뜻이다. 頤는 뺨이다. 한유의 말이 끝나자 헌종 황제가 즉시 고개를 연달아 끄덕이며 칭찬과 허락을 표한 것이다.

24) 淋漓 : 풍부하고 생동감 넘치는 모양이다. 여기서는 한유가 쓴 碑文 속에 담겨 있는 뜻이 막힘없이 자유롭고 지극히 상세함을 가리킨다.

25) 點竄堯典舜典字 塗改淸廟生民詩 : 〈堯典〉과 〈舜典〉은 모두 ≪書經≫의 편명이다. 文字를 고치거나 바꾸어 글을 짓는 방식을 '點竄'이라 한다. 〈淸廟〉와 〈生民〉은 모두 ≪詩經≫의 편명이다. 塗改 역시 點竄과 유사한 방식의 문장 작성법을 뜻한다. 〈堯典〉, 〈舜典〉, 〈淸廟〉, 〈生民〉은 모두 古代 帝王의 功業을 칭송한 문장과 시이다. 이 두 句는 한유가 쓴 〈평회서비〉의 序文과 명문이 ≪서경≫과 ≪시경≫의 문체를 운용한 것임을 말한다.

26) 文成破體 : 별도의 한 체재를 갖추었음을 지칭한다. '破體'는 行書의 變體이다. 唐나라 張懷瓘의 ≪書斷≫에, "王獻之가 王羲之의 行書를 변용하였는데, 그것을 破體書라고 부른다.〔王獻之變右軍行書 號曰破體書〕"고 하였다. 여기에서는 서법을 가리켜 말한 것이 아니라, 한유의 비문이 舊體를 잘 변화시켜 創新하였음을 가리킨다.

27) 丹墀 : 궁궐 안의 붉게 칠한 계단을 말한다.

28) 負以靈鼇蟠以螭 : '靈鼇'는 石碑를 등에 지고 있는 靈龜를 가리킨다. '螭'는 석비 양쪽에 새겨진 龍이다.

29) 讒之天子言其私 : ≪全唐詩≫ 注에, "비문의 내용은 대부분 裴度의 일을 서술하였다. 당시 蔡州에 들어가 吳元濟를 잡는 데 李愬의 功이 첫 번째였으므로 이소는 그에 대해 마음이 불편했다. 이소의 아내는 唐安公主의 딸이었으므로 궁중에 출입하면서 비문의 내용이 不實함을 호소하니, 이에 황제는 詔書를 내려 한유의 문장을 갈아 없애고 翰林學士 段文昌으로 하여금 글을 다시 지어 돌에 새기게 하였다.〔碑辭多敘裴度事 時入蔡擒吳元濟 李愬功第一 愬不平之 愬妻 唐安公主女也 出入禁中 因訴碑辭不實 詔令磨去愈文 命翰林學士段文昌重撰文勒石〕"고 하였다.

30) 湯盤孔鼎有述作 今無其器存其辭 : 成湯의 대야와 孔氏 正考父의 솥은 지금 남아 있지 않지만, 그곳에 새겨진 글귀는 여전히 世間에 傳誦된다. '湯盤'은 商나라의 湯임금이 사용했다는 세숫대야인데 그 위에 自警의 뜻을 담은 銘文이 새겨져 있다. ≪禮記≫ 〈大學〉에, "湯王의 盤銘에 이르기를 '진실로 어느 날, 새로워졌거든 나날이 새롭게 하고, 또 날로 새롭게 하라!〔苟日新 日日新 又日新〕' 하였다."고 적혀 있다. '孔鼎'은 孔子의 선조인 孔父嘉가 그의 父親 正考父를 위하여 만든 鼎인데, 그 위에 부친이 지은 銘文을 새겼다.

31) 相與烜赫流淳熙 : '烜赫'은 불이 盛한 모양이고, '淳熙'는 크게 빛나는 모양이다. 憲宗과 裴度가 藩鎭을 평정한 빛나는 공훈과 업적이 장차 세대를 거치며 전해내려 오리라는 것을 말한다.

32) 攀追 : 헌종이 三皇五帝를 뒤따라 그 위업을 이어 본받는다는 뜻이다.

33) 遍 : '週'로 되어 있는 本도 있다.

34) 七十有二代 : ≪史記≫ 〈封禪書〉에서 太史公은 ≪管子≫를 인용하여, "옛날에 泰山에서 제사를 행하고 梁父山에서 제사를 행한 자가 72家였다.〔古者封泰山 禪梁父者七十二家〕"라고 하였다. 여기에서는 만세토록 後代에 전해진다는 뜻이다.

35) 以爲封禪玉檢明堂基 : '封禪'은 帝王이 天地에 제사지내는 큰 의식을 말한다. 封은 泰山 위에 제단을 쌓고 제사지내어 하늘의 功에 보답하는 것이고, 禪은 태산 아래의 梁父山에 터를 닦고 제사지내어 땅의 은혜에 보답하는 것을 뜻한다. '玉檢'은 祭文이 적힌 玉牒을

넣는 書函의 뚜껑이다. '明堂'은 天子가 政令을 반포하고 제후들을 조회하며 제사를 거행하는 곳이다.

【通釋】

元和 연간의 天子인 唐 憲宗, 그가 하늘로부터 稟賦받은 자질인 神聖과 威武는 上古시대 軒轅氏와 伏羲氏에 비견될 만하다. 그는 이전의 先代 君王들이 藩鎭으로부터 받은 치욕을 갚아 주고, 法宮에 앉아 四夷로부터 조회하러 온 賀臣들을 접견하리라 결심하였다.

淮西에 叛軍들이 주둔한 지 벌써 50년이 지났으니, 마치 큰 이리가 貙虎를 낳고 추호가 다시 큰곰을 낳은 모습이며 대를 이어 생겨난 그들은 너무나도 흉포하다. 그들은 산하의 험고한 곳에 자리 잡지 않고 도리어 평지에서 난을 일으키며, 길고 예리한 창들을 휘두르며 제멋대로 날뛰니 그 위세는 태양도 불러 세울 만했다. 현종황제가 마침내 裴度라고 하는 훌륭한 재상을 얻으니, 그는 도적들의 칼에 찔렸지만 다행히 神明의 도움을 입어 죽지 않았다. 그는 허리에 재상의 印을 차고서 친히 병사들을 통솔하고, 都統이 되어 음산한 바람이 부는 暗淡한 날에 천자의 깃발을 휘날리며 출발하였다. 그의 수하에는 李愬, 韓公武, 李道古, 李文通과 같은 몇 명의 용맹한 장수들이 있어 선봉이 되었고, 또 儀曹員外郎이 隨軍書記가 되었다. 또 行軍司馬인 韓愈가 있었으니, 그는 총명하고도 용감하였고 이에 14만 대군은 맹수와도 같은 모습이었다. 蔡州를 평정한 후 叛賊인 吳元濟를 사로잡아 조정에 바쳐 太廟에 제사드렸다. 이러한 공적은 그 누구에게도 뒤지지 않는 것이었고, 황제의 恩賜 또한 한량이 없었다.

당시에 황제께서 말씀하시기를, "너 배도의 공로가 가장 크니, 너의 屬官인 한유는 응당 그것을 글로 적어 남겨야 할 것이다."라 하였다. 한유가 듣고 곧 황제를 향하여 절하고 아뢰었다. "金石에 새길 문장을 제가 쓸 수 있으니, 종전까지 이런 사람을 '大手筆' '大文章'이라 했습니다. 이 일이 비록 저의 소관은 아니지만 자고로 '當仁不讓'이라는 말이 있습니다." 한유가 말을 마치자 황제께서는 연이어 고개를 끄덕이시며 허락의 뜻을 표하셨다.

한유는 곧장 退朝하여 목욕재계하고 작은 書閣 안에 앉아 ≪書經≫의 〈堯典〉·〈舜典〉의 체제에 비추어보고 ≪詩經≫의 〈淸廟〉·〈生民〉의 문장을 모방하여, 그것을 조금씩 고치고 가다듬어 하나의 새로운 체제의 문장을 창조하여 종이 위에 그것을 썼다. 새벽이 되자 그는 입조하여 황제께 두 번 절하고 大殿 앞 돌계단 위에 자신이 쓴 글을 펼쳐 보였다. 表에서는 "臣 한유 죽음을 무릅쓰고 바칩니다."라고 하였다. 신성한 功業을 노래한 이 글은 곧 石碑에 새겨졌다.

석비의 높이는 세 길이고, 글자의 크기는 말〔斗〕만 한데, 아래쪽에는 돌로 조각한 靈龜가 그것을 받치고 양쪽 옆으로는 비석을 감은 교룡이 새겨져 있다. 석비의 구절은 기굴하고 말의 뜻이 심오하여 그것을 이해할 수 있는 사람이 많지 않았다. 이 때문에 어떤 사람이 황제께 참소하여 이 글 속에 한유의 사사로운 뜻이 들어 있다고 말하였다. 그러자 백 자 되는 긴 밧줄로 그 석비를 넘어뜨렸고 거친 모래와 큰 돌로 석비 위의 글자들을 지워버렸다. 그러나 그 귀중한 韓公의 문장은 천지를 가득 채운 大氣와 같아서 그때는 그것이 이미 사람들의 폐부로 스며들어간 뒤였다. 商湯의 세숫대야, 正考父의 솥처럼 지금 기물은 사라졌지만, 그 문장만큼은 여전히 남아 있는 것이다.

아아, 그 옛날 聖王과 賢相이 모두 함께 커다란 빛을 발하고 있도다. 만일 韓公의 문장이 후세에 전해지지 않았다면 어찌 헌종이 三皇五帝와 같은 功業을 이룬 줄 알았겠는가. 한공의 문장을 만 번 외우고 베껴서 내 입가에는 거품이 고이고 오른손에는 굳은살이 박히며, 72대가 지난 후에라도 천지에 제사하는 玉檢과 조정을 세우는 주춧돌로 쓰이기를 나는 희망한다.

【解題】

이 시는 韓碑를 노래한 것으로 詠史詩로 보아도 무방하다. 이상은이 이 시를 정확히 언제 썼는지는 확정하기 어렵지만 張采田의 말을 따르면 젊은 시절의 作인 듯하다.

唐나라의 시는 李商隱・杜牧 때에 이르러 점점 纖麗하고 柔媚한 詩風으로 변하였다. 더욱이 이상은의 시는 詩語의 彫琢과 내용의 艶麗함에 가장 많이 치중하였다. 그러나 〈한비〉는 그의 작품 가운데서도 독특한 格調를 보여준다. 沈德潛은 이 시에 쓰인 말들이 雄建하여 평소의 작품 같지 않고, 시의 내용 역시 위풍당당하여 그의 여타 작품들과 다르다고 하였다. 그러나 詞意가 섬세하고 뛰어나 오로지 唯美에 경도된 면도 보인다. 특히 '帝得聖相相曰度 賊斫不死神扶持' '點竄堯典舜典字 塗改淸廟生民詩'와 같은 句들은 氣格이 古勁하다고 인정받는다. 〈한비〉는 이상은이 한유의 시를 배워 쓴 습작인 듯하다. 나중에 이상은이 쓴 唯美香艶의 시들은 풍격이 이 시와 매우 거리가 있지만, 기교에 치중하고 시어를 까다롭게 고르며 奇僻한 典故 쓰기를 즐겨한 것을 보면, 그가 초기에 한유를 배워 쓴 시들과 대체로 성격을 같이한다.

한유의 〈平淮西碑〉는 裴度가 淮西의 逆徒들을 討伐하여 平定한 과정과 功業을 기록한 것으로, 東漢 班固의 〈燕然山銘〉과 서로 필적한다. 그러나 李愬의 아내가 憲宗의 사촌 누이동생이어서 궁중에 출입하며 그녀의 남편을 대신하여 功을 다투었고, 헌종은 결국 사사로운 人情에 얽매여 판단이 흐려졌다. 이에 명을 내려 碑文을 바꾸게 하였고 결국 段文昌의 비문으로 바꾸어 이소가 적을 토벌한 공로를 더 드러나게 하였다. 지금 〈平淮西碑〉에는 韓碑와

段碑 두 편이 있어 회서를 평정한 功業은 역사의 논쟁거리가 되고 말았다. 후대에 韓碑의 훌륭함을 찬미하면서 배도의 屬將이었던 이소가 공을 다툰 것을 비난하는 것은 이치상 당연한 일이다. 이에 이상은은 한유를 대신하여 不平한 마음을 가지고 한유의 〈평회서비〉가 天地의 元氣와 같다고 극찬하였던 것이다.

【集評】

○ 裴度平淮西 絶世之功也 韓愈平淮西碑 絶世之文也 裴度之功 不足以當愈之文 非愈之文不足以發度之功 碑成 李愬之子乃謂沒父之功 訟之於朝 憲宗使段文昌別作 此與舍周鼎而寶康瓠何異哉 李義山詩云 碑高三丈字如斗 負以靈鼇蟠以螭 句奇語重喩者少 讒之天子言其私 長繩百尺拽碑倒 麤沙大石相磨治 公之斯文若元氣 先時已入人肝脾 愈書愬曰十月壬申 愬用所得賊將 自文城 因天大雪 疾馳百二十里 到蔡 取元濟以獻 與文昌所謂郊雲晦冥 寒可墮指 一夕捲旆 凌晨破關等語 豈不相萬萬哉 東坡先生謫官過舊驛 壁間見有人題一詩云 淮西功業冠吾唐 吏部文章日月光 千古斷碑人膾炙 世間誰數段文昌 坡喜而誦之 - 宋 葛立方, ≪韻語陽秋≫ 卷3

배도가 회서를 평정한 것은 絶世의 功이요, 한유의 〈평회서비〉는 絶世의 문장이다. 배도의 공은 한유의 문장을 당해내기 부족하니, 한유의 문장이 아니었다면 배도의 공을 드러낼 수 없었을 것이다. 碑가 완성되자 李愬의 아들이 이에 죽은 아버지의 공을 말하여 조정에서 그것을 爭訟하자, 헌종이 단문창을 시켜 따로 글을 짓게 했으니, 이는 周鼎을 버리고 康瓠를 보배로 여기는 것[1)]과 무엇이 다른가. 李義山(이상은)은 시에서 "碑石의 높이는 세 길이요, 글자는 말처럼 큰데, 신령한 자라 그것을 등에 지고, 교룡이 비석 위에 서려 있다. 句法은 기특하고 용어는 엄중해서 이해하는 이 적으니, 누군가 天子에게 참소하여 그 公平하지 않음을 말하였다. 백 자 되는 긴 밧줄로 비석 끌어 넘어뜨리고, 거친 모래와 큰 돌로 비석의 글자들을 문질렀지만 公의 이 문장 天地의 기운과 같아, 앞서 이미 사람들의 폐부로 들어갔다."고 하였다. 한유는 이소에 대하여 쓰기를, "10월 壬申에 이소는 사로잡은 적장을 이용하여 文城에서부터 큰 눈이 내리는 것을 틈타 120리를 빨리 달려 蔡州에 도착한 후 吳元濟를 사로잡아 바쳤다."고 했다. 단문창은 이 부분을 "교외의 구름 어둑하여 추위는 손가락이 떨어져나갈 정도였다. 하루 저녁에 대장기를 말아 새벽부터 관문을 뚫고 갔다." 하였으니 이 둘 사이의 거리가 어찌 萬萬배가 아니겠는가. 東坡(蘇軾) 선생이 좌천된 관리로 옛 역을 지나는데, 벽 사이에 어떤 사람이 쓴 시한 수를 보았다. 그 시에 "회서의 공업 우리 唐에서 으뜸이요, 吏部(韓愈)의 문장은 日月처럼 빛난다. 천고에 비문은 끊어졌으나 인구에 회자되니, 세간에서 누가 단문창을 꼽는단 말인가."라고 하였는데, 동파가 기뻐하여 그 시를 암송했다.

1) 周鼎을……여기는 것 : 賈誼의 〈弔屈原賦〉에, "周나라의 솥을 버리고, 큰 표주박을 보배로 간직하네.〔斡棄周鼎 寶康瓠兮〕"라는 구절이 있다.

○ 晩唐人古詩 穠鮮柔媚 近詩餘矣 卽義山七古 亦以辭勝 獨此篇 意則正正堂堂 辭則鷹揚風翽 在爾時 如景星慶雲 偶然一見 - 淸 沈德潛, ≪唐詩別裁集≫ 卷8

晩唐 사람의 古詩는 穠鮮하고 柔媚한데 근체시의 餘波이다. 즉 義山(李商隱)의 칠언고시 또한 〈이치보다〉 文辭가 우세하다. 그런데 유독 이 시만큼은 詩意가 정정당당하고 詩語가 하늘을 나는 매처럼 바람을 타고 높이 나는 듯하니, 그때 景星과 慶雲[1]을 우연히 한 번 본 것과 같다.

1) 景星과 慶雲 : 景星은 큰 별로 德星 또는 瑞星이라고도 하는데 천자가 封禪을 잘하면 그 보답으로 나타난다 하며, 慶雲은 상서로운 구름으로 景雲 또는 卿雲이라고도 하는데 태평성대의 징조로서 오색구름이 끼는 것을 말한다.

○ 生硬中饒有古意 甚似昌黎而淸新過之 - 淸 屈復, ≪玉谿生詩意≫ 卷2

生硬한 가운데 古意가 넉넉히 있으니, 昌黎(韓愈)와 매우 비슷하지만 淸新함은 그를 뛰어넘는다.

○ 韓碑詩 亦甚肖韓 - 淸 賀裳, ≪戴酒園詩話≫

〈韓碑〉 시는 역시 한유의 시풍과 매우 닮아 있다.

○ 未定何年 雖力學韓體 變化未純 恐是少作 - 現代 張采田, ≪玉谿生年譜會箋≫

몇 살에 지은 작품인지 확정할 수는 없다. 비록 한유의 體를 힘써 배우려 했지만 변화가 純全하지 못하니, 아마도 젊었을 때 지은 것인 듯하다.

074 燕歌行[1] 幷序

연가행 병서

高適

開元二十六年 客有從御史大夫張公[2]出塞而還者 作燕歌行以示適 感征戍之事 因而和焉

개원 26년(738), 어사대부인 장공을 따라 변새로 출정하였다가 돌아온 객이 있어 〈연가행〉을 지어 나에게 보였는데, 출정하여 수자리 살던 일에 느낀 바가 있어 화답한다.

漢家[3]煙塵[4]在東北 한나라의 동북지방에서 전쟁이 일어나
漢將辭家破殘賊 한나라 장군은 집 떠나 잔악한 적 물리쳤네

男兒本自重橫行[5] 남자는 본래 전장에서 종횡무진하는 것 중시하니
天子非常賜顔色[6] 천자가 특별히 총애함에 있어서랴

摐金伐鼓[7]下楡關[8] 징을 치고 북 두드려 산해관으로 내려가니
旌旆逶迤碣石[9]間 깃발들은 갈석산 사이에 연이어져 있네

校尉[10]羽書飛瀚海[11] 校尉의 羽書는 사막을 날듯이 건너오고
單于[12]獵火[13]照狼山[14] 單于의 사냥하는 불빛은 낭산을 비추는구나

山川蕭條極邊土 산천은 황량하여 변방 끝에 달했으니
胡騎憑陵[15]雜風雨 오랑캐의 기병들은 비바람 몰아치듯 침범한다

戰士軍前半死生 병사들은 軍陣 앞에서 태반이 戰死하는데
美人[16]帳下猶歌舞 미인들은 장막 안에서 여전히 춤추며 노래하네

大漠窮秋[17]塞草腓[18] 큰 사막은 가을이 깊어 변새의 풀들 시들어지고
孤城落日鬪兵稀 외로운 성에 해 지는데 싸우는 병사 드물다

身當恩遇常輕敵 몸은 나라의 은혜 입어 항상 적을 경시하지만
力盡關山未解圍 병사는 온 힘 다해 관산에서 싸워도 포위를 풀지 못한다

鐵衣遠戍辛勤久 철갑옷 입고 멀리 수자리 사니 고통과 수고가 오래되었고
玉筯[19]應啼別離後 아내는 옥같은 두 줄기 눈물 이별 후에 응당 흘렸으리라

少婦城南欲斷腸	어린 아내는 城南에서 애간장 끊어지려 하는데
征人薊北[20]空回首	원정 간 남편은 薊北에서 공연히 고개만 돌려보네
邊庭飄颻那可度[21]	변방은 아득하니 어찌 건널 수 있으랴
絶域蒼茫更何有[22]	넓고 먼 외딴 땅에 무엇이 있으리오
殺氣三時作陣雲[23]	殺氣는 하루 종일 서려 戰雲을 만들어내고
寒聲一夜傳刁斗[24]	밤새도록 차가운 조두 소리 전해오네
相看白刃血紛紛	바라보니 흰 칼날에 혈흔이 군데군데
死節從來豈顧勳	예로부터 절개에 죽지 어찌 공훈을 돌아보랴
君不見沙場征戰苦	그대는 보지 못했는가, 사막에서 싸움하는 고통을
至今猶憶李將軍[25]	지금도 여전히 이장군을 그리워하고 있다네

【註釋】

1) 燕歌行 : 원래는 樂府 古題이다. ≪樂府廣題≫에, "燕은 지명이다. 良人(남편)이 燕에서 軍役에 종사할 때 이 곡을 불렀다고 한다.〔燕地名也 言良人從役于燕 以爲此曲〕"라 하였다.

2) 張公 : 幽州 節度使였던 張守珪이다. ≪舊唐書≫ 〈張守珪傳〉에 의하면, 그는 개원 23년 功을 인정받아 輔國大將軍, 右羽林大將軍兼御史大夫에 임명되었다. ≪四部叢刊≫ 본에는 '御史大夫張公'이 '元戎'으로 되어 있다.

3) 漢家 : 漢代이지만, 唐代 작가들은 왕왕 漢을 빌어 唐의 칭호로 쓰기도 한다.

4) 煙塵 : 봉화의 연기와 흙먼지로서, 전란을 비유한다. 開元 18년(730) 이후 수년간 唐과 東北의 契丹・奚와의 전쟁이 해마다 끊이지 않았으므로 '煙塵在東北'이라 표현한 것이다.

5) 橫行 : 막힘없이 적진 속을 내달린다는 뜻이다. 이는 ≪史記≫ 〈季布傳〉에 樊噲가 "원컨대 십만의 무리를 얻어, 흉노의 가운데에서 마음껏 내달리고 싶다.〔願得十萬衆 橫行匈奴中〕"라 말한 것에서 유래한다.

6) 賜顔色 : 총애하다〔賞識〕의 뜻이다.

7) 摐金伐鼓 : '摐'은 악기 따위를 친다〔撞擊〕는 의미이다. '金'은 징〔鉦〕으로서, 군중의 악기이다. '伐鼓'는 '擊鼓'와 같은 의미로, 북을 치는 것이다. 옛날에 군대가 행진할 때 징을

치고 북을 두드리며 지휘를 하였다.

8) 楡關 : '楡關'은 곧 山海關이다. 지금의 河北省 秦皇島市 東北쪽에 위치한 곳으로서, 당시에는 동북의 군사 요충지였다.

9) 碣石 : 산 이름으로, 지금의 河北省 昌黎縣 북쪽에 위치해있다.

10) 校尉 : 漢代 武官의 명칭이다. 널리 武將을 일컫기도 한다.

11) 瀚海 : 지금의 내몽고 자치구 동북부의 대사막 즉 고비사막이다. 唐代에는 奚人에 의해 점령당한 곳이었다.

12) 單于 : 고대 흉노 부족 수령의 칭호이다.

13) 獵火 : 사냥할 때 밝히는 불이다. 고대 유목민족들은 出征하기 전에 대규모의 狩獵을 행하여 군사훈련을 하였는데, '獵火'란 이를 지칭하는 것이다.

14) 狼山 : 狼居胥山으로, 지금의 내몽고 자치구 克什克騰旗 서북쪽에 위치해있다.

15) 憑陵 : 세력을 믿고 침범한다는 뜻이다.

16) 美人 : 여기서는 邊將 軍營의 歌女를 지칭한다.

17) 窮秋 : 깊은 가을을 의미한다.

18) 腓 : 본래는 '아프다' 혹은 '병들다'는 뜻이지만, 여기서는 풀이 마르고 시들었다는〔枯萎〕 의미이다. '衰'로 되어 있는 본도 있다.

19) 玉筯 : 본래는 옥으로 만든 젓가락이다. 고대에는 玉筯로써 아녀자가 흘리는 눈물을 비유하곤 하였다. 여기서는 戰士의 妻子가 흘리는 눈물을 비유한 것이다.

20) 薊北 : 薊州 以北 지방으로, 唐代에는 薊州州治가 지금의 하북성 薊縣에 있었다.

21) 邊庭飄颻那可度 : 이 구절은 '변방에 부는 바람을 타고 어떻게 하면 고향에 돌아갈 수 있을까' 또는 '변방은 넓고 멀어 어찌 측량할 수 있으랴'로 풀이하기도 한다.

22) 更何有 : '無所有'로 되어 있는 본도 있다.

23) 陣雲 : 戰雲과 같은 말이다. 살기등등함이 마치 구름처럼 陣을 이룬다는 뜻이다.

24) 刁斗 : 軍中에서 쓰는 銅으로 만든 그릇으로, 낮에는 취사도구로 쓰다가 밤에는 그것을 두드려서 시간을 알리는 용도로 썼다.

25) 李將軍 : 漢代의 명장 李廣을 지칭한다. ≪史記≫ 〈李將軍列傳〉에 의하면, 그는 武帝 때 右北平太守가 되어 흉노를 막아내었는데 용감하게 전쟁에 임했을 뿐만 아니라 사졸들을 매우 아껴 苦樂을 함께 나누었던 인물이었다 한다.

【通釋】

한나라 동북 지방 변새에서 전쟁이 일어나니, 한나라의 장군은 집을 떠나 잔악한 적을 물리쳤다. 남자는 본래 전쟁터에서 종횡무진하며 적을 토벌하는 것을 중시하니, 하물며 천자가 특별히 그를 독려하는 상황임에랴.

전쟁에서 쓰는 징과 북을 치며 산해관에 도달하니, 깃발은 갈석산 사이에 죽 이어져 있다. 校尉의 긴급함을 알리는 문서가 사막을 날듯이 건너오고 흉노 부족 수장인 선우가 사냥하는 불빛이 낭산을 비춘다. 변방의 끝, 황량한 산천이라 오랑캐 기병들이 침범하는 기세는 비바람 몰아치듯 한다. 戰士들의 태반이 軍陣 앞에서 죽어가는데 主將은 오히려 美姬를 껴안고 장막 안에서 춤추고 노래하고 있다.

저 아득하고 넓은 사막에서 가을은 깊어 끝 무렵이고 변새의 풀들은 시들해졌다. 외로운 성에 해가 지니 그 분위기는 매우 처량하다. 전투하던 무사들의 수는 날이 가면 갈수록 적어진다. 하지만 장군들은 특별히 황제의 은총을 입어 적군들을 가볍게 본다. 사병들은 목숨을 다해 關山에서 전투하지만 결국 포위망을 뚫지 못했다.

갑옷을 입고 멀리 변새에서 수자리 살며 숱한 고생한지 이미 오래되었으니 규중의 아내는 남편과 이별 후에 응당 눈물을 떨구며 그리워할 것이다. 어린 아내는 城南에서 애간장이 끊어지고, 원정나간 남편은 薊北에서 공연히 고개 돌려 고향을 바라보기만 할 뿐이다. 이곳 변새 지방에서 바람처럼 날아 고향으로 건너갈 수 있었으면 좋겠지만 방법이 없다. 세상과 떨어진 험준한 이 지역은 넓고도 멀어, 보이는 것은 아무것도 없다. 殺氣는 종일토록 전운을 만들어내고, 밤중 내내 차가운 刁斗소리 들려온다.

흰 칼날을 보니 혈흔이 여기저기 있는데, 예로부터 戰士는 절개에 죽을지언정 어찌 공훈을 얻기 바랐겠는가. 그대는 보지 못했는가, 사막에서 정벌하는 저들의 괴로움을. 지금도 여전히 용맹스럽고 인자했던 이장군을 그리워하고 있다.

【解題】

高適은 한때 계주 일대에서 軍旅생활을 한 경험이 있기 때문에 軍中에서 일어나는 정황들에 대해 비교적 익숙하다. 이 시는 변새 지방에 遠征을 가서 싸움에 임하는 괴로움과 고통에 대해 읊은 시이기도 하며, 그 이면에는 士卒을 긍휼히 여기지 않고 軍營에서 쾌락을 일삼았던 장군의 행동을 풍자하는 뜻이 담겨있기도 하다.

시 전체는 네 단락으로 구분할 수 있다. 첫째 단락은 변경의 급보를 듣고 장군과 사졸들이 명을 받아 출정하는 모습의 위무당당함과 사기가 충만한 상황을 묘사하였다. 둘째 단락은 변방의 책임을 맡고 있던 장군이 적을 가벼이 여겨 사졸들의 고충은 안중에도 없이 군영에서 歌女와 쾌락에만 빠져 있는 모습을 그려내었다. 셋째 단락은 원정 간 남편을 그리워하는 고향의 아내의 심정과 일말의 희망도 없는 남편의 원정 생활을 병치하여 묘사하였다. 넷째 단락은 나라를 위해 목숨을 바치는 戰士들의 영웅적 기개를 드러내고 이와 더불어 비극적 색채를 더하였다. 마지막 두 구는 이 시의 주제를 명확하게 드러내는 부분이기도 하다. 변새의 부패한 장수와는 달리 李廣과 같은 名將이 다시 나와 주었으면 하는 바람을 표현한 것이다.

【集評】

○ 適詩多胸臆語 兼有骨氣 故朝野通賞其文 至如燕歌行等篇 甚有奇句 - 唐 殷璠, ≪河岳英靈集≫ 卷上

高適의 시는 가슴속의 말들이 많고 骨氣를 겸하고 있어 朝野에서 모두 그 문장을 상찬하도록 만든다. 〈연가행〉 등과 같은 시에는 매우 기이한 句가 있다.

○ 此詩多對偶句 功力深筆力亦到 非他人可及 卽李頎古從軍行亦覺遜色也 - 現代 劉開揚, ≪高適詩集編年箋注≫, 中華書局, 1981

이 시는 對偶를 사용한 시구가 많으며, 공력이 깊고 필력 또한 到底하여 다른 이가 미칠 수 있는 바가 아니니, 李頎의 〈古從軍行〉과 같은 것도 손색이 있음을 알겠다.

075 古從軍行

옛 출정의 노래

李頎

白日登山望烽火　　한낮에 산에 올라 봉화를 보았는데
黃昏飮馬傍交河[1)]　　황혼 무렵엔 交河城 옆에서 말에게 물을 먹인다

行人[2)]刁斗[3)]風沙暗　　어두운 모래바람 병사들의 조두소리
公主琵琶幽怨多[4)]　　공주를 위해 타던 비파처럼 몹시도 서글퍼라

野雲萬里無城郭　　들녘 구름 만 리에 성곽은 없고
雨雪紛紛連大漠　　눈은 어지러이 내려 사막으로 이어진다

胡雁哀鳴夜夜飛　　오랑캐 땅 기러기 슬피 울며 밤마다 날아가니
胡兒眼淚雙雙落　　오랑캐 아이 눈에 맺힌 눈물은 두 줄기로 흐른다

聞道玉門猶被遮[5]	듣건대 옥문관이 막혀있다 하니
應將性命逐輕車[6]	응당 목숨 걸고 경거장군을 따를 수밖에
年年戰骨埋荒外	해마다 戰士의 뼈는 변방의 황야에 묻히는데
空見葡萄[7]入漢家	다만 한나라 황실로 들어오는 포도를 보았을 뿐이라네

【註釋】

1) 交河 : 중국 서역의 옛 지명으로, 지금의 新疆省 吐魯番縣 서쪽 지역이다. ≪漢書≫〈西域傳〉에, "車師前國은 왕이 交河城을 다스렸는데, 河水가 나뉘어 흘러서 성 아래를 돌아가므로 '교하'라고 칭한 것이다.〔車師前國 王治交河城 河水分流繞城下 故號交河〕"라고 하였다.
2) 行人 : 일반적으로 길을 가는 사람을 뜻하나, 여기서는 출정을 떠난 병사를 지칭한다.
3) 刁斗 : 옛날 군대에서 쓰는 취사도구인데, 밤에는 진중에 순라를 돌며 두들겨 시간을 알렸다고 한다.
4) 公主琵琶幽怨多 : 漢나라 武帝 때 烏孫國과 和親을 도모하기 위하여 江都王 劉建의 딸 細君을 烏孫國王에게 시집보냈는데, 이때 비파를 연주하여 세군을 위로하였다고 한다. 石崇의 〈王昭君辭序〉에, "옛날 공주가 烏孫으로 시집갔는데, 말 위에서 비파로 음악을 연주하도록 하여 그녀가 가는 길에 고향 생각을 위로하도록 하였다.〔昔公主嫁烏孫 令琵琶馬上作樂 以慰其道路之思〕"라고 하였다.
5) 聞道玉門猶被遮 : '玉門'은 玉門關으로 오늘날 甘肅省 敦煌縣 서쪽에 위치한, 서역으로 통하는 관문이다. '被遮'는 길이 막혔다는 뜻이다. ≪漢書≫〈大宛傳〉에 漢武帝 元年에, "李廣利에게 명하여 大宛國을 공격하게 하였다. …… 사병들이 굶주려 전세가 불리하게 되자 이광리가 글을 올려 전쟁을 끝낼 것을 요청하니, 武帝가 크게 노하여 군사를 보내 옥문관을 막고 퇴각하는 군사는 바로 목을 베라고 하였다."라고 하였다.
6) 輕車 : 군 지휘관의 명칭으로 漢代에 輕車將軍, 輕車都尉 등이 있었다.
7) 葡萄 : 漢 武帝 때 서역 나라에서 유입된 과일이다. 葡桃로 되어 있는 본도 있다.

【通釋】

한낮에 산에 올라 저 멀리 봉화를 보았는데, 황혼이 질 무렵 이미 교하성 근처에 도달하여 말에게 물을 먹인다. 밤이 되자 어두운 모래바람 속에서 출정한 병사들은 오직 순라를 돌며 치는 刁斗 소리만을 듣는데, 그 소리는 마치 한나라 때 오손국으로 시집가는 공주을 위해 타던 비파소리처럼 몹시 서글프다.

들녘의 구름은 만 리까지 뻗어있고 성곽도 없는데, 눈은 어지러이 휘날려 사막까지 이어진다. 기러기조차 잠 못들어 밤마다 슬피 울면서 날고, 그곳에 사는 오랑캐들은 두 줄기 눈물을 흘린다. 그러니 만리타향 떠나온 한나라 병사들의 심정이야 오죽하랴.

듣건대 옥문관을 막고서 퇴각하는 군사는 목을 치겠다고 하였다 하니, 어쩔 수 없이 목숨 걸고 경거장군을 따라 싸우다 죽을 수밖에 없지 않는가. 해마다 전사들의 뼈는 서역 변방의 황야에 묻히는데 다만 황실로 들어가는 포도만을 볼 뿐이라네.

【解題】

이 시는 기존의 악부시 〈從軍行〉의 제목을 차용하여 지었기 때문에 〈古從軍行〉이라고 한 것이다. 〈從軍行〉은 군역이나 출정을 다룬 詩歌로서 晉나라 左延年이 지은 歌辭가 있다. 이 작품은 漢나라 武帝 때 서역 정벌에 나선 병사들의 고난을 묘사하고 있는데, 전쟁으로 인한 암울한 분위기가 변경의 황량한 풍경을 통하여 표현되어 있다.

'해마다 전사의 뼈는 변방의 황야에 묻히는데, 다만 황실로 들어가는 포도를 보았을 뿐이라네.'라는 마지막 구는 한나라 시대의 역사사실을 끌어와 수많은 병사들을 희생시키는 정벌 전쟁을 날카롭게 풍자하고 있다.

【集評】

○ 以人命換塞外之物 失策甚矣 爲開邊者垂戒 故作此詩 - 清 沈德潛, 《唐詩別裁集》 卷5
　사람의 생명을 변경 밖의 물품과 바꾼 것은 실책이 심하다. 변경을 개척하려던 자들에게 경계가 될 것이므로 이 시를 지었다.

○ 後二語可諷 - 明 陸時雍, 《唐詩鏡》 卷16
　끝의 두 구절의 말은 풍자가 될 만하다.

076 洛陽女兒行[1)]

낙양의 여자아이

王維

洛陽女兒對門居	낙양의 여자아이 문을 마주하고 사는데
纔可容顔十五餘	예쁘장한 얼굴에 나이는 열다섯 남짓

良人玉勒乘驄馬[2]	낭군은 옥 재갈 물린 青驄馬를 타고
侍女金盤膾鯉魚[3]	시녀는 금 쟁반에 잉어회를 바치네
畫閣朱樓[4]盡相望	단청한 누각들이 끝없이 연이었고
紅桃綠柳垂簷向	분홍빛 복사꽃 푸른 버들이 처마 향해 드리웠네
羅幃送上七香車[5]	나갈 땐 비단 휘장 친 七香車에 태워 보내고
寶扇迎歸九華帳[6]	돌아올 땐 아름다운 부채로 가려 九華帳으로 들어서네
狂夫[7]富貴在青春	방탕한 남편은 부귀한데다 청춘이라
意氣驕奢劇季倫[8]	교만하고 사치한 마음이 石崇을 능가한다
自憐碧玉[9]親教舞	碧玉을 어여삐 여겨 친히 춤을 가르치고
不惜珊瑚持與人[10]	산호수를 남에게 주는 것도 아끼지 않는다
春牕曙滅九微火[11]	봄 창에 새벽 되자 九微燈을 끄니
九微片片飛花瓅	九微의 불꽃들 조각조각 꽃잎처럼 날린다
戲罷曾無理曲時	놀기를 끝마치도록 노래를 익힐 시간 없고
粧成祗是薰香[12]坐	화장한 채 향기 쏘이며 앉아 있을 뿐
城中相識盡繁華	성 안의 아는 이들 모두 부귀한 집안이요
日夜經過趙李家[13]	밤낮으로 들르는 곳 趙家와 李家라네
誰憐越女[14]顔如玉	누가 불쌍히 여기리오 옥같은 얼굴의 越女가
貧賤江頭自浣紗	빈천한 몸으로 강가에서 손수 비단 빠는 것을

【註釋】

1) 洛陽女兒行 : 樂府 가운데 新樂府에 속한다. 梁 武帝 蕭衍의 〈河中之水歌〉에, "하중의 물 동쪽으로 흐르니, 낙양의 여자아이 이름은 막수라. 막수는 나이 열셋에 비단 짤 줄 알았

고, 열넷에 남쪽 길머리에서 뽕을 땄다네. 열다섯에 盧氏 집으로 시집가고, 열여섯에 아이 낳으니 字가 阿侯라.〔河中之水向東流 洛陽女兒名莫愁 莫愁十三能織綺 十四采桑南陌頭 十五嫁爲盧家婦 十六生兒字阿侯〕"고 했는데, 여기에서 詩題를 가져왔다. 行은 詩歌 형식의 한 종류이다.

2) 良人玉勒乘驄馬 : '良人'은 남편에 대한 존칭이다. '玉勒'은 寶玉으로 장식한 재갈이다. '驄馬'는 푸른색과 흰색의 털이 섞여 있는 준마이다.

3) 侍女金盤膾鯉魚 : '侍女'는 여종이고, '膾鯉魚'는 잉어를 회치는 것이다.

4) 畫閣朱樓 : 단청을 칠한 화려한 누각으로 주택의 華美함을 형용하는 말이다.

5) 七香車 : 꽃향기가 나는 화려한 수레이다. 曹操의 〈與太尉楊彪書〉에, "삼가 족하께 사방으로 휘장이 쳐진 칠향거 한 대를 드립니다.〔謹贈足下四望通幰七香車一乘〕"라고 했는데, 章樵의 注에, "칠향거는 일곱 종류의 향목으로 수레를 만든 것이다.〔以七種香木爲車〕"고 하였다.

6) 九華帳 : 꽃무늬로 장식된 화려한 휘장을 말한다.

7) 狂夫 : 옛날 婦人이 자신의 남편을 부르던 겸사이다. 그러나 여기서는 실제적인 의미도 담고 있으니, 곧 狂放, 放蕩한 남편을 가리킨다.

8) 意氣驕奢劇季倫 : '劇'은 極甚의 뜻으로 여기서는 능가한다는 의미이다. '季倫'은 石崇의 字이다. 晉代의 富豪인 석숭은 교만과 사치로 세상에 이름이 높았다.

9) 碧玉 : 南朝의 宋나라 汝南王의 侍妾의 이름인데, 여기에서는 洛陽女兒를 가리킨다. 梁元帝의 〈採蓮賦〉에, "벽옥은 小家의 여자, 여남왕에게 시집왔네.〔碧玉小家女 來嫁汝南王〕"라고 하였다.

10) 不惜珊瑚持與人 : ≪晉書≫ 〈石崇傳〉에, "〈王愷는 武帝의 외삼촌이므로〉 武帝가 매양 王愷를 도와 주었다. 일찍이 珊瑚樹를 그에게 하사하였는데, 높이는 두 자 쯤 되고 가지가 무성하여 세상에 그와 같은 것이 드물었다. 왕개가 그것을 石崇에게 보여주자, 석숭은 곧 鐵如意를 가지고 그것을 쳐서 손닿는 대로 부수었다. 왕개는 한탄하고 아까워하며 자신의 보물을 석숭이 질투하여 그렇게 한 것이라 여겨 목소리와 얼굴빛이 사나워졌다. 그러자 석숭이, '한스러워할 것 없소. 지금 卿에게 돌려주리다.' 하고는 좌우에 명하여 높이 서너 자 되는 산호수 예닐곱 그루를 모두 가져오게 하였다. 그 줄기는 뛰어나게 아름다웠고 광채 또한 찬란하였으며, 왕개의 산호수와 비슷한 것이 매우 많으니 왕개가 망연자실하였다.〔武帝每助(王)愷 嘗以珊瑚樹賜之 高二尺許 枝柯扶疏 世所罕比 愷以示崇 崇便以鐵如意擊之 應手而碎 愷旣惋惜 又以爲嫉己之寶 聲色方厲 崇曰 不足多恨 今還卿 乃命左右悉取珊瑚樹有高三四尺者六七株 條幹絶俗 光彩耀目 如愷比者甚衆 愷恍然自失矣〕"라고 하였다.

11) 九微火 : 燈의 이름이다. ≪博物志≫에, "漢 武帝가 仙道를 좋아하여 7월 7일 西王母가 紫雲車를 타고 大殿의 서쪽에 이르러 南面東向하면, 이때 九微燈을 켜 놓고 황제는 東面西向하였다.〔漢武帝好仙道 七月七日 王母乘紫雲車而至於殿西 南面東向 時設九微燈 帝東面西向〕"고 되어 있다.
12) 薰香 : 향을 태워 그 향기가 옷에 배게 하는 것을 말한다.
13) 趙李家 : 본래는 漢 成帝의 后妃였던 趙飛燕과 李平 두 여인의 집안을 가리키는데, 여기서는 皇親 貴戚을 뜻한다.
14) 越女 : 越나라 미인 西施를 가리킨다.

【通釋】

낙양 人家의 여자아이가 우리집과 대문을 마주하고 사는데, 꽤 어여쁜 얼굴에 나이는 열다섯 남짓 되었다. 그녀의 남편은 옥으로 된 재갈을 물린 靑驄馬를 타고, 시녀들은 그녀 곁에서 시중 들며 금 쟁반에 잉어회를 담아 가져온다.

그녀의 집 옆으로는 그림 그린 누각과 붉게 칠한 화려한 집들이 연이어 있고, 처마 앞에는 푸른 버들과 붉은 복사꽃들이 드리워져 있다. 외출할 때에는 비단 휘장을 쳐서 七香車에 그녀를 태워 보내고, 돌아올 때에는 아름다운 부채로 가려 九華의 휘장으로 들어오는 그녀를 맞이한다.

그녀의 남편은 부귀한 데다 나이가 어려서 그 마음의 교만과 사치가 晉代의 石崇을 능가할 정도이다. 그는 그녀를 너무나 사랑하여 친히 노래와 춤을 가르치고, 부유함을 자랑하기 좋아하여 다른 사람에게 珊瑚樹 주는 것을 아까워하지 않는다.

봄날 해가 환하게 창문을 비추니 불을 밝히고 있던 九微燈을 불어 끄는데, 등잔의 불꽃들이 마치 잘게 부서져 떨어지는 꽃잎과 같다. 두 사람이 하루 종일 얘기하고 웃고 장난을 치는 통에 그녀는 歌舞를 연습할 시간이 없어, 다만 새로 화장을 하고 香을 쐬면서 고요히 앉아 있을 뿐이다.

그녀의 남편이 아는 성 안의 사람들은 모두 부귀한 집안의 출신들이고, 밤낮으로 그가 왕래하며 들르는 곳도 모두 황제의 친인척들이다. 그 누가 불쌍히 여기겠는가, 저 서시처럼 아름다운 여인이 빈천한 몸으로 시냇가에서 손수 비단빨래 하는 것을.

【解題】

〈洛陽女兒行〉은 歌行體의 樂府詩로 첫 구를 표제로 삼았다. ≪全唐詩≫에 있는 詩題 注에 의하면, "당시 나이가 열여섯이었다. 다른 데에는 열여덟이라고 되어 있다.〔時年十六 一作十

八]"라 하였으니, 이 시는 왕유가 소년 시절에 지은 작품이다.

왕유는 시인으로서는 조숙해서 소년 시절에 이미 뛰어난 작품을 지었으니, 15세에 지은 〈過始皇臺〉, 16세에 지은 〈洛陽女兒行〉, 17세에 지은 〈九月九日憶山東兄弟〉 같은 작품들은 그의 대표작으로 꼽힌다.

이 시는 표면적으로는 일개 洛陽 女兒의 호사스러운 생활을 묘사하였지만, 그 이면에는 당시 權貴들의 사치하고 방탕한 생활을 풍자하고 있다. 이와 비슷한 寓意詩로는 唐初 盧照隣의 〈長安古意〉, 駱賓王의 〈帝京篇〉 등을 들 수 있다. 이 시에서 말하고 있는 낙양 여아는, 汝南王에게 시집간 碧玉처럼 본래는 보잘것없는 집안의 딸이었지만 부잣집 權門勢道家로 시집가고 난 후에는 오로지 어여쁜 용모만을 치장하며 사치와 향락의 삶을 살고 있다. 이로써 본다면 '인생에 부귀를 어찌 바라리오. 일찌감치 東家王에게 시집가지 못한 것이 한스럽다. [人生富貴何所望 恨不早嫁東家王]'(梁 武帝 〈河中之歌〉의 마지막 두 句)는 탄식이 절로 나오는바, 賢者들은 불우하고, 선택된 자들은 적임자들이 아닌 現實의 부조리에 대하여 시인은 불만과 분개함을 표출하고 있는 것이다.

【集評】

○ 阮籍咏懷詩 西游咸陽中 趙李相經過 顔延年以爲趙飛燕李夫人 劉會孟謂 安知非實有此人 不必求其誰何也 不詳詩意 咸陽 趙李 謂游俠近幸之儔 漢書谷永傳 小臣趙李從微賤尊寵 成帝常與微行者 籍用趙李字正出此 若如顔延年說趙飛燕李夫人 豈可言經過 如劉會孟言 當時實有其人 唐王維詩亦有 日夜經過趙李家 豈唐時亦實有此人乎 乃知讀書不詳考深思 雖如延年之博學 會孟之精鑒 亦不免失之 況下此者耶 - 明 楊愼, ≪升庵詩話≫ 卷12

阮籍의 〈咏懷〉 詩에 '서쪽으로 咸陽에서 노닐며 趙李들을 지나친다.'고 했는데, 顔延年은 '趙李'가 趙飛燕, 李夫人이라고 하였다. 劉會孟은 "실제로 이런 사람들이 있지 않다는 것을 어찌 알겠는가. 그러니 그들이 누구인가 반드시 찾아낼 필요는 없다."고 하면서 시의 뜻을 자세히 살피지 않았다. '咸陽'과 '趙李'는 游俠과 近幸의 무리들을 말하는 것이니, ≪漢書≫ 〈谷永傳〉에 '소신은 趙李로 미천한 몸인데도 총애를 받아 成帝께서 항상 저와 더불어 微行을 하셨습니다.'라고 하였다. 완적이 쓴 趙李라는 표현은 바로 여기에서 나온 것이다. 만일 안연년의 말대로 조비연, 이부인이라면 어찌 '들른다'고 말할 수 있겠는가. 유회맹의 말대로 당대에 실제로 그 사람들이 있었다면, 唐나라 王維의 시에도 '밤낮으로 趙家와 李家를 들른다.'라는 구절이 있으니 어찌 唐나라 때 실제로 이런 사람들이 있었겠는가. 책을 읽되 자세히 고증하고 깊이 생각하지 않으면 비록 안연년의 博學이나 유회맹의 精鑒으로도 실수를 면치 못함을 이에서 알 수 있다. 하물며 이들보다 못한 자들에 있어서랴.

○ 結意況君子不遇也 與西施咏同一奇托 - 清 沈德潛, ≪唐詩別裁集≫ 卷5

마지막을 君子不遇로 비유하여 끝맺었으니, 〈西施咏〉과 기탁한 것이 동일하다.

○ 吳北江曰 借此以刺譏豪貴 意在言外 故妙 - 現代 高步瀛, ≪唐宋詩擧要≫ 卷2

吳北江(吳闓生)은 말하기를, "이것을 빌려 권세 있고 부귀한 자들을 풍자하고 비판하였으니, 뜻이 말 밖에 있다. 그러므로 오묘하다."고 하였다.

077 老將行[1)]

노장군을 노래하다

王維

少年十五二十時　　열다섯, 스무 살 소년 시절에
步行奪得胡馬騎[2)]　　길 가다가 오랑캐의 말 빼앗아 탔고

射殺山中白額虎[3)]　　산중에서 백액호를 활로 쏘아 죽였으니
肯數[4)]鄴下黃鬚兒[5)]　　어찌 鄴下의 수염 누런 아이 축에 끼일까 보냐

一身轉戰三千里　　이 한 몸 전쟁 따라 삼천리를 전전했고
一劍曾當百萬師　　이 한 칼로 일찍이 백만 군사 대적했네

漢兵奮迅如霹靂　　한나라 군사 기운과 신속함은 벽력 같았고
虜騎崩騰[6)]畏蒺藜[7)]　　철질려 두려워 오랑캐 군 도망갔지

衛青不敗由天幸[8)]　　위청이 패하지 않았음은 바로 천행 때문이고
李廣無功緣數奇[9)]　　이광의 공이 없었음은 운이 없어서였네

自從棄置便衰朽　　버림받은 뒤에는 문득 노쇠했으며
世事蹉跎[10)]成白首　　세상사 뜻같지 않아 어느새 백발이 되었네

昔時飛箭無全目[11)] 예전에 화살 날려 두 눈 온전치 못했는데
今日垂楊生左肘[12)] 오늘은 오른쪽 팔꿈치에 수양이 생겨났네

路旁時賣故侯瓜[13)] 길가에서 때때로 동릉후의 오이를 팔고
門前學種先生柳[14)] 문 앞에는 도연명의 버드나무 심기를 배우네

蒼茫古木連窮巷 아득히 푸른 고목은 궁한 촌구석에 이어있고
寥落寒山對虛牖 적막히 차가운 산은 빈창 마주하고 있지만

誓令疏勒出飛泉[15)] 소륵성에 샘물이 용솟음치게 하고자 맹세하였지
不似潁川空使酒[16)] 영천이 공연히 술 먹고 성질부린 것과는 같지 않다네

賀蘭山[17)]下陣如雲 하란산 밑에 적진이 구름과 같으니
羽檄[18)]交馳日夕聞 羽檄이 빠르게 오가는 소식 아침저녁으로 들리네

節使三河[19)]募年少 절도사는 삼하에서 소년들을 모으고
詔書五道出將軍 조서 내려 오도에서 장군들 출정하네

試拂鐵衣如雪色 철갑옷을 한번 떨쳐보니 눈처럼 빛이 나고
聊持寶劍動星文 보검을 집어 드니 칠성 무늬 번쩍이네

願得燕弓[20)]射大將[21)] 원컨대 연나라 활을 얻어 적장을 쏘고 싶으니
恥令越甲[22)]鳴吾君 월나라 병사가 우리 임금 시끄럽게 하는 것이 부끄럽도다

莫嫌舊日雲中守[23)] 지난 날 운중의 태수를 미워하지 말게나
猶堪一戰取[24)]功勳 그래도 한번 싸워 공훈 세울 만 하리니

【註釋】

1) 老將行 : 唐代 유행했던 樂府 詩題로서, 악부 가운데 新樂府에 속한다.

2) 胡馬騎 : ≪漢書≫ 〈李廣傳〉에, "오랑캐 기병이 李廣을 사로잡았는데, 이광이 죽은 체 하

면서 그 옆의 한 오랑캐가 타던 좋은 말을 엿보다가 잠깐사이 뛰어올라 그 말을 타고는 채찍질 하여 남쪽으로 수십 리를 달려갔다.〔胡騎得廣 廣佯死 睨其旁有一胡兒騎善馬 暫騰而上胡兒馬 鞭馬南馳數十里〕"라 하였다.

3) 白額虎 : 이마가 하얀 호랑이로, 가장 사나운 호랑이 가운데 하나로 알려져 있다. ≪晉書≫ 〈周處傳〉에 의하면, 명장이었던 周處가 일찍이 南山에 들어가 백액호를 쏘아 백성들의 피해를 없애주었다고 하고, ≪史記≫ 〈李將軍列傳〉에 의하면, 李廣이 右北平太守시절에 활로 猛虎를 쏘아 죽인 적이 여러 차례 있다고 한다.

4) 肯數 : '數'는 셈하다, ~에 끼워준다는 뜻이다.

5) 鄴下黃鬚兒 : '鄴下'는 魏나라 도읍(지금의 河南省 臨漳縣)으로서, 여기서는 曹操를 의미한다. '黃鬚兒'는 曹操의 아들 曹彰을 말한다. 그는 성질이 강하고 사나웠으며, 수염이 황색이었고 말타기와 활쏘기에 능해 조조가 매우 아꼈다. 조조는 그를 두고 "내 누런 수염을 가진 아들은 쓸 만하다.〔我黃鬚兒可用也〕"라 하였다고 한다.

6) 崩騰 : 崩은 '奔'이라 되어 있는 본도 있다. '崩騰'은 '奔騰'과 같으며 도주한다는 뜻이다.

7) 蒺藜 : 본래는 가시를 지닌 식물이지만, 여기서는 鐵蒺藜를 지칭한다. 옛날 전쟁터에서 사용하던 일종의 방어 공구이다.

8) 衛青不敗由天幸 : '衛淸'은 漢의 平壤人으로 漢武帝의 황후 衛夫人의 동생이며, 霍去病의 外甥이다. 원광 5년에 거기장군이 되어 일곱차례 흉노족과 전투를 벌였는데, 한 번도 패한 적이 없었다. 斬首한 것이 5만 여급이나 되었다. 이 시에서 '天幸'이라고 한 것은 위청이 훌륭해서가 아니라, 황제의 인척으로서 요행으로 승리했음을 말한 것이다.

9) 李廣無功緣數奇 : '李廣'은 漢文帝 때 散騎常侍에 임명되고, 武帝 때에는 右北平太守가 되어 비록 몇 차례 공을 세우긴 하였지만 결국 제후에 봉해지지 못하고 도리어 벌을 받아 스스로 목숨을 끊었다. '數奇'는 운이 좋지 못하다는 뜻이다. '奇'는 '基'와 상통하는데 基數는 홀수이며 偶數는 짝수이다. 옛 사람들은 우수를 길하게 보고, 기수를 흉한 것으로 여겼다.

10) 蹉跎 : 불운하여 뜻을 이루지 못한 것을 의미한다.

11) 無全目 : 활솜씨가 뛰어남을 의미한다. 鮑照의 〈擬古詩〉에, '驚雀無全目'이라는 구절이 있다. 李善의 注에 ≪帝王世紀≫를 인용하여 이르기를, "帝羿有窮氏가 吳賀와 함께 북쪽에서 노닐다가 오하가 羿에게 참새를 쏘게 하였다. 예가 묻기를 '살려둘까, 죽일까'라 하자 오하가 대답하길 그 왼쪽 눈을 쏘라고 하였다. 예는 활시위를 당겨 쏘았으나 잘못하여 오른쪽 눈을 맞추었다. 예는 머리를 숙이고 부끄러워하며 종신토록 잊지 못했다.〔帝王世紀 帝羿有窮氏與吳賀北遊 賀使羿射雀 羿曰生之乎殺之乎 賀曰射其左目 羿引弓射之 誤中右目 羿抑首而愧 終身不忘〕"라 하였다. 여기서는 한 쪽 눈을 쏘았기 때문에 두 눈이 온전

치 못함을 말한 것이다.

12) 垂楊生左肘 : '垂楊'은 垂柳와 같고 柳는 혹을 뜻하는 瘤와 상통한다. ≪莊子≫ 〈至樂〉편에, "지리숙과 골개숙이 명백의 언덕, 곤륜의 터, 황제가 쉬던 곳을 유람하였다. 잠깐사이에 골개숙의 왼쪽 팔꿈치에 혹이 생겼다.〔支離叔與滑介叔 觀於冥伯之丘 崑崙之墟 黃帝之所休 俄而柳生其左肘〕"는 말이 있는데, 王先謙의 集注에, "柳는 瘤의 借字이다."라 하였다. 여기서는 노장군이 오랜 세월동안 전장에 나가지 못하여 팔꿈치에 혹이 생긴 것처럼 활을 잘 쏘지 못한다는 의미이다.

13) 故侯瓜 : 東陵瓜를 지칭한다. 이 말은 ≪史記≫ 〈蕭相國世家〉의, "召平이라는 자는 옛 秦나라의 東陵侯이다. 진나라가 망하자, 포의로 가난하게 살며 長安城 동쪽에 오이를 심었다. 그 오이가 좋았기 때문에 세상 사람들이 '東陵瓜'라 하였으니 소평을 따라서 이름을 삼은 것이다.〔召平者 故秦東陵侯 秦破爲布衣貧 種瓜於長安城東 瓜美 故世俗謂之東陵瓜 從召平以爲名也〕"라는 데서 유래한다.

14) 先生柳 : 도연명이 심은 버드나무를 지칭한다. 진의 도연명이 일찍이 〈五柳先生傳〉을 지어 스스로를 비유하였는데, 그 내용 중에, "집 주위에 다섯 그루의 버드나무를 심고, 인하여 호로 삼았다.〔宅邊有五柳樹 因以爲號焉〕"라는 부분이 있다.

15) 誓令疏勒出飛泉 : ≪後漢書≫ 〈耿恭傳〉에 의하면, 동한의 유명한 장수였던 경공이 병사를 이끌고 소륵현에 주둔하였는데, 흉노가 水源을 끊어버리려 하자 경공이 군사들을 시켜 성 안에 우물을 팠다. 그 깊이가 15丈이나 되었으나 물을 얻지 못하자 우물을 향하여 두 번 절하니 샘물이 솟아났다고 한다.

16) 潁川空使酒 : ≪史記≫ 〈魏其武安侯列傳〉에 의하면, 西漢 景帝 때 장군 灌夫는 潁川郡潁陰(지금의 河南省 許昌市) 사람이었는데, 성품이 강직하고 귀척에게 아부하는 것을 좋아하지 않았다고 한다. 또한 술 마시면 기세를 부렸는데 훗날 술자리에서 丞相 田蚡에게 성질을 부린 것이 화근이 되어 田蚡의 탄핵을 받아 멸족 당했다. 여기서 潁川은 장군 관부를 지칭한다. '使酒'란 술기운으로 인해 성질을 부린다〔因酒使性〕는 의미이다.

17) 賀蘭山 : 지금의 寧賀回族自治區에 있는 산으로 唐時 西北 변방의 중요한 거점이었다.

18) 羽檄 : 새의 깃털을 꽂은 軍書로서 軍情의 긴급함을 표시한 것이다.

19) 三河 : 河南, 河東, 河內를 일컫는다.

20) 燕弓 : 옛날 燕 땅에서 생산되던 角弓으로서 그 견고함 때문에 유명하다.

21) 大將 : '天將'이라 되어 있는 본도 있다.

22) 越甲 : 漢 劉向의 ≪說苑≫ 〈立節〉에, "월나라 병사가 제나라에 이르니, 옹문의 자적이 죽기를 청하였다. 제왕이 말하기를 '鼓鐸의 소리도 아직 들리지 않고, 활과 돌이 아직 교차하지도 않았으며, 장병들이 아직 접전을 한 것도 아닌데, 그대는 어찌 죽으려 하는

가? 신하된 예로서 그러한 것인가?'라 하였다. 옹문의 자적이 대답하기를 '신이 듣건대, 예전에 왕께서 동산에서 사냥하실 때 왼쪽 바퀴통이 삐걱거리며 소리를 내자, 車右가 죽기를 청하였습니다. 그러자 왕이 묻기를 네 어찌 죽으려 하느냐? 라 하자 車右가 대답하길 왕께 시끄러운 소리를 들려드렸기 때문입니다. 라 하고는……드디어 목을 베어 죽었다고 합니다. 이러한 일을 아십니까?' 하니, 제왕이 말하기를 '알고 있다.'라 하였다. 옹문의 자적이 말하기를 '지금 월나라 병사가 이르러 우리 군주를 시끄럽게 하였으니, 이 어찌 왼쪽 바퀴통이 소리를 냈던 것보다 가벼운 일이겠습니까. 車右도 왼쪽 바퀴통 때문에 죽었는데, 신만 유독 월나라 병사 때문에 죽을 수 없겠습니까?' 하고는 드디어 목을 베어 죽었다.〔越甲至齊 雍門子狄請死之 齊王曰 鼓鐸之聲未聞 矢石未交 長兵未接 子何務死之 爲人臣之禮邪 雍門子狄 對曰 臣聞之 昔者王田於囿 左轂鳴 車右請死之 而王曰 子何爲死 車右對曰 爲其鳴吾君也……遂刎頸而死 知有之乎 齊王曰 有之 雍門子狄曰 今越甲至 其鳴吾君也 豈左轂之下哉 車右可以死左轂 而臣獨不可以死越甲也 遂刎頸而死〕"는 기록이 있다.

23) 雲中守 : 漢나라의 魏尙이 雲中의 태수가 되었는데 흉노가 멀리 도망가서 운중 땅에 근접하지 못했다. 위상은 후에 사소한 일로 삭탈관직 되었는데 馮唐의 건의로 다시 복직되었다. 여기서는 老將軍을 위상에 비겨서, 다시 복직되면 공을 세울 수 있음을 말한다.

24) 取 : '立'이라 되어 있는 본도 있다.

【通釋】

노장군이 젊었던 15살에서 20살 무렵, 길을 걷다 오랑캐의 말을 빼앗아 타고 달렸던 李廣과 같이 용맹했다. 또한 산중의 사납기로 소문난 백액호를 쏘아 죽인 周處의 용맹도 지녔으며, 무예가 출중했던 조조의 아들 黃鬚兒 曹彰과 비교해도 손색이 없었다. 삼천리나 떨어진 전쟁터를 수없이 오갔으며 보검을 차고 백만 기병들과 맞서 싸웠다. 老將軍의 병사들은 한나라 병사들처럼 번개같이 빠르게 용맹을 떨치며 전진했었고, 오랑캐 기병들은 도주하면서 철질려를 두려워하였다.

예전의 한나라 장군 위청은 일곱 차례나 출정하여 흉노를 정벌함에 한 번도 패하지 않았으나 그것은 요행으로 얻은 것이다. 반면에 훌륭한 이광이 공을 세우지 못한 것은 운이 없었기 때문이었다. 노장군도 용맹했지만 이광처럼 운이 없었다. 여기 노장군은 버려진 후로는 날로 쇠약해지고 늙어서 그저 하루하루를 지냈는데, 눈 들어 바라보니 어느덧 백발이 성성한 노인이 되었구나. 예전에 그의 활솜씨는 새의 한쪽 눈을 맞힐 만큼 뛰어났지만, 지금은 그 팔뚝을 오랜 세월 쓰지 않아 마치 혹이 생겨난 것 같다. 길 가에 앉아서 마치 진나라가 망했을 때의 동릉후가 그랬던 것처럼 오이를 팔며 앉아 있고, 대문 앞에는 도연명을 본받아 버드나무를 심어 놓았다. 창망한 해질 녘, 오래된 나무는 궁벽한 촌구석에 연이어져 있고 적막하고 처량한 산은 빈창을 마주대하고 있다.

비록 처지는 이렇다 해도 그의 영웅심은 아직 죽지 않아 동한의 경공처럼 결심하여 소륵성 가운데서 샘물을 용솟음치게 하려는 의지를 가졌지, 영천의 장군 관부처럼 부질없이 술기운을 빌려 호기를 부리는 생활을 하지는 않는다. 지금 저 하란산 밑 병사의 진이 구름처럼 모여 있어 새의 깃털 꽂은 긴급한 軍書가 아침저녁 빠르게 오가는 소리가 아침저녁으로 들려온다. 절도사들은 三河에서 나이 어린 소년병들을 모집하고, 장군들은 五道에서 병사를 출정시키라는 조서를 받든다. 이를 보고 용기가 솟아 철갑옷을 한번 떨쳐보자 눈처럼 빛이 나고 보검을 집어 드니 칼 위에 새겨진 七星 무늬의 섬광이 번득인다. 연 땅의 굳센 활을 얻어 오랑캐 대장을 쏘아 보고 싶고, 越나라 병사가 齊王을 시끄럽게 했던 것을 옹문의 子狄이 부끄러워하여 목숨을 끊었듯이 老將軍도 지금 적병이 군주를 시끄럽게 하는 것을 부끄럽게 여긴다. 지난 날 운중의 태수를 싫어하지 말아야 하니 老將軍도 운중태수처럼 복직이 되면 한 번 싸워 공을 이룰 만하다.

【解題】

이 시는 한 늙은 장수가 지금은 쇠락하여 한때 젊은 시절 전쟁에 참여했던 경험을 돌이켜 보고 영웅심이 이는 모습을 묘사한 것이다.

시 전체는 의미상 세 단락으로 나눌 수 있다. 첫 단락은 노장군의 젊은 시절의 용맹함을 그려냈다. 둘째 단락은 장군의 노년 무렵이 처량하여 상심하고 있는 것을 묘사하였는데, 이 부분에서 여섯 개의 典故를 사용하기도 하였다. 셋째 단락은 장군이 이미 노쇠하였지만 여전히 나라에 대한 忠心을 잃지 않고 다시 한 번 공훈을 세우기를 희망한다는 내용이다. 시에서는 전체적으로 白額虎, 黃鬚兒, 衛青天幸, 李廣數奇, 箭無全目, 楊生左肘 등의 많은 典故를 사용하였는데, 운용한 솜씨가 매우 돋보인다.

【集評】

○ 唐人詩肯數鄴下黃鬚兒 此指魏操之子 任城王彰也 其用力萬古一人 - 朝鮮 李瀷, ≪星湖僿說≫ 卷8, 〈人事門・曹彰〉

唐나라 王維의 시에, '鄴下黃鬚兒'라 하였으니, 이는 曹操의 아들 任城王 彰을 가리킨 것인데, 그는 萬古에 한 사람일 정도로 용력이 대단하였다.

○ 王維老將行 衛青不敗由天幸 按史記 軍亦有天幸 未嘗困絶 乃霍去病事 而今曰衛青恐誤

又恥令越甲鳴吾君 按說苑 越甲至齊 雍門子狄請死之曰 昔王田於囿 左轂鳴 車左請死之曰 吾見其鳴吾君也 今越甲至 其鳴君 豈左轂之下哉 蓋用此也 - 朝鮮 李睟光, ≪芝峯類說≫ 卷10, 〈文章部・唐詩〉

왕유의 〈노장행〉에 '衛青不敗由天幸'이라 하였는데, ≪사기≫에 의하면 군사에도 천행이라는 것이 있어 한번도 困絶을 겪지 않은 것은 곧 곽거병의 경우이다. 여기에서 '위청'이라 한 것은 잘못이 아닌가 한다. 또 '恥令越甲鳴吾君'이라 하였는데, ≪설원≫에 의하면 월나라 병사가 제나라에 이르자 옹문자적이 죽기를 청하면서 말하기를, "옛날 왕께서 동산에서 사냥을 할 때 왼쪽 바퀴통이 삐걱거리며 소리를 내자 車左가 죽기를 청하며 말하기를 '제가 왼쪽 바퀴통이 우리 군주를 시끄럽게 한 것을 보았기 때문입니다.'라 하였습니다. 지금 월나라 병사가 이르러 군주를 시끄럽게 하니, 어찌 왼쪽 바퀴통이 삐걱거리며 소리를 냈던 것보다 가벼운 일이겠습니까?"라 하였다고 하니, 대개 이를 차용한 것이다.

○ 老將行起語至數奇是興 自從下是賦 賀蘭下以興結 - 清 吳喬, ≪圍爐詩話≫ 卷2

〈老將行〉은 起句에서 '數奇'까지는 興이요, '自從' 이하는 賦이며, '賀蘭'이하는 興으로써 맺었다.

○ 摩詰七古 格整而氣斂 雖縱橫變化 不及李杜 然使事典雅 屬對工穩 極可爲後人學步 - 淸 施補華, ≪峴傭說詩≫

摩詰(王維)의 七古詩는 詩格이 정돈되고 기운이 수렴되어 있어, 비록 종횡으로 변화하는 것이 이백과 두보에는 미치지 못하지만, 전거를 쓰는 것이 典雅하고 대구를 짜 놓은 것이 정교하면서도 온당하여 후학들이 매우 배울 만하다.

078 桃源行

도원을 노래하다

王維

漁舟逐水愛山春	고깃배로 물 따라 내려가니 사랑스런 봄 산
兩岸桃花夾古[1)]津	옛 나루를 끼고 양 언덕엔 복사꽃이 피어있다
坐看紅樹不知遠[2)]	붉은 나무를 바라보다 멀리 온 줄 몰랐더니

行盡青溪不見人[3)] 青溪를 다 지나도 사람은 아니 보인다

山口潛行始隈隩[4)] 산 어귀로 가만히 들자 깊은 협곡이 시작되고
山開曠望旋平陸[5)] 산이 열려 확 트이자 문득 평야가 펼쳐있다

遙看一處攢雲樹 멀리서 보니 한 곳에 구름과 나무가 어리어 있고
近入千家散花竹 가까이 들어서니 많은 집이 꽃과 대나무 사이에 흩어있다

樵客初傳漢姓名[6)] 나무꾼이 처음으로 漢人의 성명을 알려주는데
居人未改秦衣服 주민은 아직도 秦나라 때의 옷을 입고 있다

居人共住武陵源[7)] 그들은 다 함께 무릉도원에서 살면서
還從物外[8)]起田園 세상 밖에 다시 전원을 일으켰구나

月明松下房櫳[9)]靜 달 밝은 소나무 아래 창들은 고요한데
日出雲中雞犬喧 구름 속에 해가 뜨자 닭소리 개소리 요란하네

驚聞俗客爭來集 속세의 객이 왔다는 소식에 놀라 다투어 몰려와서는
競引還家問都邑 서로 이끌고 집으로 가선 사는 마을을 물어본다

平明閭巷掃花開 동트자 골목길은 꽃을 쓸어 열리고
薄暮漁樵乘水入 저물 무렵 고기잡이와 나무꾼은 물길을 타고 돌아온다

初因避地去人間 처음엔 피난처로 인간세상을 떠났다가
及至成仙[10)]遂不還 신선 되어 끝내 돌아가지 않았구나

峽裏誰知有人事 누가 알았으랴, 이 협곡 속에 사람이 살줄을
世中遙望空雲山 세상에서 멀리 바라보면 그저 구름 속의 산뿐인 것을

不疑靈境難聞見 신선세계 듣고 보기 어려운 줄 의심치 않지만

塵心未盡思鄕縣　　세속의 마음 다하지 못해 고향마을 생각한다

出洞無論隔山水　　골짝을 나가서는 산과 물이 막고 있어도
辭家終擬長游衍　　집 떠나 와서 오래도록 노니리라 생각했네

自謂經過舊不迷　　지나온 옛길을 잃지 않으리라 여겼건만
安知峰壑今來變　　어찌 알았으리, 산골짝이 오늘처럼 변할 줄을

當時只記入山深　　그때 산 깊이 들어간 것만 기억나니
靑溪幾曲[11]到雲林　　靑溪 몇 굽이를 돌아 구름 자욱한 숲에 이르렀던가

春來遍是桃花水　　봄이 되어 모두가 복사꽃 떠 있는 물인데
不辨仙源何處尋　　桃源 길 모르겠네, 어디 가서 찾을지

【註釋】

1) 古 : '去'로 되어 있는 본도 있다.
2) 坐看紅樹不知遠 : '坐'는 '因爲' 즉 이유나 원인을 뜻한다. '紅樹'는 앞 구의 '桃花' 즉 복숭아 나무를 가리킨다.
3) 不見人 : '忽値人'으로 되어 있는 본도 있다.
4) 隈隩 : '隈'는 구비, '隩'는 깊음을 뜻한다. 따라서 '隈隩'는 굽이굽이 좁고 깊은 협곡을 지칭한다.
5) 平陸 : 平地를 뜻한다.
6) 樵客初傳漢姓名 : '樵客'은 나무꾼을 뜻하는데, '漁父'와 함께 세속과 거리를 둔 은자를 지칭하기도 한다. 길을 잃고 무릉도원에 들어온 자들을 대개 '樵客', '漁父'로 표현하였다.
7) 武陵源 : 桃花源을 지칭한다. 晉代 陶潛의 〈桃花源記〉에, "우리의 선조가 秦나라 시대의 난리를 피하여 妻子와 마을 사람들을 이끌고 세상과 단절된 이곳으로 들어와서 다시는 나간 적이 없으니 마침내 바깥세상과는 멀어지게 되었다고 하였다. 지금이 어느 시대인가 물으니, 魏晉시대는 물론 漢나라가 있었다는 것도 모르고 있었다.〔先世避秦時亂 率妻子邑人來此絶境 不復出焉 遂與外人間隔 問今是何世 乃不知有漢無論魏晉〕"라고 하였다.
8) 物外 : 세상 밖, 즉 '別天地'를 뜻한다.
9) 房櫳 : '櫳'은 창문을 뜻하며, '房櫳'은 일반적으로 집이나 창문을 통칭한다.

10) 及至成仙 : '更聞成仙'으로 되어 있는 本도 있다.
11) 曲 : '度'로 되어 있는 本도 있다.

【通釋】

고깃배를 타고 물을 따라 내려가니 봄 산이 아름다운데, 옛 나루를 끼고 양 언덕엔 복사꽃이 피어있다. 붉게 핀 꽃나무를 넋을 놓고 보다가 얼마나 멀리 온 줄을 몰랐더니, 青溪를 다 지나도록 사람조차 보이지 않는다.

산 어귀로 들어서자 깊은 협곡이 시작되고, 협곡을 따라 들어가니 산 사이가 확 트이며 넓은 평야가 펼쳐있다. 멀리서 보니 어느 한 곳이 구름과 나무가 어리어 있는 것 같았는데, 가까이 가서 보니 많은 집이 꽃과 대나무 사이에 흩어져 있다. 길을 찾는 객으로서 처음 漢人의 성명을 알려주니, 주민들은 아직도 秦나라 시절의 옷을 입고 있다. 그들은 다 함께 무릉도원에서 살면서, 인간 세상 밖 별천지에 이같이 아름다운 전원을 가꾸었구나.

밤에는 달 밝은 소나무 아래 집들이 고요한데, 구름 속에 해가 뜨자 닭울음 소리, 개 짖는 소리가 요란하다. 속세의 손님이 왔다는 소식에 놀라 주민들이 다투어 몰려와서는 서로 이끌고 집으로 가서 내가 사는 곳을 물어본다.

동이 터 꽃을 쓸어내자 골목길이 드러나고, 저물 무렵 고기잡이와 나무꾼은 물길을 따라 배를 타고 마을로 돌아온다. 처음엔 진나라 때의 난리를 피하고자 인간세상을 떠났다가, 마침내 신선이 되어서는 끝내 돌아가지 않았던 것이구나. 이 협곡 속에 사람이 살 줄을 누가 알았겠는가. 세상에서 멀리 바라보면 그저 구름 속의 산뿐이니.

신선세계를 견문하기 어렵다는 건 내 익히 알고 있어 이곳을 떠나면 다시 보기 힘들겠지만, 그래도 세속의 마음을 끊지 못해 고향마을 집 생각이 일어난다. 이 골짜기를 나간 후에는 산과 물이 아무리 가로막고 있더라도 집을 떠나 이곳에 와서 오래도록 노닐고 싶다고 마음먹었다.

그래서 다시 찾아갔는데, 지나온 옛 길을 잃지 않으리라 여겼지만 봉우리와 산골짝이 지금처럼 변했을 줄을 어찌 알았으리오. 그때 산 깊이 들어간 것만 기억이 날뿐 青溪 몇 굽이를 돌아 구름 자욱한 숲에 이르렀던가 알 수가 없네. 봄이 되어 모든 물에 복사꽃이 떠내려 오는데, 어느 곳이 仙境으로 가는 길인지 분간할 수가 없구나. 아! 어디에 가서 도원을 찾을까.

【解題】

宋蜀本 ≪王摩詰文集≫의 제목 아래 注에는 19세에 쓴 작품이라고 되어 있다. 왕유가 초년에 이미 산수전원에 대한 취향과 세속을 초월하려는 지향이 있었음을 보여주는 작품이다.

이 시는 晉나라 陶淵明의 〈桃花源記〉에 의거한 것으로 구성과 전개가 유사하다. 세 단락으로 구성되어 있는데, 첫 단락은 도화원에 이르는 과정이, 둘째 단락은 도화원의 정황과 주민과의 만남을, 셋째 단락은 도화원을 떠나온 뒤 다시 찾지 못한 사연을 담고 있다. 그러나 도연명의 오언고시와는 다른 도화원의 세계를 그리고 있다. 도연명이 전쟁과 賦稅와 같은 정치권력이 미치지 않는 곳에서 자력으로 이룬 순박한 이상사회를 그리고 있는 데 반하여, 왕유는 도화원의 경치와 마을 모습을 환상적 색채로 묘사하여 별천지 속의 仙境으로 상정하고 있다. 도화원에 대한 전설은 대략 위진남북조시대부터 유전되어 내려오면서, 도연명의 記文과 詩를 뒤이어 많은 문인들이 후속 작품을 지었는데, 왕유에 의하여 새로운 意境이 창출되었다는 평가를 받고 있다.

【集評】

○ 武陵桃源 秦人避世於此 至東晉始聞於人間 陶淵明作記 且爲之詩 詳矣 其後作者相繼 如王摩詰韓退之劉禹錫 本朝王介甫 皆有歌詩 爭出新意 各相雄長 - 宋 陳巖肖, ≪庚溪詩話≫ 卷下

武陵桃源은 秦나라 사람들이 이곳에서 세상을 피하였는데, 東晉시대부터 세상에 소문이 전해지기 시작하여 陶淵明이 記文을 짓고, 또 그것을 시로 지었는데 상세하다. 그 후의 작자들이 계속 이어져, 王摩詰(王維), 韓退之(韓愈), 劉禹錫, 本朝(宋代)의 王介甫(王安石)가 모두 詩歌를 지으며 다투어 새로운 意境을 창출하였는데 각기 장점이 있다.

○ 桃源詩 唐宋以來 作桃源行最傳者 王摩詰韓退之王介甫三篇 觀退之介甫二詩 筆力意思甚可喜 及讀摩詰詩 多少自在 二公便如努力挽强 不免面赤耳熱 此盛唐所以高不可及 - 清 王士禛, ≪池北偶談≫ 卷14

〈桃源詩〉 당송이래로 桃源行을 지어서 가장 널리 알려진 것은 왕마힐, 한퇴지, 왕개보가 지은 세 편이다. 한퇴지와 왕개보의 두 시를 보면 筆力과 意思가 매우 흡족할 만하다. 그러나 마힐의 시를 읽게 되면 매우 자연스러워서 두 사람이 힘써 끌어 잡아당기려 해도 얼굴이 붉어지고 귀가 뜨거워지는 것을 면치 못할 것이다. 이 점이, 성당의 시가 높아서 미칠 수 없는 이유이다.

○ 古今詠桃源事者 至右丞而造極 固不必言矣 然此題詠者 唐宋諸賢略有不同 右丞及韓文公劉賓客之作 則直謂成仙 而蘇文忠之論 則以爲是其子孫 非卽避秦之人 至晉尙在也 此說似近理 蓋唐人之詩 但取興象超妙[1] 至後人 乃益研核情事耳 不必以此爲分別也 - 淸 翁方綱, ≪石洲詩話≫ 卷1

고금에 도화원에 대한 일을 읊은 것은 右丞(王維)에 이르러서 극치에 이르렀음은 진실로 말할 필요가 없다. 그러나 이것을 제영한 작품에는 당송의 여러 작가들 사이에 대략 같지 않은 점이 있다. 右丞, 韓文公(韓愈), 劉賓客(劉禹錫)의 작품은 곧바로 "신선이 되었다.〔成仙〕"고 말하고 있다. 그러나 蘇文忠公(蘇軾)의 論에는 그들의 자손들이요, 秦나라를 피해 달아난 사람들이 晉나라 때까지 살아있던 것이 아니라고 하였으니, 이 설명이 사리에 가까운 듯하다. 대개 당나라 사람들의 시는 다만 興象과 超妙만을 취하였으나, 후대 사람들에 이르러서는 더욱 事情을 깊이 연구하였으니 반드시 이것으로 분별할 필요는 없다.

1) 興象超妙 : '興象'은 興에 의하여 詩想을 일으킴을 뜻하고, '超妙'는 범상하지 않은 초월적 詩想을 지칭한다. 즉 언어문자나 이성적 논리로는 도달할 수 없는 오묘한 창작의 경지이다.

079 蜀道難

촉도의 험난함

李白

噫吁戲[1] 危乎高哉 와아! 높고도 높구나
蜀道之難難於上青天 蜀道의 험난함이 푸른 하늘 오르기보다 더 어렵구나

蠶叢及魚鳧[2] 蠶叢과 魚鳧가
開國何茫然 開國한지 얼마나 아득한가
爾來四萬八千歲[3] 그 이래 사만 팔천년
不與秦塞通人煙[4] 진나라 변방과도 사람 왕래 없었네

西當太白有鳥道[5] 서쪽 태백산으로 鳥道가 있어
可以橫絶峨眉巓[6] 아미산 봉우리를 가로질러 건널 수 있었네

地崩山摧壯士死[7] 땅이 무너지고 산이 꺾이고 장사가 죽자
然後天梯石棧方鉤連[8] 그 후 하늘사다리며 잔도가 고리처럼 이어졌네

上有六龍回日之高標[9) 위로는 여섯 용이 해를 끌고 되돌아가는 높은 봉우리
下有衝波逆折之回川 아래로는 부딪치는 물결 거꾸로 꺾여 소용돌이 치는 강

黃鶴之飛尚不得過 黃鶴이 날아서도 넘어가지 못하고
猨猱欲度愁攀緣 원숭이 건너려 해도 기어올라 매달릴 것 걱정하네

青泥何盤盤[10) 青泥고개는 얼마나 꼬불꼬불한지
百步九折縈巖巒 백 걸음에 아홉 번 꺾여 바위 봉우리를 휘감았구나

捫參歷井仰脅息[11) 參星을 어루만지고 井星을 지나 우러러 숨죽이고
以手撫膺[12)坐長歎 손으로 가슴 쓸며 앉아 길게 탄식한다

問君[13)西遊何時還 그대에게 묻노니 서쪽에서 노닐다가 어느 때에 돌아오려나
畏途巉巖不可攀 두려운 길 우뚝 솟은 바위 부여잡을 수도 없는 걸

但見悲鳥號古木 다만 보이는 것이라곤 슬픈 새 고목에서 울부짖으며
雄飛雌從[14)繞林間 수컷은 날고 암컷은 따르며 숲 사이를 도는 모습

又聞子規啼夜月 또 달밤에 두견새 울어
愁空山[15) 빈산에 시름만 가득하네

蜀道之難難於上青天 蜀道의 험난함이 푸른 하늘 오르기보다 더 어려우니
使人聽此凋朱顏 사람이 이 말 들으면 붉은 얼굴 시들리라

連峰去天不盈尺 이어진 봉우리 하늘과 거리가 한 자도 못되고
枯松倒掛[16)倚絕壁 마른 소나무 거꾸로 매달려 절벽에 기대 있구나

飛湍瀑流爭喧豗[17) 날듯 흐르는 여울 쏟아지는 물줄기 시끄러운 소리 다투고
砯崖轉石萬壑雷[18) 벼랑에 부딪치는 물소리 구르는 바위, 온 계곡에 우레소리

其險也如此　　그 험하기가 이 같으니
嗟爾遠道之人胡爲乎來哉 아아 먼 길 나선 그대, 어이해 왔단 말인가

劍閣[19]崢嶸而崔嵬　　검각산 우뚝 높이 솟아 있어
一夫當關萬夫莫開　　한 사람이 관문 막으면 만 사람도 열 수 없다네

所守或匪親　　지키는 사람 혹 친한 이 아니라면
化爲狼與豺[20]　　변해 이리와 승냥이가 되리라

朝避猛虎　　아침에는 사나운 호랑이 피하고
夕避長蛇　　저녁엔 긴 뱀 피해도

磨牙吮血　　이빨 갈고 피 빨아
殺人如麻　　삼처럼 사람 죽이니

錦城[21]雖云樂　　錦城이 즐거운 곳이라고는 하나
不如早還家　　일찍 집에 돌아가느니만 못하리

蜀道之難難於上靑天　　蜀道의 험난함 푸른 하늘 오르기보다 더 어려워
側身西望長咨嗟　　몸 기울여 서쪽 바라보며 길게 탄식하누나

【註釋】

1) 噫吁戲 : 경탄하는 소리이다. 景文公 宋庠의 ≪筆記≫에, “蜀사람들은 사물이 경이로운 것을 보면 그때마다 와아하고 말했다. 이백이 〈蜀道難〉을 지으면서 따라 썼다.〔蜀人見物驚異 輒曰噫嘻嚱 李白作蜀道難 因用之〕”라고 하였다.
2) 蠶叢及魚鳧 : ‘蠶叢’과 ‘魚鳧’는 모두 전설에 나오는 고대 蜀國의 국왕이다.
3) 四萬八千歲 : 4만 8천년은 정확한 기간을 말하는 게 아니라 세월이 유구함을 과장해서 표현한 말이다.
4) 不與秦塞通人煙 : 秦나라 즉 지금의 陝西省 中部 지방과도 사람 왕래가 없었다. 秦 惠王이 蜀을 멸한 후에야 中原과 왕래했다. ‘不’은 ‘乃’나 ‘始’로 되어 있는 本도 있다.
5) 西當太白有鳥道 : ‘太白’은 終南山의 主峰 太白山을 가리킨다. ‘鳥道’는 새들만이 겨우 지

날 수 있는 길로 험준함을 표현할 때 쓰는 말이다.

6) 峨眉巓 : '峨眉'는 四川省 峨眉縣에 있는 高山이다. '巓'은 頂上을 말한다.

7) 地崩山摧壯士死 : 이 구절은 蜀지역에 길이 뚫린 내력을 전설을 통해 설명하고 있다. 기록에 따르면 秦 惠王이 蜀을 치려할 적에 蜀王이 好色함을 알고 다섯 미녀를 보냈다. 촉왕이 이를 좋아해 장사 다섯 명을 보내 맞이하게 하였다. 장사들은 여자들을 맞이해 돌아오는 도중에 큰 뱀 한 마리가 동굴 속으로 들어가는 걸 보았다. 장사 한 사람이 뱀 꼬리를 잡고 당겼으나 끌어낼 수 없자 다섯 장사가 함께 뱀을 끌어 당겼는데 산이 무너져 내려 다섯 壯丁을 모두 壓死시켰다고 한다.

8) 石棧方鉤連 : '石棧'은 棧道와 같은 말이다. '方'은 相으로 되어 있고, '鉤'는 勾로 되어 있는 本도 있다.

9) 六龍回日之高標 : 전설에 따르면 羲和는 여섯 마리 용이 끄는 해를 실은 수레를 몰아 하늘을 巡行하는데, 산이 너무 높아 여섯 마리 용은 이 곳에서 돌아간다고 한다. '高標'는 蜀山이 아주 높아 羲和가 해를 돌리는 標識가 된다는 의미에서 쓴 말이다.

10) 青泥何盤盤 : '青泥'는 고개이름이다. 깎아지른 높은 절벽의 頂上에는 대부분 비가 내리고 구름이 끼어 다니는 사람들이 자주 진흙길을 다니기 때문에 붙은 이름이다. 지금의 陝西省 略陽 북쪽에 있는데 蜀으로 가는 요로이다. '盤盤'은 길이 구불구불 돌아간 모양을 말한다.

11) 捫參歷井仰脅息 : '參'과 '井'은 모두 별자리 이름으로 參은 蜀지역을, 井은 秦지역을 관장한다. 青泥嶺은 秦에서 蜀으로 들어가는 길목이므로 두 지역의 별자리를 가져와 말하면서 고개가 높고 험함을 표현한 것이다. '脅息'은 두려워 숨을 죽이는 것이다.

12) 以手撫膺 : '膺'은 가슴[胸]을 말한다.

13) 君 : 일반적으로 蜀에 들어가는 벗으로 보고 있다. 혹은 이 문답하는 구절을 나그네가 가슴을 치며 自問하는 것으로 보기도 한다. 이때는 君이 자신을 가리킨다.

14) 雌從 : '從雌'로 되어 있는 본도 있으며 '呼雌'로 되어 있는 本도 있다.

15) 又聞子規啼夜月 愁空山 : 이 문장은 '又聞子規啼 夜月愁空山'으로 끊어 읽기도 하나 앞으로 붙이는 것이 좀 더 자연스러워 그에 따랐다. '子規'는 一名 不如歸로, 돌아가는 것만 못하다는 뜻이니, 험한 蜀 땅으로 가지 말고 되돌아가라는 소리와 같아 수심에 잠긴다는 것이다.

16) 掛 : '挂'라고 되어 있는 본도 있다.

17) 喧豗 : 시끄러운 소리를 말한다. '훤회'로 읽는다.

18) 砯崖 : '砯'은 물이 바위에 부딪치는 소리를 말한다. '빙'으로 읽는다.

19) 劍閣 : 地名으로, 지금의 四川省 劍閣縣 북쪽을 말한다. 大劍山과 小劍山을 이어주는 棧

道로 劍閣棧道라고도 한다.

20) 狼與豺 : 이리와 승냥이로, 사람을 해치는 叛亂者를 비유한 것이다.

21) 錦城 : 錦官城으로 成都를 가리킨다.

【通釋】

와아! 높고 높게 솟아있어 蜀道의 어려움이 푸른 하늘 오르기보다 더 어렵구나. 전설의 고대 왕 蠶叢과 魚鳧가 開國한지 얼마나 오래되었는가. 개국한 이래 5만여 세월 동안 진나라 사람과도 서로 교통이 없을 정도였다. 서쪽으로는 태백산에 새들만 날아다닐 수 있는 길이 간신히 나 있어 아미산 봉우리를 가로질러 건널 수 있을 뿐이다.

전설에 따르면 땅이 무너지고 산이 꺾이고 장사가 죽으면서 그 후 하늘사다리며 잔도가 고리처럼 이어져 촉 지역과 딴 지방이 연결되었다. 그제야 蜀道의 험한 모습을 알게 되었는데 위로는 여섯 마리 용이 해를 끌고 가다가 되돌아서는 높은 봉우리가 있고, 아래로는 부딪치는 파도가 휘돌며 거꾸로 꺾여 소용돌이치는 강이 있다. 이곳은 黃鶴도 날아서 지나가지 못하고 원숭이조차 건너고 싶으나 붙잡고 매달릴 수 있는 것이 없어 근심할 지경이다. 青泥 고개는 또 얼마나 꼬불꼬불한지 백 걸음 걸어가노라면 아홉 번은 꺾인 길이 바위와 봉우리를 휘감고 있다. 이 고개를 지나야 蜀으로 가는데 촉 지방에 있는 參星을 어루만지며 秦지역에 있는 井星을 스쳐 지나며 하늘을 우러러 숨을 죽이고 손으로 가슴을 쓸어 어루만지며 앉아 길게 탄식한다.

길 떠난 그대에게 묻노니 서쪽에서 노닐다가 어느 때에 돌아오려나. 가기가 두려운 길인데다 우뚝 솟은 바위는 부여잡을 수도 없으니 말일세. 다만 슬픈 새가 고목에서 울부짖으며 수컷은 날고 암컷은 따르며 숲 사이를 도는 모습만 보일 뿐이고, 또 달밤에는 자규새가 울어 빈산 더욱 시름겹게 하는 소리만 들려 올 뿐. 蜀道의 어려움이 푸른 하늘 오르기보다 더 어려우니 사람들이 이 말 들으면 젊어 붉은 얼굴조차 창백해지고 시들어지겠지.

이어진 산봉우리는 하늘과 거리가 한 자도 못되게 가깝고 마른 소나무는 거꾸로 매달려 절벽에 기대어 있다. 나는 듯이 흐르는 여울과 쏟아지는 물줄기는 다투어 시끄러운 소리를 내고 벼랑에 부딪치는 물소리며 구르는 바위 소리가 온 계곡에 우레처럼 울린다.

이렇게 험한데 아아! 먼 길 나선 그대, 왜 이곳에 왔는가. 검각산이 우뚝 높이 솟아 있어 한 사람이 관문 막으면 만 사람도 열 수 없다. 지키는 사람이 혹 친한 사람이 아니라면 이리와 승냥이로 변해 사람들을 해치리라. 아침에는 그 곳에 사는 사나운 호랑이를 피하고 저녁에는 긴 뱀 피하더라도 이빨을 갈고 피 빨아 삼처럼 수많은 사람을 죽여버릴 만큼 험한 땅. 錦城이 즐거운 곳이라고 말하지만 차라리 일찍 자기 집에 돌아가느니만 못하지. 蜀

道의 어려움이 푸른 하늘 오르기보다 더 어려운지라 몸 기울여 서쪽 바라보면서 길게 탄식만 하누나.

【解題】

〈蜀道難〉은 古樂府의 題目을 따온 것으로 이백의 나이 31세, 開元 19년(731) 長安에 오기 전에 지은 것으로 알려져 있다. 이 시에는 賀知章과 관련된 유명한 이야기가 전한다. 이백이 蜀을 떠나 장안으로 가면서 객사에 묵었는데 하지장이 그의 이름을 듣고 먼저 방문해서는 글을 지어 달라 청하였다. 〈蜀道難〉을 꺼내 보여주자 채 읽기를 마치기도 전에 수 없이 칭찬을 하며 이백을 '유배 온 신선'〔謫仙〕이라 부르고 허리에 차고 있던 金龜를 술과 바꾸어 취하도록 마셨다고 한다.(孟棨, ≪本事詩≫ 〈高逸第三〉)

이백의 名篇으로 꼽히지만 수많은 評者들에 의해 해석이 분분한 시이기도 하다. 예컨대 '所守或匪親 化爲狼與豺'라는 구절을 두고 당 현종이 안록산의 난을 피해 蜀으로 가려할 때 가서는 안 된다고 諫했다는 얘기가 나오기도 하고, '問君西游何時還'이란 구절에 근거해서 蜀으로 가는 벗을 보내며 쓴 시로 보기도 하며, 세상살이의 험난함, 혹은 벼슬살이의 어려움을 비유하는 시로 보기도 하고, 험한 길 떠나는 사람의 愁心을 빌어 憤世의 情이 있다고 읽기도 한다.

하지만 가파른 劍閣과 蜀의 험한 지형을 묘사하면서 그의 분방한 상상력을 한껏 발휘한 작품이라는 데에는 이견이 없다.

【集評】

○ 延祐丙辰 予奉使祀峨眉山 道趙魏周秦之地 抵岐山之南 踰大散關 過褒城驛 登棧道 入劍門以至成都 又舟行七日 方到所謂峨眉山者 因記李謫仙蜀道難 西當太白有鳥道 可以橫絶峨眉巓之句 太白在咸陽西南 峨眉則在成都東北 可謂懸隔 然而自咸陽數千里至成都 或東或西 不一其行 又自成都東行北轉六百餘里 然後至峨眉 雖山川道路之迂 度其勢 二山不甚相遠 人跡固不相及 鳥道則可以橫絶云耳 - 高麗 李齊賢, ≪櫟翁稗說≫

延祐 (元 仁宗의 연호) 병진년(충숙왕 3년, 1316)에 내가 命을 받들어 使臣이 되어 峨眉山으로 제사지내러 갔었는데, 趙・魏・周・秦의 옛 지역을 거쳐 岐山 남쪽에 이르렀으며 다시 大散關을 넘고 褒城驛을 지나서 棧道를 건너 劍門으로 들어가 成都에 이르렀다. 여기서 또 뱃길로 7일을 가서야 비로소 이른바 아미산에 도착하였다. 이 일로 인해 李謫仙(李太白)의 〈蜀道難〉에, "서쪽으로는 태백산에 鳥道만 있어, 아미산 봉우리를 가로질러 건널 수 있네."라는 詩句가 기억났다.

태백산은 咸陽 서남쪽에 있고 아미산은 成都 동북쪽에 있으니 멀리 떨어져 있다고 할 만하다. 왜냐하면 함양으로부터 수천 리를 가야 성도에 이르는데 동쪽으로도 가고 서쪽으로도 가므로 그 길이 한결같지 않으며, 또 성도에서 동쪽으로 가다가 다시 북쪽으로 돌아 6백 여 리를 간 뒤에야 아미산에 이르기 때문이다. 비록 山川을 따라 도로가 우회하고 있으나 그 地勢를 헤아려보면 두 산 사이가 그리 멀지 않으므로 참으로 사람은 왕래할 수 없지만 鳥道라면 횡단할 수 있을 것이라고 말한 것이다.

○ 妙在起伏 其才思放肆 語次崛奇 自不待言 - 宋 劉辰翁, ≪唐詩品匯≫

(시의) 오묘함은 기복에 있으니, 그 재주와 생각은 분방하게 뻗어나가고 언어는 차츰 우뚝 솟아 기이해져 저절로 말이 필요치 않다.

○ 首二句以嘆辭而發其端 末二句以嘆辭而結其意 首尾相應 而關健之密也 白此詩極其雄壯而鋪敍有條 起止有法 唐詩之絶唱者 杜子謂其長句之好 蓋亦意醉而心服之者歟 - 明 朱諫, ≪李詩選注≫

첫 두 구절은 감탄하는 말로 그 실마리를 드러내었고 마지막 두 구절도 감탄하는 말로 그 뜻을 맺었다. 首尾가 서로 照應하고 시의 짜임새가 치밀하다. 이백의 이 시는 그 웅장함을 다 했으면서도 시의 배치와 서술에 조리가 있고, 일어서고 멈추는데 법도가 있으니 唐詩의 絶唱이다. 두보는 그 長句가 좋다고 했는데 아마 또한 뜻에 醉해 心服한 것일 게다!

080 長相思[1] 二首之一

한없는 그리움 두 수 중 첫 번째 시

李白

長相思　　한없는 그리움은
在長安　　장안에 있네

絡緯[2]秋啼金井闌[3]　　귀뚜라미 우물가에서 우는 가을
微霜凄凄簟色寒　　엷은 서리 쌀쌀하여 대자리 빛은 차다

孤燈不明思欲絶[4]　　외로운 등 희미하니 그리움에 끊어질 듯하고

卷帷望月空長歎　　휘장 걷어 달을 보며 공연히 길게 탄식하네

美人[5]如花隔雲端　　꽃 같은 그대는 구름 끝 저 멀리에
上有靑冥之高天　　위에는 청명한 높은 하늘

下有淥水之波瀾　　아래는 출렁이는 맑은 물결
天長路遠魂飛苦　　긴 하늘 길은 멀어 혼조차 날기 어려워

夢魂不到關山難　　꿈에서도 가지 못할 험난한 關山길이여
長相思　　한없는 그리움에
摧心肝　　애간장이 끊기네

【註釋】

1) 長相思 : 악부 ≪雜曲歌辭≫의 이름으로, 남녀 혹은 친구 사이에 오랫동안 이별하여 그리워하는 내용이 많다.
2) 絡緯 : 귀뚜라미이다. 귀뚜라미가 날개를 떠는 소리가 실을 잣는 소리와 흡사하다고 하여 絡絲娘 또는 紡織娘이라고도 한다.
3) 金井闌 : 장식이 화려한 우물의 난간을 말한다.
4) 思欲絶 : 그리움이 극점에 다다른 것을 형용한다.
5) 美人 : 그리워하는 사람을 지칭한다. '임금'·'聖君'을 비유하는 말이기도 하다.

【通釋】

한없이 그리운 그대는 장안에 있다네. 여름이 가고 가을이 되자 귀뚜라미는 우물가에서 울고 엷은 서리가 가져온 쌀쌀함에 대자리에는 한기가 스며든다. 희미한 외로운 등을 대하니 그리움에 애간장이 끊어질 듯하고 휘장을 걷고 달을 보며 공연히 길게 탄식한다. 꽃같이 고운 그대는 구름 끝 저 멀리에 계시니, 위에는 푸르른 높은 하늘이 있고 아래에는 맑고 맑은 물결이 출렁인다. 이처럼 긴 하늘과 이처럼 먼 길은 혼도 날아가기 어려우니, 꿈에서도 날아가지 못할 만큼 關山을 지나가기가 어렵다네. 한없는 그리움에 애간장이 끊기는구나.

081 長相思 二首之二

한없는 그리움 두 수 중 두 번째 시

李白

日色欲[1]盡花含煙	해는 지려하고 꽃은 안개를 머금고
月明如[2]素[3]愁不眠	밝은 달은 비단 같지만 근심에 잠 못 이루네
趙瑟[4]初停鳳凰柱[5]	鳳凰柱 趙瑟을 이제 막 멈추고
蜀琴[6]欲奏鴛鴦[7]絃	蜀琴으로 鴛鴦絃을 타려한다
此曲有意無人傳	이 곡이 지닌 뜻 전해줄 이 없으니
願隨春風寄燕然[8]	봄바람에 실어 燕然山으로 보내고 싶네
憶君迢迢隔青天	그리운 그대는 멀고 먼 푸른 하늘 저 너머에
昔日[9]橫波[10]目	지난날 살짝 엿보던 고운 두 눈이
今成[11]流淚泉	오늘은 눈물샘이 되었다오
不信妾腸斷	애끊는 제 마음 믿지 못하시거든
歸來看取明鏡前	돌아와 거울 앞 제 모습 보세요

【註釋】

1) 欲 : '已'라고 되어 있는 本도 있다.

2) 如 : '欲'이라고 되어 있는 本도 있다.

3) 素 : 흰 비단인데, 여기서는 흰 달빛을 형용하기 위해 사용되었다.

4) 趙瑟 : 현악기의 일종으로, 전국시대에 趙나라 여인들이 瑟을 잘 연주했으므로 '조슬'이라고 하였다.

5) 鳳凰柱 : 봉황의 형상을 조각한 瑟柱이다. 鳳은 수컷을 凰은 암컷을 지칭하는데, 여기서 '鳳凰'은 부부를 의미한다.

6) 蜀琴 : 한나라 때 蜀나라 사람 司馬相如가 연주하던 거문고를 말한다. 사마상여의 거문고

연주에 卓文君이 반하여 함께 도망친 고사가 있다.

7) 鴛鴦 : 전설에 의하면 원앙은 암컷과 수컷이 헤어지지 않는다고 한다. 여기서는 영원히 함께 하기를 바라는 부부를 의미한다.

8) 燕然 : 몽고에 있는 杭愛山을 지칭한다. 東漢의 竇憲이 흉노를 원정하러 가서, 이 산 위에 공을 새긴 석비를 세웠다. 여기서는 남편이 수자리 살고 있는 변새지역을 가리킨다.

9) 昔日 : '昔時'라고 되어 있는 本도 있다.

10) 橫波 : 女子의 눈이 움직이는 것, 즉 곁눈질을 말한다.

11) 今成 : '今作'이라고 되어 있는 本도 있다.

【通釋】

해는 점점 지려는데 꽃은 안개를 머금고 있고, 달빛은 비단같이 환하지만 근심에 잠을 이룰 수 없다. 타고 있던 鳳凰柱 趙瑟을 이제 막 멈추고 다시 蜀琴의 鴛鴦絃을 타려한다. 鳳凰과 鴛鴦처럼 부부가 헤어질 수 없다는 곡의 뜻은 무한하지만, 이를 전해줄 이가 없으니 봄바람에 실어 그대가 계신 燕然山으로 보내고 싶구나. 그리운 그대는 멀고 먼 푸른 하늘 저 너머에 있다지요. 지난날 살짝 엿보던 곱던 두 눈이 오늘에 와서는 눈물샘이 되었다. "애 끊는 제 마음을 믿지 못하신다면, 돌아와 초췌해진 제 모습을 보세요. 그럼 알게 되실 겁니다."

【解題】

〈長相思〉 1·2수는 ≪李太白全集≫의 제3권과 제6권에 각각 나누어 실려 있다. 그러나 두 수 모두 그리움의 정을 담아내고 있다고 생각하여, ≪唐詩別裁集≫의 편재를 따라 ≪唐詩三百首≫에는 함께 실은 듯하다.

두 작품의 저작시기에 대한 기록은 확인되지 않지만, 시풍으로 보아 開元 17년(729) 29세 때 지어진 것으로 추정되고 있다. 이 두 수 모두 헤어진 임에 대한 그리움을 표현하고 있는데, 제1수는 배경묘사를 통해 분위기를 전달한 후, 꿈속에서도 찾아가기 힘들만큼 첩첩이 막힌 임과의 거리를 서술함으로써 그 그리움이 얼마나 깊은 지를 표현하고 있다. 한편 제1수는 임이 장안에 있다는 서술에 주목하여, 장안에서 유리된 이백이 임금을 그리는 작품으로 이백의 절망감·좌절감이 담겨 있다고 보기도 한다. 제2수는 燕然山으로 출정 간 남편을 그리워하는 부인을 화자로 내세워 그 그리움의 정을 읊고 있다.

082 行路難 其一

가는 길 험난해라 첫 번째 시

李白

金樽清酒斗十千[1]	금 술동이의 맑은 술은 천금의 열 배이고
玉盤珍羞[2]値萬錢	옥쟁반의 진수성찬 만전의 값이지만
停杯投筯不能食	잔 멈추고 젓가락 놓은 채 먹지 못하고
拔劍四顧心茫然	검 빼들어 사방을 둘러보아도 마음은 막막하구나
欲渡黃河冰塞川[3]	황하를 건너려니 얼음이 강을 막고
將登太行[4]雪滿山[5]	태항산을 오르려니 눈이 산에 가득하여
閑來垂釣碧溪上[6]	한가롭게 낚싯대를 푸른 시냇가에 드리우다
忽復乘舟夢日邊[7]	홀연 다시 배를 타고 장안 가는 꿈을 꾸네
行路難 行路難	가는 길 어려워라, 가는 길 어려워라
多岐路 今安在	갈래 길 많은데 내 갈 길은 지금 어디
長風破浪[8]會有時	긴 바람 타고 물결 헤치며 갈 날이 있으리니
直挂雲帆濟滄海	구름 같은 돛 달고 창해를 건너리라

【註釋】

1) 斗十千 : 술의 값어치가 만금에 달한다는 의미이다. '十千'은 천의 열 배, 즉 萬을 뜻한다.
2) 珍羞 : 진귀하고 맛 좋은 음식을 뜻한다. '羞'는 '饈'字와 동일하다.
3) 拔劍四顧心茫然 欲渡黃河冰塞川 : 이 구절은 鮑照의 〈擬行路難〉에, "상을 마주하고 먹을 수 없어, 검을 빼들고 기둥을 치며 길게 탄식한다.〔對案不能食 拔劍擊柱長歎息〕"라는 시구를 차용한 것이다.
4) 太行 : 산 이름으로, 主峰은 山西省 晉城縣 동남부에 있으며, 河北과 河南의 경계가 된다.

또한 汾河의 동쪽, 碣石山의 서쪽으로서 萬里長城과 黃河 사이에 있는 모든 산이 太行산맥을 이룬다.

5) 滿山 : '暗天'이라 되어 있는 본도 있다.

6) 垂釣碧溪上 : 전하는 말에 의하면 姜太公이 渭水의 磻溪에서 낚시를 하고 있다가 周나라 文王을 만나 등용되었다고 한다.

7) 日邊 : 당나라 수도 長安을 가리킨다. ≪宋書≫ 〈符瑞志〉 上에, "伊摯(伊尹)가 탕임금의 부름을 받을 때 배를 타고 해와 달 근처를 지나가는 꿈을 꾸었다.〔伊摯將應湯命 夢乘船過日月之傍〕"라는 구절이 있다. 이후로 '日邊'은 황제가 있는 서울을 가리키게 되었다.

8) 長風破浪 : ≪宋書≫ 〈宗慤傳〉에 의하면, 종각이 어릴 적에 그의 숙부 宗炳이 그에게 소원을 묻자, 종각이 대답하길 "원컨대, 긴 바람을 타고 만리의 물결을 깨뜨리고 싶습니다.〔願乘長風 破萬里浪〕"라 하였다고 한다. 이러한 연유로 훗날 원대한 포부를 비유하게 되었다.

【通釋】

금 술동이에 맑은 술이 찰랑대니 그 값어치는 만금에 달하는 것이다. 옥쟁반에는 훌륭한 안주가 담겨져 있으니 그 값어치는 만금에 달하는 것이다. 이처럼 좋은 술과 훌륭한 안주를 두고 결국 나는 잔과 젓가락을 놓은 채 술과 음식을 목으로 넘기지 못한다. 이에 분연히 칼을 빼어들고 사방을 둘러보아도 마음이 막막하기만 하다. 나는 황하를 건너고 싶지만 얼음이 물길을 가로 막고, 태항산을 오르고 싶어도 온 산에 눈이 가득하다. 옛날 강태공처럼 한가롭게 푸른 시냇가에서 낚싯대를 드리우다가 홀연 다시 배를 타고 장안으로 가는 꿈을 꾸며 다시 등용되기를 기다린다.

아! 가는 길이 어찌도 이리 어렵단 말인가. 여러 갈래 길 가운데 내가 가야 할 길은 어디에 있는지 알지 못하겠다. 그래도 언젠가는 긴 바람을 타고 만리의 물결을 헤쳐 나갈 때가 있을 것이니, 그날이 오면 나는 곧 구름 같은 돛을 달고 저 창망한 바다를 건너가리라.

【解題】

〈행로난〉은 樂府雜曲歌이다. 이 시는 이백이 天寶 3년(744)에 지은 작품으로서, 그가 벼슬길에 있다가 장안에서 낙양으로 떠날 시점에 지은 것이다. 이백의 〈행로난〉 제1수는 세상살이의 어려움 때문에 훌륭한 안주와 좋은 술을 대하고도 차마 먹지 못하고 마음만 아득해지는 느낌을 담아내었다. 〈蜀道難〉과 〈行路難〉은 모두 벼슬길의 험난함을 암시하는 내용이 담겨있다. 하지만, 한편으로는 강태공과 이윤의 故事를 빌어 다시 長安으로 복귀하여 자신의 포부를 펼칠 날이 왔으면 하는 심사를 드러내기도 하였다.

【集評】

○ 忠臣之去國 屛妻之辭家 强忘恩情 初若永爲割斷矣 忽復眷顧反歸 如李白行路難篇 首云金樽美酒斗十千 玉盤珍羞直萬錢 金其樽而玉其盤則器之華也 斗十千則酒之多也 直萬錢則羞之美也 次云停盃投筯不能食 拔劍四顧心茫然 夫酒旣如此之多 羞旣如此之美 所盛之器 又旣如此之華 而停盃而不能飮其酒 投筯而不能食其羞者 四顧茫然之故也 次云欲渡黃河冰塞川 將登太行雪滿山 此言行於山而雪滿 行於水而冰塞 四方環顧 行路皆難 上所道拔劍茫然者此也 次云閒來垂釣碧溪上 忽復乘舟夢日邊 此言旣知行路之難 來釣碧溪之上 則江湖境僻 漁釣心閒 到此君國之念 固似永斷焉 而儵忽之間 依俙一夢 復到於白日之邊 其所欲斷者 亦不能自斷 而乘舟二字極有味 次云行路難行路難 多歧路今安在 此旣斷者復續 不勝感喟之意 因復再言行路難以爲歎 而多歧路三字 應上四顧 今安在三字起下句意 末云長風波浪會有時 直掛雲帆濟滄海 此言路不必終難 當有直逢快步之時 聊以自慰者也 而若往若還 若歔若笑 千載之下 可見其磊落抑塞之胸中也 – 朝鮮 申景濬, ≪旅菴遺稿≫ 卷8, 〈雜著・詩中筆例〉

忠臣이 나라를 떠나고 쫓겨난 아내가 집을 떠날 때는 억지로 恩情을 잊는다. 처음에는 영원히 끊어버릴 것 같지만, 홀연 다시 그 정이 생각나 돌아오게 되니 이백의 〈행로난〉과 같다. 首句에 '金樽美酒斗十千, 玉盤珍羞直萬錢'이라 하니, 금으로 술동이를 만들고 옥으로 쟁반을 만들어 그릇이 화려하다는 것이다. '斗十千'은 술이 많다는 것이고 直萬錢은 음식이 맛이 좋다는 뜻이다. 다음은 "停盃投筯不能食, 拔劍四顧心茫然"인데, 대저 술도 이처럼 많고 음식도 이처럼 맛 좋으며 담은 그릇 또한 이처럼 화려한데, 잔을 멈추고 술을 마실 수 없고 젓가락을 던지고 그 음식을 먹을 수 없는 것은 사방을 둘러보아도 망연하기 때문이다. 다음은 '欲渡黃河冰塞川, 將登太行雪滿山'이라 하니, 이는 산을 가려 해도 눈으로 온산이 덮여 있고 물을 건너려 해도 얼음으로 막혀 있다는 뜻이다. 사방을 둘러보아도 가는 길이 모두 어렵다. 위에서 말했던 '拔劍茫然者'가 이것이다. 다음은 '閒來垂釣碧溪上, 忽復乘舟夢日邊'인데 이는 다음과 같은 뜻이다. 행로의 어려움을 이미 알아 푸른 시냇가에 와서 낚시를 드리우니, 강호의 외딴 곳에서 낚시를 함에 마음은 한가로워 여기에 이르러 君國의 상념을 진실로 영영 끊어 버린 것 같았다. 그런데 잠깐사이에 꿈을 꿔 다시 '白日之邊' 즉 長安에 이르렀으니, 끊어버리고 싶었으나 스스로 끊을 수 없었던 것이다. 아울러 '乘舟' 두 글자에 지극히 묘미가 있다. 다음은 '行路難行路難 多歧路今安在'인데, 이는 이미 끊어진 것이 다시 이어져 感嘆의 뜻을 이길 수 없다. 이 때문에 재차 '행로난'이라 말하며 탄식하고 있는 것이다. '多歧路' 세 글자는 위의 '四顧'와 호응하며, '今安在' 세 글자는 아래 구의 뜻을 흥기시킨다. 끝에는 '長風波浪會有時, 直掛雲帆濟滄海'이라 하였는데, 이는 行路가 꼭 어렵지만은 않을 것이며 마땅히 빠르게 걸어갈 때를 만날 것이라며 스스로를 위로한 것이다. 가는 듯하다가 돌아오는 듯 하고 흐느끼는 듯하다가 웃는 듯하니, 천년 후에도 그 磊落하고 抑塞한 흉중을 볼 수 있을 것이다.

○ 行路難嘆世路艱難及貧賤離索之感 古辭亡 後鮑照 擬作爲多 白詩似全學照 - 明 胡震亨, ≪李白詩校注≫ 卷3

(舊題樂府) 〈행로난〉은 세상살이의 어려움과 빈천하고 고독한 처지의 감상을 한탄한 것으로 옛 가사는 전하지 않는다. 후에 포조가 모방한 작품을 많이 지었고, 이백의 시는 전적으로 포조의 시를 배운 것이다.

○ 世路難行如此 惟當乘長風 挂雲帆以濟滄海 將悠然而遠去 永與世違 不蹈難行之路 庶無行路之憂耳 - 明 朱諫, ≪李詩選注≫ 卷2

인생의 길이 이처럼 어렵다면 오직 큰 바람을 타고 구름 같은 돛을 달아 창해를 건너 아득히 멀리 떠나서 영원히 세상을 벗어나야만 한다. 그렇다면 어려운 인생길을 가지 않게 될 것이니, 세상살이의 근심이 거의 없어질 것이다.

083 行路難 其二

가는 길 험난해라 두 번째 시

李白

大道如靑天　　큰 길은 푸른 하늘 같건만
我獨不得出　　나만 홀로 그 길로 나서지 못한다

羞逐長安社中兒[1)]　　부끄럽게 長安 市中의 귀공자를 쫓아다니며
赤雞白狗[2)]賭梨栗　　닭싸움, 개 경주에 배와 밤 걸까보냐

彈劍作歌[3)]奏苦聲　　검 두드리며 노래하여 괴로운 소리 내고

曳裾王門[4)]不稱情[5)]	왕후 문하에서 옷자락 끄는 건 내 성미에 맞지 않아서라네
淮陰市井笑韓信[6)]	淮陰의 시정배들 韓信을 비웃었고
漢朝公卿忌賈生[7)]	漢나라의 公卿들 賈生을 꺼렸지
君不見	그대는 보지 못했는가
昔時燕家重郭隗[8)]	그 옛날 燕나라 왕이 郭隗를 존중하며
擁篲折節[9)]無嫌猜	빗자루 들거나 허리 굽혀도 거리낌이 없었던 것을
劇辛樂毅感恩分[10)]	劇辛과 樂毅는 그 은혜에 감격하여
輸肝剖膽[11)]效英才	간을 빼내고 쓸개를 쪼개어 빼어난 재능을 바쳤도다
昭王白骨縈蔓草	昭王은 백골이 되어 덩굴 풀 속에 엉켜있으니
誰人更掃黃金臺[12)]	그 누가 다시 黃金臺를 쓸겠는가
行路難 歸去來	가는 길 험난해라 돌아가련다

【註釋】

1) 社中兒 : 부귀가의 자제를 뜻한다. '社'는 민간의 조직이나 단체를 일컫기도 하였는데, 여기서는 장안 귀족자제들의 모임을 지칭한 것으로 보인다.

2) 赤雞白狗 : 鬪雞走狗와 같은 의미로 쓰였다. '鬪雞'는 닭싸움을 뜻하고, '走狗'는 사냥개로 하는 수렵이나 달리기 경주를 뜻하는데, 모두 도박의 놀이이다. 당 현종이 닭싸움을 좋아하여 닭싸움꾼들이 황제의 총애를 받기도 했다고 한다.

3) 彈劍作歌 : 칼을 두드리며 노래를 부른다는 뜻으로 마음의 불평을 토로한다는 의미이다. ≪史記≫의 〈孟嘗君列傳〉에, 馮驩이라는 식객이 맹상군의 대우에 대한 불만을 품고 칼을 치며 노래하길 "긴 칼아, 돌아갈까 보다. 밥을 먹는데 물고기 반찬이 없구나.〔長鋏歸來乎 食無魚〕", "긴 칼아, 돌아갈까 보다. 출타를 하는데 수레가 없구나.〔長鋏歸來乎 出無輿〕" 라고 불평을 노래하였고, 이로 인해 풍환이 점차 좋은 등급의 대우를 받았다는 고사가 전한다.

4) 曳裾王門 : 王侯權貴家의 문하에 식객이 되는 것을 뜻한다. ≪漢書≫〈鄒陽傳〉에, 鄒陽이 吳王에게 보낸 글 가운데 "고루한 마음을 꾸미고자 하였다면 어느 왕의 문하에서인들 긴

옷자락을 끌지 못하겠습니까.〔飾固陋之心 則何王之門不可曳長裾乎〕"라고 하였는데, 후대에 권세가의 식객이 되는 것을 '曳裾'라 하였다.

5) 稱情 : '稱'은 저울을 뜻하는데, 여기서는 '相當' 또는 '符合'의 뜻으로 쓰였다.

6) 淮陰市井笑韓信 : 韓信이 淮陰에 살 때, 시정배들의 가랑이 사이를 기어서 나와 조롱을 당한 고사를 인용하였다. ≪史記≫ 〈淮陰侯列傳〉에, "회음 市井의 소년 중 한신을 모욕한 자가 있었다. 그가 말하기를 '네가 비록 몸이 장대하고 칼을 차고 다니길 좋아하지만 속마음은 겁을 먹고 있을 뿐이다.'라고 하고 여러 사람 앞에서 욕을 보이며, '죽을 각오가 되어 있으면 나를 찌르고, 죽을 각오가 되지 않았으면 내 가랑이 아래로 나와야 한다.'라고 하였다. 이때 한신이 한참 그를 보다가 그의 가랑이 사이로 빠져 나오며 바닥을 기었다. 온 마을 사람들이 한신을 비웃으며 겁쟁이로 여겼다.〔淮陰屠中少年有侮信者曰 若雖長大 好帶刀劍 中情怯耳 衆辱之曰 信能死 刺我 不能死 出我袴下 於是 信熟視之 俛出袴下蒲伏 一市人皆笑信 以爲怯〕"라고 하였다.

7) 漢朝公卿忌賈生 : 賈誼가 漢 文帝의 신임을 얻어 博士로 등용되었으나 다른 신하들이 질시하여 長沙太傅로 좌천된 고사를 인용하였다. ≪史記≫ 〈屈原賈生列傳〉에, "천자가 가의에게 公卿의 지위를 주고자 의논하니 絳灌, 東陽侯, 馮敬 등의 무리들이 모두 방해하며 가의의 단점을 말하기를, '낙양의 사람으로 나이 어린 초학자가 오로지 권력을 천단하고자 하여 여러 일에 분란을 일으킨다.'고 하였다. 이로 인해 천자는 뒷날 가의를 멀리하고 그의 의론을 쓰지 않았으며, 곧 가의를 長沙王太傅로 삼았다.〔天子議以爲賈生任公卿之位 絳灌東陽侯馮敬之屬 盡害之 乃短賈生曰 雒陽之人 年少初學 專欲擅權 紛亂諸事 於是 天子後 亦疏之 不用其議 乃以賈生爲長沙王太傅〕"라고 하였다.

8) 昔時燕家重郭隗 : 燕나라 昭王은 즉위한 뒤, 賢士들을 많이 초빙하여 나라를 부강하게 하여 하였는데, 郭隗를 스승으로 초빙한 것을 계기로 많은 賢人들이 모여들었다는 고사를 인용하였다. ≪史記≫ 〈燕昭公世家〉에, "곽외가, '왕께서 반드시 선비들을 부르고자 한다면 저 隗부터 먼저 하십시오. 이렇게 하면 하물며 저보다 현명한 사람이야 어찌 천 리가 멀다고 하겠습니까?'라고 하였다. 이때 소왕이 곽외를 위하여 궁을 짓고 스승으로 섬기니, 樂毅가 위나라로부터 왔고, 鄒衍이 제나라로부터 왔고, 劇辛이 조나라로부터 오는 등 선비들이 다투어 연나라로 달려왔다.〔郭隗曰 王必欲致士 先從隗始 況賢於隗者 豈遠千里哉 於是 昭王爲隗改築宮而師事之 樂毅自魏往 鄒衍自齊往 劇辛自趙往 士爭趨燕〕"라고 하였다.

9) 擁篲折節 : 빗자루를 들거나 허리를 굽혀 상대방을 존중하는 행위이다. ≪史記≫ 〈孟子荀卿列傳〉에, "〈鄒衍이 燕나라에 오자〉 燕 昭王이 빗자루를 들고 앞장섰으며, 제자들이 앉는 자리에 들어가서 수업받기를 청하였다.〔昭王擁彗先驅 請列弟子之座而受

業〕"라고 하였다.

10) 劇辛樂毅感恩分 : 劇辛과 樂毅가 연나라 소왕의 예우에 감복하여 신하가 되었음을 뜻한다. 劇辛과 樂毅는 각각 趙나라와 魏나라 출신의 謀士와 兵法家로서, 5개 제후국의 동맹을 주도하여 齊나라를 멸망시키는 공을 세웠다.

11) 輸肝剖膽 : 간을 빼내고 쓸개를 쪼개는 것으로, 충심을 다한다는 뜻이다. ≪史記≫ 〈淮陰侯列傳〉에, "신이 배와 가슴을 열고 간과 쓸개를 꺼내어 저의 계책을 바친다 하여도 그대가 사용하지 않을까 두렵습니다.〔臣願披腹心 輸肝膽 效愚計 恐足下不能用也〕"라고 하였다.

12) 黃金臺 : 燕나라 昭王이 千金을 놓고 천하의 현인들을 초빙하였다고 전하는 臺의 이름이다. ≪文選≫ 李善의 注에 ≪上谷郡圖經≫을 인용하여 이르기를, "황금대는 易水 동남쪽 18里에 있는데, 연나라 소왕이 臺 위에 千金을 두고 천하의 선비들을 끌어들였다.〔黃金臺 易水東南十八里 燕昭王置千金於臺上 以延天下之士〕"라고 하였다. 후에 賢士를 예우하여 초빙하는 전고가 되었다.

【通釋】

큰 길은 푸른 하늘같이 넓고 넓건만, 어이하여 나만 홀로 그 길로 나가지 못하고 있는가. 長安 저자거리에서 귀공자를 쫓아다니며, 황제의 눈에 들기 위하여 닭싸움과 사냥개 경기에 하찮은 것들을 내걸고 도박하는 것을 나는 수치스럽게 여겼다. 孟嘗君의 식객 馮驩처럼 울분에 싸여 칼을 빼어들고 두드리며 강개한 노래로 괴로운 소리 내는 것과, 왕후나 권문세가의 문객이 되어 주위를 기웃거리며 기회를 엿보는 것은 내 성미에 맞지 않는구나. 淮陰의 시정배들은 큰 인물이 될 韓信의 자질을 몰라보고 오히려 그를 비겁하다 비웃었고, 漢나라의 公卿들은 賈生을 시기하여 모함하였고 임금도 그를 멀리하였다.

그대는 보지 못했는가. 그 옛날 燕나라 昭王이 천하의 賢士를 초빙하기 위하여 郭隗를 먼저 존중해 스승으로 모셨으며, 빗자루 들고 허리 굽혀도 아무런 거리낌이 없었던 것을. 이에 劇辛과 樂毅가 그 은혜에 감격하여 간을 빼내고 쓸개를 쪼개는 충심을 보이고, 자신들의 빼어난 재능을 아낌없이 바치지 않았는가. 이제 昭王은 백골이 되어 덩굴 풀 속에 엉켜있으니, 賢士를 맞이하던 黃金臺를 어느 왕이 다시 비를 들고 쓸겠는가. 가는 길 험난해라. 이제 모든 것을 단념하고 돌아가야 하는가.

【解題】

제2수에서는 불우한 자신의 처지와 심정을 거침없이 토로하고 있다. 玄宗의 知遇를 입어

翰林供奉에 임명되었지만, 출세를 위하여 권문세족에게 빌붙어야 하는 부조리한 현실에 강한 불만을 드러내고 있다. 뛰어난 능력을 지니고 있었지만 주위의 비웃음과 시기를 받아야 했던 韓信과 賈誼는 당시 이백의 현실적 처지를 대변하고 있다. 또한 천하의 현사를 초빙하기 위하여 몸을 굽혔던 연나라 소왕과 그에 부응하여 자신의 재능과 포부를 펼쳤던 劇辛과 樂毅를 통하여 자신의 이상과 현실 사이의 모순을 드러내며, 그에 따른 깊은 좌절감을 표현하고 있다.

084 行路難 其三

가는 길 험난해라 세 번째 시

李白

有耳莫洗潁川水[1]	귀 있다고 潁川의 물로 귀를 씻지 말 것이요
有口莫食首陽蕨[2]	입 있다고 首陽山의 고사리 캐 먹지 말 것이라
含光混世[3]貴無名	빛을 숨기고 세상과 뒤섞여 無名을 귀하게 여길지니
何用孤高比雲月	어찌하여 孤高함을 雲月에 비기는가
吾觀自古賢達人	내 자고로 현달한 사람들을 보았더니
功成不退皆殞身[4]	공 이룬 후 물러나지 않은 자 모두 몸을 망쳤다네
子胥旣棄吳江上[5]	伍子胥는 이미 吳江에 버려졌고
屈原終投湘水濱[6]	屈原은 끝내 湘水의 물속으로 몸을 던졌지
陸機雄才豈自保[7]	陸機의 뛰어난 재주로도 어찌 스스로를 지키겠는가
李斯稅駕苦不早[8]	李斯의 휴식은 너무나도 늦었으니
華亭鶴唳詎可聞	華亭의 학 울음소리 어찌 들을 수 있었으며
上蔡蒼鷹何足道	上蔡의 푸른 매 어찌 족히 말하리오
君不見	그대는 보지 못했나,

吳中張翰[9]稱達生　　吳中의 張翰이 달관한 삶이라 일컬어짐을
秋風忽憶江東行　　가을바람에 문득 생각나 江東으로 떠났네

且樂生前一杯酒　　다만 생전의 한 잔 술 즐길 뿐이지
何須身後千載名　　어찌 꼭 죽은 다음에 천년의 이름 남기리오

【註釋】

1) 潁川水 : '潁川'은 지금의 河南省에 있다. 堯 임금 때의 高士인 許由가 出仕를 원치 않아 자신을 부른다는 말을 들은 후 이곳에서 귀를 씻었다고 전해진다. 〈高士傳〉에, "허유가 中岳, 潁水의 북쪽 箕山의 아래에서 밭을 갈았다. 堯 임금이 그를 불러 九州의 長으로 삼으려 하니, 그는 그 말을 듣지 않고자 하여 潁水의 물가에서 귀를 씻었다.〔許由耕於中岳 潁水之陽 箕山之下 堯召爲九州長 由不欲聞之 洗耳於潁水之濱〕"고 하였다.

2) 首陽蕨 : 首陽山은 지금의 山西省 永濟縣 남쪽이라고도 하고 혹은 河南省 偃師縣이라고도 한다. 이곳은 伯夷 叔齊가 굶주리며 은거하던 곳인데, 그들은 고사리를 캐 먹으면서 首陽山에서 굶어 죽었다고 전한다. ≪史記≫ 〈伯夷列傳〉에, "무왕이 은나라의 어지러움을 평정하자 천하가 周나라를 종주로 삼았다. 그러나 백이 숙제만은 그것을 부끄럽게 여겨 의리를 지키며 주나라의 곡식을 먹지 않고, 수양산에서 은거하며 고사리를 캐서 먹었다.〔武王已平殷亂 天下宗周 而伯夷叔齊恥之 義不食周粟 隱於首陽山 采薇而食之〕"고 하였다.

3) 含光混世 : '含光'은 재주와 지혜를 밖으로 드러내지 않고 간직하고 있음을 말한다. 含光混世는 ≪老子≫의, "지혜의 빛을 부드럽게 하고 속세의 티끌과 함께 한다.〔和其光 同其塵〕"와 그 뜻이 같다.

4) 殞身 : 몸을 버려 죽는 것을 말한다.

5) 子胥旣棄吳江上 : 伍子胥가 충직하게 諫言하였지만 吳王 夫差가 듣지 않았고, 도리어 오나라 왕에게 賜死당하여 그 시신이 吳江에 던져졌다.

6) 屈原終投湘水濱 : 屈原은 楚나라 大夫로 이름은 平, 자는 靈均이다. 懷王은 그의 재주를 중히 여겼으나 훗날 靳尙・子蘭 같은 무리에게 참소와 비방을 당해 결국 쫓겨나게 되었다. 이에 굴원은 〈離騷〉 〈漁父〉 같은 글을 지어 자신의 마음을 표현했다. 懷王의 아들인 頃襄王 때 굴원은 또다시 멀리 내침을 당하였고, 자신의 忠君憂國하는 마음에도 불구하고 끝내 등용되지 못하자 5월 5일에 汨羅江에 몸을 던져 죽었다. ≪史記≫ 〈屈賈列傳〉에 그의 事蹟이 자세히 보인다.

7) 陸機雄才豈自保 : 陸機는 吳郡(지금의 江蘇省 吳縣) 사람이다. 그는 吳나라 大司馬인 陸

抗의 아들이었는데 오나라가 멸망한 후 晉나라로 들어가 洛陽에 이르렀고 張華에게 두터운 신임을 얻었다. 晉나라 惠帝 太安 2년(303), 成都王 司馬穎 등이 長沙王 司馬乂를 치는데 육기를 後將軍 河北大都督으로 삼았다. 육기는 王粹・牽秀 등의 여러 군대를 이끌고 鹿苑에서 싸웠는데 그의 군대가 대패하였다. 宦官 孟玖가 육기가 다른 마음을 품고 있다고 참소하니, 사마영은 화가 나서 견수로 하여금 육기를 잡아들이도록 하였다. 육기는 사형에 임하여 태연자약한 얼굴로 "華亭의 학이 우는 소리를 어찌 다시 들을 수 있으랴?"고 탄식하였는데, 당시 그의 나이 43세였다. 화정은 지금의 江蘇省 松江縣 서쪽의 平原村으로 육기 형제가 일찍이 함께 놀던 곳이다. ≪晉書≫ 〈陸機傳〉에 이 일이 자세히 보인다.

8) 李斯稅駕苦不早 : 李斯는 楚나라 上蔡(지금의 河南省 汝南縣 북쪽) 사람이다. 荀卿을 좇아 배우다가 공부를 끝마치자 서쪽으로 秦나라에 들어가 呂不韋의 舍人이 되었다. 훗날 秦나라 王에게 등용되었는데, 진나라 왕이 천하를 평정한 뒤에 李斯를 丞相으로 삼으니 법령이 대부분 그의 손에서 나왔다. 이사의 장남인 由는 三川의 太守가 되었고 여러 아들들은 모두 秦나라 공주와 결혼하였으며, 딸들은 모두 秦나라의 여러 公子들에게 시집갔다. 삼천의 태수인 李由가 휴가를 얻어 咸陽으로 돌아가니 百官의 長들이 모두 나와 祝壽하였다. 대문과 뜰에 있는 車騎를 千으로 헤아릴 정도였는데, 이때 이사는 깊이 탄식하면서 "나는 上蔡에서 태어난 평민일 뿐인데 지금 다른 사람의 신하된 자로서 나보다 윗자리에 있는 자가 없고 부귀도 극에 달했다고 할 수 있다. 만물은 극에 이르면 쇠하는 법인데, 나는 언제 어디에서 말의 멍에를 풀고 휴식하게 될지 모르겠다."라고 하였다. 훗날 秦始皇이 병들어 죽자 이사는 趙高에게 誣告를 당하였는데, 이사의 父子가 도적들과 내통하였다는 것이었다. 이사는 함양의 저자에서 허리가 잘려 죽는 형벌을 받았다. 형벌을 받기에 앞서 이사는 둘째 아들을 돌아보며, "내 너와 함께 다시 한 번 누런 개를 끌고 매를 팔뚝에 얹고서 上蔡 동문 쪽으로 나가 토끼 사냥을 하려고 했었는데, 이제는 그렇게 할 수 없겠구나!"라고 하였다. 稅駕는 말의 멍에를 풀고 수레를 멈춘다는 뜻으로, 휴식함을 이른다. ≪史記≫ 〈李斯列傳〉에 자세히 보인다.

9) 張翰 : 字는 季鷹이고 吳나라 사람이다. 齊나라 왕 冏이 그를 불러서 大司馬東曹掾을 삼았다. 훗날 가을바람이 이는 것을 보고 吳 땅의 고수나물, 순채국, 농어회가 생각나 결국 고향으로 돌아갔다. 나중에 冏이 싸움에서 패하자 사람들은 모두 장한이 기미를 미리 알아챈 것이라고 하였다. 장한은 마음 내키는 대로 유유자적 살면서 세상에서 이름을 구하지 않았는데, 일찍이 말하기를, "나 죽은 뒤에 이름이 남도록 하느니 차라리 지금 당장 한 잔 술을 마시겠다.〔使我有身後名 不如卽時一杯酒〕"고 하였다. 당시 사람들은 그의 曠達함을 높이 평가하였다. ≪晉書≫ 〈文苑傳〉에 자세히 보인다.

【通釋】

이 세상에서는 고결함을 지나치게 드러내서는 안 되니, 귀가 있어도 許由처럼 潁川의 물에 씻지 말 것이요, 입이 있어도 伯夷 叔齊처럼 首陽山에서 고사리를 캐 먹는 일은 하지 말아야 할 것이다. 사람은 모름지기 자신의 빛을 감추고 재주와 지혜를 간직한 채 세상과 뒤섞여 無名의 삶을 귀하게 여겨야 할 것이니, 어찌 자신의 孤高함을 드러내어 저 하늘의 구름과 달에 스스로를 견줄 필요가 있겠는가.

예로부터 현명하고 통달한 사람들을 내가 보았더니, 功名을 이룬 후 물러나지 않아 결국은 몸을 망치고 죽음에 이르렀다. 吳子胥 같은 이는 吳江에 그 시신이 버려졌고 屈原 역시 湘水에 스스로 몸을 던졌다. 陸機는 뛰어난 재주를 지니고 있었지만 끝내 자신을 지키지 못하였고, 李斯 또한 일찍 물러나지 않은 탓에 斬刑을 당하였다. 그러니 陸機가 어찌 華亭의 학 울음소리를 다시 들을 수 있었겠으며, 李斯가 上蔡에서 매를 가지고 토끼사냥을 할 수 있었겠는가.

그대들은 들어보지 못했는가, 晉나라 蘇州의 張翰 이야기를. 그는 원래부터 성품이 曠達하여 齊나라 왕 冏이 그에게 벼슬을 주었는데도 가을바람이 불어오자 문득 고향의 고수나물, 농어회, 순채국이 생각나 즉시 벼슬을 버리고 집으로 돌아갔다. 그는 말하였다. "우선 생전에 한 잔 술 마시며 즐거움 누릴 뿐이지, 어찌 하필 죽은 뒤에 천년의 명성 남기려 하느냐"고.

【解題】

이전의 憂愁나 고민은 더욱 깊어져 그는 "공을 이룬 뒤 물러나지 않은 이들은 모두 몸을 망쳤다."고 하면서 伍子胥, 屈原, 陸機, 李斯 등 역사 속의 인물들을 열거하고 있다. 그러면서 한편으로는 許由나 伯夷 叔齊처럼 지나치게 孤高하여 천년 후에도 그 이름이 남기를 바라지 않고 있다. 그는 張翰처럼 悠悠自適하면서 지금의 삶 속에서 한 잔 술의 즐거움을 만끽하기를 희망하지만 거기에는 달관・체념의 뜻과 아울러 悲歎의 기운이 담겨 있다.

【集評】

○ 朱子(熹)嘗謂 東坡寫此詩 中間節去八句 則以前四句與後四句 合爲一首 盖是之也 以今觀之 似爲簡當 而意義又相續 中間八句 誠爲堆疊 有犯詩家點鬼簿之病 宜節而去之也 - 明 朱諫, 《李詩辨疑》

朱子(朱熹)가 일찍이 말하기를, "東坡(蘇軾)가 이 시를 書寫하면서 중간 8구를 잘라 버리고 前 4구와 後 4구를 합해서 한 수로 만들었는데 대개 옳게 본 것이다."라 했다. 지금 살펴보니 줄인 것이 마땅한 듯하다. 또 말뜻이 서로 이어지니 중간 8구는 진실로 높이 쌓인 흙무더기여서 詩家에서 말하는 鬼簿를 점고하는 병통[1]을 범했다. 마땅히 잘라버려야 한다.

1) 鬼簿를……병통 : 鬼簿는 귀신의 명부로, 시를 지을 때 옛사람의 성명을 많이 인용하는 것을 이르는 말이다.

085 將進酒[1]

술 권하네

李白

君不見　　그대 보지 못하였는가
黃河之水天上來　　황하의 물이 하늘로부터 내려와
奔流到海不復回　　바다로 흘러가 다시 돌아오지 못하는 것을

君不見　　그대는 보지 못하였는가
高堂[2]明鏡悲白髮　　高堂에서 밝은 거울 속 백발을 슬퍼하니
朝如青絲[3]暮成雪　　아침에 검던 머리 저녁엔 눈처럼 희어지는 것을

人生得意須盡歡　　인생에서 뜻을 얻으면 모름지기 맘껏 즐겨야하나니
莫使金樽空對月　　금 술동이 달 앞에서 헛되게 하지 말라

天生我材必有用　　하늘이 나를 낳을 때 반드시 쓸 데가 있을지니
千金散盡還復來　　천금이 모두 흩어지면 다시 돌아오리라

烹羊宰牛[4]且爲樂　　양 삶고 소 잡아 즐길 일이니
會須一飮三百杯[5]　　한 번에 모름지기 삼백 잔을 마셔야지

岑夫子 丹丘生[6]　　岑夫子여 丹丘生이여
將進酒 君莫停　　술을 권하노니 그대는 멈추지를 마시게나

與君歌一曲 그대 위해 노래 한 곡을 부르리니
請君爲我側耳聽 그대는 나를 위해 귀 기울여 들어 주게

鐘鼓饌玉[7]不足貴 종과 북의 음악 옥같은 음식은 귀할 것 없으니
但願長醉不願醒 다만 영원히 취하여 깨어나지 않길 바랄뿐

古來聖賢[8]皆寂寞 옛날부터 성현들은 모두 적막하건만
惟有飮者留其名 오직 술 잘 마시던 사람만이 그 이름을 남겼다네

陳王昔時宴平樂[9] 陳王은 옛날 平樂觀에서 잔치 벌일 때
斗酒十千[10]恣歡謔 한 말에 만 냥 하는 술을 맘껏 즐기며 놀았다하네

主人何爲言少錢 주인이 어찌 돈이 적다 말하겠는가
徑須[11]沽取對君酌 바로 지금 술을 사오게 하여 그대와 대작하리니

五花馬[12] 千金裘[13] 오화마 천금의 갖옷
呼兒將出換美酒 아이 불러 가지고 가 좋은 술과 바꿔 오게 하여
與爾同銷萬古愁 그대와 함께 만고의 시름을 씻어 내리라

【註釋】

1) 將進酒 : 漢代 樂府의 곡명으로 ≪古今樂錄≫에 漢代 鼓吹鐃歌 十八曲 중 第九曲으로 기록되어 있다. 宋代의 郭茂倩이 편집한 ≪樂府詩集≫에는 昭明太子, 李白, 元稹, 李賀의 작품이 함께 수록되어 있다. '將'은 '請'의 의미로, '將進酒'는 술을 권한다는 뜻이다.
2) 高堂 : 높고 큰 마루라는 뜻으로, 화려한 집, 朝廷 등을 뜻한다.
3) 靑絲 : 푸른 실이나 줄을 지칭하는데, 여기서는 검은 머리를 뜻한다.
4) 烹羊宰牛 : 양을 삶고 소를 잡는 것으로, '宰'는 고기를 저며 요리하는 것을 뜻한다. '羊'이 '羔'로 되어 있는 본도 있다.
5) 一飮三百杯 : 한 술자리에서 삼백 잔을 마시는 것으로, ≪世說新語≫의 註에는 鄭玄이 삼백 잔의 술을 마신 고사를 다음과 같이 기록하고 있다. "袁紹가 정현을 초청했다가 정현이 떠나갈 때 성 동쪽에서 전별하면서 정현을 꼭 취하게 하려 하였다. 모인 사람들이 3백여 명이었는데, 모두 자리에서 일어나 술잔을 바치니 아침부터 저녁까지 정현은 마신 것

을 헤아려봄에 삼백여 잔이었으나 온화하게 자신을 지키는 모습이 종일토록 흐트러지지 않았다.〔袁紹辟玄 及去 餞之城東 欲玄必醉 會者三百餘人 皆離席奉觴 自旦及暮 度玄所飮 三百餘杯而溫克之容 終日無怠〕"

6) 岑夫子 丹丘生 : 당시 함께 술을 마신 사람을 부른 것이다. ≪李太白集注≫에는, "잠부자는 시집 속에 岑徵君이라 칭한 사람이고, 단구생은 시집 속에 元丹丘라 칭한 사람이다. 이들은 모두 이백의 친한 벗이다.〔岑夫子 卽集中所稱岑徵君是 丹丘生 卽集中所稱元丹丘 是皆太白好友也〕"라고 하였고, ≪李太白集分類補註≫에는, "杜甫의 시에 岑參과 창수한 시가 많은데, 잠은 이 사람이다.〔杜工部詩 多與岑參唱和 岑此人也〕"라고 하였다.

7) 鐘鼓饌玉 : '鐘鼓'는 큰 宴會에서 연주하였던 음악을 뜻하고, '饌玉'은 진귀한 음식을 뜻한다. 모두 호화로운 생활을 상징하는데, 옛날 부호가에서는 악기를 갖추어 놓고 식사를 할 때 종을 울리고 솥을 진열해 놓았다고 한다. '鐘鼎玉帛'으로 되어 있는 본도 있다.

8) 聖賢 : '賢達'로 되어 있는 본도 있다.

9) 陳王昔時宴平樂 : '陳王'은 曹植(192~232)을 지칭한다. 조조의 셋째 아들로 陳王에 봉해졌고, 시호가 思이므로 陳思王이라고도 칭한다. '平樂'은 河南省 洛陽 근처에 있던 궁궐로 조식이 이곳에서 연회를 벌였다고 한다. 조식의 〈名都篇〉에, "돌아와 平樂觀에서 잔치를 베푸니, 아름다운 술 한 말이 만금이라네〔歸來宴平樂 美酒斗十千〕라고 하였다.

10) 斗酒十千 : 한 말에 만 냥이나 하는 비싼 술을 뜻한다. '十千'은 천의 열 배, 즉 만을 뜻한다.

11) 徑須 : 바로 지금 해야 한다는 뜻이다. '徑'은 '直'의 뜻으로 쓰였다.

12) 五花馬 : 털빛이 다섯 가지 색깔의 꽃문양을 띤 名馬, 또는 갈기를 다섯 개의 꽃잎 모양으로 장식한 말을 지칭한다. 두보의 시에 注를 단 仇兆鼇가 郭若虛의 글을 인용하여, "五花는 말의 갈기를 잘라 꽃잎모양을 만든 것으로, 세 개 또는 다섯 잎을 만들었다.〔五花者 剪鬃爲瓣 或三花 或五花〕"라고 하였다.

13) 千金裘 : 천금의 값이 나가는 가죽 옷을 뜻한다. ≪史記≫ 〈孟嘗君列傳〉에, "이때 맹상군에게는 여우털로 만든 흰 갖옷이 한 벌 있었는데, 값이 천금이나 하는 것으로 천하에 둘도 없는 것이다.〔此時孟嘗君有一狐白裘 直千金 天下無雙〕"라고 하였다.

【通釋】

그대 보지 못하였는가? 하늘로부터 내려온 황하가 바다로 달려가서는 다시 돌아오지 못하는 것을. 그대는 보지 못하였는가? 고당에서 밝은 거울에 비추어보면 젊은 시절 검은 머리가 어느 날 문득 흰 눈처럼 변하여 슬퍼하는 것을.

인생에서 뜻을 얻으면 맘껏 즐겨야하니, 금빛 술통이 달만 보게 버려두어서는 안 되지.

하늘이 나를 낳을 때 반드시 쓸 데가 있을 것이니 조급해하지 말 것이며, 천금의 돈을 쓴다 해도 다시 돌아올 것이니 돈 걱정을 말게나. 양을 삶고 소를 잡아 안주로 삼아 놀며, 술은 한 번 마시면 삼백 잔은 마셔야지.

岑夫子여, 丹丘生이여, 술을 권하노니, 그대는 술잔을 멈추지를 말게나. 그대를 위해 내가 노래 한 곡을 부르리니, 그대는 나를 위해 귀 기울여 들어 주게나. 종 치고 북 치는 성대한 음악과 옥같은 진귀한 음식은 진정 귀한 것이 아니라네. 나는 다만 영원히 취하여 깨어나지 않기를 바랄 뿐이네.

옛날부터 성현과 도덕군자들은 조정에 중용되지 못하여 적막하게 살았는데 오직 술 잘 마시던 인물들만 지금도 떠들썩하게 그 이름을 칭송하지 않는가. 陳思王 曹植은 옛날 平樂觀에서 잔치 벌일 때, 한 말에 만 냥이나 하는 비싼 술을 맘껏 즐기며 놀았다 하지 않는가.

주인은 어찌 돈이 모자란다 말하는가. 이제는 내가 주인이 되어 바로 지금 술을 사오게 하여 그대와 대작하려네. 五花馬와 천금이나 하는 갖옷이 있지 않은가. 당장 아이를 불러 그것을 가지고 가서 좋은 술과 바꿔 오게 하리니. 그 술로 그대와 함께 만고의 시름을 잊어보리라.

【解題】

樂府詩題를 차용하여 지은 일종의 권주가라 할 수 있다. 天寶 11년(752), 이백이 52세에 지은 작품이다. 정치적 좌절을 겪으며 장안을 떠나 전국 각지를 유랑한 지 7년 될 즈음에 해당하는 시기이다. 이때 그는 청운의 포부와 그 꿈을 펼칠 수 없는 현실 사이에서 갈등하였는데, 이 작품 역시 그러한 심정이 드러나 있다. 이백의 放達不羈한 성격과 장안시절 賀知章과 더불어 '酒八仙人'으로 불리던 풍모를 보여주는 한편, 자신의 불우함을 酒興으로 해소하려는 내면심리를 보여준다. "하늘이 나를 낳을 때 반드시 쓸 데가 있을 것이요.", "그대와 함께 만고의 시름을 씻어 내리라."라는 시구에서 이백의 갈등과 고통을 엿볼 수 있다.

【集評】

○ 此篇 雖似任達放浪 然太白素抱用世之才而不遇合 亦自慰解之詞耳 - 元 蕭士贇, ≪李太白集分類補註≫ 卷3

이 편은 비록 放任하고 放縱한 듯 보이나 이백이 평소 세상에 쓰일 재능을 지니고 있으면서도 세상과 화합하지 못하여 또한 스스로를 위로하고 수심을 씻는 노래일 뿐이다.

○ 豪一起掀揭 天生我材必有用 黃金散盡還復來 仰天大笑出門去 我輩豈是蓬蒿人 淺淺語使後人傳道無已 以其中有靈氣 - 明 陸時雍, ≪唐詩鏡≫ 卷18)

豪放하여 한 번 땅과 하늘을 흔들 만하다. '天生我材必有用 黃金散盡還復來'와 '하늘을 보며 크게 웃고 문을 나서 떠나니, 우리들이 어찌 바람에 흩날리는 쑥대와 같은 사람이랴.〔仰天大笑出門去 我輩豈是蓬蒿人〕'(李白, 〈南陵別兒童入京〉)는 매우 천근한 말이지만 뒷사람들로 하여금 끊임없이 전하여 마지 않게 하니, 그 속에 靈氣가 있기 때문이다.

○ 宋人抑太白而尊少陵 謂是道學作用 如此將置風人於何地 放浪詩酒 乃太白本行 忠君憂國之心 子美乃感輒發 其性既殊 所遭復異 奈何以此定詩優劣也 太白遊梁宋間 所得數萬金 一揮輒盡 故其詩曰 天生我才必有用 黃金散盡還復來 意氣凌雲 何容易得 – 明 陸時雍, ≪古詩鏡≫〈詩鏡總論〉

宋人들이 李白을 억누르고 杜甫를 존숭한 것은 道學이 작용한 것이라 말한다. 이와 같다면 시인을 장차 어디에다 두어야 할 것인가? 詩酒 속에 방랑하는 것은 이백의 타고난 품성이다. 임금에게 충성하고 나라를 걱정하는 마음은 두보가 속으로 느끼기만 하면 문득 발하는 것이니, 그의 성품이 이미 남다르고, 만난 시대 또한 특이하였기 때문이다. 어찌 이것으로 시의 우열을 정할 수 있겠는가. 이백이 梁宋 지역에서 놀면서 수만 금을 얻어 한 번에 모두 다 써버렸기 때문에 그의 시에 '天生我材必有用 黃金散盡還復來'라고 한 것이다. 意氣가 구름을 찌르니 어찌 쉽게 얻을 수 있는 것이겠는가.

【참고자료】

〈將進酒〉 계열의 작품으로는 이백과 李賀의 작품이 쌍벽을 이루었다. 우리나라에서도 '장진주'라는 제목의 작품이 여러 편 지어졌는데, 松江 鄭澈의 〈장진주사〉가 널리 알려져 있다. 고려시대 이규보의 〈續將進酒歌〉(≪東國李相國全集≫ 卷16)는 李賀의 작품을, 成俔의 〈將進酒〉(≪虛白堂風雅錄≫卷2)는 고악부를, 李荇의 〈走筆 用李太白將進酒韻〉(≪容齋先生集≫ 卷5)은 이백의 작품을 바탕으로 쓴 것이다.

086 兵車行[1)]

병거행

杜甫

車轔轔[2)] 馬蕭蕭[3)] 수레는 삐걱삐걱, 말들은 히힝대고

行人[4)]弓箭各在腰 출정하는 병사는 활과 화살 허리에 찼다

耶娘妻子走相送	부모처자 총총대며 전송을 하느라
塵埃不見咸陽橋[5)]	먼지 날려 함양교도 보이지 않네
牽衣頓足攔道哭	옷 끌고 발 구르며 길 막고 통곡하니
哭聲直上干雲霄[6)]	통곡소리 솟아올라 하늘 구름 찌른다
道旁過者[7)]問行人	길 가던 자가 병사에게 물으니
行人但云點行頻[8)]	병사는 단지 말하길 "징병이 매우 잦다오
或從十五北防河[9)]	어떤 이는 열다섯에 북쪽 河水 방어하다
便至四十西營田[10)]	마흔에 서쪽으로 가 둔전 경영한다오
去時里正[11)]與裹頭[12)]	떠날 때 里長이 두건을 싸주었는데
歸來頭白還戍邊	돌아와 백발에도 다시 변방 수자리라
邊庭流血成海水[13)]	변방에서 흘린 피는 바다를 이루었는데
武皇開邊意未已[14)]	황제의 정벌의 뜻 아직 끝나지 않았구려
君不聞	그대는 듣지 못했는가
漢家山東二百州[15)]	한나라 산동 이백 고을
千村萬落生荊杞[16)]	천촌만락에 잡초만 자라나
縱有健婦把鋤犂	비록 건장한 아녀자가 호미 쟁기 잡는다해도
禾生隴畝無東西[17)]	논 밭의 벼들은 東西가 없다오
況復秦兵耐苦戰	더구나 秦 땅 병사 힘든 전투 견딘다고
被驅不異犬與雞	내몰리는 것이 개와 닭이나 다를 바 없구려
長者[18)]雖有問	어른께서 비록 물어본다 한들

役夫敢申恨[19] 병사가 감히 어찌 원한을 말하리오

且如今年冬[20] 또 금년과 같은 겨울에도
未休關西卒[21] 관서의 병사들 쉬지도 못했다오

縣官急索租 고을 관리 급하게 조세 독촉하지만
租稅從何出 조세는 어디로부터 나온단 말인가

信知生男惡 진실로 알겠구나, 아들 낳기 싫어하고
反是生女好 도리어 딸 낳으면 좋아한다는 것을

生女猶得嫁比鄰[22] 딸 낳으면 오히려 이웃집에 시집이나 보내지만
生男埋沒隨百草 아들 낳으면 百草에 묻히고 만다네

君不見 青海頭[23] 그대는 보지 못 했는가 청해호 주변에
古來白骨無人收 예로부터 백골을 거두는 사람 없어

新鬼煩冤舊鬼哭 새 귀신은 원통해하고 옛 귀신은 곡을 하니
天陰雨濕聲啾啾[24] 날 흐리면 비에 젖어 흐느껴 운다오"

【註釋】

1) 兵車行 : 〈兵車行〉은 〈麗人行〉과 더불어 두보가 창작한 新題 樂府詩이다.
2) 轔轔 : 수레가 지나가며 내는 소리이다.
3) 蕭蕭 : 말이 히힝거리며 우는 소리이다.
4) 行人 : 出征하러 나간 이를 지칭한다.
5) 咸陽橋 : 咸陽의 서남쪽 渭水가에 있던 다리인데, 長安에서 서쪽으로 가려면 반드시 이 다리를 지나야 한다.
6) 干雲霄 : '干'은 犯이나 '沖'의 의미이다.
7) 道旁過者 : 길가에 지나가는 사람으로, 여기서는 두보 자신을 가리킨다.
8) 點行頻 : '點行'은 호적이나 名簿에 기재된 사람들을 강제로 징집하는 것이고, '點行頻'은 그러기를 빈번하게 했다는 뜻이다.

9) 北防河 : 당시 吐藩이 황하 서쪽 지역을 자주 침범하여 唐왕조는 隴右, 關中, 朔方 지역의 군사들을 河西일대(黃河서쪽지역으로 지금의 甘肅, 寧夏일대)에 주둔시켜 防禦를 좀 더 견고히 하였다. 이 지역이 長安의 북쪽에 위치해 있으므로 '北防河'라 일컬은 것이다.
10) 西營田 : 서쪽 변두리 지역의 屯田을 경영하는 것이다. 漢代에는 屯田制가 있어, 평상시에는 농사를 짓다가 전쟁시에는 작전을 수행하도록 하였는데 唐代에도 이 제도가 있었다. 당시 屯田은 서북쪽 일대에 두었으니, 이는 吐藩의 침범을 막기 위한 방비였기 때문에 '西營田'이라 칭한 것이다.
11) 里正 : 里長이다. 唐制에 百戶를 一里라고 하였으며 里마다 里正을 두었다.
12) 裹頭 : 옛날에 出征하는 남자에게 둘러주던 黑色 羅紗로 만든 두건이다. 출정하는 이의 나이가 年少할 경우, 어리게 보이는 것을 방지하게 위해 里正이 머리에 두건을 둘러주었다고 한다.
13) 流血成海水 : 변방에 수자리 사는 병사들이 전쟁에 희생되어 흘린 피가 바다를 이룰 만큼 많다는 의미이다. 天寶 8年 6월에 哥舒翰이 병사 6만 3천명을 이끌고 토번의 石堡城을 공격하였는데, 唐의 군졸들이 수만 명이나 목숨을 잃었다.
14) 武皇開邊意未已 : '武皇'은 본래 武功으로 저명하였던 漢 武帝인데, 여기서는 唐 玄宗을 지칭한다.
15) 漢家山東二百州 : 여기서 '漢家'는 唐家이며, '山東'은 華山 동쪽을 지칭하는데 여기서는 관동과 같다. ≪十道四藩志≫에는 關東 七道가 대략 二百十七州라 되어 있는데, '二百州'는 이를 두고 한 말이다.
16) 生荊杞 : '荊'은 荊棘이며, '杞'는 杞柳인데 잡초를 말한다.
17) 無東西 : 밭의 남북을 '阡'이라 하고 동서를 '陌'이라 한다. '無東西'는 즉 阡陌이 불분명하다는 것이다. 논밭의 벼싹이 어지럽게 자라 있어 東西를 구분할 수 없게 되었다는 뜻이다.
18) 長者 : 노인에 대한 존칭인데, 여기서는 행인이 두보를 두고 한 말이다.
19) 敢申恨 : 어찌 감히 마음속의 한을 펼 수 있단 말인가. 이 말은 반어적 의미로, 가슴속에 쌓인 비분강개가 많다는 뜻이다.
20) 今年冬 : 당 현종 天寶 10년(751) 겨울을 가리킨다.
21) 未休關西卒 : '關西卒'은 函谷關 서쪽의 병사들을 말한다. ≪자치통감≫에 의하면, 천보 9년(750) 12월에 병사를 징발하여 吐藩을 공격했다고 한다. 이처럼 천보 9년에도 병사를 징발하였는데, 천보 10년 겨울에도 병사를 징발하였기 때문에 '未休關西卒'이라 한 것이다.
22) 比鄰 : 가까운 이웃이다. 唐制에 四家를 '鄰'으로 하고, 五家를 '保'로 하였다. '比' 또한

가까운 이웃이라는 뜻이다.

23) 靑海頭 : 靑海湖의 주변으로, 지금의 靑海 西寧시 부근이다. 唐 高宗 儀鳳 연간을 기점으로 하여 唐과 吐蕃은 자주 이 지역에서 교전하였는데, 이로 인해 당나라 兵力의 손실이 상당했다.

24) 啾啾 : 보통은 동물들이 작게 우는 소리를 지칭하지만, 여기서는 鬼神이 우는 소리를 형용한 것이다.

【通釋】

수레는 삐걱거리며 지나가고 말들은 히힝 울면서 지나가는 가운데, 출정하는 병사들은 활과 화살을 허리에 차고 있는 모습이다. 원정 나가는 그들을 전송하기 위해 부모들은 총총걸음으로 좇고, 수레, 말, 인파로 흙먼지가 날려 함양교가 보이지 않는다. 헤어지는 것이 너무나 서글퍼 옷을 끌어당기고 발을 구르며 가지 말라 길을 막고 통곡하니, 통곡소리가 하늘을 찌르는 것 같다.

그 광경을 목도하며 지나가고 있던 내가 출정 나가는 병사에게 경위를 묻자 병사는 말한다. "징병이 너무 잦다오. 듣자하니 어떤 이는 열다섯 어린 나이에 북쪽으로 하수를 방어하러 갔는데, 마흔이 된 여태까지도 쉬지 못하고 서쪽 둔전에 종사하고 있다오. 그가 떠날 때 그 마을 촌장이 두건을 싸주었는데, 백발이 되어 돌아와서는 다시 변방으로 수자리 나간답니다. 변방에서는 싸우다가 세상을 떠난 병사들의 피가 바다를 이룰 만큼 그 희생이 많았지만 황제는 변방 개척의 뜻을 그치지 않는구려.

그대는 듣지 못했는가. 關東 지방의 2백 고을에는 남자들이 모두 징병당하여 일할 사람이 없어, 고을 곳곳에 가시덤불과 잡초가 무성히 자라나 있소. 비록 아녀자들이 대신해서 쟁기와 호미를 들고 밭을 맨다고 해도, 벼는 두둑과 이랑에 제멋대로 자라나 길에 동서 구분이 안 될 지경에 이르렀소. 秦나라 땅 즉 關中의 병사들은 힘든 전투를 잘 견딘다고 하여 마치 닭이나 개처럼 내몰리고 있다오. 하지만 어른께서 일개 병사에게 고충을 물어본다 한들 어찌 감히 그 원한을 말할 수 있겠소. 올 겨울에는 특히 關西의 병사들이 연이은 징병으로 인해 더더욱 쉬지도 못했는데, 고을의 관리는 그저 조세를 거두는 것에만 급급하다오. 하지만 그 조세를 어디에서 마련한단 말이오. 모두들 아들 낳기 싫어하고 딸을 낳으면 오히려 좋아한다는데 진실로 그 이유를 알겠소. 딸을 낳으면 이웃집에 시집을 보낼 수 있지만, 아들을 낳으면 징병 당해 전쟁터에서 백초에 묻히는 신세가 되기 때문이라오.

그대는 보지 못했는가. 변방의 오랑캐와 싸움이 잦던 청해호 주변에는 오래전부터 싸우다 죽은 병사의 유골들이 수습되지 않은 채 뒹굴고 있다오. 죽은 지 얼마 안되는 병사들의 원혼은 번민하며 원통해하고, 오래 전에 죽은 병사들의 원혼은 곡을 하니, 날이 흐려 비가 추적추적 내릴 때면 마치 그들이 오열하는 것처럼 느껴지는구려."

【解題】

이 시는 두보가 창작한 新題樂府詩로, 대략 天寶 10년(751)에 지은 것으로 추정된다. 당 현종은 무공을 세우기 좋아하여, 변방을 개척하기 위해서 자주 병사를 징집하였다. 천보 8년 6월, 哥舒翰은 吐藩의 石堡城을 공격하였는데 그 당시 당나라 병사들 수만 명이 전사하였다. 천보 10년 4월에는 劍南節度使 鮮于仲通이 사사로운 원수를 갚고자 南詔에 진격하였는데 크게 패하자 사졸들 6만 명이 전사하였다. 楊國忠이 패전의 실상을 엄폐하고자 거짓으로 전공을 알리고 또 다시 兩京(長安과 洛陽)과 河南, 河北에서 병사들을 크게 모집하여 南詔를 공격하려 하였으나, 백성들이 징집에 응하려 하지 않았다고 한다. 두보의 〈병거행〉은 이 당시 느낀 감회를 쓴 것이다. 두보는 이 시를 통해 당 현종의 용병과 무력 전쟁 정책을 비판함과 동시에 징병당한 백성들의 고통에 깊은 연민을 드러냈다.

시는 의미상 두 단락으로 구분할 수 있다. 앞의 여섯 구가 첫 단락인데, 이는 부모・처자와 이별한 뒤 전쟁에 출정하는 처절한 장면과 더불어 전쟁이 백성들에게 가져다주는 불행과 비참함을 묘사하였다. 둘째 단락은 문답의 방식을 통해 이렇게 불행하고 비참하게 된 원인과 결과를 그려내고, 통치자에 대한 諷刺의 뜻도 담아내고자 하였다.

【集評】

○ 以人哭始 鬼哭終 - 淸 沈德潛, ≪唐詩別裁集≫ 卷6

사람이 우는 것으로 시작해서 귀신이 우는 것으로 끝맺었다.

○ 聲調自古樂府來 筆法高峭 質而有文 - 淸 兪瑒, ≪杜詩集評≫

聲調는 고악부에서 비롯되었으며, 筆法은 高峭하고 質朴하면서도 文彩가 있다.

○ 杜老兵車行 長者雖有問 役夫敢申恨 尋常讀之 不過以爲漫語而已 更事之餘 始知此語之信 盖賦斂之苛 貧暴之苦 非無訪察之司 陳述之令 而言之未必見理 或反得害 不然 雖幸復伸 而異時疾怒報復之禍尤酷 此民之所以不敢言也 雖字敢字 曲盡事情 - 元 吳師道, ≪吳札部詩話≫

두보의 〈병거행〉에서 '長者雖有問 役夫敢申恨'이라는 구절을 심상하게 읽어보면 漫語에 지나지 않는다. 그러나 이러한 일을 겪은 후에야 비로소 이 말의 진실됨을 알게 된다. 대개 賦斂의 가혹함과 지독한 빈궁의 괴로움은 그것을 방문하고 조사하는 관원과 진술하는 법령이 없는 것은 아니나, 이를 말한다고 해도 반드시 바로 잡히는 것은 아니며 간혹 도리어 해를 입기도 한다. 그렇지 않으면, 다행히 다시 말할 기회가 있다 하더라도 다른 때에 (관원이) 진노하여 보복하는 禍가 더 심해진다. 이것이 백성들이 감히 말하지 못하는 까닭이다. '雖'자와 '敢'자는 그 사정을 곡진히 한 것이다.

087 麗人行

아름다운 사람들

杜甫

三月三日[1)]天氣新	삼월 삼짇날 날씨는 화창한데
長安水邊[2)]多麗人	장안의 물가에 수많은 미인들
態濃意遠淑且眞	자태는 농염하고 뜻은 고원하여 온화하고도 참되며
肌理細膩骨肉勻	곱고 매끄러운 피부에 균형 잡힌 몸매로다
繡羅衣裳照暮春	수놓인 비단 옷이 저무는 봄빛에 빛나는데
蹙金孔雀銀麒麟[3)]	금실로 수놓인 공작에 은실로 수놓인 기린이라
頭上何所有	머리 위에 있는 것 무엇인가
翠爲匐葉垂鬢脣[4)]	비취로 된 머리장식 귀밑까지 내려왔고
背後何所見	등 뒤에 보이는 것 무엇인가
珠壓腰衱[5)]穩稱身	진주 늘어뜨린 허리띠가 몸에 꼭 맞는구나
就中雲幕[6)]椒房親[7)]	그 가운데 구름 같은 휘장 안의 황후의 친척은
賜名大國虢與秦[8)]	虢國夫人 秦國夫人 같은 큰 나라 이름을 받았네
紫駝之峰[9)]出翠釜	낙타 봉 요리가 비취빛 솥에서 나오고
水精之盤行素鱗[10)]	수정 쟁반에는 은빛 생선이 놓여 있네
犀筯饜飫久未下[11)]	상아 젓가락 배부른 탓에 한참을 음식에 대지 않는데

鸞刀縷切空紛綸[12]　　鸞刀로 가늘게 써느라 공연히 분주하기만 하구나

黃門[13]飛鞚[14]不動塵　　환관의 날듯이 달리는 말들 먼지조차 일지 않고
御廚絡繹送八珍[15]　　수라간에서는 팔진미를 끊임없이 보내온다

簫鼓[16]哀吟感鬼神　　음악소리 애달파서 귀신까지 감동시키는데
賓從雜遝實要津[17]　　수많은 빈객과 시종들 顯達한 사람들로 가득 찼네

後來鞍馬何逡巡[18]　　나중에 온 말 탄 분은 어찌 그리 거들먹거리는지
當軒下馬入錦茵[19]　　수레 앞에 당도하자 말에서 내려 비단 자리에 드네

楊花雪落覆白蘋[20]　　버들개지 눈처럼 날려 하얀 마름 위를 덮고
青鳥[21]飛去銜紅巾[22]　　파랑새 날아가며 붉은 수건 머금었네

炙手可熱[23]勢絶倫　　손 데일만큼 뜨거운 그 권세 홀로 뛰어나니
愼莫近前丞相嗔[24]　　삼가 가까이 가지 마시오 승상이 화낼까 하오

【註釋】

1) 三月三日 : 고대 修禊의 풍속이 음력 3월 上旬 巳日에 거행되었는데, 이날 曲水에 술잔을 흘려보내어 不淨함을 씻어냈다.
2) 長安水邊 : 長安 남쪽에 있던 曲江을 가리킨다.
3) 蹙金孔雀銀麒麟 : 금실과 은실을 사용하여 비단 치마 위에 수놓은 공작과 기린의 문양을 가리킨다. '蹙金'은 繡法의 일종으로 撚金이라고도 한다. 여기서는 금실로 수를 놓았다는 뜻이다.
4) 翠爲㔩葉垂鬢脣 : 부녀자들의 틀어 올린 머리 위의 비취 꽃 장식이 귀밑머리〔鬢脣〕 근처까지 내려와 있는 것이다. '翠'는 翡翠이다. '爲'가 '微'로 되어 있는 本도 있다. '㔩葉'은 부녀자들의 틀어 올린 머리 위에 하는 꽃 장식이다. '鬢脣'은 鬢邊과 같다.
5) 珠壓腰衱 : 진주가 허리띠 위에 묶여 있는데, 밑으로 늘어져 있는 모양이다.
6) 雲幕 : 구름과 안개 같은 발〔簾〕과 휘장을 가리킨다. 혹자는 화려하게 구름 문양으로 장식한 휘장으로 보기도 한다.
7) 椒房親 : 椒房에 거처하는 楊貴妃의 친척들, 즉 그의 자매들을 말한다. 漢代 황후가

거처하던 곳인 未央宮은 산초와 진흙을 섞어 벽에 발라 溫暖과 芳香의 효과를 얻었는데, 산초는 열매가 많아 多産을 상징하기도 한다. 이로 인해 훗날 后妃의 거처를 椒房이라 하였다.

8) 賜名大國虢與秦 : 양귀비가 총애를 얻은 후 天寶 7년(748)에 양귀비의 세 언니들도 封爵을 받아, 큰언니가 韓國夫人, 셋째 언니가 虢國夫人, 여덟째 언니가 秦國夫人이 되었다. 여기서는 운율 관계상 두 사람만 들어 그 나머지까지 말한 것이다.

9) 紫駝之峰 : 낙타 등의 불룩한 부위를 잘라 구운 고기로서, 진귀한 음식이며 八珍味 중의 하나이다.

10) 素鱗 : 살결이 흰 생선을 말한다.

11) 犀筯饜飫久未下 : 실컷 먹고 배가 불러 음식을 먹을 생각이 나지 않아 象牙로 만든 젓가락을 오랫동안 음식에 대지 않는 것이다. '犀筯'는 상아로 만든 젓가락이다. '筯'는 '箸'와 같다. '饜飫'는 배불리 실컷 먹었음을 뜻한다. '饜'이 '厭'으로 되어 있는 本도 있다.

12) 鸞刀縷切空紛綸 : '鸞刀'는 난새 방울 장식이 있는 菜刀이다. '縷切'은 요리사가 재료를 썰 때 특히 실처럼 가늘게 썰고 아울러 꽃 장식을 더한 것을 가리킨다. '紛綸'은 바쁜 것을 말한다.

13) 黃門 : 宦官(太監)의 통칭이다. 환관이 황색으로 칠한 궁궐 대문 안에서 일하므로 '黃門'이라 부른다.

14) 飛鞚 : '鞚'은 말 재갈이다. 여기서는 날듯이 빨리 달린다는 뜻이다.

15) 八珍 : 여덟 가지의 진귀한 음식을 말하는데, 八珍이 무엇인지에 대해서는 설이 분분하다. ≪南村輟耕錄≫에는, "이른바 팔진이란 醍醐·麈吭·野駝蹄·鹿脣·駝乳糜·天鵝炙·紫玉漿·玄玉漿이다."라고 하였고, 근래의 어떤 이는 龍肝·鳳髓·豹胎·鯉尾·鴞炙·猩脣·熊掌·酥酪蟬을 팔진이라 하였다.

16) 簫鼓 : 피리와 북을 가리킨다. '鼓'가 '管'으로 되어 있는 本도 있다.

17) 賓從雜遝實要津 : 賓客과 隨從이 많은데, 기실 모두 지위가 있는 인물들이다. '雜遝'은 사람이 많은 모양이고, '要津'은 要職, 높은 지위를 말한다.

18) 後來鞍馬何逡巡 : 맨 나중에 한 필의 鞍馬가 오는데 달리는 모습이 참으로 느리고 거들먹거리는 것이다. '逡巡'은 느리게 가는 모양이다.

19) 入錦茵 : '茵'은 수레 안에 까는 깔개로 '入錦茵'은 양귀비의 언니들이 있는 수레 안으로 양국충이 들어가는 모습을 묘사한 것이다.

20) 楊花雪落覆白蘋 : 버들개지가 눈처럼 흩날려 마름 위를 덮는 것을 가리킨다. 이것은 그 당시의 풍경을 묘사한 것인데, 楊國忠과 괵국부인의 通姦을 풍자한 것이라는 說도 있다. '楊花'와 '楊國忠'의 '楊' 字가 같은 데에서 착상한 說이다. 또 '楊花'와 관련된 다음과 같은

典故도 있다. 北魏의 胡太后가 楊華와 私通하였는데, 양화가 자신에게 禍가 미칠 것을 두려워하여 梁나라에 투항하자, 태후는 그를 그리워하며 〈楊白花歌〉를 지었는데 그 내용은 다음과 같다. "陽春 이삼월, 수양버들은 모두 꽃이 되었네. 춘풍은 하룻밤 사이 규방 문으로 들어오고, 버들개지는 南家에 흩날려 떨어지네. 情을 머금고 문을 나서니 다리엔 힘이 없는데, 버들개지 주우니 눈물이 가슴을 적시네. 가을에 떠났다 봄에 돌아온 한 쌍의 제비, 버들개지 물고서 둥지 안으로 들어가 주렴.〔陽春二三月 楊柳齊作花 春風一夜入閨闥 楊花飄蕩落南家 含情出戶脚無力 拾得楊花淚沾臆 秋去春還雙燕子 願銜楊花入窠裏〕" '蘋'은 개구리밥 중에 큰 것을 말한다.

21) 青鳥 : 神話에 나오는 세 발 달린 새로 西王母의 使者이다. 여기서는 소식을 전달하는 사람을 가리킨다.

22) 紅巾 : 부녀자들이 쓰는 붉은 색 두건을 말하는데, 옛날 여자들이 이것으로 자신의 情을 표시하는 信標로 삼았다.

23) 炙手可熱 : 열기에 손을 델 정도이다. 양국충의 세력이 천하를 기울이고 그 기염이 사람을 핍박함을 말한다.

24) 丞相嗔 : 丞相은 양국충을 가리킨다. 천보 11년(752)에 양국충이 右丞相을 맡았다. '嗔'은 성낸다는 뜻인데, '瞋'으로 되어 있는 本도 있다. 瞋은 화가 나서 눈을 부릅뜨고 보는 것이다.

【通釋】

3월 3일 맑고 화창한 날, 長安 曲江 강가에는 수많은 아름다운 궁녀들이 봄놀이를 즐기고 있다. 그들의 자태는 농염하고 마음속에 간직한 생각은 高遠한 듯하며, 성품은 온화하고도 선량해 보인다. 게다가 피부는 곱고 매끄러우며 뼈와 살이 적절하게 균형 잡혀 있다. 그들의 화려한 의상은 저무는 봄 들녘에서 빛을 발하는데, 금실과 은실로 공작과 기린을 함께 수놓은 옷이 독특한 아름다움을 드러낸다. 그들의 머리 위에 있는 것은 무엇인가? 비취로 된 머리 장식이 귀밑머리 옆까지 내려와 있다. 등 뒤에 보이는 것은 또 무엇인가? 진주가 알알이 엮여 바람에 날리지 않도록 허리띠를 누르고 있는데 몸에 한층 잘 어울린다. 구슬발 휘장 안에 있는 貴妃의 친척들은 虢國夫人, 秦國夫人에 책봉된 양귀비의 언니들이다.

그들이 먹는 음식은 낙타의 불룩한 峰을 잘라 구운 고기로 비취빛 솥에 담겨 있고, 은빛으로 빛나는 생선이 수정으로 된 접시에 줄지어 놓여 있다. 실컷 먹고 배가 부른 탓에 상아 젓가락을 손에 든 채로 한참을 음식에 대지 않는데, 공연히 요리사는 먹지도 않을 음식들을 실처럼 가늘게 써느라 분주하기만 하다. 궐내의 환관들이 말을 타고서 먼지 한 점 날리지 않고 오고 가는데, 대궐의 주방에서는 끊임없이 각종 진귀한 음식들을 보내온다. 옆에서 음악을 연주하여 흥을 돋우는데, 슬퍼하듯 한숨짓듯 끊임없이 흘러나오는 그 소리는 왕왕 귀신조차 감동시킬 듯하다. 자리를 함께 한 賓客과 從臣들이 참으로 많은데 이들은 모두 조정의 높은 벼슬아치들이다.

가장 나중에 안장 없은 한 필의 말이 다가오는데, 달리는 그 모습이 참으로 느리고 거만하다. 수레 휘장 앞에 이르자 그는 말에서 내려 곧장 비단 깔개가 깔려 있는 수레 안으로 들어간다. 버들개지가 눈처럼 흩날려 마름 위를 덮고, 西王母의 使者인 靑鳥가 사랑의 메시지를 전하려는 듯 붉은 수건을 머금고 머리 위를 난다. 이 남자는 당대의 세력가로 그 누구도 비교할 수 없을 만큼 막강한 세력을 갖고 있으니, 그녀들에게 가까이 가서 그가 분노를 발하는 일이 없도록 조심해야 할 것이다.

【解題】

이 시는 天寶 12년(753) 두보가 42세에 지은 작품으로 이때 그는 장안에 있었다. 두보는 이 시를 통하여 唐 玄宗의 寵妃인 양귀비와 그 자매들의 사치하고 무절제한 생활을 비난하고 풍자하였다.

宋나라 樂史의 ≪楊太眞外傳≫에 의하면, 현종이 매년 10월 華淸宮에 거둥할 때 양국충과 자매의 무리들이 扈從하였는데, 한 집이 한 부대를 이루어 한 가지 색의 옷을 입었다고 한다. 다섯 집의 대열이 합류하면 그 모습은 마치 온갖 꽃들이 만발하여 빛나는 듯했고, 길에 떨어진 비녀나 신발들이 빛을 발하여 주울 수 있었다. 마침 어떤 사람이 몸을 숙인 채 그 수레를 한 번 흘낏 보았는데, 그 향기가 며칠이 되어도 없어지지 않았다고 하니, 그들의 사치스러운 면모를 볼 수 있는 대목이다. 또 양국충은 괵국부인과 이웃한 집에 살았는데 약속 없이 수시로 왕래하였다. 혹 나란히 말을 타고 入朝하기도 하였는데 가림막을 치지 않아 도로에서는 그들 때문에 사람들이 눈을 가려야만 했다. 이러한 내용은 이 시의 마지막 부분에서 풍자한 것과 일치한다.

화려하게 펼쳐진 묘사 속에서 풍자가 극대화되었지만 詩語를 배치한 것이 매우 함축적이고 완곡하다. 麗人의 아름다움을 묘사한 후에 갑자기 양귀비의 언니인 진국부인, 괵국부인을 언급하고, 또 수레 앞에 당도하여 말에서 내렸다는 구절 뒤에 승상이 왔음을 언급했으니 모두 시인의 뛰어난 솜씨를 보여주는 대목들이다.

【集評】

○ 余讀杜草堂詩 見楊花雪落覆白蘋 靑鳥飛去銜紅巾 豈非犬戎直來坐御床之兆也 此草堂之

所以爲詩史也 – 朝鮮 洪汝河, ≪木齋先生文集≫ 卷6, 〈題麗人行後〉

내가 杜草堂(杜甫)의 시를 읽다가 '楊花雪落覆白蘋 靑鳥飛去銜紅巾'을 보았으니, 어찌 犬戎이 곧장 와서 御床에 앉을 징조가 아니겠는가. 이것이 草堂이 詩史인 까닭이다.

○ 劉批云 楊花靑鳥兩語 極當時擁從如雲衝拂開合 偉麗俊捷之盛 作者之意 未必人人能識也 今按此言是也 蓋楊花時物 白蘋水草 故因所見之物以狀之耳 夢弼註 引後魏太后所淫楊白花事 以爲刺楊氏 意雖近而未免有牽合之病也 – 朝鮮 金隆, ≪勿巖集≫ 卷4, 〈古文眞寶前集講錄〉

南宋 사람 劉辰翁이 批注하기를, "楊花와 靑鳥의 두 내용은 당시 앞뒤에서 옹위하는 무리가 구름처럼 많아 서로 부딪치고 모였다 흩어져 화려하고 성대한 모습을 극언한 것이니, 작자의 뜻을 사람마다 모두 알 수는 없다." 하였다. 지금 살펴보건대 이 말이 옳다. 대개 楊花는 時物이고 白蘋은 水草이므로 보이는 바의 물건을 따라 형상하였을 뿐이다. 蔡夢弼의 注에, "後魏의 胡太后가 楊白花와 사통한 일을 인용하여 楊國忠을 풍자한 것이다." 하였으니, 뜻은 비록 근사하나 牽强附會한 잘못을 면치 못하였다.

○ 甫有炙手可熱 愼莫見嗔於丞相之句 所以戒當世之士大夫 無以譏切其黨以取禍害 觀詩以碩人美莊姜與申后 蓋取其碩美之德 今此詩以麗人名篇 豈非刺貴妃之黨徒以艶麗之色寵貴乎 杜甫深意於玆可見 – 宋 師尹, ≪分門集註杜工部詩≫

단지 '데일만큼 뜨거운 손이니, 삼가 승상에게 분노를 사지 말라.'는 구절만 쓴 것은 당대 사대부들이 그 무리들을 비판하고 바로잡다가 화를 당하는 일이 없도록 경계한 것이다. ≪詩經≫을 보면 〈碩人〉에 莊姜과 申后를 아름답다 하였으니, 대개 그 크고 아름다운 덕을 취한 것이다. 그런데 지금 이 시에서 '麗人'으로 제목을 삼은 것은 어찌 양귀비의 무리들이 아름다운 외모로 총애를 받고 귀하게 된 것을 풍자한 것이 아니겠는가. 두보의 깊은 뜻을 이에서 볼 수 있다.

○ 態濃意遠 骨肉勻 畫出一介國色 狀姿色曰 骨肉勻 狀服飾曰 穩稱身 可謂善于形容 紫駝之峰二句 語對意對而詞義不對 與裙拖六幅 鬟挽巫山 具別一對法 詩聯變體 – 明 王嗣奭, ≪杜臆≫ 卷1

'態濃意遠'과 '骨肉勻'은 하나의 傾國之色을 그려냈고, 姿色을 형상하여 '骨肉勻'이라 하고, 服飾을 형상하여 '穩稱身'이라 하였으니, 形容을 잘했다고 할 만하다. '紫駝之峰' 두 句는 말이 對를 이루고 의미가 對를 이루지만 詞義가 對를 이루진 않으니, '裙拖六幅' '鬟挽巫山'과 더불어 따로 하나의 對句法을 갖춘 것이요, 詩聯의 變體이다.

○ (結處) 意在言外 三百篇之致也 – 淸 王士禛, ≪帶經堂詩話≫ 卷30

마지막 부분에, 뜻이 말 밖에 있으니, ≪詩經≫이 담고 있는 의미와 같다.

○ 似謠似諺 無一語鋪敍之痕 若入長慶手 則筋骨露矣 - 淸 吳農祥, ≪杜詩集評≫ 卷5

노래 같기도 하고 이야기 같기도 해서, 한 마디 말도 의도적으로 구조를 짠 흔적이 없다. 만일 長慶(白居易)의 손에 들어갔다면 근육과 뼈가 드러났을 것이다.

○ 描寫麗人 但在衣飾飮食上盡力鋪張其豪侈之態 此作者深意也 - 淸 查愼行, ≪杜詩集評≫ 卷5

麗人을 묘사하는데 다만 옷과 음식에 있어서 호사와 사치를 늘어놓는 데 힘을 다하였으니, 이것이 작자의 깊은 뜻이다.

○ 無一刺譏語 描摹處 語語刺譏 無一慨歎聲 点逗處 聲聲慨歎 - 淸 浦起龍, ≪讀杜心解≫ 卷二之一

하나도 비난하는 말이 없지만 묘사한 곳에는 말마다 비난이요, 하나도 개탄하는 소리가 없지만 구두를 떼는 곳에는 소리마다 개탄이다.

○ 麗人行 前半竭力形容楊氏姊妹之游冶淫佚 後半敍國忠之氣焰逼人 絶不作一斷語 使人于意外得之 此詩之善譏也 - 淸 施補華, ≪峴傭說詩≫

〈여인행〉은 전반부에서는 양씨 자매의 사치와 무절제함을 형용하는 데 진력하였고, 후반부에서는 양국충의 권세가 사람들을 압박하는 것을 서술하였다. 한 마디도 단정하는 말을 하지 않았지만 읽는 이로 하여금 뜻 밖에서 깨닫게 하니, 이 시가 풍자를 잘한 것이다.

088 哀江頭

강어귀에서 슬퍼하다

杜甫

少陵野老呑聲哭[1)]	少陵의 촌 늙은이 소리 삼키고 흐느끼며
春日潛行曲江[2)]曲	봄날 곡강 굽이를 몰래 거니네
江頭宮殿鎖千門[3)]	강가 궁전 많은 문 모두 다 잠겼는데
細柳新蒲[4)]爲誰綠	가는 버들과 새 부들은 누굴 위해 푸른가
憶昔霓旌下南苑[5)]	생각하면 지난날 霓旌이 南苑에 내려왔을 때

苑中景物生顔色　　정원 속 만물은 생기가 났었지

昭陽殿裏第一人[6)]　　소양전의 제일가는 미인이
同輦隨君侍君側　　임금수레에 같이 타고 따르며 곁에서 뫼시었고

輦前才人[7)]帶弓箭　　수레 앞 재인은 활과 화살 차고
白馬嚼齧黃金勒　　백마는 황금 재갈을 물었다

翻身向天仰射雲　　몸 돌려 하늘 향해 구름을 쏘니
一箭[8)]正墜雙飛翼　　화살 하나에 바로 나란히 날던 새 떨어졌다

明眸皓齒今何在　　밝은 눈동자 흰 치아 가진 이 지금은 어디에 있나
血汚遊魂歸不得[9)]　　피에 더럽혀져 떠도는 혼 돌아오지 못한다오

清渭東流劍閣深[10)]　　맑은 위수 동쪽으로 흐르고 검각산은 깊은데
去住彼此無消息[11)]　　떠나고 남은 자 서로 소식 없구나

人生有情淚沾臆　　인생살이 정이 있는지라 눈물이 가슴 적시는데
江水江花豈終極[12)]　　강물과 강꽃은 어찌 끝이 있으리오

黃昏胡騎[13)]塵滿城　　해질 녘 오랑캐 발굽에 성은 먼지 가득해
欲往城南望城北[14)]　　성 남쪽에 가려다가 성 북쪽을 멀리 바라보네

【註釋】

1) 少陵野老呑聲哭 : '少陵'은 옛 지명이니 지금의 陝西省 長安縣 杜陵 東南쪽이다. 杜陵은 漢나라 宣帝의 무덤으로 少陵은 杜陵에 비해 작은데 宣帝의 許皇后가 묻힌 곳이다. 두보가 한 때 이 부근에 산 적이 있으므로 스스로 '杜陵布衣', '小陵野老'라 불렀다. '呑聲哭'은 소리 내어 울지 못하는 것으로 가슴이 아프다는 뜻을 부친 것이다.
2) 曲江 : 원래는 연못이름이니, 지금의 섬서성 장안현 동남쪽에 있다. 제목에 보이는 강은 이 曲江을 가리킨다. 漢나라 武帝 때 이곳에 宜春院을 지었는데 연못물이 굽이치는 것이 마치 강물 같아 曲江이라고 이름 붙여졌다. 唐나라 開元년간 다시 물길을 트고 못을 팠는

데 못 주위에 紫雲樓・芙蓉苑・杏園・慈恩寺・遊樂原 등 여러 뛰어난 경치가 있어 매년 정월 그믐・삼월 삼짇날・重陽節 登高 같은 좋은 날에는 행락객이 구름처럼 모였고, 선비들이 과거에 급제하면 또 이곳에서 잔치를 열기도 했다. 당나라 때 대표적인 景勝地인데 지금은 메워져 육지가 되었다.

3) 鎖千門 : 당시 장안은 安祿山의 叛軍에 점령되어 궁전에는 아무도 없고 수많은 문이 다 닫혀 있다는 뜻이다.

4) 細柳新蒲 : ≪劇談錄≫에 곡강의 여름풍경을 묘사한 글이 있다. "여름이 되면 향초 부들이 푸르게 피고 버들 그림자가 사방을 둘러싸고 푸른 물결에 붉은 연꽃이 있어 선명한 모습이 사랑할 만하다.〔入夏則菰蒲蔥翠 柳陰四合 碧波紅蕖 湛然可愛〕"

5) 霓旌下南苑 : '霓旌'은 황제의 儀仗用 깃발인데, 채색한 깃발이 길게 뻗어 멀리서 보면 무지개 같음을 이른다. '南苑'은 芙蓉苑을 가리키며 玄宗의 行宮으로 곡강 남쪽에 있었다.

6) 昭陽殿裏第一人 : '昭陽殿'은 漢나라 成帝 때의 궁전이다. '第一人'은 가장 아름답고 가장 총애를 받는 사람으로, 한나라 때 成帝의 총애를 받던 趙飛燕을 가리킨다. 여기서는 당 현종의 총애를 받았던 楊貴妃를 은유하고 있다.

7) 才人 : 女官으로 당나라 때 才人 7인을 두었는데, 정4품으로 침실・직물을 관장했다. 여기서는 당 현종과 양귀비를 따르며 侍衛하는 이들을 가리킨다.

8) 箭 : '笑'로 되어 있는 본도 있다.

9) 血汚遊魂歸不得 : 天寶 15년(756) 양귀비가 馬嵬에서 죽은 사건을 가리킨다.

10) 淸渭東流劍閣深 : 현종이 안록산의 난을 피해 蜀으로 들어가는 경로를 묘사한 것이다. '渭'는 渭河로 甘肅省 渭源縣에서 발원해 陝西省 高陵縣에 이르러 涇水와 합쳐진다. 渭水는 맑고 涇水는 탁하므로 세상에서 말하는 '涇渭가 分明하다.'는 말은 여기서 유래했다. 渭水는 馬嵬 남쪽을 지나 흐르는데 양귀비는 渭水 북쪽에 장사지냈다. '深'은 깊고 험하다는 뜻이다.

11) 去住彼此無消息 : (한 사람은) 저리 떠나고 (한 사람은) 여기 남아 소식이 없다는 말이다. ≪杜詩詳註≫에, "馬嵬驛은 京兆府 興平縣에 있고 渭水는 隴西로부터 와서 흥평을 지나간다. 양귀비를 위수가에 草墳하고 上皇(玄宗)은 검각으로 갔으므로 東으로 가고 西에 머물러 둘 다 소식이 없는 것이다.〔馬嵬驛在京兆府興平縣 渭水自隴西而來 經過興平 蓋楊妃藁葬渭濱 上皇巡幸劍閣 是去往東西兩無消息〕"라 하였다.

12) 江水江花豈終極 : '江水'가 '江草'로 되어 있는 本도 있다. '어찌 끝이 있으랴'〔豈終極〕라는 말에는 恨이 끝이 없으리라는 뜻이 숨어 있다.

13) 胡騎 : 안록산 叛軍의 騎兵을 말한다.

14) 欲往城南望城北 : '城南'은 당시 두보가 살던 곳을 가리킨다. '望城北'은 '忘南北' 혹은 '忘

城北'으로 되어 있는 본도 있다. '望'을 향하다〔向〕의 뜻으로 보아 자기가 사는 곳으로 가고 싶으면서도 걱정스런 마음에 북쪽을 향한다로 보기도 하는데, 방향을 잊을 만큼 傷心한 시인의 상태로 보는 것이다. 또 肅宗이 靈武에서 즉위했는데 장안 북쪽에 있으므로 왕의 군대가 와서 서울을 수복하기를 바라는 뜻이 담겨 있다고 보기도 한다.

【通釋】

소릉의 촌늙은이가 터져 나오는 울음 삼키며 봄날 전쟁 중인 장안을 탈출해 몰래 곡강 굽이에 왔다. 강가의 궁전은 아무도 없어 수많은 문 다 닫혀있는데 봄이 되어 피어난 가는 버들과 새 부들은 누구를 위해 푸른빛을 띠고 있는가.

지난날 생각해보건대 멀리서 보면 무지개처럼 환하게 빛나는 깃발을 앞세우고 황제 수레가 곡강 남쪽에 있는 南苑에 내려갈 때 정원 가운데 있는 만물은 더욱 생기를 띠며 환한 모습을 보였다. 소양전 안에서 황제 총애 받았던 제일가는 미인은 황제의 수레를 같이 타고 황제 곁에서 따르며 뫼시었다. 수레 앞에서 황제를 호위하던 才人은 활과 화살을 차고 있었고 백마는 화려하게 장식하고 황금 재갈을 물었다. 재인이 재주를 보이며 말 위에서 몸을 돌려 하늘 향해 구름으로 활을 쏘자 곧바로 화살 하나에 나란히 날던 새가 떨어졌다.

그때 황제와 같이 있었던 또렷한 눈동자와 흰 치아를 가진 아름다운 사람, 지금은 어디에 있는가. 먼 馬嵬에서 피에 얼룩져 떠도는 혼이라서 돌아오지 못하는구나. 맑은 위수는 동쪽으로 흐르고 검각산은 깊고 험한데 황제는 저기로 떠나고 양귀비는 여기에 남아 서로 소식이 없구나. 사람이란 감정이 있는지라 이 이야기 듣고 눈물이 가슴을 적시니 강물이 끝없이 흐르고 강가의 꽃이 해마다 피어나듯 두 사람의 이야기는 영원히 사람들의 가슴을 적실 것이다. 해질 녘 오랑캐 발굽에 장안성은 아직 먼지로 가득한데도 성 남쪽을 가면서도 성 북쪽도 가보고 싶을 뿐이다.

【解題】

이 시는 두보가 至德 2년(757) 봄 장안이 함락된 후 지은 것이다. 장안이 함락되기 이전 환락을 누리던 모습과 양귀비의 죽음을 애도하는 극적인 대비를 통해 덧없이 지나간 한 시대의 슬픔을 표현하고 있다. '哀'字가 시 전체를 감싸는 詩眼이라 할 수 있다.

정치를 풍자한 시로 읽기도 하지만 당 현종과 양귀비의 고사를 슬프게 다루고 있어 백거이의 〈長恨歌〉와 견주어지기도 한다.

【集評】

○ 哀江頭江水江花 猶感時花濺淚 恨別鳥驚心之類 皆因人情之甚悲 而借無心之物 以極言之也 - 朝鮮 李德弘, ≪艮齋集≫〈古文前集質疑〉

〈哀江頭〉의 '江水江花'는 (두보의 다른 시 〈春望〉의) '시절을 느껴 꽃에도 눈물 흘리고, 이별이 한스러워 새에게도 마음이 놀란다.'는 것과 같은 종류로, 모두 사람의 아주 슬픈 감정을 무심한 事物을 빌어와 극진히 말한 것이다.

○ 曲江 帝與妃遊幸之所 故有宮殿 而公追溯祿山亂自貴妃 故此詩直述其寵幸之盛 宴游之娛 而終以血汚遊魂 所以深刺之也 - 明 王嗣奭, ≪杜臆≫ 卷2

곡강은 황제와 양귀비가 노닐던 곳이기 때문에 궁전이 있었는데 시인은 안록산의 난이 양귀비에게서 비롯되었음을 회상하였다. 그러므로 이 시는 그 대단했던 총애와 연회의 즐거움을 곧바로 서술하고 '피에 더럽혀져 떠도는 혼'으로 끝맺고 있으니, 깊이 풍자한 것이다.

○ 此詩興哀于馬嵬之事 專爲貴妃而作也 蘇黃門曰哀江頭卽長恨歌也 斯言當矣 淸渭劍閣 寓意于上皇貴妃也 玄宗之幸蜀也 出延秋門 過便橋 渡渭 自咸陽望馬嵬而西 則淸渭以西 劍閣以東 豈非蛾眉宛轉 血汚遊魂之處乎 故曰去住彼此無消 行宮對月 夜雨聞鈴 寂寞傷心 一言盡之矣 人生有情淚沾臆 江水江花豈終極 卽所謂 天長地久有時盡 此恨綿綿無絶期也 興哀于無情之地 沈吟感嘆 瞀亂迷惑 雖胡騎滿城 至不知地之南北 昔人所謂有情痴也 - 淸 錢謙益, ≪錢注杜詩≫ 卷1

이 시는 馬嵬의 일에서 슬픔이 일어나 오직 양귀비를 위해 쓴 것이다. 蘇黃門은 "〈哀江頭〉가 바로 〈長恨歌〉이다."라고 했는데 이 말은 타당하다.

'맑은 위수와 劍閣'은 당 현종과 양귀비에게 뜻을 부친 것이다. 현종이 촉으로 갈 때 延秋門을 나와 便橋를 지나 위수를 건너 咸陽에서 馬嵬를 바라보며 서쪽으로 갔다. 그러하니 맑은 위수의 서쪽, 검각의 동쪽이 어찌 '아름다운 눈썹을 한 이'가 '피에 더럽혀져 떠도는 혼'이 된 곳이 아니겠는가. 그러므로 '저기로 떠나고 여기에 남아 서로 소식 없구나'라고 한 것이다. '행궁에서 달을 보고' '비 내리는 밤에 방울소리 들으면서' '적막함 속에서 상심'하는 모습을 이 한 마디로 다 표현하였다.

'인생살이 정이 있는지라 눈물 가슴 적시는데, 강물과 강꽃이 어찌 끝이 있으리오'라는 말은 이른바 '하늘은 무한하고 땅은 유구하더라도 끝이 있겠지만, 이 한은 영원히 끝나는 날 없으리라'와 같다. 無情한 땅에서 슬픔이 일어 깊이 읊으며 감탄하고 눈이 어두워지고 정신 아득해 오랑캐가 성에 가득한데도 남북 방향을 알지 못하는 데에 이르렀으니 옛 사람이 말한 바, '情이 깊어 바보가 된' 경우이다.

○ 亂離事只敍得兩句 淸渭以下純以唱嘆出之 筆力高不可及 - 淸 王西樵의 말을 淸 楊倫, ≪杜詩鏡銓≫ 卷3에서 인용

난리에 관한 일은 단지 두 구절로 서술하였고 '맑은 위수' 이하는 순전히 감탄으로 썼는데 筆力이 높아 미칠 수가 없다.

089 哀王孫

왕손을 애달파하다

杜甫

長安城頭頭白烏[1)]　　장안성 머리의 흰 머리 까마귀
夜飛延秋門[2)]上呼　　밤에 날아와 연추문 위에서 울고

又向人家啄大屋　　인가를 향해 날아가 큰 집을 쪼아대니
屋底達官走避胡[3)]　　집 안의 대관들은 오랑캐 피해 달아난다

金鞭斷折九馬死[4)]　　금채찍 끊어지고 九馬는 죽었는데
骨肉不待同馳驅[5)]　　피붙이들 함께 달아나지도 못했네

腰下寶玦靑珊瑚　　허리에는 옥패와 푸른 산호를 차고서
可憐王孫泣路隅　　가련하다 왕손이여, 길가에서 울고 섰네

問之不肯道姓名　　누구인지 물으니 이름은 말하려하지 않고
但道困苦乞爲奴　　그저 힘들고 괴로우니 종으로 삼아 달라고만 하네

已經百日竄荊棘　　백일이 넘도록 가시밭길로 도망 다녀
身上無有完肌膚　　몸에는 피부가 온전한 곳 없어라

高帝[6)]子孫盡隆準[7)]　　高帝의 자손 콧마루가 높다더니

龍種[8]自與常人殊	왕손은 스스로 보통사람과 다르구나
豺狼在邑龍在野[9]	이리떼는 도읍에 있고 용은 들에 있으니
王孫善保千金軀	왕손이여 천금 같은 옥체를 잘 보전하시길
不敢長語臨交衢	네거리에서 감히 길게 말하지 못하고
且爲王孫立斯須	왕손을 위하여 잠시 서있기만 하였다
昨夜東風吹血腥	"어젯밤 동풍에 피비린내 실려 불어오더니
東來橐駝[10]滿舊都[11]	동쪽에서 온 낙타 옛 도읍에 가득 찼습니다
朔方健兒[12]好身手	북방의 건아들은 솜씨가 좋다했는데
昔何勇銳今何愚[13]	예전엔 용맹하더니 지금 어찌 그리 우둔한지
竊聞天子已傳位[14]	듣자니 천자께서 이미 왕위 물려주어
聖德北服南單于[15]	거룩한 德으로 북쪽의 남선우를 복종시켰다 하고
花門剺面請雪恥[16]	화문의 回紇이 얼굴 그어 설욕하길 청했답니다
愼勿出口他人狙	다른 사람 엿들을까 말조심 하소서"
哀哉王孫愼勿疏	애닯구나 왕손이여 삼가 소홀히 하지 마시길
五陵[17]佳氣無時無	오릉의 상서로운 기운은 없을 때가 없었으니

【註釋】

1) 頭白烏 : 흰 머리 까마귀를 말한다. 예전에는 까마귀를 상서롭지 못한 새로 여겼는데 특히 흰 머리 까마귀는 더더욱 그러했다고 전한다. 이 시에서는 安祿山의 반란을 암시하는 不吉한 징조로 사용되었다.

2) 延秋門 : 唐 宮苑의 西門으로, 咸陽橋가 있어 그 아래로 渭水가 흐른다. 천보 15년(756) 6월에 潼關을 지켜내지 못해, 唐 玄宗이 이 문을 통해 도망하였다.

3) 又向人家啄大屋 屋底達官走避胡 : 이 구절은 머리 하얀 까마귀가 먼저 연추문 위에서 우니, 현종이 곧 연추문을 통해 달아났고, 이후에 까마귀가 고관대작들의 집을 쪼아대

자 그들이 사방으로 흩어져 도주했다는 의미이다. 여기서 '胡'는 安祿山의 반군들을 의미한다.

4) 金鞭斷折九馬死 : 당 현종이 탄 수레가 금채찍을 휘둘러 빨리 달렸던 까닭에 채찍이 모두 끊어질 정도였다고 한다. '九馬'는 황제의 말인데, 이들 역시 미친 듯 달리다 모두 죽었다고 전한다.

5) 骨肉不待同馳驅 : '骨肉'은 王孫을 뜻한다. 현종이 창망하게 도주함에, 왕손들을 일일이 챙기지 못하였던 것을 말한다. 여기에는 단지 자신의 생명만을 보전하려 했던 황제에 대한 풍자가 깃들어 있다. '不待'가 '不得'으로 되어 있는 본도 있다.

6) 高帝 : 漢 高祖 劉邦이다.

7) 隆準 : 콧마루가 높이 솟아있는 것이다. ≪史記≫ 〈高祖本紀〉에, "한 고조는 그 모습이 콧마루가 높아서 용의 얼굴을 지니고 있다.〔高祖 爲人隆準而龍顔〕"라 하였다. 여기서는 漢에 唐을 비유하여 황족들의 특징을 설명하려 하였다.

8) 龍種 : 용을 君主에 비유하여, 그 자손을 龍種 즉 龍의 種子라 지칭하였다. 여기서도 왕손을 지칭한다.

9) 豺狼在邑龍在野 : 이 구절은 안록산이 이미 東都인 洛陽을 점령하고 황제로 칭하였던 일을 말한 것이다. '龍在野'는 현종이 촉 땅으로 도주한 것을 의미한다.

10) 橐駝 : 낙타이다. ≪唐書≫ 〈史思明傳〉에, "안록산이 兩京을 함락하여 낙타로 御府의 진귀한 보화들을 范陽으로 옮긴 것이 그 끝을 알지 못할 정도였다.〔祿山陷兩京 以駱駝運御府珍寶于范陽 不知紀極〕"고 하였다.

11) 舊都 : 여기서는 長安을 지칭한다.

12) 朔方健兒 : 哥舒翰이 거느리던 삭방의 군사들을 지칭한다.

13) 昔何勇銳今何愚 : 이는 천보 15년에 哥舒翰이 潼關을 지키다 안록산에게 크게 패배한 일을 말한다.

14) 天子已傳位 : 안록산의 난이 일어난 이듬해에 玄宗이 肅宗에게 황위를 물려주었음을 말한다. 천보 15년 7월에 숙종이 靈武에서 황제의 지위에 올랐다.

15) 聖德北服南單于 : '南單于'는 回紇인데, 숙종이 즉위한 후 사신을 파견하여 화친을 청하니 그 이듬해에 首領이 入朝하여 반란의 평정을 도왔다.

16) 花門剺面請雪恥 : 花門山堡는 延海(지금의 甘肅省) 북쪽 300 리에 위치하고 있다. 여기서 '花門'이라 함은 花門山堡에 거주하는 回紇을 의미한다. '剺面'은 고대 흉노 풍속 가운데 얼굴을 칼로 그어 피를 내는 의식이다. 이는 충성과 통분을 표시하는 것인데, 여기서는 회흘이 병사를 내어 당이 안녹산의 반란을 평정하는데 도움을 주고자 한 일을 지칭한다.

17) 五陵 : 본래는 長安 부근에 있던 漢朝의 다섯 기의 陵墓를 일컫는 것으로, 高帝의 長陵, 惠帝의 安陵, 景帝의 陽陵, 武帝의 茂陵, 昭帝의 平陵이다. 현종 이전에 唐室 역시 다섯 기의 先帝의 陵墓가 있었으니, 高祖의 獻陵, 太宗의 昭陵, 高宗의 乾陵, 中宗의 定陵, 睿宗의 橋陵이 그것이다.

【通釋】

장안성 언저리에 흰 머리의 까마귀가 밤에 연추문 위로 날아와 우짖자 현종이 그 문을 통해 달아났다. 흰 머리 까마귀가 다시 큰 집으로 나아가 쪼아대자 집에 있던 고관대작들은 모두 안록산의 반군을 피해 달아나기 바쁘다. 천자의 수레가 속력을 내며 달리니 금 채찍이 끊어지고 황제의 수레를 끌던 九馬는 모두 도주 하던 중에 죽어버렸다. 이렇게 몰래, 그리고 황급히 피난 가느라 황제의 피붙이조차 함께 가지 못하는 상황이었다.

가련한 왕손이 길가에 서서 울고 있는데, 차림을 보니 허리에는 옥패와 푸른 산호 같은 寶玉을 차고 있다. 그의 성명을 물었으나 말하려 하지 않고, 단지 매우 힘드니 다른 이의 노예라도 되게 해달라는 말을 한다. 그는 매우 오랜 기간 동안 가시덤불 속에 몸을 숨기며 도망 다녀 피부가 온전한 곳 없이 모두 상처가 나 있었다. 漢高祖의 자손은 콧마루가 높다고 하더니 황제의 자손이라 그런지 보통 사람과는 다른 모습이다. 지금 이리떼와 같은 반군들은 경도에 있는데 황제께서는 타향에 유락해 있으니, 왕손께서 천금 같은 옥체를 잘 보전하시길 바랄 뿐이다.

나는 네거리에 서서 감히 왕손과 많은 이야기를 하지 못하지만 잠깐이나마 그를 모시며 함께 서있었다. 나는 왕손에게 말한다. "어젯밤 동풍이 불어올 때 안록산의 반군이 사람들을 무수히 죽여 생긴 피비린내가 실려 오더니, 수많은 낙타들이 황실의 보물을 싣고 동쪽에서부터 長安으로 와 있습니다. 哥舒翰이 북방의 군사들을 통솔함에, 평소에는 솜씨가 좋고 용맹하여 싸움에 능하더니 이번에는 어찌된 연유로 潼關의 수비에 실패하여 이렇게 우둔함을 보이는지요. 듣건대, 현종께서는 이미 숙종에게 보위를 물려주셨다고 합니다. 天子의 聖德으로 남선우를 복종시켰고, 회흘은 얼굴을 긋는 의식으로 唐을 도와 설욕하기를 청하고 있다 합니다. 하지만 이러한 말을 왕손께서는 다른 이에게 함부로 해서는 안 되니, 그들이 왕손을 해칠 기회를 염탐하고 있기 때문입니다." 애닯구나 왕손이여. 부디 소홀히 하지 말기를 바랄 뿐이다. 오릉의 상서로운 기운은 결코 멈추지 않을 것이다.

【解題】

이 시는 王孫이 安祿山의 난 때 곤액을 당한 모습을 보고 애달파 하는 내용의 紀事詩에 해당한다. 이는 至德 2년(757) 봄, 두보가 장안에 있을 때 지은 작품으로 〈哀江頭〉와 대체적으로 비슷한 시기에 지어졌다. 두보는 당시 장안에 있으면서 겨울 내내 밖으로 다니지 못하다가, 봄이 오자 曲江 등지를 몰래 다녔는데, 길가에서 우연히 왕손을 만난 것이다. 그는 왕손에게 매우 깊은 동정을 느끼고 위로해주며, 아울러 옥체를 잘 보전하라는 당부의 말을 전한다.

시는 의미상 세 단락으로 구분할 수 있다. 첫째 단락은 '興'의 작법을 사용하여 당시 혼란했던 世事를 암시하고 다음 단락을 이끌어낸다. 둘째 단락은 왕손이 피난하며 流落한 신세가 된 것을 묘사하였다. 셋째 단락은 작자가 傳聞한 내용을 통해 왕손을 위로하고, 시대를 걱정하는 작자 자신의 심회를 표출하였다.

【集評】

○ 結語反覆以中興望之 一韻到底 詩易而平直 此獨波瀾變化 層出不窮 似逐段轉韻者 七古能事已極 - 淸 沈德潛, ≪唐詩別載≫ 卷6

결어에서는 말을 뒤집어 (왕조가) 중흥하기를 바랐다. 하나의 韻으로 일관하였으며 시가 쉬우면서도 平直한데, 이 부분에서 유독 파란만장하게 변화를 일으키며 끊임없이 솟아 나와 다함이 없으니 단락을 따라 운을 바꾼 것과 같아서, 칠언 고시로서 할 수 있는 일은 다한 것이다.

作家 略傳

高適(700?~765)

盛唐시인으로, 자는 達夫・仲武이며, 滄洲(지금의 河北省 景縣)사람이다. 邊塞詩에 뛰어나고, 岑參과 더불어 '高岑'이라 불린다.

젊은 시절 빈한하였으나 유람하는 것을 좋아하였는데, 長安 등지에서 벼슬을 구하다 실패하자 宋中(지금의 河南 商丘일대)에 우거하였다. 이 시기에 李白・杜甫 등과 교유하였다. 후에 天寶 8년(749) 50세 무렵 宋州刺史 張九皐의 추천으로 有道科에 급제하였으나 封丘尉라는 미관에 제수되자 실망하여 벼슬을 그만두고 유랑하였다. 그 후 河西節度使 哥舒翰에게 인정받아 그의 書記가 되었다. 안녹산의 난 때 哥舒翰을 도와 潼關을 지켰는데 관군이 패배하자 패배원인을 왕에게 잘 진술한 공으로 侍御使가 되고 諫議大夫로 발탁되었다. 그러나 직언으로 權臣 李輔國에게 미움을 받아 彭州刺史・蜀州刺史로 좌천되었다. 후에 劍南節度使 등을 거쳐 관직이 左散騎常侍에 이르렀고, 渤海縣侯에 봉해졌다.

현재, 시집인 ≪高常侍集≫과 편찬서인 ≪中興間氣集≫이 전한다. ≪당시삼백수≫에 수록된 작품으로 〈燕歌行幷序〉〈送李少府貶峽中王少府貶長沙〉가 있다.

邱爲(694?~789?)

절강성 嘉興縣 사람이다. 여러 차례 과거에 응시하였지만 합격하지 못하자 歸山하여 여러 해 동안 독서에 주력하였다. 天寶 元年(742)에 進士에 급제하여, 관직이 太子右庶子에 올랐고, 96세에 卒했다. 효행이 지극하여 집 아래에 靈芝가 났다고 하며 80여 세에 관직을 물러날 때까지 노모가 계셨다는 일화가 전한다. 王維・劉長卿 등과 친하여, 서로 唱和하였다. 五言詩에 능하였으며, 전원의 풍물을 읊은 시가 많다.

원래 문집이 있었다고 하나 현재 전해지지 않고, ≪全唐詩≫에 13수의 시가 남아 있다.

≪당시삼백수≫에 수록된 작품으로 〈尋西山隱者不遇〉가 있다.

綦毋潛(692?~756?)

綦毋는 複姓으로 이름은 潛이고 자는 孝通이며 荊南(지금의 호북성 江南)사람이다. 15세에 長安에서 유학하였는데, 당시 詩壇의 名家들과 교유하면서 詩名이 높아졌다. 開元 8년(720) 낙제하여 고향으로 돌아갔다가, 개원 14년(726) 進士에 급제, 宜壽導尉・右拾遺를 거쳐 개원 18년(730) 集賢院待制가 되었으며, 후에 著作郎이 되었다. 이 기간에 고향으로 돌아가는 길에 洪州(지금의 江西 南昌)에서 당시 洪州都督이던 張九齡과 만나 시를 주고받았다. 개원 21년(733) 벼슬에서 물러나 歸隱한 儲光羲의 영향으로 洛陽을 거쳐 江淮 일대를 유람하였는데, 전하는 작품 중 이때의 風光을 묘사한 시가 많다. 張九齡・儲光羲・盧象・韋應物 등과 文友로 지냈으며, 특히 王維・李頎와의 교분이 두터웠다.

≪全唐詩≫에 시 26수가 수록되어 있다. ≪당시삼백수≫에 수록된 작품으로 〈春泛若耶溪〉가 있다.

杜甫(712~770)

詩聖으로 불리는 중국 최고의 시인으로, 李白과 병칭하여 李杜라고 일컫는다. 또 '시로 쓴 역사'라는 뜻으로 '詩史'라 불리기도 하는데, 開元 연간의 盛世와 수많은 전란을 모두 겪었던 만큼 급변하는 사회현실, 불안정한 정세, 백성들의 고통 등이 시에 담겨 있기 때문이다.

두보의 자는 子美이며, 본적은 湖北省 襄陽이지만, 河南省 鞏縣에서 태어났다. 35세 이전까지는 吳越 지방과 齊趙 지방 등을 유람하며 이백 등과 교유하였다. 35세 되던 해인 天寶 5년(746) 장안으로 돌아와, 수년 동안 벼슬을 구하며 장안 부근의 少陵에서 궁핍한 생활을 하였다. 천보 10년(751) 40세에 바친 〈三大禮賦〉가 玄宗의 눈에 띄어 集賢殿待制를 명받았지만 등용되지는 못했고, 천보 14년(755) 雲南 河西縣尉에 제수되었지만 사양하여 右衛率府의 兵曹參軍에 임명되었다. 이 해에 안녹산의 난이 일어나, 가족을 鄜州에 옮겨 놓고 숙종을 호종하러 가던 중 적군에게 포로가 되었다. 장안에 연금된 지 1년 만에 탈출, 새로 즉위한 황제 肅宗의 行在所로 나아가 배알한 공으로 左拾遺가 되었다. 그러나 宰相 房琯의 무죄를 상소하다 華州司功參軍으로 좌천되었다. 乾元 2년(759) 48세 때 關中과 三輔 지역에 대기근이 들자, 관직을 버리고 가족과 함께 秦州로 향하였다. 成都에 정착하여 浣花溪에 草堂을 짓고 한동안 안정된 생활을 하였다. 그 후 段子璋과 徐知道의 반란, 토번의 침입 등으로 蜀 지방이 시끄러워지자 劍南東川節度使 嚴武의 參謀와 檢校工部員外郎을 지냈다. 이 때문에 '杜工部'라고 불리게 되었다. 永泰 元年(765) 嚴武가 세상을 떠나자 성도를 떠나 雲安에 잠시 머물다 다음해 夔州로 옮겨간다. 大曆 3년(768) 협곡을 나와 長江일대를 배로 떠돌다가, 洞庭湖에서 59세를 일기로 病死하였다.

≪杜工部集≫ ≪草堂詩箋≫ 등의 시집이 있으며, 3천 수에 가까운 시 중 1,400여 수가 전하고 있다. ≪당시삼백수≫에 수록된 작품으로 〈望岳〉〈贈衛八處士〉〈佳人〉〈夢李白 一·二〉〈韋諷錄事宅觀曹將軍畫馬圖〉〈丹青引贈曹霸將軍〉〈寄韓諫議〉〈古柏行〉〈觀公孫大娘弟子舞劍器行幷序〉〈兵車行〉〈麗人行〉〈哀江頭〉〈哀王孫〉〈月夜〉〈春望〉〈春宿左省〉〈至德二載 甫自京金光門出 問道歸鳳翔 乾元初 從左拾遺移華州掾 與親故別 因出此門 有悲往事〉〈月夜憶舍弟〉〈天末懷李白〉〈奉濟驛重送嚴公四韻〉〈別房太尉墓〉〈旅夜書懷〉〈登岳陽樓〉〈蜀相〉〈客至〉〈野望〉〈聞官軍收河南河北〉〈登高〉〈登樓〉〈宿府〉〈閣夜〉〈詠懷古跡 一·二·三·四·五〉〈八陣圖〉〈江南逢李龜年〉 등 총 39수가 있다.

柳宗元(773~819)

字는 子厚이며, 長安 출생이다. 柳河東·柳柳州라고도 부른다. 관직에 있을 때 韓愈·劉禹錫 등과 친교를 맺었다. 개혁적이었던 王叔文의 新政에 관계하였으나 실패하여 변경 지방으로 좌천되었다. 이러한 좌절과 13년간에 걸친 변경생활이 그의 사상과 문학을 더욱 심화시켰다. 古文의 대가로서 韓愈와 병칭되었으나 사상적 입장에서는 대립하였다. 韓愈가 전통주의인 데 반하여, 柳宗元은 儒·道·佛을 참작하면서 합리주의의 입장을 취하였다.

〈天說〉〈封建論〉등이 대표작으로 꼽히며 寓言 형식을 취한 諷刺文과 永州에 좌천되어 관리 생활을 하면서 그곳의 山水를 묘사한 산문은 山水遊記라는 문체의 탄생을 가져왔다. 그는 이러한 작품을 통해 관료를 비판하고 현실을 반영하는 한편, 자신의 우울과 고민을 술회하였는데, 그 字句의 완숙미와 표현의 간결·정채함은 특히 뛰어났다. 산수시에 능하여 陶淵明과 비교되었고, 王維·孟浩然 등과 唐詩의 산수전원시파를 형성하였다. 送別詩·寓言詩에도 뛰어나 憂憤哀怨의 정을 표현하는 수법은 屈原의 영향을 받은 것으로 평가된다.

저서에 시문집 ≪柳河東集≫ 등이 있다. ≪당시삼백수≫에 수록된 작품으로 〈晨詣超師院讀禪經〉〈溪居〉〈漁翁〉〈登柳州城樓寄漳汀封連四州刺史〉가 있다.

孟郊(751~814)

字는 東野. 貞曜先生이라고도 하는데 이는 張籍이 私的으로 지어준 시호다. 浙江省 湖州 武康 출신이다. 젊었을 때에는 嵩山에 은거하기도 하였는데 46세가 되어서야 겨우 進士시험에 합격했지만 관직을 얻지 못하고 떠돌다 50세에 溧陽尉라는 낮은 직책으로 난생 처음 관직생활을 하였다. 이후 변변찮은 관직들을 몇 차례 맡아 보았다. 그의 시 가운데 처량하고 슬프고 괴롭고 쓸쓸한 가락이 많은 이유는 정치의 실의와 생활 빈곤 이외에 아내와 자식을 잃은 가정불행이 직접적인 관계가 있다. 곤궁 속에 일생을 보내다 죽었는데 병으로 세상을 떠났을 때 가난하고 자식도 없어 장사도 못 지낼 처지여서 韓愈 등 그의 친구들이 상을 치러 주었다.

韓愈와 가까이 지냈으며 그의 復古主義에 동조하여 작품도 樂府나 古詩가 많은데, 특히 낙양에 거주한 마지막 9년 동안 시가 예술적으로 향상되어 인구에 회자되는 시를 많이 지었다. 외면적인 古風속에 예리하고 창의적인 감정과 사상이 담겨 있으며 그의 시는 奇險를 추구한 면이 있어 韓愈, 盧仝 등과 함께 險怪波 시인으로 불리기도 한다.

저서로 ≪孟東野詩集≫이 있으며 ≪唐詩三百首≫에는 〈烈女操〉〈游子吟〉 등 五言古樂府 2편의 시가 실려 있다.

孟浩然(689~740)

湖北省 襄陽縣 출생이다. 고향에서 공부에 힘쓰다가 40세쯤에 長安으로 올라와 進士시험을 쳤으나, 낙방하여 고향에 돌아와 은둔생활을 하였다. 만년에 宰相 張九齡의 부탁으로 잠시 그 밑에서 일한 것 이외에는 관직에 오르지 못하고 52세를 일기로 불우한 일생을 마쳤다. 그의 청장년 생애는 소위 현종의 開元盛大에 걸쳐 있어 그의 동시대 시인 왕유, 이백, 두보와 달리 天寶 이후의 시기를 겪지 않았다. 하지만 그가 느끼기엔 그의 시대는 盛世가 아니었으며 시대가 그를 용납하지 않았고 그는 포부를 품은 채 강호에 몸을 숨길 수 밖에 없었다. 그러한 은일 속에서 陶淵明을 존경하여 고독한 전원생활을 즐기고 자연의 한적한 정취를 읊은 작품을 남겼다. 하지만 전원생활이 주는 진정한 한적의 의미를 체득하기까지 적지 않은 세월에 걸쳐 마음속의 울분, 怨情, 갈등을 겪었음을 간과해서는 안된다.

그는 盛唐시기 山水田園時派를 대표한다. 특히 五言詩에 능해 그 가운데 뛰어난 작품은

建安의 氣風을 되살린 名篇으로 높이 평가 받는다. 李白이 존경했던 시인이기도 하다. 詩集으로 ≪孟浩然集≫이 전하며, ≪唐詩三百首≫에는 〈秋登蘭山寄張五〉〈夏日南亭懷辛大〉〈宿業師山房待丁大不至〉〈夜歸鹿門歌〉〈望洞庭湖贈張丞相〉〈與諸子登峴山〉〈淸明日宴梅道士房〉〈歲暮歸南山〉〈過故人莊〉〈秦中感秋寄遠上人〉〈宿桐廬江寄廣陵舊游〉〈留別王侍御維〉〈早寒江上有懷〉〈宿建德江〉〈春曉〉 등 모두 15수가 수록되어 있다.

白居易(772~846)

字는 樂天, 號는 醉吟先生・香山居士. 洛陽부근의 新鄭에서 출생. 李白이 죽은 지 10년, 杜甫가 죽은 지 2년 후에 태어났으며, 동시대의 韓愈와 더불어 '李杜韓白'으로 병칭된다. 어려서부터 총명하여 5세 때부터 시 짓는 법을 배웠으며 15세가 지나자 주위 사람을 놀라게 하였다고 한다. 대대로 가난한 관리 집안에 태어났으나 800년 29세로 進士에 급제, 32세에 황제의 親試에 합격하였으며 그 무렵 지은 〈長恨歌〉는 유명하다.

807년 36세로 한림학사가 되었고, 이듬해에 左拾遺가 되어 유교적 이상주의의 입장에서 정치・사회의 결함을 비판하는 작품을 썼다. 〈新樂府〉 50수(805)는 이 시기의 대표작이다. 811년 40세 때 어머니를 여의고 이듬해에 어린 딸마저 잃자 인생에 있어 죽음의 문제를 깊이 생각하게 되었고 불교에 대한 관심이 커졌다.

814년 태자 左贊善太夫에 임용되었으나 일찍이 사회를 비판하는 그의 詩歌의 대상이 되었던 관료들의 반감을 사 九江의 司馬로 좌천되었다. 그 곳에서 〈琵琶行〉(816)을 지었다. 818년 忠州刺史가 되었으며 임기를 마치고 長安에 돌아오자 권력 다툼을 피해 822년 자진해서 杭州刺史가 되었다. 杭州의 風光에 촉발되어 詩作하는 가운데 문학적 知己로서 元稹과 만나게 되어 ≪白氏長慶集≫(824)을 편집하였다.

829년 58세가 되던 해 洛陽에 영주하기로 결심, 太子補導官이라는 명목만의 직책에 있으면서 시와 술과 거문고를 三友로 삼아 '취음선생'이란 호를 쓰며 유유자적했다. 831년 원진 등 옛 친구들이 세상을 떠나자 洛陽 교외 龍門의 여러 절을 자주 찾았고 그 곳 香山寺를 보수복원하여 '향산거사'라는 호를 쓰며 불교로 기울어졌다. 그 뒤 정부의 불교탄압정책을 풍자하는 작품을 통해서 자기 시대의 종말을 예감하고 인생의 마무리로서 75권의 전집을 編定, 그것이 완성된 이듬해 그 생애를 마쳤다.

긴 생애 동안에 그의 문학은 자주 변모하였지만 그 속에 일관하고 있던 것은, 문학은 인간을 대상으로 하며 생활의식이나 생활감정이 뒷받침되지 않으면 안 된다는 자각이었다. 그에 따라 '流麗平易'한 문학의 폭을 넓혀 一代를 통해 두드러진 개성을 형성하였다.

생존시에 이미 그의 시는 민중 속에 파고들었으며 멀리 외국에까지 영향을 미쳤다. 그의 시는 신라시대에도 일찍부터 전해져 널리 애송되었으며 일본에서 그의 영향은 압도적이다.

저서로 ≪白氏文集≫이 전하며 작품 수는 3,800여 수에 이른다. ≪唐詩三百首≫에는 〈長恨歌〉 〈琵琶行 幷序〉 〈賦得古原草送別〉 〈自河南經亂 關內阻飢 兄弟離散 各在一處 因望月有感 聊書所懷 寄上浮梁大兄 于潛七兄 烏江十五兄 兼示符離及下邽弟妹〉 〈問劉十九〉 〈后宮詞〉 등 모두 6수의 작품이 수록되어 있다.

王維(701~759)

성당시대의 대표적 시인으로, 서화와 음악에도 모두 조예가 깊어 예술계의 거장으로 추앙받는다. 山西省 祁縣人으로 字는 摩詰이다. 開元 9년(721) 21세에 진사가 되었고, 한 차례의 좌천을 겪은 뒤, 개원 22년(734) 張九齡이 집정한 뒤, 右拾遺로 발탁되어 장안으로 돌아왔다. 그 뒤 장구령이 퇴각하자 정치적 시련을 겪다가 李林甫가 집정한 뒤, 終南山의 輞川에 별장을 마련하고 은거와 관직 생활을 오고 갔다. 천보 14년(755) 안록산의 난을 당하여 반군에게 투옥되었다가 관직을 부여받기도 하였는데, 평정 후 그로 인하여 잠시 좌천을 당하기도 하였다. 그러나 후에 中書舍人, 給事中 등을 거쳐 尙書右丞까지 관직이 올라 '王右丞'이라 칭해졌으며, 권문세가를 비롯하여 寧王, 薛王 등으로부터 지극한 환대를 받았다고 한다.

각종 시체에 뛰어났지만 특히 오언율시와 절구가 가장 뛰어나다는 평가를 받는다. 산수전원의 한가하고 탈속한 정취를 시에 담으며, 隱居와 불교의 섭리를 주요한 주제로 다루어, 詩聖 杜甫, 詩仙 李白과 대비하여 詩佛이라 칭해졌다. 특히 자신이 개척한 남종산수화를 시로 옮겨놓은 듯한 시풍을 창도하여 蘇東坡는 "詩中有畵, 畵中有詩"라고 평하였다. 이러한 그의 시세계는 陶淵明, 謝靈運의 시풍을 창조적으로 계승, 함축미와 여운미가 생동하는 시풍을 開導하여, 맹호연, 위응물, 유종원 등과 함께 산수전원시인으로 칭해졌다. 후대에 이들의 시풍을 따르는 유파가 지속적으로 등장하며 예술계의 큰 흐름을 이루었다. 대개 두보, 한유로 이어지는 유파와는 대별되는, 순수예술성을 추구하는 계보를 형성하였는데, 明代 董其昌은 남종산수화의 시조로 추숭하였고, 淸代 王士禎은 왕유의 시풍을 神韻說의 종지로 삼았다.

그의 시가 ≪王右丞集≫에 4백여 수가 전한다. ≪당시삼백수≫에 수록된 작품으로 〈送別〉

〈送綦毋潛落第還鄕〉〈靑溪〉〈渭川田家〉〈西施詠〉〈洛陽女兒行〉〈老將行〉〈桃源行〉〈輞川閑居贈裴秀才迪〉〈山居秋暝〉〈歸嵩山作〉〈終南山〉〈酬張少府〉〈過香積寺〉〈送梓州李使君〉〈漢江臨眺〉〈終南別業〉〈和賈舍人早朝大明宮之作〉〈奉和聖制從蓬萊向興慶閣道中留春雨中春望之作應制〉〈積雨輞川庄作〉〈酬郭給事〉〈鹿柴〉〈竹里館〉〈送別〉〈相思〉〈雜詩〉〈九月九日憶山東兄弟〉〈渭城曲〉〈秋夜曲〉 등이 있다.

常建(708~765?)

성당시대의 시인이다. 長安人으로 開元 15년(727)에 王昌齡과 함께 진사가 되었다. 大曆 연간에 盱眙尉에 임명되었으나, 평생 벼슬길이 순탄하지 못하여, 일생을 산수를 유람하며 은일과 방랑으로 소일하였다. 그의 시는 주로 전원과 산수를 읊어 王維, 孟浩然과 함께 산수전원시파로 분류되기도 하며, 또한 邊塞詩로도 유명하다. 현재 57수의 시가 전하는데, 題材가 협소하여 대부분 전원의 풍광과 산수의 逸趣를 표현한 작품이다.

≪常建集≫(권3)이 전하고, ≪全唐詩≫에 시 1권이 수록되어 있다. ≪당시삼백수≫에 수록된 작품으로 〈宿王昌齡隱居〉〈題破山寺後禪院〉 등이 있다.

王昌齡(689?~756)

江寧人으로 字는 少伯이다. 개원 15년(727), 진사에 급제하여 秘書省 校書郞이 되었고, 개원 22년(734) 博學宏詞의 시험에 합격하여 汜水尉가 되었다가 嶺南으로 귀양을 갔다. 개원 28년(740)에는 江寧丞에 부임하였다가 龍標尉로 좌천을 당하기도 하였다. 이로 인하여 왕강령, 왕용표라고 칭해진다. 安祿山의 난이 일어나자 고향으로 돌아가려고 濠洲를 지나다가 刺史 閭丘曉에게 살해되었다.

시로 명성이 높아 '詩歌天子'라는 칭송을 들었으며, 칠언절구에 있어서는 이백과 더불어 쌍벽을 이룬 것으로 평가받는다. 여인의 사랑의 비탄을 노래한 〈長信秋〉〈閨怨〉과 변경의 풍물과 병사의 향수를 노래한 〈出塞〉, 〈從軍記〉가 유명하다.

원래 문집이 있었으나 망실되었고, 명대에 ≪王昌齡全集≫이 편집되었으며, 그의 저술로 알려진 시론서 ≪詩格≫과 ≪詩中密旨≫ 각 1권이 전한다. ≪당시삼백수≫에 수록된 작품으로 〈同從弟南齋玩月憶山陰崔少府〉〈塞下曲 一・二〉, 〈芙蓉樓送辛漸〉〈閨怨〉〈春宮曲〉〈長信怨〉〈出塞〉가 있다.

元結(723~772)

河南人으로, 字는 次山, 北朝後魏 왕족의 후예라고 한다. 천보 13년(754) 진사에 급제하였다. 安祿山의 난을 피하여 江西省에 은거하고 있었는데 乾元 2년(759) 肅宗의 부름을 받아 右金吾兵曹參軍이 되어 반란군 토벌에 공을 세웠다. 廣德 元年(763) 道州刺史를 거쳐 768년 容管經略使를 지냈다.

성품이 고결하고 우국의 충정이 넘쳐, 그의 시는 전란으로 인한 백성의 고통과 사회상에 눈길을 돌린 침통한 작품이 많았으나, 표현의 기교보다는 내용을 중시하는 簡古한 그의 작풍과 문장은 韓愈, 柳宗元의 古文運動에 영향을 끼쳤다. 또 그의 대표작 〈舂陵行〉은 杜甫를 크게 감동시켜 그에 답하는 시를 짓게 했을 정도였으며, 民聲을 천자에게 들려주려는 의도에서 만들어진 〈系樂府〉는 白居易의 〈新樂府〉의 선구가 되었다.

시문집인 ≪元次山集≫과 자신이 편찬한 ≪篋中集≫이 전한다. ≪당시삼백수≫에 수록된 작품으로 〈賊退示官吏 幷序〉 〈石魚湖上醉歌 幷序〉가 있다.

韋應物(737~792)

中唐 前期의 유명한 시인으로, 京兆(지금의 陝西省 西安市) 사람이다. 젊은 시절에는 唐玄宗의 侍衛로서 매우 총애 받았으나, 安史의 난 이후 힘겨운 시절을 보냈다. 洛陽縣丞과 滁州刺史 등을 역임하였으며 마지막 관직으로 蘇州刺史를 지냈으므로 세칭 '韋蘇州'라 일컬어졌다. 그는 비교적 장기간 동안 지방관을 지냈기에 안사의 난 이후 백성들이 겪은 고통을 십분 이해할 수 있었으며, 당시 조정의 정치적인 부패에 대해서도 절감하였다. 때문에 그의 많은 시들이 백성들의 고난과 부패한 정치를 비판하는 내용을 담고 있다.

그의 시 가운데는 山水田園과 隱居 생활에 대해 읊은 작품들이 많다. 이러한 시편들은 그가 陶淵明을 본받고자 하는 뜻이 담겨 있기도 하지만 또한 한편으로 위응물만의 독특한 풍격을 느낄 수 있게 한다. 中唐시기의 걸출한 시인 白居易는 위응물의 시가 지닌 '高雅閑淡'한 풍격을 높이 평가한 바 있다.

中唐시기의 걸출한 현실주의 시인인 白居易는 위응물의 시작품에 대해 매우 높이 평가한 바 있다.

저서로는 ≪韋蘇州集≫이 전한다. ≪당시삼백수≫에 수록된 작품으로 〈郡齋雨中與諸文

士燕集〉〈初發揚子寄元大校書〉〈寄全椒山中道士〉〈長安遇馮著〉〈夕次盱眙縣〉〈東郊〉〈送楊氏女〉〈淮上喜會梁川故人〉〈賦得暮雨送李胄〉〈寄李儋元錫〉〈秋夜寄邱員外〉〈滁州西澗〉이 있다.

李頎(690~751?)

潁陽(지금의 河南省 登封縣) 사람으로, 개원 23년(735)에 진사에 급제한 후 新鄕縣尉를 지내고 오래지 않아 승직하였으나 관직을 그만두고 은거하였다.

그의 邊塞詩 및 음악을 묘사한 시, 인물을 형상화한 장편의 贈別詩 등은 모두 매우 특색 있는 것으로서 격앙되고 강개하며 예술적인 감화력이 풍부하다. 그는 五言 古詩와 七言 歌行에 특장이 있었으며, 칠언 율시는 비록 몇 편 남아 있지 않지만 이를 살펴보면 기세가 넘쳐남을 알 수 있다.

교유의 폭이 넓어 王維, 綦毋潛, 高適, 王昌齡 등과 唱和하기도 하였다.

≪全唐詩≫에 그의 詩 3권이 전한다. ≪당시삼백수≫에 수록된 작품으로 〈古意〉〈送陳章甫〉〈琴歌〉〈聽董大彈胡笳聲兼寄語弄房給事〉〈聽安萬善吹觱篥歌〉〈古從軍行〉〈送魏萬之京〉이 있다.

李白(701~762)

자는 太白이며, 號는 靑蓮居士이다. 그의 본적은 隴西省의 成紀(지금의 甘肅省 天水市 부근)이며, 부친은 隋나라 말엽, 지금의 키르키즈스탄 공화국의 토크마크 부근(唐代에는 安西都護府에 속해 있었음)에 寓居하였는데, 이백은 그곳에서 출생하였다.

5세에 아버지를 따라 蜀郡 綿州 彰明縣 靑蓮鄕(지금의 四川省 綿陽縣)으로 옮겨 갔기 때문에 어려서는 蜀땅에서 학문을 배우며 자유롭게 노닐었다. 25세에는 장대한 뜻을 품고 촉땅을 떠나 安陸(지금의 胡北省 安陸縣), 任城(지금의 山東省 濟寧縣) 등을 중심으로 吳越·齊魯·幽燕을 유람하며 산천의 빼어난 風光을 두루 감상하고 당시의 사회적 情況들을 이해하고 체득하였다.

당 현종 天寶 초년에 吳筠을 따라 長安으로 들어갔다. 당시 賀知章은 그의 시를 읽고 마치 天上의 謫仙과 같다고 감탄하며 현종에게 그를 천거하였다. 이로 인해 이백은 翰林에 봉해졌다. 관직생활을 하게 되면서 그는 조정의 부패나 통치자들의 荒淫을 한층 더 절감하게 되었다. 그는 결국 환관들의 중상모략으로 인해 장안을 떠나게 되었으며 이때부터 다시 새로운 漫遊를 시작하게 된다. 安史의 난이 일어나 永王 李璘이 군사들을 통솔하여 九江을 경유하자, 국가에 대한 충정을 품고 이린의 막부에 참가하였다. 하지만 이린과 그의 병사들이 패전하자, 그 또한 이로 인해 역적으로 몰려 하옥되고, 이듬해 夜郎으로 유배를 갔으나, 도중에 사면되어 다시 돌아오게 되었다.

이백이 생존했던 시기는 개원, 천보 연간에 해당한다. 이 당시는 사회가 안정되었으며, 경제와 문화의 수준도 매우 번성하였으며 국력 또한 강한 때여서, 그는 이를 토대로 많은 활약을 하였다. 하지만 당 현종과 위정자들의 부패와 모순을 경험하고, 안사의 난이 일어나면서 국가가 갑자기 쇠락하게 되는 국면을 직접 목도하게 된다. 그는 詩歌를 창작하면서 이러한 興亡盛衰의 세태를 작품 속에 반영하게 되었다. 때문에 그의 작품 가운데는 唐代의 화려한 문물이 담겨져 있는 동시에, 그의 시대정신 또한 함께 담겨 있는 것이다.

저서로는 ≪李太白全集≫이 있다. ≪당시삼백수≫에 수록된 작품으로 〈下終南山過斛斯山人宿置酒〉〈月下獨酌〉〈春思〉〈關山月〉〈子夜四時歌 春·夏·秋·冬〉〈長干行〉〈廬山謠寄盧侍御虛舟〉〈夢游天姥吟留別〉〈金陵酒肆留別〉〈宣州謝朓樓餞別校書叔雲〉〈蜀道難〉〈長相思 一·二〉〈行路難 一·二·三〉〈將進酒〉〈贈孟浩然〉〈渡荊門送別〉〈送友人〉〈聽蜀僧濬彈琴〉〈夜泊牛渚懷古〉〈夜思〉〈怨情〉〈玉階怨〉〈送孟浩然之廣陵〉〈下江陵〉〈淸平調 一·二·三〉가 실려 있다.

李商隱(813~858)

字는 義山이며 號는 玉溪生이고, 懷州 河內(지금의 河南省 沁陽縣) 사람이다. 젊은 시절 令狐楚에게 발탁되어 문종 開成 2년(837)에 진사에 급제한 후 관직이 涇原節度使에 이르렀고, 王茂元의 막부에서 書記로 있으면서 그의 딸을 아내로 맞이하였다.

당시의 정치적 상황은 환관들이 전횡하였으며, 당파가 심하여 황제가 이를 제지할 수 없는 지경이었다. 이러한 싸움들이 장기간 지속되면서 사회의 모순은 더 극심해졌다. 이상은은 만당의 이러한 암흑적인 현실에 맞서 적극적인 정치활동을 전개하였으며, 혁신적인 願望을 품기도 하였다. 그러나 결국 이러한 붕당의 소용돌이 속에서 결국 배척당했으며 하급 관리로서 45세의 일기로 생을 마감하였다.

이상은의 현전하는 詩歌는 600여 편으로 다양한 내용을 포함하고 있는데, 사회의 정치적인 모순과 어두운 현실을 비판하거나 환관의 전횡을 폭로하는 시들이 많다. 또한 다수의 詠史詩를 저작하기도 하였다.

이상은의 시가는 예술적인 면에서 굴원, 이백, 이하의 적극적인 낭만주의를 계승하였으며, 두보의 엄근, 심침, 웅혼한 특징들까지 겸하고 있다. 그의 시에는 특징적이고 절묘한 想像적 기법이 돋보이며 詞句가 精警하고 색채의 濃麗함이 담겨 있어 예술적인 매력이 매우 풍부하다.

만당 시인 가운데 그와 杜牧은 명성을 나란히 하였기 때문에 사람들은 이들을 '小李杜'라 칭하였다. 다만, 어떤 시들은 詩語가 매우 어렵고, 典故의 사용이 까다로워 이해하는데 난점이 있기도 하다. 이러한 점들은 宋初 형식주의 시파 西崑體의 출현에 많은 영향을 끼쳤다.

저서로는 ≪李義山詩集≫과 ≪樊南文集≫이 있다. ≪당시삼백수≫에 수록된 작품으로 〈韓碑〉〈蟬〉〈風雨〉〈落花〉〈涼思〉〈北青蘿〉〈錦瑟〉〈無題〉〈隋宮〉〈籌筆驛〉〈春雨〉〈登樂遊原〉〈夜雨寄北〉〈寄令狐郎中〉〈爲有〉〈隋宮〉〈瑤池〉〈嫦娥〉〈賈生〉'無題' 5수가 있다.

岑參(715~770)

盛唐의 시인으로 河南省 仙州에서 태어났다. 曾祖와 伯祖, 伯父가 차례로 재상을 지낸 명망가의 출신이다. 소년 시절에는 하남 嵩山에 가까운 登封縣 등지에서 지내다 20세 무렵 상경, 30세에 진사에 급제하여 右內率府의 兵曹參軍이 되었으나 평범한 관료로서의 생활에 불만이 있었다. 戰功을 세워 입신출세하려는 의욕을 불태우던 중, 35세에 安西四鎭節度使 高仙芝의 추천으로 그의 掌書記가 되어 安西都護府로 부임했다. 2년 후 胡와의 전쟁에서 대패, 귀경했다가 3년 뒤 절도사 封常淸의 추천으로 그의 判官이 되어 다시 北庭都護府로 나갔다. 다음 해 안녹산의 난이 일어나 봉상청은 소환되고 그는 伊北北庭支度副使가 되었다. 난이 평정되자 右補闕에 임명되어 王維·杜甫·賈至 등과 깊이 교유했다. 51세 때 사천성 嘉州刺史로 임명되고 그 임기가 만료되어 수도로 돌아오던 중 반란군에게 가로막혀 成都에서 체류하다 객사에서 죽었다.

시문집으로 ≪岑嘉州集≫이 있고 400여 수의 시가 전한다. ≪당시삼백수≫에 수록된 작품으로 〈與高適薛據登慈恩寺浮圖〉〈走馬川行奉送封大夫出師西征〉〈輪臺歌奉送封大夫出師西征〉〈白雪歌送武判官歸京〉〈寄左省杜拾遺〉〈奉和中書舍人賈至早朝大明宮〉〈逢入

京使〉가 있다.

張九齡(678~740)

初唐 시인으로 廣東省 韶州 曲江縣 사람이며, 字는 子壽이다. 진사 급제 후 校書郎・左拾遺・中書舍人 등을 역임했다. 재상 張說의 심복으로 활약했으며, 장열이 죽은 후에는 재상이 되어 玄宗을 보좌, 開元 최후의 賢相으로 칭송되었다. 그러나 그의 지위를 엿보던 李林甫의 참언으로 현종의 신임을 잃고 호북성 江陵에 荊州長史로 좌천된 후 그곳에서 병사했다. 陳子昂의 뒤를 이어 시의 복고운동에 진력했으며, 五言古詩에 특히 능했다.

시문집으로 ≪曲江張先生集≫이 있으며, 210여 수의 시가 전한다. ≪당시삼백수≫에 수록된 작품으로 〈感遇 四首〉〈望月懷遠〉이 있다.

陳子昂(661~702)

初唐 시인으로 四川省 梓州 사람이며 자는 伯玉이다. 대대로 豪族이던 집안에서 출생, 어릴 때는 任俠을 좋아해 협객들과 어울리다 17,8세에 돌연 독서에 전념하였다. 21세에 상경하여 과거에 응시했으나 낙방했고, 24세에 진사에 급제하여 則天武后에게 인정을 받아 麟臺正字, 左拾遺에 임명되었다. 거란 토벌에 나선 武攸宜의 참모가 되어 종군했으나, 그의 계획이 받아들여지지 않고 오히려 강등되자 귀환 후 아버지의 服喪을 이유로 사직하고 귀향했다. 아버지의 재산에 눈독을 들이던 현령 段簡에게 많은 돈을 빼앗기고 투옥까지 당하자, 쇠약해진 몸에 병이 겹쳐 옥사했다. 당시 優美한 작품이 주를 이루던 宮庭 詩壇에 반대, 씩씩하고 강인한 漢魏 古詩의 시풍으로 돌아갈 것을 역설하여 盛唐詩의 선구자로 불린다.

시문집으로 ≪陳伯玉集≫이 있으며, 120여 수의 시가 전한다. ≪당시삼백수≫에 수록된 작품으로 〈登幽州臺歌〉가 있다.

韓愈(768~824)

자는 退之이며 시호는 文公으로 懷州 修武縣 사람이다. 貞元 8년(792) 진사에 급제, 지방 절도사의 속관을 거쳐 정원 19년(803) 監察御使가 되었을 때, 首都의 장관을 탄핵하였다가 도리어 陽山縣 현령으로 좌천되었다. 이듬해 소환된 후로는 주로 國子監에서 근무하였으며, 元和 12년(817) 吳元濟의 반란을 평정한 공으로 刑部侍郎이 되었으나, 원화 19년(819) 憲

宗이 佛骨을 모신 것을 간하다가 潮州刺史로 좌천되었다. 목종이 즉위하자 國子祭酒로 등용되어 吏部侍郎까지 올랐다. 산문에 있어서 그는 친구 柳宗元 등과 함께 종래의 騈文에 반대하고 자유로운 형식의 古文을 唱導하였다. 고문은 송대 이후 중국 산문문체의 표준이 되었으며, 그의 문장은 모범이 되었다. 시에 있어서는 지적인 흥미를 精練된 표현으로 나타낼 것을 시도, 그 결과 때로는 난해하고 산문적이라는 비난도 받지만 題材의 확장과 더불어 송대의 시에 끼친 영향은 매우 크다. 사상분야에서는 유가를 존중하고 도교·불교를 배격하였으며, 송대 이후 성리학의 선구자로 평가되었다.

시문집으로 ≪昌黎先生集≫, ≪外集≫, ≪遺文≫ 등이 있다. ≪당시삼백수≫에 수록된 작품으로 〈山石〉〈八月十五夜贈張功曹〉〈謁衡嶽廟遂宿嶽寺題門樓〉〈石鼓歌〉가 있다.

譯者 略歷

宋載卲
서울대 문학박사(한국한문학)
傳統文化硏究會 이사장
성균관대 명예교수, 연세대학교 석좌교수
≪茶山詩選≫ ≪한시미학과 역사적 진실≫
≪다산시 연구≫ ≪한국한문학의 사상적 지평≫ 외

崔京烈
성균관대 동아시아 학술원 박사과정 수료
한림대 강사
〈靑城雜記硏究〉, 〈梅月堂의 遊關西錄 분석〉 외

李澈熙
성균관대 문학박사(한국한문학)
성균관대 대동문화연구원 연구교수
〈추사 김정희의 유희적 시세계〉
〈茶山詩學의 계승자 黃裳에 대한 평가와 그 의미〉 외

姜志喜
성균관대 문학박사(한문학)
성균관대 한문학과 강사
〈梅月堂 詩에 있어서의 內的葛藤과 現實認識〉 〈梅月堂 시에 나타난 현실인식의 推移〉 외

金玲竹
성균관대 문학박사(한문학)
성균관대 한문학과 강사
〈秋齋 趙秀三의 연행시와 外夷竹枝詞〉
〈추재 조수삼의 外夷竹枝詞 小考〉 외

崔煐玉
성균관대 국문학 박사과정 수료
성균관대 대동문화연구원 연구원
〈栢谷 金得臣 文學論의 性格〉 〈金澤榮과 曾國藩의 문장론 비교〉 외

東洋古典譯註叢書 37
譯註 唐詩三百首 1　　36,000원

2008년 12월 20일 초판 발행
2024년 12월 31일 초판 9쇄

責任飜譯 宋載卲
共同飜譯 崔京烈 李澈熙 姜志喜 金玲竹 崔煐玉
編　輯 東洋古典飜譯編輯委員會

發行人 金 炫

發行處 社團法人 傳統文化硏究會
등록 : 1989. 7. 3. 제1-936호
서울 종로구 삼봉로 81 두산위브파빌리온 1332호
전화 : (02)762-8401 전송 : (02)747-0083
전자우편 : juntong@juntong.or.kr
홈페이지 : juntong.or.kr
사이버書院 : hm.cyberseodang.or.kr
온라인서점 : book.cyberseodang.or.kr
총판 : 한국출판협동조합(070-7119-1750)

ISBN 978-89-91720-28-2 94820
978-89-85395-71-7(세트)
※ 이 책은 교육과학기술부 고전국역사업 지원비에 의해 번역되었음.